금융경제학원론

— 시장의 비밀 —

금융경제학원론

─ 시장의 비밀 ─

배 선 영 저

한국철학의 중흥을 위해 평생을 바치신
선친(故 智山 裵宗鎬)의 영전에
이 책을 봉정합니다.

*고 지산 배종호의 약력

1919년 출생, 1990년 별세
경성제국대학 법문학부 철학과 졸업
연세대 철학과 교수
한국동양철학회 초대회장
대한민국 국민훈장 모란장 수훈

주요저서 :
『한국유학사』[도쿄대 교수 가와하라 히데키(川原秀城) 감역(監譯),
            『조선유학사』(朝鮮儒學史)로 일본에서도 출간되었음]
『한국유학자료집성』[전 3권]
『한국유학의 철학적 전개』[전 4권]

목 차

요약편

요약편

♣ 본 판은 2011년과 2012년에 각각 초판과 증보판이 출간된 『시장의 비밀』의 개정판으로서, 증보판에 약간의 가필을 한 것과 이 요약편으로 구성되어 있다. 이 요약편에는 (1)증보판 주요내용의 요약, (2)증보판에서 간략히 다루었던 사항들에 관한 보충설명, (3)증보판 탈고 이후에 이슈화된 사안들에 관한 논평 등이 포함되어 있다. 저자는 본 판에서 표지면의 제목을 『금융경제학원론 − 시장의 비밀』로 바꾸었다!

제1장 프롤로그

■ 『시장의 비밀』— 이 책을 펼치셨다면, 여러분께서는 비밀의 문 앞에 서신 것이다. 이 책은 그 문을 열어 여러분을 비경(秘境)으로 안내해 드릴 것이다. 그 비경의 모습 일부를 본 요약편을 통해 소개하고자 한다.

■ 누리엘 루비니, 폴 크루그먼 …. 2008년 글로벌 금융위기의 도래를 정확하게 예측했다고 인정받는 경제학자들이다. 그런데, 그 위기가 실제로 발발하자, 주지하는 바와 같이 그들을 포함한 기존경제학자들 대다수는 이렇게 전망했다:

"금번의 위기는 1929년 대공황 이래 최대의 위기며 그때처럼 진행될 것이다. 이제 세계경제는 아주 오랫동안 공황 상태에서 대침체를 겪게 될 것이다."

그러나, 몇 개월 지나지 않아 그 위기는 진정됐고, 곧이어 세계경제는 회복의 기미를 보이기 시작했다. 이후, 비록 속도는 느리고 굴곡도 있었지만, 큰 틀에서 볼 때 그 회복세는 2013년 12월 현재까지 지속되어 왔다.

이런 상황에서도 루비니나 크루그먼은 대략 한 달에 한 번 꼴로 "곧 큰 위기가 다시 온다!" 하고 예언하곤 했다. 마치 신탁(神託)을 전하는 사명을 부여받은 사제(司祭)라도 된 것처럼 말이다. 스타덤에 오른 그들이 진정 내공이 깊은 경제학자들이었다면, 세계경제는 한 달에 한 번씩 위기를 맞이했을 것이다!

아무튼, 확실한 것은, 글로벌 금융위기의 시작과 그 후의 진행과정 모두를 적확하게 예견한 사람은 기존경제학자들 중에는 전혀 없다는 것이다.

사정은 2011년 8월 초에 발생한 미국신용등급 강등 및 유럽 재정위기 재점화 사태에 이르러서도 거의 마찬가지였다. 기존경제학자들 대다수는 일제히 "세계경제는 더블딥에 빠질 것이다."라고 예상했었다. 그리고, 그 예상은 빗나갔다.

　■ 반면, 위에 대응하는 각 시기에 저자는 신문기고나 방송대담 등을 통해 아래와 같이 예견했었다. [*보다 자세한 것은 다음 장 참조.]
－2008년 상반기 :
"세계경제에는 큰 버블이 형성되어 있다. 그 버블이 터질 것임은 기정 사실이다. 그때 한국은 외환위기부터 맞을 것이다."
－2008년 7월 :
"한국은 외환위기 경보가 울려야 하는 상황에 처해 있다. 지금부터는 외환보유고를 무조건 지켜야 한다."
－2008년 10월 :
"금번의 글로벌 금융위기는 대공황처럼 진전되지는 않고 조기에 수습 될 것이며, 한국은 세계에서 가장 빨리 경기가 회복되고 국가신용도도 높 아질 것이다."
－2011년 8월 초 :
"미국신용등급 강등과 유럽 재정위기 재점화에도 불구하고 글로벌 더 블딥은 오지 않을 것이다. 달러화와 미국채는 국제금융시장에서 오히려 더 우대받을 것이다. 유럽 재정위기는 유로화체제의 최대수혜국인 독일과 유럽중앙은행 등이 나서서 수습할 것이다."
－2011년 9월~11월 :
"유럽중앙은행이 직간접적으로 남유럽국채를 매입하는 조치는 반드시 시행되어야 하고, 실제로도 시행될 것이다. 세계적으로도 주요국 중앙은 행의 돈 풀기 기조는 지속될 것이다. 그럼에도 향후 꽤 오랜 기간 동안 인플레이션이 초래되지는 않을 것이다."

■ 저자가 무명(無名)의 경제학자로서 측루(側陋)에서 외롭게 행한 이상의 예견들은 결국 그 하나하나가 그대로 적중했다. "매번 한 치의 오차도 없었다!" — 외람되지만, 저자는 감히 이렇게 자부한다.

■ 사실, 금융위기나 외환위기 같은 중대한 국면에서 저자가 세계 또는 한국의 경제를 놓고 진지하게 진단이나 처방을 하면, 그때마다 그것이 거의 그대로 적중하곤 했다. 적어도 근 30년 전부터 지금까지는 계속 그래 왔다. 그리고, 그러한 적중은 결코 우연의 일치가 아니었다.

그러한 적중이 가능했던 것은, 무엇보다도, 기존경제학자들이 미처 발견하지 못한 어떤 중요한 것들, 즉, '시장의 비밀'을 저자가 발견해 터득할 수 있었기 때문이다.

■ 그 '비밀'을 하나씩 터득한 매번의 과정은, 대체로, 정설로 굳어진 기존이론에서 결정적인 오류를 발견하고서 미망(迷妄)의 고뇌를 겪다가 마지막에 깨달음의 희열을 느끼는 것이었다. 새로운 이론의 탄생으로 이어지는 그 희열을 저자가 최초로, 그리고 최고수준으로 경험한 날은 1983년 1월 23일이었다. 해당하는 기존이론은 유동성선호설이었다. 저자가 고등학교 시절부터 정신적인 스승이자 도전의 대상으로 삼아 온 케인즈의 양대이론 중 하나인 그 유동성선호설 말이다!

저자는 그날 이후 얼마 동안 그 같은 돈오(頓悟)의 경험을 연이어 할 수 있었고, 그러다가, 그렇게 터득한 여러 비밀들을 이론서를 통해 세상에 알리는 것이 천명(天命)이라고 생각하게 되었다. 그래서, 그 해부터 집필을 시작했다. 그 집필은 이전에 없던 새로운 패러다임에 의거한 구상을 글로 옮기는 것이고 그 분량도 방대했기 때문에, 그 과정은 진정 고독하고 또 고통스러운 투쟁이었다.

그 첫 번째 이론서는 주경야독(晝耕夜讀) 식으로 이루어진 15년 간의 집필 끝에 1998년에 출간되었다. 『화폐 · 이자 · 주가에 관한 새로운 패러다임 – 기존경제학에 대한 이론적 도전』이 그것이다.

■ 이후 저자는 두 번째 이론서를 저술해야 했다. 하지만, 저자는 2000년 들어 저자의 인생에 찾아온 '잃어버린 10년'의 풍파와 시련을 핑계 삼아 그것을 계속 미루어 왔다. 그렇게 저자가 터득만 해 두고서 세상에 알리기를 미루어 왔던 비밀들 중에는 '금융버블의 메커니즘'이 있었다. 아, 그런데, 그 메커니즘으로만 그것의 처음부터 끝까지를 학리적으로 올바르게 설명할 수 있는 위기가 그만 발발하고 말았다. 바로, 2008년의 글로벌 금융위기였다.

"천명을 소홀히 하고 있었다!" — 저자는 그때 각성했다. 그래서, 그후 근 2년 반 동안 거의 두문불출(杜門不出)하며 두 번째 이론서를 저술했다. 저자의 지금까지의 인생에서 가장 불우했던 시기에 행해진 그 저술의 과정은 차라리 사투(死鬪)였다. 그렇게 해서 2011년에 그 초판이 출간된 것이 이 책이다.

■ 경제학의 역사를 보면, 큰 위기는 대작을 잉태하곤 했다. 과연 1929년의 대공황은 영국에서 케인즈의 『일반이론』을 탄생시켰다. 2008년의 글로벌 금융위기도 그럴 것인가? 그리고, 그 대작이 경제학의 변방인 한국에서도 탄생할 수 있을 것인가? 이 책이 답해 줄 것이다.

제2장 글로벌 금융위기, 유럽 재정위기, 주요국경제의 변곡점 진입 등에 관해 저자가 공개적으로 제시했던 전망들

1. 2008년 제시, 글로벌 금융위기의 시작과 진행경로에 대한 전망

■ 2008년 상반기 :

– "세계경제에는 큰 버블이 형성되어 있다. 그 버블이 터질 것임은 기정사실이다. 그때 한국은 외환위기부터 맞을 것이다."

■ 글로벌 금융위기 발발 2개월 전 : [a]

– "한국은 외환위기 경보가 울려야 하는 상황에 처해 있다. 지금부터는 외환보유고를 무조건 지켜야 한다."

■ 2008년 9월 15일 글로벌 금융위기 발발 직후 세계적 경제전문가들 대다수가 "대공황에 준하는 상황이 전개될 것이다."라고 전망하던 당시 : [b]

---

a) 사실, 저자는 2008년 1월 초부터 앞에서와 같이 세계 및 한국경제에 대한 우려를 표명하기 시작했다 [이 책 서편 제2장 참조]. 그러다가, 2008년 7월 16일자 중앙일보 기고문을 통해 여기에서와 같이 역설했다. '세계경제는 위기 전야(前夜)의 단계에 있다. 그 위기가 닥치면 한국은 외환위기를 피할 수 없다.'라고 판단했기에, 미리 경종을 울린 것이다. 반향(反響)은 없었다. "평온한데 웬 위기?" 하는 무관심은 있었다.
b) 저자가 이 내용을 담은 글을 몇몇 일간지에 투고한 것은 2008년 10월 중순이었다.

- "금번의 글로벌 금융위기는 대공황처럼 진전되지는 않고 조기에 수습될 것이다!"

- "1929년의 대공황은 초대형버블에 의한 것이었을 뿐만 아니라 케인즈경제학이 정립되기 이전에 발발한 것이었다. 반면, 금번의 위기는 중대형버블에 의한 것이고 케인즈경제학의 처방이 유효하게 작용할 수 있는 성격의 것이다. 따라서, 예금자보호 확대, 공적 자금 투입, 확장적 통화·재정정책 시행 등의 대책들이 각국 정부가 발표한 수준대로만 집행된다면, 겨울 자체를 피할 수는 없지만 극도의 혹한(酷寒)은 오지 않을 것이다."

- "한국은 원/달러환율의 폭등을 용인해야 한다. 어차피 용인할 수밖에 없게 될 것이다. 그 고환율 덕에, 한국은 세계에서 가장 빨리 경기가 회복되고 국가신용도도 몇 단계 올라갈 것이다."

[*이후 세계 및 한국경제는 이상과 같이 저자가 전망했던 경로를 그대로 밟았다! 그러던 중인 2011년 8월 초, 세계경제의 회복세에 찬물을 끼얹는 사태가 발생했다. S&P가 미국의 신용등급을 강등시켰고, 유럽 재정위기가 재점화(再點火)되었다. 그간 글로벌 금융위기의 진행경로에 대한 자신들의 예측이 계속 빗나가자 머쓱하게 있던 루비니나 크루그먼 같은 경제학자들이 다시 등장했다. 그들은 "반드시 더블딥이 온다!"라고 호언했다. 저자는 다음에서 볼 수 있는 바와 같이 "더블딥은 오지 않을 것이다!"라고 전망했다.]

당시의 지배적 견해는 '이제 세계경제는 오랫동안 공황 상태에서 대침체를 겪게 될 것이다. 한국은 수출의존도가 높고 외환부문이 취약해 그 과정에서 최대 피해국 중 하나가 될 것이다.'였다. 전 세계 경제전문가들 사이에서 거의 만장일치를 이룬 의견이었다. 저자의 진단은 그것의 대척점에 외롭게 서 있었다. 앞의 일간지들은 "글의 내용이 너무나 터무니없다." 하며 게재를 거절했다. 다행히, 주간동아가 저자의 그런 글을 받아 주었다. 그달 하순이었다. 그 글은 동 잡지 제660호에 게재되었다.

2. 2011년 제시, 미국신용등급 강등 및 유럽 재정위기 재점화 사태의 진행경로에 대한 전망

■ 2011년 8월 초 S&P의 미국신용등급 강등조치 및 유럽 재정위기 재점화 직후 세계적으로 더블딥 공포가 확산되고 주가가 폭락하고 있던 당시 : [c]

- "이번의 요인들로 세계경제의 향후행로가 순탄하지는 않을 것이다. 그러나, 더블딥은 오지 않을 것이다."
- "신용강등조치에도 불구하고 달러화와 미국채는 국제금융시장에서 오히려 더 우대받을 것이다. 시장은 S&P보다 강하다!"
- "유럽 재정위기 문제는 근본적으로는 유로화체제가 개편되어야만 해결될 수 있다. 하지만, 일단은 동 체제 최대수혜국인 독일과 유럽중앙은행 (ECB) 등이 나서서 구제금융 제공 등을 통해 미봉할 것으로 예상된다."
- "한국은 고환율만 용인 또는 유도하면 웬만한 위기에서는 탈출할 수 있다."
- "현재의 글로벌 위기상황을 조속히 안정시키려 한다면, 기책(奇策)들이 강구될 필요가 있다. 그러한 방책들로는, 미국의 중앙은행인 Fed의 미국채 대상 탕감, 유럽중앙은행의 남유럽국채 매입 … 등이 있다."

■ 2011년 9~11월 유럽 재정위기의 본격화에 대한 우려가 더욱 커진 시기 : [d]

- "상당수 경제전문가들은 '유럽재정안정기금의 규모가 크게 부족하기 때

---

c) 동년 8월 9일자 매일경제 기고문과 8월 11일 SBS-CNBC TV에서의 대담에서 이렇게 전망했다.
d) KBS 라디오에서의 대담, 한국국제금융학회 세미나에서의 발표, 그리고 서울대 경제학부, 대우증권, 유진증권, 국민연금기금운용본부 및 KOTRA 등에서의 강연 때에 이 같은 전망을 덧붙였다.

문에 유럽 재정위기는 파국으로 치달을 가능성이 높다.'라고 분석하고 있다. 하지만, 유럽중앙은행이 유로화를 추가로 찍어 내는 기능을 가지고 있기 때문에, 정치적 합의만 이루어진다면 미봉 정도는 충분히 가능하다. 아마도 자국 내 여론을 의식해야 하는 유럽 수뇌부들이 막판에 가까스로 합의에 이르는 모양새로 미봉할 것으로 예상된다."

- "유럽중앙은행이 직접 혹은 간접적으로 남유럽국채를 매입하는 조치는 반드시 시행되어야 하고, 실제로도 시행될 것이다."

- "세계적으로도 주요국 중앙은행의 돈 풀기 기조는 지속될 것이다. 그럼에도 향후 꽤 오랜 기간 동안 인플레이션이 초래되지는 않을 것이다."

3. 2012년 상반기 제시, 미국경제와 중국경제에 대한 전망

■ 2012년 상반기 미국경제에 대해서는 낙관적인 전망이 여전히 드물고 중국경제에 대해서는 경착륙의 가능성이 많이 제기되던 시기 : [e]

〈미국경제에 대한 전망〉

- "미국경제는 이제 미약하게나마 회복의 모멘텀을 얻은 것으로 보인다. 최근의 통계들을 보면 부정적 지표들의 홍수 속에서 긍정적 지표들이 한두 개씩 떠오르곤 하는데, 이것이 그 기미(機微)다. 앞으로는 두 가지 지표들이 혼재해 나타나되 시일이 지나면서 후자의 비중이 점점 높아질 것이다."

- "설사 향후 시퀘스터(Sequester ; 미국연방정부의 세출예산이 자동으로 삭감되도록 하는 조치)의 발동 등으로 이른바 '재정절벽'의 문제가 현실화

---

e) 서울대 세계경제최고전략과정, 연세대 최고경제인과정, 한국금융투자교육원 등에서의 강연 중에 언급한 것이다.

되더라도, 그 낙차(落差)가 터무니없이 크지 않은 한, 그것은 지금보다 강해져 있을 회복의 에너지와 적절한 강도의 확장적 통화정책 등에 힘입어 능히 극복될 수 있을 것이다."

〈중국경제에 대한 전망〉

― "상당수 경제전문가들은 '중국경제는 조만간 경착륙(硬着陸 ; 경기의 급랭)을 겪게 될 것이다.'라고 전망하고 있다. 그들은 그 원인들로서, 과도해진 부동산가격 거품, 누적된 금융기관 부실채권, 위험수위에 이른 지방정부 부채, 수출경쟁력을 저해하는 수준으로 급등한 근로자 임금, 투자수요의 급감을 유발할 그간의 과잉투자 ⋯ 등을 들고 있다. 그러나, 그들은 다음 사항을 간과하고 있다."

― "인류의 역사는 도시화(都市化)의 역사이기도 하다. 그런 만큼 도시화는 강력한 방향성(方向性)을 가진다. 중국경제를 다시 보면, 도시화에 불이 붙어 있다. 게다가 서부내륙지방 등에서 계속 프론티어가 부상하고 있다. 이에 따라 대규모 개발수요가 지속적으로 생성·실행 및 소화되고 있다. 한편, 정책당국의 경기부양 능력도 아직까지는 충분하다고 할 수 있다. 중앙정부의 재정건전성이 꽤 양호해 재정지출을 확대할 수 있는 여력이 작지 않다는 점, 의무지급준비율이 아주 높은 수준[20%]에 달하고 있어 그것의 인하로 통화량을 늘리고 예금은행들의 수지까지 개선시킬 수 있는 여력이 매우 크다는 점, 수출 촉진에 효과적인 고환율정책을 구사하는 데에 정치적 제약이 적다는 점 ⋯ 등을 감안하면, 분명히 그렇다. 이러한 조건들은 앞서 언급된 경착륙 유발요인들을 많이 상쇄할 수 있다. 그러므로, 최악의 경우에도 2015년까지는 경기가 급격히 냉각되는 일이 일어나지 않을 것이다. 단, 향후 여러 해 동안 성장률이 계속 둔화되는 문제, 이것만큼은 피할 수 없을 것이다."

4. 2013년 상반기 제시, 일본의 '아베노믹스'에 대한 전망

■ 2013년 상반기 일본의 '아베노믹스'에 관해 부정적인 전망이 우세하던 시기 : [f]

〈서론〉

─ "아베 신조(安倍晉三) 총리의 재집권 이후 2013년 초반부터 시행되고 있는 아베노믹스의 핵심요소는 '대대적으로 양적 완화를 실시하는 것'이다. 이 양적 완화는 일본경제를 활성화시키는 데에 기여할 것이다. 무엇보다도, 엔화를 약세로 이끌어 상품 및 서비스의 수출을 촉진하고 수입은 억제할 것이다. 또한, 경기전망을 밝게 해 기업투자수요와 소비수요를 증가시키기도 할 것이다. 단, 그 '약효'는 초고강도(超高强度) 엔저[8]가 수년 간 지속되어야만 제대로 나타날 것이다. 지금의 일본경제는 유동성함정 정도가 아니라 '유동성심연'(流動性深淵 ; liquidity abyss)에 빠져 있기 때문이다."

〈엔화 약세 문제에 관한 보론〉

─ "2013년 초반 이래 과연 엔화는 약세 추세를 시현해 왔다. 그런데, '엔화 약세'는 일본국민의 입장에서 본 환율의 수준으로 표현하면 곧 '고환율'이다. '이 고환율 때문에, 수입물가가 오르고 그것이 전반적인 고물가로 연결될 것이다. 그래서, 일반국민은 실질소득이 감소하는 고통을 겪게되고, 그 여파로 내수가 오히려 위축될 것이다. 수출기업들의 가격경쟁력

---

f) 연세대 최고경제인과정, 한양대 최고경영자과정, 한국산업기술대, 한국금융연수원 등에서 강연할 때 밝힌 견해다.

g) 여기서 말하는 '초고강도 엔저'에 해당하는 엔/달러환율의 수준은 물론 상대적이다. 예를 들어, 2013년 상반기 현재의 상황에서는 환율이 120엔 이상으로 오른 것을 '초고강도'라고 할 수 있고, 향후 수출경쟁국들의 통화가치가 큰 폭으로 절하되거나 해외수요국들의 경기가 현저히 둔화되거나 한다면, 그 상황에서는 환율이 120엔보다 훨씬 높은 수준 이상으로 오른 것을 그렇게 부를 수 있을 것이다.

도 수입원자재 구매비용의 상승 때문에 많이 제고되지 못할 것이다. 그러니, 아베노믹스는 실패할 수밖에 없다.' 하는 식으로 비관론자들은 전망한다. 그러나, 그들은 고환율 드라마의 앞부분에 나오는 '고환율에 따르는 고통'에만 시선을 두고 있을 뿐이다. 뒷부분에 나오는 '고환율의 축복'은 도외시하고 있는 것이다."

―"2013년 상반기 중 일본의 상품부문 외화표시 수출액 및 수입액 동향을 보면, 엔화의 현저한 약세에도 불구하고 수출액은 오히려 상당히 줄고 수입액은 별로 안 줄어 상품수지가 도리어 악화될 것 같은 양상을 보였다. 이것을 놓고서도 비관론자들은 '아베노믹스가 실패할 전조'라고 인식하고 있다. 그러나, 그 같은 상품수지 악화는 이른바 'J-커브 효과'의 전반부 과정이 진행될 때 나타나는 현상으로서, 일정한 조건이 충족되면 동 효과의 후반부 과정이 진행되면서 반전될 수 있는 성격의 것이다. 예컨대 다음과 같은 조건이 충족되면, 즉, ① 앞서 언급한 수준의 초고강도 엔저가 형성되고, ② 그 엔저가 오랫동안 유지될 것이는 전망이 확고해지면서 수출기업들이 본격적으로 수출단가를 과감하게 인하하며, ③ 그렇게 된 상황이 지속되면서 1~2년 정도의 시일이 경과하면, 그때부터는 상품수지가 개선되기 시작할 것이다. [h]"

---

h) 환율이 상승하면, 수출업체들은 외화표시 수출단가를 인하하더라도 자국통화 기준으로는 마진이 남기 때문에 더 많은 물량의 수출을 위해 그 단가를 인하한다. 그랬을 때, 전반부에는 그 물량이 탄력적으로 늘지 못하면서 외화표시 수출금액이 많이 감소했다가 후반부 들어 그 물량이 탄력적으로 늘면서 그 금액이 증가한다. 한편, 수입물량은 전반부에는 조금 감소했다가 후반부 들어 많이 감소하기 때문에, 외화표시 수입금액도 그 물량과 같은 추이를 보인다. 그래서, 상품수지는 전반부에는 악화되었다가 후반부 들어 개선된다. 참고로, 후반부 중에는 설사 수출물량 쪽 탄력성이 1에 못 미치더라도 수입물량의 많은 감소가 도와줘서 상품수지가 개선된다. 대략 이런 것을 'J-커브 효과'(J-curve effect)라고 부른다.

물론, 지금의 일본경제에서는 이 효과가 작용하는 강도가 약할 수도 있다. 종전까지의 엔고 기조가 그간 일본 내 제조업생산기지의 해외이전을 가속화시켰고, 그 결과로 일본브랜드제품의 국내생산기반에 공동화(空洞化)가 많이 진행되어 있기 때문이다. "엔저가 되어 봤자 이제 더 만들어 수출하거나 수입을 대체할 만한 것은 별

- "2013년 5월 하순경, 그간에 큰 폭으로 올랐던 주가가 급격히 반락했다. 올랐던 엔/달러환율 또한 반락했다. 내렸던 국채유통금리는 반등했다. 비관론자들은 기다렸다는 듯이 논평했다. '이제 아베노믹스의 반짝 약효도 끝나 간다!' 하지만, 앞에서 언급된 반락이나 반등의 현상은 그 직전까지 있었던 '시장의 과잉반응'(overshooting of the market)이 조정되는 과정에서 으레 나타난 것에 불과하다. 추세가 바뀐 것이 아니다."

〈재정파탄 가능성 문제에 관한 보론〉

- "일본은행은 물가상승률이 전년 대비 2%로 높아질 때까지 양적 완화를 계속 실시하겠다고 밝힌 바 있다. 여기서의 물가상승률 목표치를 두고서 비관론자들은 이렇게 분석하고 있다:

'물가상승률이 2%로 높아지면, 예상물가상승률도 2%로 높아져 명목금리가 실질금리보다 2%포인트만큼 높아지게 될 것이다. 그래서, 국채발행금리 역시 2%포인트만큼 높아지게 될 것이다. 그런데, 일본의 재정상태를 보면, GDP의 2.4배에 달하는 과도한 국가부채로 인해 연 1% 이하 수준인 현재의 발행금리하에서도 국채이자 지급부담이 과중한 실정이다. 이런 판국에 그 금리가 무려 2%포인트만큼이나 상승하게 될 것이니, 일본정부는 결국 국채이자 지급부담을 도저히 감당할 수 없어 재정파탄에 직면하게 될 것이다. 그리고, 그에 따른 충격파는 세계경제까지 강타할 것이다!'

이 같은 분석에 대해서는 아베노믹스의 설계자라는 하마다 고이치(浜田宏一) 교수조차 선명한 반론을 제시하지 못하고 있다. 그러나, 다음에서 볼 수 있는 바와 같이 그 '분석'에는 허점이 많다."

로 없다!'라고 비관론자들이 지적하는 것에도 나름대로의 근거는 있는 셈이다. 그렇더라도, 고강도 엔저 기조가 정착되었을 때 일본의 상품수지가 중장기적으로 개선될 가능성까지 무시하는 것은 성급한 견해가 될 것이다. 사실, 장기적으로는 해외의 생산기지들 중 적지 않은 일부가 U턴해서 들어올 수도 있다!

- "첫째, 현실에서는 예상물가상승률이 물가상승률에 못 미치는 경우가 많지만 설사 양자가 공히 2%가 되더라도, 그 이전에 실질금리 자체가 대대적인 양적 완화의 과정에서 많이 낮아질 것이다. 그렇기 때문에, 국채발행금리는 2%포인트만큼보다는 훨씬 덜 높아질 것이다."

- "둘째, 설사 국채발행금리가 2%포인트만큼 높아지더라도, 그 금리는 기발행국채 전체가 아니라 그 시점 이후 신규로 발행되는 국채에 대해서만 적용될 것이다. 그렇기 때문에, 국채이자 지급부담이 당장에 대폭 증가하지는 않을 것이다."

- "셋째, 지금의 일본경제는 디플레이션에 길들여져 있어, 물가상승률은 고환율에 따른 수입물가 상승에 의해 높아지는 부분을 제외하고는 일단은 실질성장률에 완만하게 비례해 높아질 것이다. 그렇기 때문에, 물가상승률이 정말로 2%가 되었을 때쯤이면, 실질성장률이 이를테면 3% 정도의 수준으로 올라가 있게 될 것이다. 이 경우 재정수입 증가율은

       재정수입 증가율
    = 물가상승률[2%]
      + 실질성장률[3%]
      + 누진소득세 요인에 의한 추가증가율

이 될 것이다."

- "그러므로, 비록 물가상승률이 2%로 높아지더라도, 비관론자들의 계산과는 달리 그 후의 여러 해 동안 재정수입 증가분이 국채이자 지급부담 증가분을 꽤 큰 폭으로 상회하게 될 것이다. 이 점을 감안할 때, 우리는 이렇게 말할 수 있다. '아베노믹스의 시행기간 중 재정지출이 턱없이 확대된다거나, 그 시행기간이 물가상승률이 2%로 높아진 상황에서도 무작정 연장된다거나 하는 일만 생기지 않는다면, 재정파탄이 초래되지는 않을 것이다.'"

- "또한, 설사 재정파탄이 초래되더라도, 일본정부가 부채의 상환을 위해 신규로 발행할 국채를 일본은행이 직접[재정법 개정 필요] 또는 양적 완

화의 형식을 빌려 간접적으로 인수해 줄 것이기 때문에, 그 파탄이 디폴트사태로까지 이어지지는 않을 것이다. 물론, 이 단계에 이르면, 엔화에 대한 신뢰도가 추락해 자본유출 급증 및 환율 폭등의 과정이 진행될 것이다. 그런데, 역설적이게도, 그런 위기는, 정책당국이 환율 폭등을 저지하겠다고 보유외환 풀기에 나서는 우(愚)만 범하지 않는다면, 본격적인 외환위기가 아니라 '엄청난 고환율에 따른 막대한 수출 증가'로 이어져 오히려 실물경기를 획기적으로 진작시킬 것이다. 그러고 보면, 아베노믹스는, 성공하면 온건한 성과를 거둘 것이지만, 차라리 크게 실패하면, 한동안 혼란과 고통이 뒤따르기는 해도 결국 굉장한 성과를 거둘 것이다."

〈결론〉

- "극단적인 상황을 가상하기까지 했지만, 결론은 단순하다. 아베노믹스는, 여러 해 동안 공격적으로 시행될 것이지만, '초고강도 엔저 지속'의 관문까지는 통과하지 못할 것이기 때문에 '절반의 성공'에 그칠 것이다." [* '과감한 구조개혁'은 대수술과 같다. 정치적으로는 물론 경제적으로도 위험부담이 매우 큰 카드다. 그래서, 아마도 아베 총리는 그 카드는 배제하면서 '절반을 넘는 성공'을 원할 것이다. 실제로 그렇다면, 그는 양적 완화보다 더 강력한 수단, 즉, 저자가 이 책에서 자세히 설명하게 될 외환보유고 쌓기를 선택해야 할 것이다!]

5. 2013년 제시, 박근혜 정부하의 한국경제에 대한 전망

- "『전국책』(戰國策)을 보면, 연(燕)나라의 소왕(昭王)이 몸을 낮추어 현자(賢者)인 곽외(郭隗) 선생을 직접 찾아가 그의 조언을 경청하는 장면이 기록되어 있다. 그 조언 중에 다음과 같은 구절이 나온다."

　　　제자여사처(帝者與師處)

제왕은 스승과 더불어 살고, [스승의 가르침을 받는다.]

왕자여우처(王者與友處)

어진 왕은 친구와 더불어 살며, [친구의 진솔한 충고를 듣는다.]

패자여신처(霸者與臣處)

패도정치를 하는 자는 신하를 거느리고 살고, [예스맨만을 등용한다.]

망국여역처(亡國與役處)

나라를 망하게 할 자는 신하와 백성을 노예처럼 부리며 산다.

- "박근혜 대통령은 장점도 많지만, 적어도 인사 문제에 있어서는 단점이 두드러지는 분이다. 직언하는 충신(忠臣)은 멀리하고 예스맨만을 좋아하는 유형의 지도자로서, 현신(賢臣)을 알아보는 능력이 부족할 것이다. 게다가, 측근의 인사들과 그들이 자신들의 측근자들 중에서 추천하는 인사들 위주로 기용하는 폐쇄적인 인사를 하게 될 것이다. 그래서, 유능한 인재들을 등용하지 못할 것이다."

- "그가 대선공약으로 내세운 '경제 민주화와 시혜적 복지 확대'를 위한 정책들을 비롯해 그의 재임 중에 추진될 정책들 중에는 국가경쟁력 저하를 초래할 것들이 많을 것이다."

- "종전까지 세계경제의 평균성장률을 상회하는 추세로 성장해 왔던 한국경제는, 이제부터는 그 평균성장률을 따라잡기에도 버거움을 느낄 것이다. 과거 일본의 경우처럼, 한국에서도 박근혜 정부의 출범과 함께 '잃어버린 세월'[내지 '허송해 버린 세월']이 시작되는 것이다!"

6. 2017년 제시, 문재인 정부하의 한국경제에 대한 전망

〈서론〉

- "노자(老子)의 『도덕경』(道德經)에 나오는 다음의 명언은 새기고 또

새겨야 할 경구(警句)다."

> 신언불미(信言不美)
>
> 믿을 수 있는 말은 아름답지 않고,
>
> 미언불신(美言不信)
>
> 아름다운 말은 믿을 수 없다.

– "사람 중심 경제, 포용적 성장, 함께 잘 사는 경제 …. 문재인 정부의 경제정책 표어는 역대 정부의 것들 중 가장 아름답다. 그러나, 그런 만큼 우리는 미언불신의 교훈을 더 떠올려야 한다!"

– "소득주도성장론에 입각한 타율적(他律的) 임금인상, 반기업적(反企業的) 정책, 확장적 재정정책의 남용 등은 국가경쟁력을 심히 저하시킬 것이다."

〈소득주도성장론의 오류〉

– "소득주도성장론자들은

> '생산성 향상이나 영업실적 호전이 없더라도 법령이나 노조활동에 의해 임금을 올리기만 하면, '임금 상승 → 근로자들의 소득 증가 → 소비 증가 → 기업투자도 증가 → 국민소득 증가 → 경제 활성화'의 선순환 과정이 진행될 것이다!'

라고 주장한다. 그러나, 진실은 다음과 같다."

– "최저임금의 급격한 인상과 같은 '임금의 타율적(他律的)·비자발적(非自發的) 인상'은, 기업 입장에서 보면 '생산성 향상이나 영업실적 호전이 없음에도 인건비가 상승하는 것'을 의미한다. 그래서, 상당수 기업들은 '원가 상승 → 제품가격 인상 → 매출량 감소 → 생산 감축'이라는 불가피한 향후과정을 예상해, 선제적으로 고용을 감축해 버리고, 그와 함께 생산도 감축한다. 공장의 해외이전까지 고려하기도 한다. 이에 따라, 고용 감소로 인해 근로자 계층의 소비가 오히려 감소할 수도 있다."

– "한편, 위에서와 같은 생산 감축은 그 기업들에서만 끝나는 것이 아니

라, 이를테면 관련 납품업체들의 생산 감축을 유발하는 식으로, 연쇄적인 생산 감축으로 이어질 것이다. 이러한 과정까지 예상되기 때문에, 게다가 소득주도성장론 뒤에서 묘하게 어른거리는 '반기업·친노조주의'라는 유령(幽靈)이 알게 모르게 겁을 주기 때문에, 많은 기업들의 투자심리가 위축되고, 그에 따라 투자도 전반적으로 감소한다."

− "또한, 인건비 상승에 따른 비용 상승과 투자 감소에 따른 생산성 향상 부진으로 그 경제의 국제경쟁력이 저하되어, 수출은 감소하고 수입은 증가하게 된다."

− "결국, 소비·투자·순수출(純輸出)이 모두 감소해 국민소득이 많이 감소하고, 전체 일자리도 그만큼 감소한다!"

- "서민과 취약계층을 돕겠다며 시행하는 정책들이 오히려 그들을 더 어렵게 만들 것이다!"

〈문재인 정부의 대응〉

− "이 같은 문제들에 대해, 문재인 정부는 최저임금 관련 보조금 지급, 인위적 일자리 만들기, 재정정책에 의한 경기부양 등으로 대처하기로 방향을 정했다. 그래서, 국채를 더 많이 발행해 재정지출을 더 많이 하는 확장적 재정정책의 시행을 추진하기 시작했고, 향후 그 규모를 최대한 확대하려 할 것이다! 사실, 문재인 정부는 포퓰리즘적 대선공약들의 이행과 지지율의 유지를 위해 어차피 대규모로 확장적 재정정책을 시행할 것이었다."

〈확장적 재정정책에 관한 경제학자들의 일반적 견해〉

− "대다수 경제학자들은

   '국채발행에 의존하는 확장적 재정정책은, 그때그때의 경기부양이 가능하다는 단기적 효과는 있지만, 자주 시행되면 국가채무가 과도하게 증가한다는 장기적 부작용도 있다. 국가채무의 과도한 증가가 두 가지

문제, 즉, 미래세대에 세금부담이 전가(轉嫁)된다는 문제와 국제금융

　시장에서 국가신용도가 하락한다는 문제를 수반함은 물론이다.'

라고 인식하고 있다."

〈확장적 재정정책에 관한 저자의 견해〉

- "그러나, 확장적 재정정책의 부작용은 '국가채무 증가' 정도에서 끝나는
것이 아니다. 간과하기 쉬운, 하지만 간과해서는 안 될 중요한 부작용을
적시하기로 하겠다. '확장'이 이루어지지 않았을 경우에 대비시키며 간략
히 설명하고자 한다."

- "첫째, 일반적으로, 확장적 재정정책은 민간투자와 순수출을 구축(驅
逐; crowd out)한다. 민간투자가 구축되는 과정은 두 가지 경로로 진행
된다. 하나는 '국채의 추가발행 → 금리 상승 → 자금조달비용 상승 → 민
간투자의 기대수익률 하락 → 민간투자 감소'의 경로며, 다른 하나는 '재정
지출 증가분 중 상당부분이 노동력과 물자 구매에 쓰임 → 인건비와 물건
비 상승 → 민간투자의 기대수익률 하락 → 민간투자 감소'의 경로다. 순
수출은 '인건비와 물건비 상승'의 경로로 구축된다. 이에 따라, 확장적 재
정정책의 단기적 경기부양 효과[총수요를 증가시키는 효과]는 민간투자
와 순수출이 구축되는 크기만큼 상쇄된다." [*엄밀히 말하면, 확장적 재정
정책은 민간투자를 구축하기만 하는 것이 아니라 유발하기도 한다. 다만,
대개의 경우 그 유발분이 그 구축분보다는 한결 작을 것이므로, 여기서는
서술의 편의를 위해 구축 쪽에 초점을 맞추었다.]

- "둘째, 아래에서 논의되는 바와 같이, 확장적 재정정책은 거의 본질적
으로 그 경제의 국가경쟁력을 저하시킨다!"

- "원칙적으로, 재정지출은, 그 중에서도 특히 투자성 지출은, 가능한 한
'투자효율'[투입비용에 비해 국민경제의 생산성이 향상되는 효과가 얼마만
큼 되는지의 정도]이 높은 부문에 쓰여야 한다. 그러나, 확장적 재정정책
에 따른 지출증가분은, 원래대로였다면 투자우선순위가 낮아 선정될 수

없었을 사업이나 선심성 사업 등에 쓰이고, 공공지출의 속성상 민간지출에 비해 비효율적으로 쓰이기 마련이다. 게다가, 그 지출증가분 중에 근로자층을 겨냥한 시혜성 지출분이 들어 있다면, 그것은 근로의욕까지 저상(沮喪)시킬 것이다. 반면에, 투자효율이 높은 민간투자 중의 일부는 앞에서 살펴본 바와 같이 구축된다. 이에 따라, 국민경제의 한정된 자원 중 상대적으로 많은 부분이 투자효율이 낮거나 마이너스 수치를 취하는 부문에 사용될 것이다. 국민경제의 생산성 향상에 크게 기여하는 방향으로 사용될 수도 있었을 귀중한 자원이 낭비(浪費)되는 것이다.”

－“이상의 사정으로, 확장적 재정정책은 거개의 경우에 그 경제의 국가경쟁력을 저하시킨다. 일본이 ‘잃어버린 20년’의 기간 중 경기를 부양하겠다며 엄청난 규모의 확장적 재정정책을 계속 집행했지만 경기부진에서 벗어나지 못한 주된 이유도 사실은 여기에 있다! 확장적 재정정책은, 국민생산물에 대한 총수요의 부족을 메우는 데에 유효한 정책수단인 것은 맞지만, 남용되어서는 안 된다.”

－“셋째, 확장적 재정정책이 장기적 또는 가속적으로 과도하게 집행되면, 그것은 반드시 외환위기나 초(超)인플레이션으로 귀결된다!” [*이 문제에 대한 상세한 설명은 이 책 제1편 제5장 제3절 제3항에 수록되어 있다. 그곳에서 미처 하지 못한 이야기를 여기에서 하기로 하겠다. 프리드먼(Milton Friedman)은 “인플레이션은 언제 어디서나 화폐적 현상이다.” (Inflation is always and everywhere a monetary phenomenon.)라는 말을 자주 했다. 저자는, 초인플레이션은 거의 예외 없이 확장적 재정정책의 과도한 집행에서 비롯된다는 점을 강조하기 위해, 그의 말을 부분적으로 이렇게 수정하고 싶다: “적어도 초인플레이션은 언제 어디서나 재정적 현상(fiscal phenomenon)이다!”]

〈문재인 정부의 확장적 재정정책에 관한 저자의 견해〉

－“문재인 정부의 확장적 재정정책은, 임금의 타율적 인상에 의한 국가경

쟁력 저하를 기정사실로 만든 상태에다 덧붙여 집행하는 것이다. 따라서,
단기적 경기부양 효과도 기대만큼 크지 않을 뿐만 아니라, 설사 그 단기
적 효과가 크더라도, 그리고 그 단기적 효과가 클수록 더욱, 중장기적으
로는 국가경쟁력을 추가적으로 저하시킬 것이다!"

- "정부가 헤프게 돈을 쓰는 정책은 누구나 쉽게 고안할 수 있는 정책이
다. 그러나, 좋은 정책은 아니다. 아래의 구절은 저자가 지어 본 경구다."

　　양책불이(良策不易)
　　좋은 정책은 쉽지 않고,
　　이책불량(易策不良)
　　쉬운 정책은 좋지 않다!

〈결론〉

- "문재인 정부의 잘못된 경제정책 기조가 끝까지 고수(固守)된다면, 단
기적 성장률이 어떠하든, 한국경제는 박근혜 정부 때의 '잃어버린 4년'보
다 심각한 '잃어버린 5년'을 추가적으로 겪게 될 것이다!"

제3장 유동자산공급모형과 글로벌 금융위기

1. 유동자산총액이 결정되는 메커니즘

◆ '비예금민간'은 민간부문 전체에서 예금기관부문을 제외한 것을 가리킨다. 그리고, '본원화폐'는 현금통화[비예금민간이 보유하는 현금]와 지급준비금[예금기관이 보유하는 현금이나 중앙은행당좌예금]을 총칭한다.

◆ 한 시점에 있어서 비예금민간이 보유하고 있는 현금통화 · 화폐성예금 · 저축성예금 및 채권의 총가액을 '유동자산총액'[U]이라고 부르기로 하겠다. 즉,

> 유동자산총액
>
> = 현금통화총액 + 화폐성예금총액 + 저축성예금총액
>
> + 각종 채권의 총액

이다.

- 부채증권(負債證券 ; debt securities)으로서 양도성이 보장되어 있는 것이라면, 그것의 명칭이나 만기 등에 불구하고 모두 여기서 말하는 '채권'(債券 ; bond)에 해당한다. 이를테면, 기업어음(CP)이나 양도성예금증서(CD)도 채권이고, 신용부도스왑(CDS)의 증서 또한 채권인 것이다.

◆ 어떤 경제주체가 예금이나 채권을 보유하고 있다면, 그의 건너편에는 은행대출을 받거나 채권을 발행해 자금을 조달한 채무자가 있는 것이 일반적이다. 그 채무자는 그 자금을 생산, 투자 혹은 소비 등에 이미 사용했거나 곧 사용할 것이다. 그런데, 유동자산총액은 예금총액과 채권총액을 모두 포함한다. 그렇다면, 그것의 크기 또는 그 크기가 증감하는 양상(樣相)은, 우선 그 경제에서 활동하는 경제주체들의 전반적인 채무부담수준을 상당히 잘 반영해 주고, 아울러 그 경제의 운행수준과도 꽤 뚜렷한 양

[+]의 상관관계를 가질 것이다. 바로 이 점에서, 유동자산총액은 그 포괄범위가 좁은 통화량[$M1$]이나 총통화량[$M2$]보다 중요하다! 또한, 이 변수는 외견상으로는 기존경제학의 총유동성[$M3$]과 비슷한 면도 있지만 학리적으로는 그것과 다르고 그것보다 중요하다.

◆ '본원화폐총액'[H]은 비예금민간이 보유하고 있는 현금통화의 총액과 예금기관이 보유하고 있는 지급준비금의 총액을 합계한 것을 말한다. 즉,

> 본원화폐총액
> = 현금통화총액 + 지급준비금총액

이다. 이 같은 본원화폐총액이 '경제에 존재하고 있는 본원화폐의 총액'으로 해석될 수 있음은 물론이다. 중앙은행은 이 변수의 크기를 직접 조절할 수 있다.

◆ 비예금민간이 당장의 유동자산총액 중에서 보유하고 있고자 하는 현금통화의 총액과 예금기관부문이 법령상 및 경영상의 필요로 보유하고 있고자 하는 지급준비금의 총액을 합계한 것을 '본원화폐소요총액'[H^{n}]이라고 지칭하기로 하겠다. 즉,

> 본원화폐소요총액
> = 현금통화소요총액 + 지급준비금소요총액

이다. 이 같은 본원화폐소요총액은 '경제가 필요로 하는 본원화폐의 총액'으로 해석될 수 있다. 저자가 언급하는 '소요'는 대개의 경우 기존경제학에서의 '수요'와는 다른 개념이다.

◆ 이제, 유동자산총액이 결정되는 메커니즘을 〈그림 A〉를 이용해 개략적으로 설명하기로 하겠다.

◆ 다른 조건들이 동일할 때, 본원화폐소요총액[H^{n}]은 유동자산총액[U]이 커지면 함께 커진다. 설명의 편의상 그 관계는 비례관계라고 가정하고 그 비례계수를 h로 표시하기로 하면, 양자 사이에는

$$H^{n} = h \cdot U$$

가 성립한다. 여기서의 비례계수 h 같은 것을 '본원화폐계수'(base money

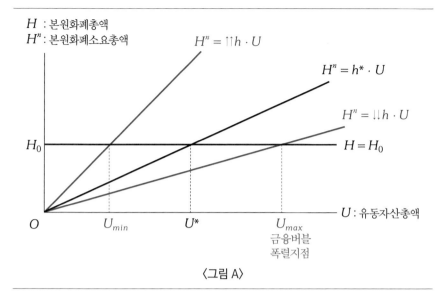

H : 본원화폐총액
H^n : 본원화폐소요총액

$H^n = \uparrow\uparrow h \cdot U$

$H^n = h^* \cdot U$

$H^n = \downarrow\downarrow h \cdot U$

$H = H_0$

H_0

U : 유동자산총액

O U_{min} U^* U_{max}
금융버블
폭렬지점

〈그림 A〉

coefficient)라고 명명하기로 하겠다.

◆ 본원화폐소요총액선은 앞의 관계식이 나타내 주는 대로 우상향하는 반직선이 된다. 그 반직선의 기울기는 h인데, 본원화폐계수가 그 기울기로 나타남은 물론이다.

◆ 한편, 본원화폐총액선은 그 총액이 유동자산총액으로부터 독립적이므로 수평선이 된다.

◆ 한 시기에 있어서, 유동자산총액은 본원화폐총액선과 그 소요총액선의 교점에 대응하는 수준으로 결정된다. 예를 들어, 본원화폐총액이 H_0의 크기를 유지하고 본원화폐계수가 h^*의 크기를 취한다면, 〈그림 A〉에서 볼 수 있듯, 유동자산총액은 U^*의 수준으로 결정된다.[i]

---

i) 유동자산총액이 U^*와 같은 균형수준에 미달하고 있는 경우, 예금기관부문에는 $(H - H^n)$만큼 지급준비금잉여분이 발생해 있게 되고, 동 부문은 그 잉여분의 감축을 위해 이를테면 대출의 확대를 추진한다. 그 확대가 실행될 때 유동자산총액 증가의 승수과정(乘數過程)이 시작되고, 그 과정은 동 총액이 균형수준에 도달할 때까지 계속된다. 반대의 경우, 예금기관부문은 $(H^n - H)$만큼의 지급준비금부족분을 보충하기 위해 이를테면 기존대출금의 회수를 추진하고, 그 회수가 실행될 때부터 유동

◆ 본원화폐소요총액선의 기울기[즉, 본원화폐계수]는 고정된 것이 아니어서 그때그때 변할 수 있다. 본원화폐총액이 일정하더라도, 그 소요총액선의 기울기가 낮아지면 유동자산총액은 늘어나고, 그 기울기가 높아지면 유동자산총액은 줄어든다![j]

2. 금융버블의 팽창 및 폭렬(爆裂)

◆ 〈그림 A〉를 계속 참조해 주시기 바란다.

◆ 실물경제나 금융시장이 흥청대는 국면에서는 H^n-선의 기울기가 낮아지는데, 그것이 과도하게 낮아지면 유동자산총액이 과도해지면서 금융버블이 팽창하고, 유동자산총액이 임계점$[U_{max}]$에 이르면 결국 그 버블이 폭발한다.

◆ 그리고, 그 폭발이 일어나면 민간부문의 공황심리에 의해 전기한 기울기가 급격히 높아지게 되는데, 이때 정책당국이 수수방관한다면, 유동자산총액이 U_{min} 수준을 향해 급감하면서 대공황 때처럼 파국이 올 수 있다.

◆ 2008년의 글로벌 금융위기는 기실 이런 메커니즘에 의해 발발했다!

- 서브프라임대출채권에 기초한 MBS의 과도한 발행 및 인수, 그 유동화의 반복에 편승한 서브프라임대출잔액 급증, CDS의 과도한 발행 … 등 기존경제학자들이 제시하는 요인들은 표면에 나타나는 현상일 뿐이다.

자산총액 감소의 승수과정이 진행된다.
j) 본원화폐계수의 크기에 영향을 미치는 요인은 여러 가지고, 그 경로도 복잡하다. 현금통화·화폐성예금·저축성예금 및 채권 각각에 대해 비예금민간이 그때그때 시현하는 선호도(選好度), 그리고 예금기관부문이 그때그때 선택하는 목표지급준비율, 이런 것들이 어우러져 그 크기를 결정한다!

– 글로벌 금융위기의 심층적 원인 및 진행과정은 저자가 제시하는 '금융버블 메커니즘'에 의거할 때 학리적으로 올바르게 설명될 수 있을 것이다.

3. 금융버블 붕괴의 제어 및 반전(反轉)을 위한 대책

◆ 이제 〈그림 B〉를 참조해 주시기 바란다.
◆ 금융버블 폭렬 직후 H^n-선의 기울기가 급상승하는 국면에서 중앙은행이 본원화폐총액을 이를테면 $\hat{H}$의 수준으로 대폭 증가시킨다면, 우선 유동자산총액이 어느 수준에서 감소를 멈추는 한편, 민간부문의 심리가 차츰 안정되면서 전기한 기울기도 어느 수준에서 상승을 멈춘다. [*이 경우, 예금자보호제도의 도입, 금융기관들에 대한 공적 자금 투입, 확장적 재정정책의 집행 … 등의 대책들도 함께 시행되면 민간부문의 심리가 보다 빨리 안정될 수 있다.]
◆ 이후 전기한 기울기는 서서히 평소의 수준을 향해 하락하기 시작하는

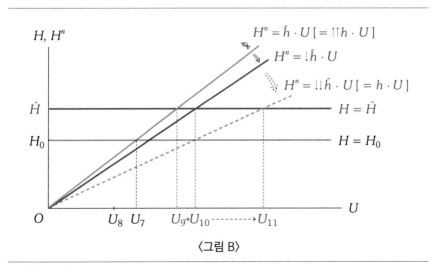

〈그림 B〉

데, 이 단계에 접어들고 나면, 유동자산총액이 다시 증가하기 시작하고, 실물경기도 회복세를 보이기 시작한다.

◆ 세계경제는 '미국신용등급 강등'과 '유럽 재정위기 재점화'로 충격을 받은 2011년 8월 직전까지는 일단 이상의 과정을 밟았다!

◆ 위의 과정이 진행된 이후 소요총액선의 기울기가 상대적으로 이른 시기에 평소의 수준에 근접한다면, 본원화폐총액이 이미 대폭 증가해 있으므로, '금융버블의 재팽창'이 일어날 수도 있다. 이런 경우에는 출구전략이 필요하다.

◆ 이와 달리, 유동자산총액이 감소를 멈춘 후의 경제가 어떤 이유로 유동성함정에 빠져 있게 된다면, 실물경기의 회복이 늦어지고, 최악의 경우에는 더블딥이 올 수도 있다.

4. 유동성함정 속 양적 완화의 한계
- 2011년 중 미국과 일본경제가 처했던 유동성함정의 성격 -

◆ 저자가 앞에서 제시한 '유동자산공급모형'에 의거해 정의할 때, 유동성함정이란,

- 중앙은행이 본원화폐총액을 증대시키려 하지만 그것이 여의치 않거나,

- 본원화폐총액이 증대되더라도 본원화폐계수가 높아지는 바람에 유동자산총액이 별로 증가하지 않거나,

- 유동자산총액이 증가하더라도 그 증가에 상응하는 자금이 주로 운영자금이나 자산투자자금으로 사용될 뿐이어서 기업투자수요는 별반 증가하지 않는 상황을 말한다.

◆ 그 경제가 유동성함정에 빠져 있지 않은 경우, 양적 완화(quantitative easing; Q.E.)는 유동자산총액을 증가시키면서 실물경기의 활성화에 기여할 수 있다.[k]

◆ 그러나, 그 경제가 유동성함정에 빠져 있다면, 사정은 달라진다.

◆ 양적 완화를 통해 본원화폐총액이 증대되더라도, 중앙은행에 채권을 매각한 비예금민간이 그 매각대금으로 다시 다른 채권을 매입하려 하지 않거나, 지급준비금을 많이 보유하게 된 예금기관들이 비예금민간에 대한 대출을 꺼리는 경우에는, 본원화폐계수가 높아져 유동자산총액이 별로 증가하지 않는다. 조금 과장해서 극단적인 경우를 예시한다면, 그것은 〈그림 C〉에서와 같다.

– 비유컨대, 구름 위에서는 분명히 물을 퍼부었는데 구름 아래 대지로는 비가 거의 내리지 않는, 그런 형국인 것이다.

---

k) 그 경로는 크게 보아 다음의 세 갈래다.

①중앙은행이 채권유통시장에서 국채를 매입하며 그 대금을 지급하는 과정에서 본원화폐가 새로 공급됨 → 그 본원화폐 중의 대부분은 예금은행들의 잉여지급준비금이 됨 → 예금은행들은 그 잉여지급준비금의 감축을 위해 비예금민간에 대한 대출을 늘리려 함 → 중앙은행은 국채를 매입하려 하고 예금은행들은 대출을 늘리려 하는 것이므로, 즉, 자금공급이 증가한 것이므로, 시장이자율이 하락함 → 그 하락에 따라 자금조달비용이 경감됨 → 기업투자수요[건설투자수요 포함]가 증가함 → 그 수요의 주체들이 그 수요의 증가에 수반하는 자금수요 증가분의 충족을 위해 대출을 받기도 하고 회사채를 발행하기도 함 → 이 과정에서 유동자산총액 증가의 승수과정이 시작됨 → 그 승수과정이 진행되면서 예금은행들의 대출과 비예금민간의 채권투자를 통한 자금공급이 증가해 앞의 자금수요 증가분을 흡수해 줌 → 시장이자율이 하락된 상태 그대로 유지될 수 있고, 그에 따라 기업투자수요도 증가된 상태 그대로 유지될 수 있음 → 기업투자수요의 그 증가로 내수가 진작됨

②앞의 논의 중에서 볼 수 있는 바와 같이 국내의 금리수준이 낮아짐 → 그에 따라 해외의 금리수준이 상대적으로 높아짐 → '캐리 트레이드'(carry trade; 금리가 낮은 나라에서 차입한 돈을 금리가 높은 나라로 가져가서 대여해 차익〈positive carry〉을 얻을 목적으로 행하는 자본거래)를 유발함 → 또한, 국제투자자들은 양적 완화에 따라 국내통화의 대외가치가 하락할 것이라고 예상해 국내자산 중 환차손 때문에 투자수익이 마이너스가 되거나 미미해질 것 같은 종목의 보유를 기피함 → 자본유출[외환수요 요인]이 증가함 → 반대로, 자본유입[외환공급 요인]은 감소함 → 환율이 상승함 → 수출이 촉진됨

③이상과 같은 분위기 속에서는 부동산 및 주식가격이 상승세를 보이는 가운데 소비수요의 증가 및 기업투자수요의 2차적 증가가 이루어질 수 있음 → 내수가 2차적으로 진작됨

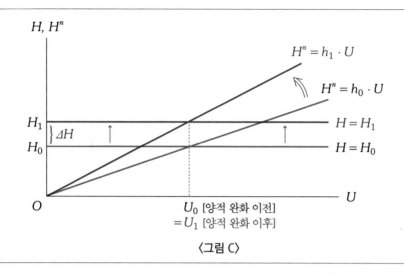

$$H'' = h_1 \cdot U$$
$$H'' = h_0 \cdot U$$
$$H = H_1$$
$$H = H_0$$

〈그림 C〉

◆ 이런 현상을 놓고서, 기존경제학자들은 "시중에는 새로운 돈이 분명히 생겼다. 그런데, 그 돈이 잘 돌지 않는다."라고 잘못 설명할 것이다. 저자라면 "시중에는 애당초 새로운 돈이 별로 생기지 않았다!"라고 보다 정확히 설명할 것이다.

◆ Fed가 "달러화가 풍성해지면 그것의 현저한 약세가 시현될 것이다."라고 기대하고서 시행한 면도 있는 '2차 양적 완화'는 소기의 성과를 거두지 못했다고 할 수 있다. 그 이유도 여기서 논의된 바로 설명될 수 있다. 달러화를 대거 풀었음에도 그것이 그다지 풍성해지지 않았기 때문이다!

◆ 유동성함정이 비유하자면 디플레이션의 늪 한복판에 형성되어 있는 경우, 우리는 그 자리를 '함정이 심연으로 깊어진 곳'으로 형용해도 무방할 것이다. 2011년 중에 일본은행이 시행한 양적 완화는 '유동성심연' 속에서 이루어진 것이어서 그 효과는 앞의 경우에 비해 더욱 작았다고 할 수 있다.

◆ 저자가 이미 2012년 상반기 중에 추정한 것처럼, 미국경제는 당시를 고비로 유동성함정에서 서서히 벗어나기 시작한 것으로 보인다. 반면, 저자가 2013년 상반기 중에 시사한 것처럼, 일본경제는 동년 초반 '아베노

믹스'의 시행 이후에도 아주 많은 시일이 지나야 그렇게 될 것으로 예상된다. [*2014년 1월 기준]

5. 중앙은행의 돈 풀기와 인플레이션 간의 관계

◆ 기존경제학에서는 '중앙은행의 돈 풀기[본원화폐총액 대폭 증가] = 인플레이션'이라는 고정관념이 지배하고 있다.

◆ 그러나, 간략히 말할 때,

— 본원화폐계수가 상승하는 국면에서는 돈을 풀더라도 인플레이션이 발생하지 않으며,

— 반대로, 그 계수가 하락하는 국면에서는 돈을 풀지 않더라도 인플레이션이 발생한다!

◆ 참고로 첨언하건대, 저자의 모형은 금본위제 경제에도 적용된다.

— '중앙은행만이 현금을 발행할 수 있다.'라고 암묵적으로 전제해 온 바를 그대로 유지하면서 정의할 때, 금본위제란 현금과 그것의 액면에 고정비율로 대응하는 중량만큼의 금 사이의 자유로운 태환(兌換)을 중앙은행이 당사자로 참여하면서 보장해 주는 제도를 말한다. 이 경우의 현금을 태환현금이라고 부른다. 그것의 형태는, 그 액면에 비해 금의 함유량이 적은 금화일 수도 있고, 그냥 액면만 적혀 있는 태환지폐일 수도 있다.

— 중앙은행이 발행해 놓은 금화들 속에 함유된 금의 총량과 동 기관이 직접 보유하고 있는 금의 양을 합계한 것을 '금보유량'이라고 지칭하기로 하겠다.

— 금본위제하에서는, 본원화폐총액의 가능한 상한선이 금보유량에 기계적으로 연계된다.[1] 그래서, 중앙은행이 금보유량에 의한 제약을 초과해

---

1) 중앙은행은 중앙은행당좌예금에서 인출되는 현금도 당연히 금으로 태환해 줄 수

재량으로 본원화폐총액을 늘릴 수 없다. 물론, 동 기관은 현금을 발행해 금을 사들이는 방식으로 금보유량을 늘릴 수는 있다. 하지만, 산업용 금이 품귀해질 우려 때문에 함부로 그렇게 하지는 못한다.[m]

– 그렇지만, 금본위제하에서도, 현금은 물론 화폐성예금, 저축성예금 그리고 채권이 존재하고, 따라서 유동자산총액의 개념 또한 유효하다.

– 그렇기 때문에, 설사 본원화폐총액이 어떤 수준에 고정되어 있다고 하더라도, 본원화폐계수가 과도하게 하락하면 유동자산총액이 과다해지면서 인플레이션이 발생할 수 있다. 말하자면, 금 1그램으로 살 수 있는 상품의 수량이 자꾸 줄어들 수 있다는 것이다.

– 반면, 그 계수가 급격히 상승하면 유동자산총액이 급감하면서 공황이 엄습할 수 있다. 이 경우 중앙은행은 거의 속수무책의 상태에 놓이게 된다.

◆ "금본위제하에서는 인플레이션 걱정이 없어진다. 화폐의 가치가 금의 가치에 연동하고 중앙은행이 마음대로 본원통화량을 늘리지 못하기 때문이다." 몇몇 경제학자들은 이렇게 주장하며 '금본위제로의 복귀'를 주창(主唱)하고 있다. 저자로서는 앞에서의 '첨언'을 통해 이미 반론을 제기한 셈이지만, 이 기회에 다음의 사실을 강조하고 싶다.

– 금융시장이 고도로 발달된 현대경제에서는 본원화폐총액만이 아니라 본원화폐계수도 중요하다!

있어야 한다. 따라서, 동 기관은 언제나 비예금민간 보유 현금과 예금기관 보유 현금 및 중앙은행당좌예금의 총액[곧 본원화폐총액] 대비 일정비율 이상만큼의 금을 '금보유량'으로 확보하고 있어야 한다!

m) 사실, 중앙은행의 매입으로 금이 품귀해지더라도, 금을 필요로 하는 사람들은 현금을 동 기관에 들고 가서 금으로 태환해 올 수 있다. 이 경우 금보유량은 도로 줄어든다.

6. 결어

"천하수안(天下雖安), 망전필위(忘戰必危)."

[천하가 비록 평안하더라도, 전쟁을 잊으면 반드시 위태로워진다.]

『사마병법』(司馬兵法)에 나오는 명언이다. 저자는 이 명언을 전고(典故)로 해 글귀 하나를 지어 보았다. 이제 그것을 옮겨 적으며 본장의 막을 내리고자 한다.

"경제수평(經濟雖平), 하감망위(何敢忘危)!"

[경제가 비록 평온하더라도, 어찌 감히 위기를 잊을 것인가!]

제4장 유로화체제의 근본문제와 유럽 재정위기

1. 서론

중국 전국시대 중엽의 지도를 보면, 주요 7개국 중 초강대국인 진(秦)나라가 왼쪽에 자리하고, 그 오른쪽에 나머지 6국이 대략 세로로 늘어서 있다.

개혁정책 추진과 곡창지대 확보 등을 통해 막강한 경제력과 군사력을 겸비하게 된 진나라는, 욱일승천의 기세로 주변국을 잠식해 들어갔다. 이에 좌불안석이 된 6국은 소진(蘇秦)이라는 책략가의 건의를 채택했다. 진나라에 맞서 힘을 합치기로 한 것이다. 그 모양새가 지도상에서 세로, 즉, 종으로 합쳐지는 형태여서, 그 방책은 '합종책'(合縱策)이라고 불렸다. 6국 간에 합종의 약속이 굳게 지켜진 시기에는 진나라가 감히 동진(東進)을 하지 못했다.

라이벌은 누구에게나 있기 마련이다. 소진에게도 그랬다. 장의(張儀)가 그 라이벌이었다. 그는 소진과 동문수학했으나 줄곧 불우했다. 그래도 "내게는 세 치 혀만 남아 있으면 된다."라고 호언하곤 했는데, 마침내 진나라에 기용되었다.

그의 계책에 따라, 진나라는 6국 중 어리숙하고 욕심 많은 나라를 골라 자신과 연대하자고 제안했다. 나머지 5국의 땅을 빼앗으면 나누어 주겠다고 약속하면서 말이다. 이것은 가로, 즉, 횡으로 연대하는 모양새를 보여, '연횡책'(連衡策)으로 일컬어졌다. 당장의 이익에 눈이 먼 나라들은 차례로 연횡에 응했다. 진나라는 계속 커졌고, 6국은 순차적으로 점점 작아졌다. 결국 진나라가 6국 모두를 병탄했다.

현대의 세계지도를 보면, 대서양을 중심으로 왼편에는 초강대국 미국이 자리하고, 오른편에는 유럽의 여러 나라들이 대략 세로로 늘어서 있다. 유럽 열국(列國)은 경제적으로 미국에 맞서기 위해 합종을 하기로 했다. 그 결과, 유로화를 단일통화로 사용하는 유로존이 창설되었다. 이 합종책은 성공할 것이었다. 다음의 문제만 없었다면.

2. 유로화체제의 근본문제

◆ 단순화해서 말할 때,

– 유로/달러환율은 유로존 회원국들 전체의 대(對)미국 수출총액과 수입총액 양자를 균등화시키는 수준으로 결정되고, 이 환율수준은 그 회원국들 모두에게 공통으로 적용된다.

– 그런데, 그 환율수준에서, 수출경쟁력이 높은 독일은 항상 대미 경상수지 흑자[달러화 유입]를 누리고, 그 경쟁력이 낮은 그리스는 항상 적자[달러화 유출]를 겪게 된다. 〈그림 D〉에서처럼 말이다.

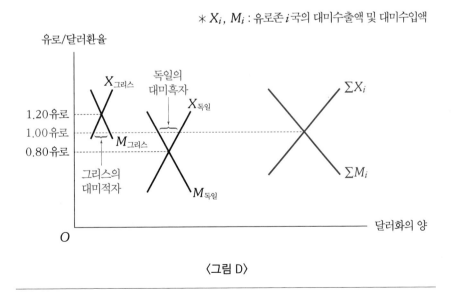

〈그림 D〉

- 또한, 독일과 그리스 사이에서도, 양국 통화 간에 고정환율이 적용되고 있는 셈이므로, 독일은 항상 흑자[유로화 유입], 그리스는 항상 적자[유로화 유출]를 보게 된다. [n]

◆ 이상과 같은 문제를 놓고서, 기존경제학자들 중에는 '가격-정화플로우 메커니즘'에 의거해 다음과 같이 인식하시는 분들도 계실 것이다.

- "독일의 경우, 경상수지 흑자분만큼 본원통화량이 증가하고, 그에 따라 통화량 증가로 국내물가가 상승하면서 가격경쟁력이 소멸되어, 경상수지는 결국 균형을 이루게 된다. 반대로, 그리스의 경우에는, 경상수지 적자분만큼 본원통화량이 감소하고, 그에 따라 통화량 감소로 국내물가가 하락하면서 가격경쟁력이 회복되어, 경상수지는 결국 균형을 이루게 된다."

◆ 그러나, 실제로는 다음과 같은 과정이 진행된다.

- 달러화나 유로화가 부족해진 그리스의 정부나 금융기관이 그것이 넘치고 있는 독일 측에 손을 내밀어 그것을 빌려 오게 된다. [o]

---

n) 유로화체제 이전이었다면, 독일의 경우에는 높은 생산성 등으로 수출경쟁력이 높더라도 마르크화가 절상되어 경상수지가 균형을 이루게 되고, 그리스의 경우에는 포퓰리즘 복지정책의 추진 등으로 수출경쟁력이 낮더라도 드라크마화가 절하되어 경상수지가 균형을 이루게 되었을 것이다.

o) 이 부분을 이론적으로 서술한다면 아래와 같다.
원래 물가보다는 금리가 수급(需給)의 변화에 훨씬 빨리 반응한다. 사실은 이 원리도 시장의 비밀 중의 하나다. 적어도, 이 대목에서는 이 원리를 적용해야 한다는 것이 그런 비밀이다. 콜럼버스의 달걀과 비슷해서 비밀 같지는 않겠지만 말이다. 어쨌든, 물가가 생산물수급의 변화에 반응하는 속도보다는 금리가 자금수급의 변화에 반응하는 속도가 훨씬 더 빠르다!
그래서, 현실에서는 '가격-정화플로우 메커니즘'이 가동되기 전에 '금리조정 메커니즘'이 먼저 작동한다. 즉, 독일에서는 일단 '경상수지 흑자분만큼 본원화폐총액이 증가 → 유동자산총액이 증가하면서 자금공급도 증가 → 국내금리가 낮아짐'의 과정이 진행된다. 그리고, 그리스에서는 일단 '경상수지 적자분만큼 본원화폐총액이 감소 → 유동자산총액이 감소하면서 자금공급도 감소 → 국내금리가 높아짐'의 과정이 진행된다.
이에 따라, 자국 것보다 높은 금리를 찾는 독일의 자금공급자들과 자국 것보다 낮은 금리를 찾는 그리스의 자금수요자들 사이에서 자본거래가 이루어지게 된다.

− 이렇게 독일로부터 그리스로의 자본이동이 일어남에 따라, 독일의 경우에는 늘어날 뻔했던 본원통화총액이 종전대로 유지되고, 그리스의 경우에는 줄어들 뻔했던 본원화폐총액이 종전대로 유지되면서, 두 나라에서 공히 '유동자산총액 그대로, 물가 그대로, 수출 그대로, 수입 그대로'의 상태가 지속된다.

◆ 그리하여, '독일의 흑자균형과 그리스의 적자균형'이라는 불균형이 장기간 지속될 수 있다.

◆ 독일의 경우, 경상수지 흑자가 지속되고, 그 흑자에 따른 고성장도 가능해지며, 그 흑자 덕에 대외채권이 누적되면서 자산가로서의 지위를 점점 더 많이 구가할 수 있다.

− 이 메커니즘에 의해, 독일은 유로존의 맹주로서의 입지를 강화시킬 수 있고, 중국 전국시대 때의 진(秦)나라처럼 주변국을 압도해 갈 수 있게 된다.

− 이 점에서 유로화체제의 최대수혜국은 독일이라고 할 수 있다.

◆ 반면, 그리스의 경우에는, 경상수지 적자가 지속되고, 그 적자로 인해 저성장이 불가피해지며, 그 적자 탓에 외채가 누적된다. [p] 아, 유서 깊은 도시 아테네의 한복판에서 외채의 바벨탑이 한 층 한 층 올라간다!

◆ 결국 그리스는 디폴트에 직면한다. 신의 노여움이 없더라도 말이다.

또한, 앞의 경로와는 별개로, 자국의 낮은 신용도를 고려해 기꺼이 응분의 위험프리미엄을 지급하겠다는 그리스의 자금수요자들과 그 프리미엄을 선호하는 독일의 자금공급자들 사이에서도 자본거래가 이루어지게 된다.

[p] 예를 들어, 그리스정부가 재정적자를 일으키며 국채를 발행하는 경우를 상정해 보자. 그리고, 이상에서 논의된 바를 적용해 보자. 우리는 어떤 상황이 전개될지를 쉽게 예상할 수 있다. ─ 그 국채 중 상당부분은 독일 측이 매입한다. 그에 따라 그리스의 외채는 그 매입분만큼 증가한다. 그런데, 이때 그리스는 자신도 모르고 남도 모르는 덫에 걸린다. 외채 도입에 따른 자본유입분이 경상수지 적자를 메워 주되 그 적자를 지속시키는 메커니즘, 이것이 그 덫이다! 그리하여, 그리스는 이후 '경상수지 적자 지속 → 저성장 → 재정수지 구조 악화 → 국채발행 증가 → 외채 증가 → 경상수지 적자 지속 → … → 외채 증가'의 악순환에 빠진다.

3. 유럽 재정위기의 진행전망 및 수습방안

[*2011년 9월 기준]

◆ 진행전망

— 정치적 및 경제적으로 유로화체제의 최대수혜국은 독일이라고 할 수 있는 만큼, 그 정치지도자들이 국익을 중시하는 한, 동국은 앞으로도 유로존의 붕괴를 막기 위해 공을 많이 들일 것이다.

— 즉, 디폴트 사태를 바라지 않는 EU, ECB 그리고 IMF 등과 공조해 해당 채무국들이나 채권은행들에게 구제금융이 제공되도록 함으로써 위기를 미봉하고자 할 것이다.

— 단, 유럽 각국의 정치지도자들이 일반국민의 여론과 자국의 부담능력 등을 고려해야 하기 때문에, 지원대상국의 재정긴축강도, 지원제공국의 출연규모, ECB의 역할 등을 놓고서 벌이는 줄다리기도 계속될 것으로 전망된다.

◆ 수습방안

— EFSF 등의 소규모 증액 정도로는 역부족이기 때문에, ECB가 나서는 것이 불가피하다.

— ECB가 남유럽국채를 유통시장에서는 물론 필요시 발행시장에서도 대거 매입하는 방안, 이것이 근본대책 마련 시간을 버는 가장 효과적인 수습책인 것으로 판단된다. [q)]

---

q) 만일 발행시장에서의 매입이 현행의 EU조약상 불가능하다면, ECB는 유통시장에서의 매입을 보장하면 된다. 그것은 발행시장에서의 매입과 동등한 효과를 가질 것이다.

4. 유럽 재정위기 국면에서 ECB의 역할의 중요성

[*2011년 9월 기준]

◆ 세계경제 차원에서 볼 때, '미국신용등급 강등'과 '유럽 재정위기 재점화' 등은,

– 그 자체로서는 본원화폐계수를 상승시키려는 에너지를 가진 것이지만,

– 글로벌 금융위기 수습 이후 그 계수가 하락하는 추세 속에서 발생했기 때문에, 즉, 그 계수를 하락시키려는 에너지도 함께 작용하는 상황에서 발생했기 때문에,

– 다행히도 2011년 9월 현재까지는 그 계수를 요동시켰을 뿐 크게 상승시키지는 못했다.

◆ 유로존 차원에서든 세계경제 차원에서든, 만일 2011년 9월 현재 이후 유럽 재정위기가 본원화폐계수를 급속히 상승시킬 디폴트 사태로까지 악화될 상황이 도래한다면, 그때에는 ECB가 재정위기국 국채의 매입을 과감하게 시행해야 할 것이다. 그 조치로 인해 본원화폐총액이 대폭 증가하더라도, 지금과 같은 상황에서는 인플레이션이 발생하지 않을 것이다.

– 본원화폐계수가 과도하게 상승해 있는 국면에서는, 그것이 평소의 수준을 회복하기 전까지 중앙은행이 소방수 내지 안전판(安全瓣)의 역할을 해 주어야 한다![r)]

---

r) 2011년 말 전후, ECB는 '민간은행들에게 장기저리대출을 해 주어 그들로 하여금 재정위기국 국채를 매입하도록 유도하는 방안'[LTRO]을 대대적으로 시행했다. 당시 저자는 이렇게 논평했다. "이 유형의 조치는 유럽 재정위기 안정에 기여할 것이지만 다음과 같은 한계도 있다. 어떤 재정위기국이 막상 디폴트 상태에 이르면, 어느 은행도 해당 국채를 매입하지 않을 것이기 때문에, 이 방식으로 그 디폴트를 막을 수는 없을 것이다. ECB가 해당 국채를 직접 매입하는 '정밀타격' 방식에 비해, 돈을 훨씬 많이 풀어야 하고, 디폴트 방지 효과는 간접적이고 제한적이다."

2012년 9월에는 ECB가 '재정위기국의 단기국채를 무제한 매입하는 프로그램'[OMT]을 시행하겠다고 발표했다. 저자는 이렇게 논평했다. "이 유형의 조치는 저자가 오래 전부터 그 필요성을 강조한 'ECB의 남유럽국채 매입'의 일환으로서, 이전의 LTRO보다 더 효과적인 수습책이라고 할 수 있다."

5. 향후의 유럽 재정위기 진행전망

[*2012년 4월 기준]

◆ 유로존 자체는 미국에 맞선 '합종'의 산물이라고 할 수 있다. 그런데, 그 내부를 들여다보면, 독일은 진나라처럼 점점 강성해지는 반면, 그리스 및 그와 비슷한 나라들은 독일에 의존하는 '연횡'을 하며 점점 쇠약해진다.

◆ 그렇다면, 유럽 재정위기의 가장 근본적인 해결책은 '그리스와 같은 나라들의 유로존 탈퇴'라고 할 수 있다. 그러나, 악순환의 고리에서 벗어나기 위해 그 '탈퇴'를 고려해야 할 이 나라들은, 온실에서 나오기 싫어 독일의 연횡책을 기꺼이 받아들이려 할 것이다.

◆ 사실 그 '탈퇴'도 말처럼 쉽게 이루어질 수 있는 일이 아니다.

– 만일 그리스가 독자적으로 유로존 탈퇴를 결정한다면, 동국 내에서는 대략 다음과 같은 상황이 전개될 것이다.

– 우선, 법정화폐를 유로화에서 드라크마화로 변경하는 입법조치가 진행될 것이다. 그리고, 해당법률이 시행되면, 정부는 중앙은행으로 하여금 드라크마화를 발행하도록 하고 은행시스템을 통해 그것을 보급(普及)할 것이다. 그 보급은 국민들이 보유하고 있는 유로화현금이나 예금을 공정환율(公定換率)을 적용해 드라크마화현금이나 예금으로 교환해 주는 방식으로 이루어질 것이다.

– 그런데, 국민들은 드라크마화가 채 제조되기도 전에, 아니, 탈퇴 결정 전 그 징후가 농후해지기 시작했을 때에, 이미 이렇게 예상할 것이다. '정부는 조만간 기존의 유로화예금에 대해 드라크마화로만 인출할 수 있게 제한하는 조치를 취할 것이고, 그 드라크마화의 시세는 곧바로 폭락할 것이다!' 이 예상은 정확한 것이고, 그들이 자신들의 예금을 미리 유로화현금으로 인출하려고 일제히 나설 것임은 불문가지(不問可知)다.

– 물론, 정부는 이러한 상황까지 예상하고서, 뱅크런 예방을 위해 늦어도

탈퇴 결정과 동시에 '유로화인출 제한!'의 조치부터 시행할 것이다.

- 그리하여, 동국은 드라크마화의 보급이 본격적으로 시작되기 전까지는 유로화인출 제한에 따른 지급시스템 파행으로, 그리고 그 후에는 통화가치 폭락 및 물가 폭등으로, 엄청난 혼란을 겪게 될 것이다. [*당초의 공정환율하에서는, 기본적으로 수출이 적고 수입이 많은 터에 여러 가지 요인들로 자본유입은 거의 중단되고 자본유출은 급증할 것이다. 그래서, 시장환율은 그 공정환율 수준에서부터 곧바로 폭등할 것이고, 그에 반비례해 통화가치는 폭락할 것이다. 물가가 폭등하는 이유는, 시장환율의 폭등으로 수입물가가 폭등하기 때문이다. 투기적 동기에 의해 시중에서 유로화 현금이나 실물상품이 품귀해지는 측면은 차치(且置)하더라도 사정이 이렇다. 자세한 설명은 생략해도 무방할 것이다.]

- 그러므로, 동국의 순탄한 탈퇴를 위해서는 EU 또는 ECB가 최소한 '기존 유로화예금 중 상당부분에 대한 전면적 보호' 정도의 지원책까지는 강구해 주어야 할 것이다.

- 그런데, 유로존 붕괴를 원하지 않는 독일이 이러한 지원책에 선뜻 동의하지는 않을 것이다.

- 또한, 그리스 역시, 그 국민들이 현상 유지에 따를 고통보다 탈퇴에 따를 고난과 불확실성을 더 두려워할 수도 있기 때문에, 탈퇴를 쉽게 결행하지는 못할 것이다.

- 그렇기 때문에, 그리스가 '탈퇴 불사'를 공언하고 독일이 '탈퇴 방관'으로 대응할 때, 대개의 경우 양측의 속마음은 각각 '조금이라도 더 받고 남겠다.'와 '조금이라도 덜 주고 붙잡겠다.'일 것이다. 장담하건대, 그리스의 탈퇴가 현실화되는 일은 적어도 앞으로 2년 내에는 절대 일어나지 않을 것이다!

◆ 이상을 감안할 때, 향후 유럽 재정위기는 아래와 같이 진행될 것으로 전망된다.

- ECB는 급한 불을 끄는 소방수의 역할을 계속 효과적으로 수행할 수

있을 것이다. 그리고, 그에 대한 시장의 기대감 덕분에 '화재 사건'의 발생 자체도 점점 줄어들 것이다. 어쨌든, 위기가 본격화되어 파국으로 치닫는 일은 일어나지 않을 것이다. 위기다운 위기는 이미 끝났다고 할 수도 있다!

– 그렇더라도, 위험요인들의 잔존에 따른 불안감과 불확실성으로 소비와 투자가 위축되고 재정건전화 도모로 정부지출까지 위축되는 문제 때문에, 유로존경제의 침체는 꽤 오래 지속될 것이다.

– ECB는 '화재'의 진압만이 아니라 유로존경제의 회복을 위해서도 과감히 돈을 풀 것이다. 물론, 필요시에는 기준금리도 인하할 것이다.

– 유럽의 지도자들은 '화재'가 발생할 때마다 그것을 계기로 유로존 재정 및 금융통합의 강도를 조금씩 높여 갈 것이다. 처음의 원심력이 줄다리기 끝에 오히려 구심력으로 바뀌곤 한다! [*이 전망은 이를테면 그리스의 탈퇴가 현실화되었을 때에도 유효할 것이다. 만일 그리스가 정말로 탈퇴를 결행한다면, 유럽의 지도자들로서는 추가적인 탈퇴를 막기 위한 유인책을 마련하지 않을 수 없을 것이다. 그 유인책은 당연히 '통합'을 지향(志向) 할 것이고 따라서 구심력으로 작용하게 될 것이다. 경우에 따라서는, 그 구심력이 '양자요동'(量子搖動; quantum fluctuation)까지 일으켜, 이미 경계선을 이탈한 그리스가 탈퇴 결행을 급거 취소하고 원대복귀할 수도 있다!]

– 그러다가 상당한 시일이 지나고 나면, 먼저 세계경제가 나름대로 회복되고, 이후 그 회복과 ECB의 돈 풀기 등에 힘입어 유로존경제도 회복되기 시작할 것이다. 유럽 재정위기는 이 무렵에 비로소 수면 아래로 들어갈 것이다. 유로화체제에 잔존하게 될 모순요소가 새로 누적되었을 때 다시 부상할 가능성은 남겨 둔 채로 말이다.

제5장 환율–경상수지 모형과 '글로벌 환율전쟁'

1. 환율–경상수지 결정 모형

◆ "환은 교환, 율은 비율. 환율의 문자 그대로의 의미는 교환비율이다. 그것의 경제학적 의미는 일반적인 교환비율이 아닌, 두 가지 통화 사이의 교환비율이다." — 기존의 거의 모든 경제학교과서들에서는 환율을 이런 식으로 정의한다. 그러나, 그 같이 정의하는 것은 명백한 잘못이다.

– 설사 잘못이 아니더라도, 이를테면 '환율의 상승'은 어느 쪽 통화의 가치가 오르는 것을 일컫는 것인지 … 의사소통에 혼동을 초래하기 쉬우므로 개선되어야 한다.

◆ 환율(換率; exchange rate)에서의 '환'은 교환행위가 아니라 외환(外換; foreign exchange), 즉, 외국통화(foreign money)를 가리킨다. '율'은 비율이 아니라 단가(單價; unit price)를 뜻한다. 그래서, 환율이란 '외국통화의 단가'를 말한다. 외국통화 한 단위의 가격 — 이것이 환율이다!

– 사실, 영어에서 'exchange rate'의 풀네임은 'the rate of foreign exchange'인데, 이 풀네임에서 'rate'를 '비율'로 해석하거나 'exchange'를 '교환행위'로 해석할 수 있는 여지는 없다.

– 서술의 편의상 한국을 기준국가로 삼고 외국통화를 미국달러화로 대표시킨다면, 미국달러화 한 단위를 사려 할 때 지급해야 하는 한국원화의 양, 즉, 한국인의 입장에서 본 '달럿값'이 환율인 것이다.

– 따라서, "환율이 높다."라고 하면, 그것은 외국통화에 비해 자국통화의 가치가 낮다는 것을 의미한다.

◆ 외환공급이란 '경제주체들이 매도하고자 하는 외환의 양'을 말한다. 그리고, 외환수요란 '경제주체들이 매수하고자 하는 외환의 양'을 말한다.

단순화해서 논의하기로 할 때, 이것들 각각의 크기는 다음과 같이 규정될 수 있다.

외환공급[S]

= 수출로부터의 외환매도공급[X ; 수출총액]

+ 자본유입으로부터의 외환매도공급[CI ; 자본유입총액]

+ 외환당국의 외환매도공급[AS],

외환수요[D]

= 수입을 위한 외환매수수요[M ; 수입총액]

+ 자본유출을 위한 외환매수수요[CO ; 자본유출총액]

+ 외환당국의 외환매수수요[AD],

◆ 환율은 외환공급과 외환수요를 일치시키는 수준으로 결정된다. 그래서, 만일 자본유출입과 외환당국의 외환매매가 전혀 없다면, 외환공급과 외환수요는 각각 '수출총액'과 '수입총액'으로만 구성될 것이므로, 환율은

수출총액[X] = 수입총액[M]

을 성립시키는 수준, 즉, 경상수지를 균형시키는 수준으로 결정될 것이다.

◆ 그러나, 현실에서는 우선 자본유출입이 있기 마련이다. 그래서, 〈그림 E〉에서 볼 수 있듯, 자본유입이 자본유출보다 큰 경우에는 '저환율'이 형성되어 경상수지 적자가 시현되고, 반대의 경우에는 '고환율'이 형성되어 경상수지 흑자가 시현된다.

◆ 외환당국의 외환매매 또한 환율에 영향을 미친다. 그런데, 그 매매는 외환보유고에도 영향을 미친다.

- 외환당국이 자국통화를 풀어 외환을 매수한 뒤 고유동성 외화자산의 형태로 보유하면, 그것은 외환보유고 증가분이 된다. 이 과정이 '외환보유고 쌓기'다. 이 과정 중의 외환매수가 환율을 상승시키는 요인으로 작용함은 물론이다.

- 역순의 과정, 즉, '외환보유고 축내기'가 진행되면, 환율은 하락하고 외환보유고는 감소한다.

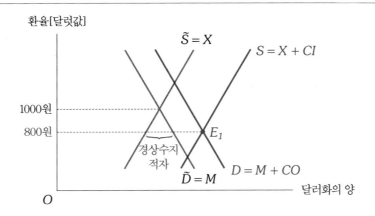

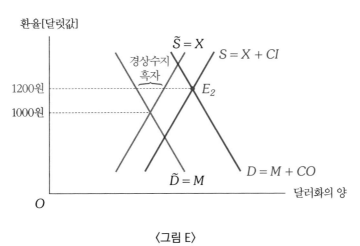

〈그림 E〉

2. 고환율의 효용

◆ "고환율이 형성되면, 다음과 같은 일들이 일어난다. 우선, 수입물가가 높아져 전반적인 고물가가 유발된다. 그래서, 소비자 입장의 일반국민은 실질소득이 감소하는 고통을 겪게 되고, 그 여파로 내수가 위축된다. 수입기업들의 매출은 감소하고, 외화부채가 있는 기업들의 상환부담은 가중된다. 그런 터에, 수출기업들의 가격경쟁력마저 수입원자재 구매비용의

상승 때문에 많이 제고되지 못한다." 고환율 반대론자들은 이런 장면들에서는 볼륨을 높이고 그 다음 장면들에서는 건너뛰기 버튼을 누른다. 사실, 고환율 드라마는, 앞부분은 자극적이어서 흥행성이 있지만, 뒷부분은 학술적이어서 어차피 시청자의 눈길을 끌지 못한다.

◆ 그 뒷부분의 요지는 다음과 같다.

— 고환율은 수출을 증가시키고 수입은 감소시킨다. 그래서, 경상수지 흑자를 가져다 주고 국민소득을 증대시켜 준다.

— 또한, 그 고환율이 외환보유고 쌓기와 연계된 경우, 경상수지 흑자분을 외환보유고 증대로 이어지게 해 국가신용도도 높여 준다.

— 고환율이 유지될 때, 수출기업들은 증대된 수익을 기술개발과 설비확충에 과감하게 재투자해 품질 및 가격경쟁력을 더 높일 수 있고, 그렇게 해서 세계시장에서의 점유율 확대를 도모할 수 있다. 그에 따라, 그 경제의 대외적 성장기반이 더욱 굳건해질 수 있다.

— 수출기업들의 그 재투자는 대내적으로도 기업투자 증가로 이어져 국민소득 증가 및 잠재성장률 제고에 기여한다.

— 아울러, 고환율이 장기간 유지될 것으로 전망되는 상황에서는 유리한 생산기지를 찾는 국제적 기업들의 직접투자가 보다 많이 유입될 수 있는데, 그 투자로 설립된 사업체들이 창출하는 부가가치의 상당부분이 임금 등의 형태로 내국인들에게 귀속될 수 있음은 물론이다.

— 그리하여, 고환율은, 단기적으로는 상대적 고물가로 소비자 입장의 일반국민을 다소 고통스럽게 하지만, 장기적으로는 그들로 하여금 더 많은 일자리와 더 많은 소득으로 더 많은 소비를 할 수 있게 해 준다.

— 이렇게 본다면, 고환율은 오히려 축복이다. 고환율 드라마는 지루하더라도 끝까지 시청해야 한다!

◆ 저환율은 정확하게 위와 반대되는 과정을 진행시킨다. 물가는 조금 낮아지지만, 수출이 줄고, 외환보유고가 줄고, 소득이 줄고, 일자리마저 준다. 외환위기 가능성만 늘어난다.

3. 외환보유고 쌓기에 관한 오해와 진실

◆ 외환보유고 쌓기는 환율을 보다 높은 수준으로 유지시켜 그 경제로 하여금 '고환율의 효용'을 누릴 수 있게 해 준다.

◆ "그 쌓기는 결국 인플레이션을 유발하고 경상수지 흑자를 무위로 만들 것이다." 기존경제학자들 중에는 이렇게 반박할 분들이 적지 않을 것이다. 하지만, 그 쌓기가 적정한 수준으로 이루어지거나 적절한 보완책을 수반한다면, 인플레이션을 피하면서 '효용'을 누리는 것이 가능해진다.

– 그 쌓기가 통화증발의 요인이 되는 것은 맞다. 그런데, 성장하는 경제에서 적정한 규모의 통화증발은 필수불가결하다. 그 쌓기는 그러한 '성장통화 공급'의 한 경로가 되는 동시에 '수출 증가를 통한 고율성장'과 '외환보유고 증가를 통한 대외건정성 증진'에도 기여한다. 말하자면 일석삼조(一石三鳥)의 효과를 낼 수 있는 것이다.

– 이런 점에서, 만일 그 쌓기의 과정에서 통화증발이 과도해질 우려가 있다면, 그 쌓기의 규모를 축소하는 것보다는 다른 경로에서 상쇄적인 통화환수를 시도하는 것이 바람직하다.

4. 적정 외환보유고에 관한 오해와 진실

◆ 기존경제학자들은 "외환보유고는 그 나라의 3개월분 수입수요를 지탱할 수 있는 수준이면 적정하다."라는 식으로 설명하고 있다. 그들에게 외환보유고는 그저 '비상시에 쓰일 준비금의 크기'일 따름이다.

◆ 그러나, 현실에 있어 그것은 '준비금' 이상의 의미와 가치를 지닌다!

– 어떤 나라가 외환보유고를 많이 쌓았다면, 일반적으로 그것은 적어도 '그 나라의 경제가 외환당국의 지속적 외환매수에 따른 보다 높은 환율에 힘입어 보다 높은 비율로 성장했다는 것'을 의미한다. 이 경우, '보다 높은

비율로의 성장'은 외환보유고를 많이 쌓았기 때문에 가능해진 것이다.

– 이렇듯, 외환보유고는 그것이 형성되는 과정 자체부터 그 나라의 경제에 자못 큰 영향을 미친다. 사정이 이러한데, 어찌 그것을 '준비금'으로만 볼 수 있겠는가?

◆ 학생들이 "외환보유고는 어떤 수준이 적정합니까?" 하고 질문하면, 저자는 "한마디로 말한다면, 다다익선(多多益善)입니다."라고 답하곤 한다.

– 물론, 과유불급(過猶不及)이라고, 보유외환이 넘칠 정도로 많은 것이 꼭 좋은 것은 아니다. 보유외환 자체의 운용수익률은 그다지 높을 수 없기 때문이다.

– 하지만, 외환보유고가 넘쳐 난다고 그 쌓기까지 중단할 필요는 없다. 흘러넘치는 부분이 아깝다면, 그 부분은 국부펀드에 집어넣어 고수익성 해외자산의 매입에 사용하면 된다!

◆ 이제 독자 여러분께서는 외환보유고와 국부펀드의 합계액이 나름대로 큰 나라들을 살펴보시기 바란다. 그 나라들은, 대체로, 최소한 과거의 어느 기간 동안 수출 호조에 힘입어 고속성장의 가도를 달린 적이 있을 것이다.

– 참고로, 2012년 말 현재의 국별 외환보유고 순위를 1위부터 열거하면, 대략 중국[3조6천억 달러; 홍콩 포함], 일본[1조3천억], 사우디아라비아[6천3백억], 러시아[5천4백억], 스위스[5천3백억], 대만[4천억], 브라질[3천7백억], 한국[3천3백억], 인도[3천억], 싱가폴[2천6백억] … 순이다.

– 첨언하건대, 중국은 겉으로 드러난 외환보유고에 더해 총규모 1조 달러 내외의 국부펀드를 보유하고 있고, 싱가폴의 경우에는 국부펀드의 총규모가 4천억 달러 이상으로서 아예 외환보유고를 압도한다!

◆ 2010년, 중국은 예상보다 빨리 일본을 밀어내고 세계2위 경제대국에 진입했다. 물론, 그렇게 된 데에는 여러 가지 요인들이 함께 작용했다고 할 수 있다. 그런데, 단언컨대, 그것들 중에는 분명 '외환보유고 요인'이 있고, 그것의 비중은 결코 작지 않다.

- 그렇다. 중국은 오랜 세월 동안 흔들림 없이 외환보유고 쌓기를 지속적으로 추진해 왔다.

- 반면, 한때 부동(不動)의 외환보유고 1위국이었던 일본은 언제부터인가 그 쌓기를 거의 등한시해 왔다. 다시 보시라. 일본의 그 보유고는 1조3천억 달러로서 중국의 3조6천억 달러에 한참 밀리고 있다! 저자가 밝히는 시장의 비밀 중에는 국가의 성쇠(盛衰)에 관련되는 것도 적지 않다!

- 중국이 1978년의 '개혁개방'(改革開放) 이래 지금까지 해 왔던 것처럼, 경제정책 운영에 있어 국익과 국민 전체의 부를 최우선시하며 '일의고행'(一意孤行 ; 누가 뭐라 하든 내 고집대로 하겠다)을 하는 것. 이 방식은, 꼭 칭찬만은 할 수 없으나 고도성장이라는 성과를 거둔 것만은 사실이라고 할 것이다.

5. '글로벌 환율전쟁'의 원인 및 배경
[*2013년 2월 기준]

◆ 2010년 10월 미국과 중국 사이에서 환율분쟁이 첨예화되고 있던 당시, 저자는 그 분쟁의 본질에 대해 아래와 같이 비유적으로 논평한 적이 있다. 이것의 논지는 '글로벌 환율전쟁'에도 그대로 적용될 수 있을 것이다.

- "종전까지 꽤 오랜 기간 동안, 중국민은 자국통화의 대외가치가 보잘것없었기 때문에 개미처럼, 수고하며 수출을 해야 했다. 반면, 미국민은 자국통화의 대외가치가 높았던 덕분에 베짱이처럼, 수입을 하며 즐기면 되었다. 그런데, 한참 지나고 보니, 개미 측은 비록 고되기는 했지만 소득이 늘었고, 베짱이 측은 즐겁기는 했는데 일자리가 줄었다. 불현듯 깨달음을 얻은 베짱이가 개미에게 서로 역할을 바꾸자고 제안했다. 하지만, 개미는 냉정하게 거절했다. "뚜이부치."(对不起.)[I'm sorry.]라는 말조차 없이.

이렇듯 개미와 베짱이가 저마다 개미의 역할만 하겠다고 하면, 둘 사이에는 분쟁이 생길 수밖에 없다."

◆ 글로벌 금융위기 이전까지는 고환율을 추구하는 국가들과 저환율을 선호하는 국가들이 대체로 구분될 수 있는 상황이었다.

- 고환율국 : 중국[홍콩 포함], 다수의 중동산유국, 싱가폴, 한국, 대만, 러시아, 브라질, 스위스 등

- 저환율국 : 미국, 일본, 전체로서의 유로존 등

◆ 그러나, 그 위기 이후에는 전통적인 저환율국들까지 차례차례 고환율을 지향(指向)하기 시작했다. 그 위기와 유럽 재정위기의 과정에서 건너편의 국가들과 달리 정도가 심한 경기침체를 겪으며 '고환율의 효용'을 절실히 자각했기 때문이다. 그들이 전통적 고환율국들의 그것과 양립할 수 없는 목표를 향해 한 걸음씩 전진할 때마다 전운(戰雲)은 짙어질 것이었다.

◆ 결국 '전쟁'이 발발했다. 2013년 초반 일본이 감행한 '엔저 공습'과 함께 말이다.

◆ IMF협정(Agreement of the International Monetary Fund) 제4조(Article Ⅳ) 중에는 다음과 같은 취지의 문구가 들어 있다.

- "각 회원국은 타 회원국에 대한 불공정한 비교우위를 얻기 위해 환율을 조작하는 것을 금해야 한다."(Each member shall avoid manipulating exchange rates in order to gain an unfair competitive advantage over other members.)

- 이것 자체는 구속력이 없는 선언적 규정이라고 할 수 있다.

- 그렇더라도, 어떤 나라가 환율을 '조작'하면, 그 나라는 국제사회에서 '환율조작국'으로 지탄받고 경우에 따라 교역상의 보복조치까지 당하게 될 가능성도 있다.

◆ '그러니까 '조작'에 해당할 만한 조치는 시행하지 말아야 한다!' 일국의 경제정책을 책임지는 인사들 중에 이렇게 생각하는 분들이 계신다면, 그 분들은 순진한 분들이라고 하지 않을 수 없다. 왜냐하면, 의외로 많은

나라들이 자국통화의 약세[고환율]를 유도하기 위해 알게 모르게 환율을 '조작'하고 있는 것이 엄연한 현실이기 때문이다.

– 중국 등 외환보유고 상위국 대부분은 조용히 혹은 스무딩 오퍼레이션 따위의 명목으로 꾸준히 외환보유고 쌓기를 해 왔다. 실례로 2010년 말부터 2012년 말 까지의 국별 외환보유고 증가분을 보면, 중국이 +6천억 달러, 소국인 스위스가 무려 +3천억, 일본 +2천억, 러시아 +1천억, 브라질 +8백억, 한국 +4백억 등이다.

– 미국은 어떤가? 최상위 기축통화국이라 외환보유고 쌓기를 할 명분이 애당초 없어 그 쌓기를 못했을 뿐, 적어도 최근 이삼년 동안에는 '경기부양을 위해서'라는 명분으로 대규모 양적 완화를 추진해 외환시장에 간접적으로 개입해 왔다.

– 그러고 보면, 일본은 2013년 벽두부터 아예 "잃어버린 세월을 만회하기 위해 엔화의 가치를 대폭 절하시키겠다."라고 공언하고서 양적 완화를 대대적으로 시행하고 있다. 도중에 '내수의 진작을 위해서'로 명분을 바꾸기는 했지만.

– 유로존도 ECB를 통해 여러 가지 명목으로 엄청난 규모의 통화증발을 실행해 왔다.

– 독일의 경우에는 외환보유고 쌓기와 동등한 작업을 기실 유로화체제가 대신 떠맡아 해 주고 있다. 동국은 진정 '무위지위(無爲之爲 ; 하지 않지만 하는 것)의 조작'을 하고 있다!

6. '글로벌 환율전쟁'의 특징
[*2013년 2월 기준]

◆ '글로벌 환율전쟁'은 크게 보면 'Q.E.동맹'(Q.E. Alliance)과 '보유고 연합'(Reserve Union) 사이에 치러지는 대전(大戰)이라고 할 수 있다.

- 'Q.E.동맹'은 미국·일본·유로존이 동병상련(同病相憐)으로 맺은 동맹이다. 삼자는 각자 양적 완화라는 비전통적인 무기를 사용하다가 그 공통점 때문에 서로간에 약간의 정이 들었다.

- '보유고 연합'은 대대적인 양적 완화를 추진하다가는 인플레이션이나 신용위기에 봉착할 전통적 고환율국들이 결성한 연합이다. 이들은 외환보유고 쌓기라는 동종의 무기를 사용해 왔지만 서로간에 신뢰를 구축하지는 못했다.

◆ 그런데, '동맹'이든 '연합'이든 그 내부에서는 '투량환주'(偸梁換柱 ; 대들보를 훔치고 기둥을 바꾼다)가 다반사로 일어날 것이다.

- 우군(友軍)은 아군과 동맹해서 공동의 적과 싸워 준다. 그런데, 냉엄한 현실에서는 그 우군도 잠재적인 적군이다. 그래서, 병법서『삼십육계』는 우군과 공동작전을 펼 때에 쓸 계책으로서 '투량환주'를 제시하며 이렇게 가르친다.

- "그 진용을 자주 바꾸고, 그 정예부대를 빼내고, 그 스스로 패하기를 기다리고, 이후 그 틈을 타서 그 수레를 끌고 온다."(頻更其陣, 抽其勁旅, 待其自敗, 而後乘之, 曳其輪也.)

- 난해한 면이 있으므로 설명을 덧붙이기로 하겠다. 우군의 진용을 잘 살펴보면, 역시 대들보나 기둥에 해당하는 부분에 정예부대가 배치되어 있다. 이제, 우군으로 하여금 그 진용을 자주 바꾸도록 하고, 그 와중에 그 정예부대를 빼내어 아군의 지휘를 받도록 한다. 빈 자리에는 아군의 약체부대를 배치해 준다. 대들보를 훔치고 기둥을 바꾸는 것이다! 이렇게 되면, 우군은 적군과 싸우다가 몰락한다. 이것을 기다렸다가, 주인을 잃은 앞의 정예부대를 아군에 편입시킨다. 적군은 전투 중에 약해졌는데, 아군은 오히려 강해졌다!

◆ 이야기를 거창하게 풀어 오기는 했지만, 저자로서는 금번의 '전쟁'이 격렬하게 치러지지는 않을 것이라고 전망한다.

- 원래 '환율전쟁'이라는 것 자체가 웬만해서는 극단으로 치닫지 않는다.

저쪽 나라가 고환율정책을 감행했을 때, 이쪽 나라 입장에서는 고환율에 대한 자국민의 거부감을 무릅쓰고 맞불을 놓기가 용이한 일이 아니다. 교역상의 보복조치도 그로 인해 불이익을 입게 될 집단의 반발 때문에 대대적으로 취하기는 어렵다. 또한, 우주에 음(陰)이 있으면 양(陽)이 있듯, 한쪽에서 고환율을 불사하겠다는 나라가 생기면 신기하게도 다른 쪽에서 저환율에 안주하려는 나라가 갑자기 생기는 경우가 적지 않다!

– 더구나, 금번의 '전쟁'을 촉발한 일본의 '엔저 공습'은 일본은행의 양적완화에 의한 것이어서 내수확대책의 성격도 동시에 지니고 있다. 많은 나라들이 '세계3위의 경제대국 일본에서 내수가 확대되는 부분은 직간접적으로 우리 쪽의 수출에 도움이 된다."라고 생각해 강한 반격은 하지 않을 것이다. 그들이 반격한다면, 그 무기로는 일본의 조치를 비난하는 구두탄(口頭彈)이 대종을 이룰 것이다.

제6장 케인즈의 유동성선호설은 허구다!

◆ 케인즈 이래 기존경제학자들은 이렇게 믿어 왔다.

- "경제의 내부에는 화폐공급과 화폐수요를 일치시키려는 힘이 존재한다. 그 힘을 작용시키는 매개변수는 시장이자율이다. 그래서, 시장이자율은 화폐공급과 화폐수요를 균등화시키는 수준으로 결정된다."

◆ 그러나, 저자가 1983년에 발견한 비밀에 따르면, 케인즈의 그 이론은 허구다! 저자는 1984년에 발표한 저자의 석사논문에 그 비밀을 기록했다.[s]

◆ 그 논문에서, 저자는 다음의 사실들을 밝혔다.

- 현실에 있어서는 화폐공급과 화폐수요가 일치하는 일이 결단코 일어날 수 없다. 사실, '화폐시장의 균형상태'라는 것은 현실적으로는 물론 이론적으로조차 존재할 수 없는 환영(幻影; illusion)에 불과한 것이다.

- 경제는 화폐공급이 화폐수요를 현격히 초과하는 상황에서만 운행될 수 있다.

- 그렇기 때문에, "시장이자율은 화폐공급과 화폐수요가 일치되는 수준에서 결정된다."라고 가르치는 유동성선호설은 기실 근본에서부터 잘못된 이론이다!

- 대부자금설은 유동성선호설에 맞서 "시장이자율은 대부자금공급과 대부자금수요가 일치되는 수준에서 결정된다."라고 주장한다. 그러나, 이 이론 역시 중대한 오류를 범하고 있다.

- "양설은 모두 맞고 단지 각기 동일주화의 일면씩만을 강조하고 있을

---

s) 졸고, 「화폐분석에 관한 새로운 패러다임의 건설을 위한 하나의 시도」[서울대학교; 석사학위논문, 1984] 참조.

따름이다."라고 해설하며 중재자를 자임하는 중도통합론이 등장했을 때, 기존경제학자들 대다수는 이자율논쟁이 끝났다고 생각했다. 그러나, 그 학설의 정체는 자명하다. 모순과 오류를 통합한 것일 뿐이다. 정론(正論)이 나오지 않았기에, 이자율논쟁은 끝날 수 없었다!

◆ 같은 논문에서, 저자는 저자 자신의 이론인 '유량자금설'(流量資金說; flow funds theory)을 제시하며 '이자율논쟁의 영구적 종결'을 선언했다.

◆ 논의를 계속 진행하기에 앞서 미리 언급해 둘 사항은 다음과 같다.

– 부리증권(附利證券; interest-bearing securities)은, 양도성 여하에 따라 ⓐ 양도성이 제약되어 유통이 용이하지 않은 대차증서와 ⓑ 양도성이 보장되어 유통이 용이한 채권으로 분류될 수 있다. 그리고, 발행시점 여하에 따라 ⓐ 새로 발행되는 신규증권과 ⓑ 이미 발행된 기발행증권으로 분류될 수 있다.

– 앞에서 언급된 두 가지 분류기준을 동시에 적용할 때, 제반의 부리증권은 신규대차증서 · 기발행대차증서 · 신규채권 및 기발행채권으로 사대분(四大分)될 수 있다.

◆ 유량자금설에 의하면, 시장이자율은 아래와 같이 규정되는 유량자금공급과 유량자금수요를 균등화시키는 수준으로 결정된다.

– 유량자금공급 : 경제주체들이 일정기간 동안 신규 또는 기발행 부리증권의 매입을 위해 그 대가로 제공하고자 하는 자금의 총액으로서의 유효공급

– 유량자금수요 : 경제주체들이 일정기간 동안 신규 또는 기발행 부리증권의 매출을 통해 그 대가로 조달하고자 하는 자금의 총액으로서의 유효수요

– 보다 세련되게 규정할 때, 여기서 말하는 '신규 또는 기발행 부리증권'의 범주에는 신규대차증서와 신규채권 및 기발행채권의 세 가지만 포함된다. 즉, 기발행대차증서는 포함되지 않는다.

◆ 참고로 첨언하건대, 저자는 한국의 경제공무원으로 근무하던 중에 여

기서 소개하는 저자 자신의 이론을 직접 적용해 고금리 문제의 해결에 성공을 거둔 적이 있다.

- 한국경제는 1991년을 전후한 2년여 동안 은행보증회사채 유통수익률 기준으로도 연 17~20% 수준에 달하는 살인적인 고금리로 어려움을 겪고 있었고, 그 금리를 낮추는 데에는 백약이 무효였다. 금리에 대한 직접적인 통제가 실효성이 없는 것은 물론이고, 통화량을 늘렸다가는 물가만 상승할, 그런 상황이었다.

- 저자가 담당자로서 마련한 대책안의 성격은 '통화량을 늘리지 않고도 금리를 대폭 낮출 수 있는 방안'이었는데, 그 '비책'(秘策)이 공식대책으로 채택 및 시행된 것은 1992년 1월경이었다.

- 당시에 저자가 기자회견 자리에서 그 대책의 효과를 공개적으로 전망했던 대로, 금리는 그 후 불과 1년여 만에 연 10% 수준으로 하락했다. 이전 수십 년 이래 최저수준이었고, 획기적인 하락이었다.[t]

◆ 이제 〈그림 F〉를 참고도로 해서 요점을 강조하기로 한다면, 그것은 다음과 같다.

- 화폐시장이 균형되는 상태는 존재할 수 없고, 경제는 화폐공급$[M^s]$이 화폐수요$[M^d]$를 현격히 초과하는 상황에서만 운행될 수 있다!

- 시장이자율$[r]$은 저자의 이론대로 유량자금공급$[F^s]$과 유량자금수요$[F^d]$를 균등화시키는 수준으로 결정된다!

---

t) 자세한 것은 졸저, 『화폐·이자·주가에 관한 새로운 패러다임 ─ 기존경제학에 대한 이론적 도전』[서울: 예창각, 1998], 제5장 제2절 참조.

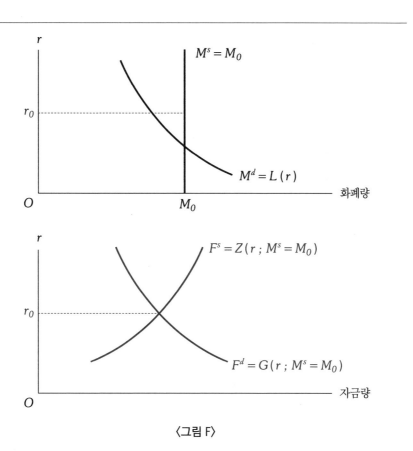

$$M^s = M_0$$

$$r_0$$

$$M^d = L(r)$$

화폐량

$$O \qquad M_0$$

$$F^s = Z(r \,;\, M^s = M_0)$$

$$r_0$$

$$F^d = G(r \,;\, M^s = M_0)$$

자금량

O

〈그림 F〉

제7장 화폐수량설적 시각은 난센스다!

◆ 화폐수량설은 단순하다. 이것은 분명 장점이다.

– 경제학에 입문한 초심자들에게 그 단순성은 큰 매력이다. 경제학을 많이 공부했지만 깊이 있게 사고하는 것을 싫어하는 부류의 인사들에게도 그렇다. 배우기 쉽고 적용하기도 쉬우니, 그 추종자들이 절로 불어난다.

◆ 화폐수량설은 단순하다. 그런데, 단순해도 너무 단순하다. 이것은 보통의 약점이 아니다. 실로 치명적인 약점이다.

– 그 단순성은 오류와 유착(癒着)되고 경제학자들의 사고능력까지 퇴보시킨다!

◆ 어쨌든, 화폐수량설은 신뢰할 만한 것이 못 된다.

– 화폐수량설의 기초가 견고한 것이 될 수 있기 위해서는 다음의 두 가지 조건이 충족되어야 한다. 첫째, 유통속도가 안정적이어서, 적어도 평소에는 그것의 크기가 큰 변화 없이 유지되어야 한다. 둘째, 시간이나 장소에 따라 그 크기에 현저한 차이가 생기는 경우, 그 이유를 화폐수량설 스스로 명쾌하게 설명할 수 있어야 한다.

– 그러나, 예컨대 〈그림 G〉[u]에서 볼 수 있듯, 유통속도는 나라별로는 물론 한 나라에서도 그때그때 큰 차이가 난다.

– 더구나, 화폐수량설은 그 이유를 체계적으로 설명하지도 못한다. 나라별 차이는 관습이나 제도의 차이 같은 것을 내세워 적당히 무마할 수 있다 하더라도, 나머지 문제에 대해서는 군색(窘塞)해질 수밖에 없다. 자신의 기초가 크게 흔들리는 것을 두고서 변명조차 제대로 하지 못하

---

u) 이 그림의 출처는 매일경제신문, 2011. 9. 8., A01면이고, 여기서의 '유통속도'는 총통화량평잔 대비 GDP의 비율이다.

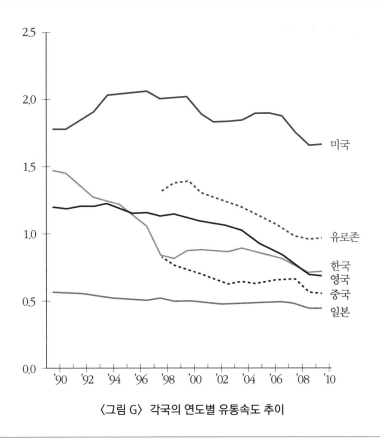

〈그림 G〉 각국의 연도별 유통속도 추이

는 것이다.

◆ "현금이나 예금은 구매력의 일시적 거처다. 사람들의 수중에 현금이나 예금이 있다면, 그것은 조만간 생산물의 구매에 사용될 것이다." — 이 같은 화폐수량설적 시각 자체가 사실은 난센스다! 일견하기에는 그럴듯하지만 말이다. [*이 부분에 관한 설명을 지금 필요로 하시는 분들께서는 제2편 제4장 제3절 제3항 pp. 503-504를 바로 참조해 주시기 바란다.]

제8장 에필로그

■ "유자(儒者)는 문(文)으로 법을 어지럽히고, 협객(俠客)은 무(武)로 금령을 범한다."

(儒以文亂法, 俠以武犯禁.)

한비자(韓非子)는 이렇게 말했다. 법가(法家)의 대가인 그는 유가의 학자와 강호의 협객을 '세상을 어지럽히는 자들'로 지목했다고 할 수 있다.

그러고 보면, 현대경제를 어지럽히는 녀석도 있다. 바로, 본원화폐계수다. 금융버블을 팽창시키기도 하고 그러다가 갑자기 금융경색을 심화시키기도 하는 와일드카드다.

■ 참, 기성의 경제학계를 어지럽히는 것은 이 책이다. 단, 정리도 함께 해 줄 것이다.

2013년 12월 14일

저자 **배 선 영** 배상

[*본 요약편의 내용 가운데 '2013년 제시, 박근혜 정부하의 한국경제에 대한 전망'과 '2017년 제시, 문재인 정부하의 한국경제에 대한 전망'은, 2019년 5월 이 책 개정판의 조판이 진행되고 있는 중에 기존의 원고에 덧붙인 것이다.]

금융경제학원론

— 시장의 비밀 —

배선영 저

케인스의 『일반이론』에 이어 경제학사에 길이 남을 명저!

THE SECRETS OF THE MARKET

서 문

〈1〉 뉴튼 그리고 아인슈타인

운동장에 공을 던지면, 그 공은 얼마 동안 구르다가 결국에는 멈춘다.
— 과학계에서 이런 현상은 어떻게 설명되어 왔을까?

기원전 4세기경, 그리스의 철학자며 과학자인 아리스토텔레스는 '모든
물체는 본질적으로 정지해 있으려는 속성을 가지고 있다.'라고 생각했다.
물체는 그것에 외력(外力; 외부의 힘)이 가해지고 있을 때에만 계속 움직
일 수 있으며, 그 외력이 없어지면 그것은 머지않아 정지하게 된다. 그러
므로, 물체는 정지해 있으려는 속성을 가지고 있는 것이다. …

그는 이렇게 생각했고, 그의 그 생각은 이후 17세기의 과학자 갈릴레
이가 의문을 제기하기 직전까지 장장 2천 년 동안 세상의 모든 사람들에
의해 아무 의심 없이 받아들여졌다.

갈릴레이가 타계하고서 약 1년이 지났을 때, 그러니까 율리우스력(曆)
기준으로 1642년의 크리스마스가 되는 날, 초특급 천재과학자 뉴튼이 태
어났다. 그는 운동의 법칙을 정립하며 아리스토텔레스의 생각을 근본적으
로 뒤집었다. '모든 물체는 본질적으로 현재의 운동상태를 그대로 지속하
려는 속성을 가지고 있다.'라는 사실을 발견했던 것이다. 이른바 '관성의
법칙'(law of inertia)을 말이다. 외력이 가해지지 않는 한, 처음부터 정지
해 있던 물체만 그대로 계속 정지해 있을 뿐, 운동을 해 온 물체는 그 운

동상태를 그대로 계속 유지한다!

운동장 위에 던져진 공이 구르다가 멈추는 것은 그것에 지면의 마찰력이나 공기의 저항력 같은 외력이 작용하기 때문이며, 그러한 외력이 가해지지 않는다면 그 공은 영원히 움직이게 되는 것이다. 수십억 년 전 그 무게중심을 향해 휘어지는 궤도로 주변의 물질들이 모여들 때 전체적으로 스핀을 먹어 자전하기 시작했을 지구가, 그렇게 뭉쳐지는 일이 끝나 당시의 스핀력이 없어진 지 오래된 지금도 멈추지 않고 계속 자전하고 있는 것, 이것 역시 같은 원리에 의한 것이다.

아무튼, 17세기 후반에 뉴턴이 정립한 방대한 체계의 물리이론은, 인류의 과학지식 수준을 획기적으로 향상시켰고, 이후 불변의 진리처럼 받아들여졌다.

그러나, 20세기가 시작되면서 상황은 다시 일변한다. 초특급 천재과학자 계열에서 뉴턴의 뒤를 잇는 아인슈타인이 혜성처럼 무대에 등장했기 때문이다. 그의 상대성이론(相對性理論)은 분명 기성의 이론체계를 뒤집으며 신기원을 여는 것이었다. 그리하여, 뉴턴의 역학과 우주론이 진리인 것은 아니었다는 사실이 확연하게 밝혀졌고, 인류의 지식은 또 한 번 업그레이드되었다.

이후, 베르너 하이젠베르크와 에르빈 슈뢰딩어에 의해 그 골격이 갖추어진 양자역학(量子力學)이 대두했다. 상대성이론과 배치되지는 않지만 합치하지도 않는 이 새로운 이론은, 천하의 아인슈타인조차 혼란에 빠뜨렸다. 그가 1926년에 막스 보른에게 보낸 서신에서 한 다음의 말은 '실패한 명언'이다. — "어쨌든, 나는 확신한다. 그 분[신(神)]은 주사위 놀이를 하지 않으신다고."(Jedenfalls bin ich überzeugt davon, daß der nicht würfelt.)

현대물리학은 상대성이론과 양자역학을 통일 혹은 초월할 '세 번째 천재'를 기다리고 있다.

저자가 이렇게 불쑥 물리학 이야기를 꺼낸 것은, 세상 사람들 대부분

혹은 기존학자들 대다수가 맞다고 믿고 있는 것들 중에도 의외로 틀린 것들이 많을 수 있다는 사실을 환기시키기 위해서다.

〈2〉 케인즈

수백 년 동안 겹겹이 축조되어 난공불락을 자랑하던 이론적 아성이 한 사람의 초특급 천재에 의해 일거에 무너져 내리는 일. 이런 일은 사실 경제학계에서도 일어났었다.

1936년 불후의 명저 『일반이론』을 통해 유효수요이론을 제시한 케인즈 — 그를 만난 고전경제학은 아인슈타인을 만난 고전물리학과 똑같은 처지로 전락했다. 아니, 고전물리학은 상대성이론의 근사치가 되는 경우가 많았던 덕에 명맥은 유지할 수 있었지만, 고전경제학은 유효수요이론과 상극되는 바람에 형해를 추리기도 어려운 상태로 몰락했다.

췌언이 될 수도 있지만, 여기서 꼭 첨언해야 할 것이 있다. 아인슈타인과 케인즈의 학력(學歷) 및 경력에 관한 것이다. 가급적 통상적인 용어 및 표현을 사용하면서 간략하게 서술하기로 하겠다. 독자 여러분께서는 많은 것을 생각하시게 될 것이다.

일반의 짐작과 크게 다르게, 아인슈타인의 실질적인 최종학력은 물리학박사가 아니다. 수학물리교육학사다. 그는 취리히공대 수학물리교육과를 졸업했고 더 이상은 수학(修學)하지 않았다.

학부 성적이 미흡했던 탓에 자신의 희망과는 달리 조교로 선발되지 못하고 졸업한 그는, 생계를 위해 스위스 특허청에 하급심사관으로 취직했고, 그 자리에서 꽤 여러 해 동안 근무했다.

그렇게 근무하던 중인 1905년, 그는 그 하나하나가 획기적이거나 적어도 역사적 가치를 지니는 중요한 논문들을 불과 한 해 동안 무려 다섯 편이나 발표했다.

그 논문들을 살펴보면,

①초특급이 두 편 — 특수상대성이론을 서술한 것과, 그 이론에 입각할 때 물체의 정지에너지는 '$E = mc^2$'으로 계산될 수 있음을 밝힌 것이다.

②특급이 한 편 — "종래 파동의 성격을 가진다고만 여겨져 왔던 빛은, 금속에 닿아 그 금속으로부터 전자를 방출시킬 때, 기실 그 진동수 곱하기 플랑크상수의 에너지를 지닌 입자[알갱이]로서 작용한다."라는 취지의 광양자가설(光量子假說)을 제시한 것으로, 양자역학의 발전에도 일정한 기여를 했다. 후일 노벨상위원회가 그를 1921년도 노벨물리학상 수상자로 선정했을 때, 동 위원회가 내세운 것은, 의외로, 당시에도 이미 널리 인정받고 있던 상대성이론이 아니라 이 논문에서 제시된 바의 광양자가설이었다. 그런데, 더욱 의아스럽게도, 그 선정 결과의 발표는 정상적인 시기보다 1년이나 늦어진 1922년 11월에 이루어졌고, 실제 수여 또한 단순히 인편으로 전달하는 방식에 의해 1923년 4월에 이루어졌다! 그래서, 그 이유에 대해 '노벨의 유지(遺志)를 액면대로만 고려하다가 그렇게 되었다는 설'과 '기존물리학자들이 시기를 했기 때문이라는 설' 등이 제기되었다. 한편, 노벨상위원회는, 광양자가설을 부정하기 위해 시도한 실험에서 본의 아니게 그 가설을 입증하게 된 로버트 밀리컨을 1923년도 노벨물리학상 수상자로 선정했다. 그 입증의 공로를 인정해서 말이다. 동 위원회로서는 자신들이 그만큼 그 가설을 중요시한다는 점을 강조해야 할 필요가 있었는지도 모른다!

③A급이 한 편 — 브라운운동에 관한 것으로, 후일 장 페랭이 이 논문의 내용을 실험적으로 입증하여 1926년도 노벨물리학상을 받았다.

④그리고 B급이 한 편 — 분자의 크기와 아보가드로의 수를 결정하는 방법에 관한 것으로, 나중에 그의 박사학위논문이 되었다.

이후, 그는 자신의 명성이 점차 높아져 가는 일을 경험했다. 특허청에 있는 의자를 지켜야 할 필요는 없게 되었다. 물리학교수로서, 취리히공대와 베를린훔볼트대 등을 거쳐 프린스턴대에 정착했다.

케인즈의 경우는 더욱 강하게 일반의 의표를 찌른다. 그의 최종학력은 경제학박사가 아니다. 바로, 수학사다! 그는 케임브리지대 수학과를 졸업했고 더 이상의 학위과정은 이수하지 않았다. 졸업 후의 그는 '영국 행정고시에 합격 → 인도청(India Office ; 런던 소재) 근무 → 모교 경제학과에 교수로 재직 → 재무부 고급관리로 임용되어 근무 → 파트타임 교수, 보험회사 이사, 투자회사 운영자 … 등을 겸직 → 말년에는 재무부 고문 및 영란은행 이사로도 활동'의 길을 걸었다.

아인슈타인과 케인즈가 각자의 학계에서 획기적인 이론을 발표했을 때, 그들은 공히 한동안 기존학자들 다수로부터 묵살 또는 배척을 당한 면이 있다. 물론, 그렇게 된 주요 이유는, 해당이론 자체가 인습적 사고방식으로는 납득하기 어려운 것이었을 뿐만 아니라 기존학자들 상당수가 자신들의 입지가 위축되는 것을 바라지 않았을 것이라는 점에 있을 것이다. 하지만, 두 사람의 학력이나 경력이 전형(典型)에서 크게 벗어나 기존학자들 대다수가 두 사람에 대해 동료의식을 가지지 않았을 것이라는 점도 하나의 이유로 작용했을 것이다.

아무튼, 현대물리학의 비조는 수학물리교육학사고, 현대경제학의 창시자는 수학사다! 학력(學力)보다 학력(學歷)이 절대적으로 중시되는 그릇된 조류가 팽배해 있는 작금의 관점에서 보면, 이것은 분명히 역사적인 아이러니다. 물론, 헤겔이라면 이렇게 설명했을 것이다. — "그 아이러니도 이성(理性)의 교지(狡智)[List der Vernunft ; cunning of reason]에 의한 것이다."

〈3〉 역사의 반복

프랑스혁명력에 의해 한 해의 두 번째 달이 되는 것은, 그레고리력으로는 대략 한 해의 10월 23일부터 11월 21일까지에 해당한다. 그것의 명칭은 '브뤼메르'(brumaire)다. '안개'라는 뜻의 프랑스어 단어 '브륌므'

(brume)에서 파생된 것이다. 한국어로는 '무월'(霧月 ; 안개의 달) 정도로
번역될 수 있다.

1799년 11월 9일은 전기한 혁명력에 의할 때 8년 브뤼메르 18일이다.
바로 이날, 나폴레옹 보나파르트 장군이 쿠데타를 감행했다. 이 쿠데타는
이후 '프랑스인민의 황제' 나폴레옹 1세의 등극으로 이어졌다.

1848년, 오래 전에 죽은 나폴레옹 1세의 조카 루이-나폴레옹 보나파
르트가 2월혁명의 와중에서 프랑스 정계의 전면에 등장했다. 그는 차시환
혼(借尸還魂 ; 시체를 빌린 후 혼을 불러들인다)의 계책을 활용해 대통령
에 당선되었다. 1851년, 대통령이던 그가 친위쿠데타를 감행했다. 이 쿠
데타는 이후 '프랑스인민의 황제' 나폴레옹 3세의 등극으로 이어졌다.

1852년, 카를 마르크스의 저서 하나가 미국에서 출간되었다. 그의 동
지 한 명이 어떤 평범한 재단사의 감동적인 기부 덕분에 간신히 발행할
수 있게 된, 한 부정기(不定期) 독일어잡지의 창간호이자 폐간호에 그 전
체내용이 게재되는 방식으로였다. 마르크스정치학의 대표작이라는 평가
를 받는 『루이 나폴레옹의 브뤼메르 18일』(Der 18te Brumaire des
Louis Napoleon)이 바로 그것이다. 그 역작의 서두는 아주 유명한데, 그
것은 다음과 같다.

"헤겔은 어디에선가 '모든 거대한 세계사적 사건과 인물은 말하자면
두 번씩 일어난다.'라고 논평했다. 그는 이렇게 덧붙이는 것을 잊었다.
한 번은 비극으로, 또 한 번은 소극(笑劇)으로."
(Hegel bemerkte irgendwo, daß alle großen weltgeschichtlichen
Tatsachen und Personen sich sozusagen zweimal ereignen. Er
hat vergessen, hinzuzufügen : das eine Mal als Tragödie, das
andere Mal als Farce.)

〈4〉 2008년의 글로벌 금융위기

지진해일을 일컫는 일본어 용어 쓰나미(津波; tsunami). 그렇다, 쓰나미다!

2008년 9월, 글로벌 금융위기가 쓰나미처럼 세계경제를 덮쳤다.

그 위기의 원인에 대해 다수의 기존경제학자들이 학리적인 설명을 시도했다. 서브프라임대출, 부채증권담보부채권(CDO), 신용부도스왑(CDS), 투자은행, 미국연방준비이사회(FRB) … ─ 그들은, 이 용어들을 잘 조합하면 그 원인을 학리적으로 올바르게 설명할 수 있고 자신들이 실제로 그렇게 했다고 믿고 있다.

그 믿음의 적부(適否)에 대해서는 잠시 후에 논의하기로 하고, 그 위기의 경과를 보기로 하자.

그 위기에 임하여, 주요국의 정부와 중앙은행은 예금자보호의 확대, 공적 자금의 투입, 확장적 통화신용정책 및 재정정책의 추진 … 등의 대책들을 집행하기 시작했다. 당시, 기존경제학자들 중 상당수는 "금번의 위기는 대공황에 버금가는 초대형위기로 진행될 것이다."라고 예언했다. 그리고, 나머지 인사들도 다수가 "어쨌든 세계경제는 아주 긴 기간 동안 암울한 침체국면에 있게 될 것이다."라고 전망했다.

그런데, 그 후 세계경제는 어떻게 되었는가? 처음의 몇 개월 사이에 일단 안정을 되찾았고, 후속하는 몇 개월 사이에는 어느새 회복국면에 접어들기 시작했다. 2년이 채 지나지 않은 2010년 7월 현재, 한국과 중국 등 몇몇 나라의 경제는 이미 출구전략이 강구되어야 하는 단계에 진입해 있다. 활황을 정상으로 여기는 분들의 견해야 다르겠지만, 냉정(冷靜)한 시각으로 볼 때, 지금의 세계경제는 전반적으로 회복국면의 중간지점이 가까이 보이는 상황에 있다고 할 수 있다. 자국통화 약세의 덕을 많이 본 한국이나 중국과는 반대의 입장에 놓이게 된 것 등의 이유로 회복이 상대적으로 더딘 미국이나 일본의 상황만을 놓고 보더라도, 그것이 '암울한 침체국면'이 아닌 것은 분명하다. 다행스럽게도, 대다수 기존경제학자들의 예상은 빗나갔다!

신통력을 가진 예언가가 아닌 한 앞날을 그대로 맞추기는 어렵다. 그렇더라도, 진정으로 실력이 있는 학자라면, 적어도 지난 일만큼은 정확하게 해석(解析)할 수 있어야 한다. 그러나, 앞의 경제학자들은, 어찌하여 자신들의 예상이 과녁에서 멀어져 갔는지를 임기응변 식으로밖에 설명하지 못하고 있다. [*물론, 세계경제의 향후 항로에 아직까지 제거되지 않은 잔존 위험요인과 그에 따른 기복(起伏)이 없을 수는 없을 것이다. 하지만, 그들이 그 점을 내세워 자신들의 예상이 어긋나지 않았다고 주장한다면, 그것은 강변(强辯)에 불과한 것이 될 것이다.]

그렇다면, 이 대목에서 독자 여러분께서는 한 번쯤 다음과 같은 의심을 가져 보서야 한다. 과연 기존경제학자들은 2008년의 위기에 대해 그 원인만큼은 제대로 설명한 것일까?

"2008년의 위기를 제대로 설명해 줄 수 있는 경제이론이 없다!" ─ 그 위기가 현재진행형이었을 때, 일반의 많은 인사들은 사실 이렇게 탄식했었다. 기존경제학자들 중에도 여기에 공감하는 이들이 적지는 않았었다. 그러다가, 그 위기가 과거형으로 되면서 그 탄식의 정서는 잦아들게 되었다. 하지만, 그렇게 탄식했던 분들의 마음 한편에는 여전히 '기존경제학은 역할을 제대로 하지 못했고 앞으로도 또 그럴 것 같다.'라는 불안감이 남아 있을 것이다.

시장의 비밀 ─ 저자가 진정 많은 희생과 고통을 감수하며 터득해 온 비밀들이다. 저자는 이 책에서 그 비밀들 중 상당부분을 밝혔다. 그것들 가운데 가장 비중 있게 다루어진 것은 '금융위기의 비밀'이다. 한편, 이 책에는 2008년의 위기가 진행되기 시작한 무렵에 저자가 그 위기에 관해 저술하여 발표한 바 있는 졸고도 전재되어 있다. 그래서, 독자 여러분께서는 이 책을 읽으시는 중에 적어도 다음과 같은 사실들을 인지(認知)하시게 될 것이다.

첫째, 전기한 졸고에서, 저자는 세계 및 한국경제 각각의 차원에서 2008년 위기의 원인, 경과 및 대책방향에 언급했었다. 그리고, 그 견해가 후일에 가장 정확한 견해로 남게 될 것이라고 '예언'했었다. 그 '예언'은 적어도 2010년 7월 현재까지는 거의 그대로 적중해 왔다.

둘째, 기존경제학자들은 2008년 위기의 원인을 학리적으로 올바르게 설명하지 못했다. 단편적이고 미봉적으로만 설명했을 뿐, 종합적이고 체계적으로 설명하는 데에는 실패했다. 그들의 접근법은 미시적이고 피상적인 것에 불과했다. 거시적이고 심층적인 것은 아니었다.

셋째, 지금까지의 경제이론들 가운데 2008년 위기의 처음부터 끝까지를 정확하게 해석(解析)할 수 있는 것은 단 하나뿐이다. 저자가 정립한 '금융버블의 메커니즘'이 그것이다.

2008년의 글로벌 금융위기 ― 이것은 하나의 세계사적 사건이었다. 그리고 비극이었다. 헤겔의 말이 맞는다면, 언젠가는 그 위기와 흡사한 것이 또다시 세계경제를 물바다로 만들 것이다. 그리고, 그때의 위기는 마르크스에 의할 때 소극이 될 것이다. 경제학자들과, 그들한테 경제학을 배운 경제정책 담당자들이 원뿔형 모자를 쓰고 연기하고 있을 것이 분명한 소극 말이다. 그런데, 글로벌 금융위기 자체는 많든 적든 비극적 요소를 반드시 내포하는 것이므로, 그 소극은 엄밀하게는 '비극적 소극'(tragic farce)으로 규정될 수 있을 것이다.

앞으로 그런 비극적 소극이 세계사의 무대에서 상연되는 일은 없어야할 것이다. 그렇게 되기를 충심으로 기원하는 저자로서는, 경제학자로서한 가지 역할은 했다는 생각이 들기는 한다. 그 극의 막이 올려지지 않도록 하는 데에 이 책이 얼마간의 기여를 할 수 있을 것이기 때문이다. 기존경제학자들이 이 책을 읽고서 전향(轉向)해 주기만 한다면 말이다.

〈5〉 고백

차제에 고백하건대, 저자는 당대의 평가보다는 역사의 평가를 더 많이 의식한다. 그리고, 역사의 그 평가가 정당한 것이 되기를 기대한다.

아인슈타인에게 뉴튼은 정신적인 스승이자 도전의 대상이었다. 저자에게는 케인즈가 그런 존재다. 12년 전의 졸저 『새로운 패러다임』과 지금의 이 책이 역사에 남게 되었을 때 사가(史家)들이 다음과 같은 평가를 한다면, 그것은 정당한 것이다.

"케인즈는, 고전경제학자들에게는 아인슈타인이었고, 배선영에게는 뉴튼이었다."

2010년 7월 20일

저자 배 선 영 지(識)

해 제

〈1〉 이 책에서 '졸저'로 운위되거나 『새로운 패러다임』으로 약칭되는 것은 다음의 책을 말한다. — 배선영 저, 『화폐·이자·주가에 관한 새로운 패러다임 — 기존경제학에 대한 이론적 도전』[서울: 예창각, 1998년 초판 발행 / 1999년 보정판 발행].

〈2〉 이 책에서 외국어 단어를 한글로 표기할 때, 일부 인명 등의 경우에는 현행의 규칙을 따르지 않고 원어발음에 조금 더 가깝게 표기하기도 했다. 예를 들어, 'Keynes'는 '케인스'가 아니라 '케인즈'로, 'Schrödinger'는 '슈뢰딩거'가 아니라 '슈뢰딩어'로 표기했다.

〈3〉 이 책의 본문은, 경제학개론서 정도에 나오는 기본용어와 기초이론을 아시는 분이라면 누구나 이해하실 수 있는 수준으로 서술했다. 같은 맥락에서, 이 책에서의 수식(數式)은, 덧셈·뺄셈·곱셈 및 나눗셈을 어떻게 하는지 아시는 분이라면 누구나 이해하실 수 있는 수준의 것만 사용했다. [*아, 이 책이 많이 팔리기를 바라는 마음에서 이렇게 이야기하기는 했지만, 독자 여러분 중에 그것을 액면 그대로 믿을 정도로 순진하신 분은 안 계실 것이다. 그렇더라도, 이 책이 막상 읽어 보면 그다지 어려운 것은 아니라는 사실에 대해서만큼은 저자가 보증할 수 있다!]

〈4〉'기존경제학'(conventional economics)은, 저자가 다루는 논제들에 관한 기성의 이론체계들의 전체집합을 말한다. 그리고, '기존경제학자'(conventional economist)는, 기존경제학의 형성에 직접 기여했거나 그것을 인습적 혹은 맹목적으로 추종 또는 신봉하는 경제학자를 말한다.

〈5〉케인즈는 『일반이론』에서 고전경제학과 그 학자들을 날카롭게 공격했다. 그리고, 그 책의 서문에서 그것에 대해 나름대로 용서를 구했다. 저자도 이 책에서 기존경제학과 그 학자들을 날카롭게 공격했다. 저자는 케인즈를 흉내 내는 것을 좋아한다. 그렇다면, 저자가 다음에 해야 할 일이 무엇인지는 자명하다. 이 자리에서 저자 나름대로 용서를 구해야 한다. 그런데, 케인즈가 앞에서와 같이 용서를 구할 때에 쓴 사과문과 지금 저자가 써야 할 그것이 절묘하게 일치한다. 하여, 저자는 아래에 그의 사과문을 인용하는 것으로 용서를 구하고자 한다. 물론, 다른 사람이 70여 년 전에 쓴 글을 복사해서 자신의 사과문으로 제출하겠다는 것이 불손해 보일 수도 있을 것이다. 하지만, 저자가 그를 정신적인 스승으로 여겨 가끔씩 그에게 기대고 싶어한다는 점을 감안해 주실 수 있는 분들께서는, 그런 사과를 수용하실 수도 있을 것이다. 아무쪼록 기존경제학자들께서 바다와 같이 넓은 마음으로 용서해 주시기를 앙망한다.

"그러므로, 나는 고도로 추상적인 논의와 다량의 공격적 서술에 의하지 않고서는 나의 목적을 달성할 수 없다. 경제학자들로 하여금 자신들의 기본적 가정들 일부를 비판적으로 재검토하도록 설득하려는 그 목적을 말이다. 공격적 서술이 보다 적을 수 있었으면 좋았는데, 그렇지 못했다. … 내가 선명한 차별화를 추구하는 과정에서 나의 논쟁적 어조(語調) 자체가 너무 날카로웠다면, 용서를 구할 따름이다."

(Thus I cannot achieve my object of pursuading economists to reexamine critically certain of their basic assumptions except by a highly abstract argument and also by much controversy. I wish there could have been less of the latter. ⋯ I must ask forgiveness if, in the pursuit of sharp distinctions, my controversy is itself too keen.)

서편

2008년 글로벌 금융위기와
한국의 외환위기에 관한
소고(小考)

그것은 신호탄이었다. 그 신호탄의 섬광과 함께 거대한 댐이 터졌다. 댐에 가득 차 있던 물이 굉음을 내며 삽시간에 하류지역을 덮치기 시작했다. 2008년 9월 15일, 리먼브러더스의 파산은 그렇게 글로벌 금융위기의 시작을 알렸다.

그 위기가 한창 진행 중일 때, 저자는 '그 위기하의 한국경제를 위한 충언(忠言)'이라고 할 수 있는 글을 언론기고문의 형식 및 수준으로 발표했다. 그 글에서, 저자는 세계 및 한국경제 각각의 차원에서 그 위기의 원인, 경과 및 대책방향에 언급했었다. 그리고, 그 견해가 후일에 가장 정확한 견해로 남게 될 것이라고 '예언'했었다. 그 글 및 관련 후기(後記)들을 이 서편에 전재한다.

과연 앞의 '예언'이 맞아 왔을까? — 이것을 점검하는 기분으로 읽으신다면, 혹은 시간이 해당시기로 되돌아갔다고 상상하고서 읽으신다면, 독자 여러분께서는 이 서편을 흥미롭게, 혹은 현장감 있게, 일감(一鑑)하실 수 있을 것이다.

참고로 첨언할 것이 있다.

지금까지의 경제이론들 가운데 '2008년 글로벌 금융위기'의 처음부터 끝까지를 학리적으로 올바르게 설명할 수 있는 것은 단 하나뿐이다. 그리고, 그것은 저자가 정립한 '금융버블의 메커니즘'이다! — 저자는 감히 이렇게 생각한다. 그 메커니즘에 관한 본격적인 논의는 이 책의 제1편 제5장에서 이루어질 것이다.

제1장
****
2008년 글로벌 위기하의 한국경제를 위한 충언
- 장래에 외환위기를 맞이하게 되었을 나라들에게도 그대로 적용될 충언 -

****

지금의 경제위기, '궁즉변'(窮則變)의 지혜로 대책을 세워야 한다
- 정부는 스테로이드 처방을 중단하여야 한다 -

****

이 글은 2008년 10월 15일에 탈고했다가 이후 '10월 19일 종합대책'과 '10월 30일 한미통화스왑협정 체결'에 대한 평가 부분을 가필한 것입니다. 우국충정으로, 그리고 경제공무원 시절에 '1997년 한국외환위기'의 극복에 참여한 경험도 되살리며, 진정 깊이 생각하고 쓴 것입니다. 지금 당장에는 세간의 다수의견과 다른 소수의견이 될 수도 있지만, 결국에는 현행 경제위기의 원인, 경과 및 대책방향에 관해 가장 정확한 견해로 남게 될 것이라고 생각합니다. 일감해 주시기를 부탁드립니다. 우리 경제가 조속히 회복되기를 전 국민과 함께 기원합니다.

2008년 11월 3일

배 선 영 배상

1. 서론 - 봄추위, 가을서리, 그리고 엄동

필자는 2008년 7월 16일자 중앙일보에 기고한 글에서, 외환위기 재발 가능성에 언급하며 "정부는 보유외환을 풀어 환율을 낮추려는 정책을 써서는 안 된다."라고 경고한 바 있다. 당시의 원/달러환율은 1000원~1050원 수준이었고, 그 고환율은 국제 고유가에 주로 기인한 구조적인 것이었다. [*국제 고유가 → 동일한 수량의 원유를 수입하는 데에 더 많은 달러를 지급해야 함 → 원유수입업자들이 외환시장에서 더 많은 달러를 매입해야 함 → 달러에 대한 수요 증가 → 고환율]

필자는, 당시의 상황은 춘한(春寒 ; 봄추위)에 불과하고, 멀지 않아 추상(秋霜 ; 가을서리)이, 그리고 뒤이어 엄동(嚴冬)의 추위가 엄습할 것이라고 예상했었다.

돌이켜보면, 당시의 추위는 실제로 봄추위에 불과했다. 그리고, 그 고환율은 정부가 외환시장에 개입해 설사 보유외환의 전부를 매도하더라도 궁극적으로 낮출 수는 없는 구조적인 것이었다. 한국정부가 보유외환을 매각한다고 국제 고유가가 낮아지지는 않는다! 그럼에도, 정부는 강추위가 왔다며 땔감인 보유외환을 이삼백억 달러나 퍼부었고, 결국 환율은 못잡고 땔감만 허비했었다.

2008년 10월 15일. 현재의 상황은 어떠한가? 9월 들어 가을서리가 엄습했다고 본다. 다시 말하면, 불행하게도 아직 엄동이 남아 있다고 본다.

2. 현행 글로벌 금융위기의 전개과정 및 진행전망

가. 원인 및 경과

주지하는 바와 같이, 현행 위기의 주요 원인제공자로 주목을 받는 당사자들은 미국의 중앙은행인 Fed와 글로벌 투자은행들이다.

전주곡은 Fed가 울렸다. Fed는 본원통화량을 축소시켜야 하는 상황에서 그것을 그대로 두는 타성적(惰性的)인 통화정책을 여러 해 동안 견지해, 미국의 주택시장, 주식시장 및 실물경제에 각각 중형의 버블을 키웠다. 이 버블들은 큰 변형과 큰 시차 없이 유럽으로 확산되었다. 비록 미국이 세계경제의 기관차이기는 하지만, 이 확산에 대해서는 유럽 측에도 책임이 있다. 참고로, 세계의 실물경제에 버블이 형성되었다는 증거는 얼마 전까지 진전되었던 국제 원자재가격 급등현상에서 찾을 수 있다.

그 다음의 주역은 투자은행들이다. 이들은 갖가지 금융중개기법을 동원해 이른바 서브프라임 주택담보대출에 천문학적 규모의 글로벌 자금이 거푸 투입될 수 있도록 해 주었다. 그렇게 하여, 미국 주택시장에 Fed가 만들어 놓은 중형버블을 초대형버블로 부풀리는 마술을 실연했다.

이 초대형버블은, 미국의 주택가격 하락세가 현실화된 작년 초부터 폭발[주택담보대출 관련 자산의 대규모 부실화]의 조짐을 보여 오다가 금년 9월부터 본격적으로 폭발하기 시작했다. 그리고, 이것이 도화선이 되어, 유럽의 주택시장에 형성되었던 버블도 함께 폭발하기 시작했다. 그 결과, 미국 안팎의 수많은 금융기관들이 보유해 온 거액의 관련 자산이 한꺼번에 확정적인 부실자산이 되면서, 해당 금융기관들 중 상당수가 예금인출사태의 가능성 등 도산위기에 몰리게 되었다.

이로 인해 최초 진앙지인 미국에서 먼저, 그리고 곧바로 글로벌 차원에서도 금융시스템 붕괴위험이 야기되어, 바야흐로 글로벌 금융위기가 목전에까지 임박하였던 것이다.

나. 한국경제에 미친 영향

이상과 같은 금융위기는 '금융시장 경색 → 이미 버블요인이 있는 주택 및 실물부문에 대한 자금공급 대폭 축소 → 주택가격 하락 및 실물경기 침체 → 금융기관의 부실자산 증가 → 금융시장 경색 → …'의 악순환을 불러올 가능성이 크다.

이에 위기감을 느낀 각국의 여러 금융기관과 기업들은, 세계적인 유동성위기 때에는 '세계적인 현금(現金)'을 수중에 확보해 놓는 것이 급선무라고 판단, 세계에서 가장 유동성이 높은 안전자산인 달러화의 비축에 나섰다. 보유 중인 달러화를 퇴장(退藏)하는 것은 물론, 위험자산으로 판단되는 것들을 대량으로 처분하면서 그 대금으로 ─ 그것이 달러화자금이 아닌 한 ─ 앞을 다투어 달러화를 사들여 왔다. [*그들이 궁극적으로 보유하고자 하는 안전자산이 달러화 자체가 아니라 미국국채인 경우도 많을 것이다. 그런 경우에도, 그들은 그 국채의 매입에 쓸 달러화를 가지고 있지 않은 한 달러화를 먼저 사들여야 할 것이다.]

이 같은 '세계적인 달러화 사재기'의 여파로, 한국에서는 달러화 품귀현상이 일어나면서 외환위기의 초기국면이 전개되었다.

사실, 한국경제도 튼튼한 상태는 아니었다.

주택시장을 보면, 미국이나 유럽보다는 한결 덜하지만 상당수의 금융기관들이 관련대출의 부실화 문제에 대해 마음을 놓고 있을 수는 없는 정도의 버블이 형성되어 있고, 주식시장을 보아도, 이른바 '펀드 열풍'의 영향으로 상당한 정도의 버블이 형성되어 있었다.

가장 뼈아픈 부분은 외환부문이다. 전(前) 노무현 정부 후반부 시절에 시행된 상대적 저환율정책은, 일반국민의 과소비를 조장하고 수출상품의 가격경쟁력을 저하시키며 수출업체의 재투자의욕을 저상(沮喪)시키는 메커니즘에 의해, 경상수지 흑자창출 기반을 약화시키고 적자전환까지 허용했다. 또한, 같은 시기에 진행된 은행권의 과도한 해외차입은 외채규모를 급증시키고 그 만기구조를 악화시켰다. 한국경제는 이미 현 이명박 정부 출범 이전부터 외환위기에 취약해져 있었던 것이다. 돌이켜보면, 이것은 전 정부가 1997년 위기 때의 교훈을 잊고 해이해져 있었다는 것을 말해준다. 이 글에서는 현 정부가 추진해 온 관련 정책들의 공과를 평가할 것이기 때문에 실책을 지적할 때에는 자연히 현 정부의 것만 지적하게 될 것이지만, 외환위기에 대한 면역력을 저하시킨 근본적인 책임은 주로 전 정부에 물어야 할 것이다.

다. 향후의 진행전망

최근 들어 미국과 유럽 및 일본의 정부와 중앙은행들은, 은행예금에 대한 보호한도를 대폭 확대하는 한편, 위기에 처한 금융기관에는 대규모 공적 자금을 투입하고, 달러화를 필요로 하는 금융기관에는 신규발행 달러화를 충분히 대출해 주기로 하는 등 매우 강력한 수습대책을 강구했다.

이 같은 조치들이 제대로 실행된다면, 글로벌 차원의 금융시스템 붕괴 위험은 미연에 방지될 것이며, 앞으로 다가올 엄동도 극단적인 혹한은 되지 않을 것으로 보인다. 다행스러운 일이다.

참고로, 금번의 위기는 1929년에 발발한 대공황과 같은 초대형위기는 아니라고 할 수 있다.

대공황의 전야(前夜)에는 미국경제의 도처에 초대형버블이 형성되어 있었다. 부동산과 주식의 가격이 천정부지로 치솟아 있었음은 물론, 무엇보다도, 실물경제가 마르크스가 악의적으로 예언한 것과 유사한 '대붕괴 직전의 총체적 과잉생산상태'에 처해 있었다. 유럽경제의 여러 곳에서도 대형버블이 형성되어 있었다. 게다가, 당시에는 불세출의 경제학자 케인즈의 경제학이 정립되어 있지 않아 각국의 정책담당자들이 위기국면에서 갈피를 못 잡고 우왕좌왕했었다.

반면, 금번의 경우에는 미국의 주택시장에서만 초대형버블이 키워졌을 뿐 세계경제 내 다른 몇 군데 부문에 생긴 버블은 중형 정도에 머물고 있었다. 그리고, 정책담당자들이 케인즈의 경제학에 의거해 확장적인 통화신용정책과 재정정책을 구사할 수 있는 상태다.

그러므로, 필자는, 금번의 위기가 대공황 당시처럼 전개될 것이라고 예언하며 겁을 주는 폴 크루그먼 같은 일부 학자들의 주장에는 동의하지 않는다.

그러나, 글로벌 실물경기의 후퇴국면(recession)은 이제 막 시작되었다. 그 도도한 대세를 공적 자금 투입과 같은 수습대책의 시행만으로 당장 돌이킬 수는 없을 것이다. 또한, 그 후퇴의 과정에서 추가부실자산이 대규모로 발생해 금융시장이 추가적인 충격을 받게 될 가능성도 상존한다. 그렇기 때문에, 비록 금번의 위기가 금융시스템 붕괴로까지는 가지 않고 그 후반부 엄동의 추위 또한 극단적인 혹한이 되지는 않을지라도, 우리가 엄동 자체를 피할 수는 없을 것이라고 필자는 생각한다.

3. 한국경제가 겪게 될 엄동의 양상

한국경제가 2008년 10월 15일 현재 이후부터 겪게 될 엄동은 크게 보아 다음의 세 가지 측면에서 전개될 것으로 예상된다. 하나는 세계경제의 전반적 침체로 인한 수출부진 및 그에 따른 경기침체다. 다른 하나는 주식과 부동산가격의 폭락, 한계기업의 속출, 그리고 금융기관 부실자산의 대폭증가다. 나머지 하나는 외환위기의 가능성이다.

이 가운데 외환위기만큼은, 어설픈 처방으로 대처하다가는 자칫 급성의 치명적 질환이 될 수 있으므로, 반드시 올바른 처방에 따라 대처해야한다. 이를 감안, 여기에서는 외환위기에 초점을 맞추어 우리 정부가 어떻게 대처해야 할지에 대해 그 방향을 제시하고자 한다.

4. 기존 대책의 문제점

가. 외환보유고 감소에 따른 위기가능성 증대

현 정부는 고환율을 몹시 두려워한다. 그리고, 9월말 기준 2400억 달러 수준인 기존 외환보유고가 꽤 넉넉한 수준이라고 여기고 있다. 그리하여, 춘한이나 추상 정도의 추위에도 엄동설한이 닥친 것처럼 보유외환을 풀곤 한다. 환율이 많이 오르기만 하면, 그리고 은행들이 고환율의 여파인 달러가뭄을 몇 차례 호소하기만 하면, 외환시장에 내다 팔거나 은행들에게 빌려 주는 방식으로 어김없이 보유외환을 풀어 왔다. 진짜 엄동에 대비해 비축해 놓고 있어야 할 땔감을 이미 수백억 달러나 축낸 상태다. 가랑비에 옷 젖는 줄을 모르고 말이다.

현행의 고환율은 투기세력의 개입이라는 일과성 요인이 아니라 글로벌 금융위기라는 구조적 요인 때문에 발생한 것이다. 따라서, 보유외환을 아무리 많이 풀더라도, 그것으로 글로벌 신용경색 기조를 바꾼다는 것은 그야말로 당랑거철(螳螂拒轍)이어서 애당초 불가능한 일이기 때문에, 공연히 외환보유고만 소진시킬 뿐 환율을 궁극적으로 낮출 수는 없는 것이다. 환율은 보유외환을 풀고 있는 동안에만 잠시 진정될 뿐 개입을 중단하는 순간 원래의 위치로 되돌아갈 것이다.

또한, 정부의 잦은 개입은, '정부가 언제 어떤 규모로 개입할 것인가'에 관한 불확실성을 추가시키고, 달러화를 구하려는 금융기관들로 하여금 '정부가 어떻게 해 주겠지.' 하며 해외기채 노력을 게을리하게 함으로써, 오히려 환율수준의 불안정성을 증폭시키고 달러화를 더욱 품귀하게 만드는 역효과를 가져올 수도 있다.

더구나, 정부가 보유외환을 풀면 풀수록, 외환보유고는 자꾸 감소해, 시장의 불안감은 증폭되고 본격적인 외환위기의 가능성은 가속적으로 높아지게 될 것이다.

나. 외환보유고 손실 위험에 따른 위기가능성 증대

참고로, 정부가 은행의 해외기채에 대해 보증을 서 주는 것도, 위험노출액(exposure) 기준으로 보면 은행에 보유외환을 직접 대출해 주는 것과 마찬가지가 된다. 나중에 은행이 상환불능상태가 된다면, 보증의 경우에는 처음에는 외환보유고가 유지되다가 대신 갚아 주는 시점에 그것이 확정적으로 감소하게 되고, 대출의 경우에는 처음부터 외환보유고가 감소했다가 돌려받지 못하는 시점에 처음의 감소상태가 확정되므로, 결과가 같아지는 것이다. 조삼모사(朝三暮四)인 것이다.

따라서, 10월 19일 발표된 대책의 일환대로 은행의 해외기채에 대해 1000억 달러 규모의 보증을 서 주는 것도, 보유외환을 직접 대출해 줄 때 외환보유고가 감소하는 경우와 마찬가지로, 국가신용도 자체를 떨어뜨리게 될 것이다. 그리하여, '정부보증에 따른 기채 원활화 및 조달금리 하락'이라는 소기의 효과가 '외평채가산금리 상승에 따른 조달금리 상승'이라는 자체희석효과(self-dilution effect)에 의해 일정부분 상쇄될 것이며, 무엇보다도, 외환위기의 가능성을 증대시키는 부작용을 초래할 것이다. [*실제로도, 외평채 2013년물의 가산금리는 대책 발표 직전일인 10월 17일 344bp에서 10월 28일 552bp로 급등했다. 필자가 예상했던 그대로다. 이것은 우연의 일치가 아니다. 시장은 이렇게 움직인다!]

달러화를 발행할 수 있는 특권(seigniorage)을 가진 미국, 또는 그 미국으로부터 통화스왑 방식으로 규모제한 없이 달러화를 확보할 수 있게 되어 있는 유럽을, 달러화 확보에 제약을 받는 한국이 함부로 따라 해서는 안 된다.

그러므로, 현 상황에서 계속 보유외환을 푸는 것은, 인체에 스테로이드를 계속 투여하는 것과 똑같은 매우 유해한 처방이다. 반짝효과는 클지 모르나 부작용이 자못 심각하고 결과적으로 치료를 점점 더 어렵게 하는 처방이다. 더 이상 시행되어서는 안 된다. 국회의 동의를 받은 것이라도 실제시행은 적절히 유보해야 한다.

5. 올바른 처방

가. 처방의 개요

그렇다면, 올바른 처방은 어떤 것인가? 정답은 의외로 간단하다. 보유외환을 꽉 움켜쥐고서 외환시장에는 일절 개입하지 않는 것이다. 원칙적으로, 팔지도 빌려주지도 보증을 서 주지도 않는 것이다. 처변불경(處變不驚 ; 상황이 급변해도 놀라지 않는다)의 자세를 견지하면서 말이다. 대신, 금리를 낮추거나 원화유동성의 공급을 확대하는 것과 같이 보유외환의 감소와는 무관한 사안에 대해서는 어느 정도 관대해져도 무방하다.

다시 말하면, 다른 정책수단들은 과도하지 않은 범위 내에서 얼마든지 자유롭게 그리고 관대하게 구사하되, 환율문제에 대해서만큼은 무책(無策)의 대책을 시행해야 한다는 것이다. 현행의 환율문제에 관한 한, 진정 무책이 상책인 것이다.

나. 처방의 효력발생 메커니즘

정부가 필자의 처방대로 무책의 대책으로 일관한다면, 우리 경제와 외환시장에서는 다음과 같은 상황이 전개될 것이다.

처음 얼마 동안에는 환율이 상당히 높은 수준으로까지 튀어 오를 수도 있다. 그리하여, 대체로, 소비자 입장의 일반국민, 해외유학생이 있는 가정, 수입업체, 해외여행 관련업체, 그리고 외화채무가 있는 금융기관이나 기업 등은 고물가나 경영악화 또는 달러가뭄 등의 고통을 호소하며 정부가 수수방관하고 있다고 호되게 비난할 것이다. 야당은 물론 여당조차 정부를 비판할 것이다. 단, 수출업체와 외국인관광 관련업체 등은 표정관리를 하며 속으로 고환율을 반길 것이다.

그러나, 어떠한 경우에도 환율이 터무니없이 높은 수준을 오랫동안 유지하지는 못할 것이다.

첫째, 어떠한 환투기세력도, 한국이 2400억 달러에 달하는 기존 외환보유고를 끝까지 지키려 하는 한 국가부도사태에 직면할 가능성은 사실상 제로라는 것을 잘 알고 있기 때문에, 터무니없는 가격으로 달러화를 계속 매입하지는 않을 것이다.

둘째, 외국인투자자들 중, 원화가 약세일 때 달러화를 가지고 들어와 원화자산에 투자한 후 원화가 강세가 되었을 때 그 자산을 처분해 달러화로 바꾸어 나가는 방식으로 환차익을 도모하려는 세력은, 환율이 오를 만큼 올랐다고 인식되는 시점부터는 다량의 달러화를 가지고 들어와 집중적으로 매도할 것이다. 이 요인만으로도, 한껏 높아진 환율은 반드시 낮아질 수밖에 없다.

셋째, 글로벌 경기침체로 환율상승에 따른 수출촉진 효과가 많이 제한되겠지만, 고환율은 상대적으로 상품 및 서비스의 수입을 감소시키고 그것들의 수출을 촉진시킨다. 그리하여, 달러수요는 축소되고 달러공급은 확대될 것이기 때문에, 외국인투자자들로부터의 달러화 유입이 없더라도, 시간이 흐를수록 환율은 하향안정화될 것이다. 그리고, 경상수지 흑자 추세가 가시화되는 시점부터는 원화강세 기조가 형성되기 시작할 것이기 때문에, 그 하향안정화가 시작되는 시기는 의외로 빨라질 것이다. 만일 현행의 글로벌 신용경색이 조기에 완화된다면, 달러화가 그 과잉발행 및 미국경제 침체 등의 요인을 반영해 약세 기조를 시현할 가능성도 있기 때문에, 환율이 하향안정화되는 시기가 더 앞당겨질 수도 있을 것이다.

다. '궁즉변'(窮則變)의 효험

『역경』(易經)에 이르기를, "궁즉변(窮則變), 변즉통(變則通), 통즉구 (通則久)."라고 하였다. 사물은 궁극에 달하면 변하고, 변하면 통하고, 통 하면 오래간다는 의미다.

환율도 마찬가지다. 정부가 무책으로 일관하면, 환율은 그것이 올라갈 수 있는 정점, 즉, 궁극에 달할 것이다. 그리고, 정점에 달하고 나면 에너 지의 흐름이 변하여 내려오기 시작할 것이다[궁즉변]. 이렇듯 정점을 치 고 다시 내려온 뒤에는 경제의 기혈이 정상적으로 순환되도록 해 주는 치 유의 에너지를 형성시키면서 정상수준을 지향할 것이다[변즉통]. 정상수 준에 이른 뒤에는 안정적이 될 것이다[통즉구].

라. 처방의 효과

정부가 외환시장에 일절 개입하지 않을 때, 일시적이기는 하지만 고환 율에 따른 고통이 감내하기 어려워지는 경우도 발생할 것이다. 그런 경우 에도 보유외환을 풀어서는 안 된다. 금리를 낮추거나 원화유동성의 공급 을 확대하는 등의 방법으로 통증을 완화시켜야 한다. 물론, 예컨대 금리 를 낮추는 경우에는 환율이 더 오를 수도 있을 것이다. 그러나, 그렇게 환 율이 오르는 것에 대해서도, 그것 역시 궁극에 달하는 과정이라고 여기며 개입하지 말아야 한다. 보유외환을 움켜쥐고 있어야 한다는 원칙에 예외 를 많이 두어서는 안 된다.

그러다가 환율이 하향안정화되기 시작한 이후에는 환율을 경기부양을 위한 정책수단으로 사용하기가 용이해질 것이다. 왜냐하면, 그때에는 국 민들이 이미 고환율을 겪어 온 상태여서 어느 정도의 고환율은 충분히 감 내해 줄 터이기 때문이다. 그때 이후 정부는 오히려 보유외환을 더 쌓으 며 당시의 환율수준을 유지시킴으로써 활발한 수출의 지속에 따른 경기

회복을 도모할 수 있을 것이며, 마침내 국민들에게 빠른 시기에 춘풍(春風; 봄바람)을 선물할 수 있게 될 것이다.

대저, 학문적 지식은 불완전하여 경험과 지혜의 도움을 받아야 하는 경우가 많다. 이상의 대처방안은, 필자가 나름대로 경제학 지식과 경제공무원 시절에 1997년 위기의 극복에 참여한 경험 그리고 경전의 지혜를 융합해 얻은 것으로서, 올바른 처방이다.

6. 주의 사항

차제에, 국민과 정부가 추가적으로 유념해야 할 사항에 대해 첨언하고자 한다.

가. 외환보유고 지키기의 중요성

글로벌 차원에서 금융위기의 문제를 해결하는 일은 미국, 유럽 그리고 일본의 몫이다. 미국의 역할이 가장 중요하며, 중국도 일정한 역할을 할 수는 있을 것이다. 그러나, 어떻든 한국의 몫은 아니다. 현재로서는 능력 범위 밖의 일이다. 그러므로, 국제공조의 과정에서도 자존심 같은 것을 앞세워 과분한 역할을 자처해서는 안 된다. 한국의 몫은, 그들에 의해 만들어지는 무대 위에서 생존하는 일이다.

생존을 위해서는 외환보유고를 지켜야 한다. 외환보유고는 '쓰기 위해서 보유하는 것'이 아니라 '쓰면 안 되기 때문에 보유하는 것'이라고 생각해야 한다.

은행들이 극도의 달러가뭄을 호소하며 구원을 요청해 오더라도, 그들이 내민 손을 쉽게 채워 주어서는 안 된다. 비스마르크의 일화를 상기해야 한다. 늪에 빠진 친구가 살려 달라며 구조를 요청했을 때, 비스마르크가 "같이 빠져 죽게 될 터이니 곤란하다. 대신, 긴 고통 없이 죽을 수 있게 도와주겠다."라고 말하며 오히려 총을 겨누자, 그 친구는 사력을 다해 늪에서 스스로 탈출했다고 한다. 이 일화에서 교훈을 얻어야 한다. 은행들은 국제금융시장에서는 살인적인 위험프리미엄 때문에 달러화를 조달할 수 없다고 하지만, 그것은 살인적인 위험프리미엄만 부담하면 달러화를 조달할 수 있다는 말이기도 하다. 은행들로 하여금 스스로 사력을 다하도록 해야 한다. 같이 빠져서는 안 된다.

나. '10월 19일 대책'의 문제점

지금과 같이 예민한 위기국면에서는, 외환보유고가 감소될 것 같은 기미만 보여도, 곧바로 국가신용도가 더 떨어져 '국가부도위험 증대에 따른 원화가치 및 한국주식가격의 하락 우려 → 한국주식의 처분 및 달러화로의 환전 증가 → 주가 하락 및 환율 상승 → 불안심리 확산'의 과정이 진행되기가 쉽다. 이렇듯 살얼음판을 걷고 있는 상황인데도, 정부는 10월 19일부터 오히려 보유외환을 위험노출액 기준으로 무려 1300억 달러나 풀겠다고 공언하고 실제로도 그렇게 하고 있다. 이 마당에 주가 폭락과 환율 폭등이 안 일어나면 오히려 이상한 일이 될 것이다. [*실제로, 코스피주가지수는 대책 발표 직전일인 10월 17일 1,180.67포인트에서 10월 24일 938.75포인트로 폭락했고, 환율은 10월 17일 1,334.00원에서 10월 28일 1,467.80원으로 폭등했다.]

그러나, 정부만 탓할 사항은 아니다. 국내외의 수많은 경제전문가들이 '필요성'이나 '불가피성'을 운위하며 정부로 하여금 그렇게 하도록 부추겨 왔으니까. 그들은, '10월 19일 대책' 발표 이후에 며칠 동안 계속된 주가 폭락과 환율 폭등을 놓고서, 주가 폭락은 세계경제 침체 우려 때문이고, 환율 폭등은 외국인투자자들의 달러화 유동성 부족 때문이라며, 필자가 거론한 요인을 무시하려 할 것이다. 물론, 주가 폭락은 '세계경제 침체 우려'만으로도 적당히 설명할 수 있을 것이다. 그렇지만, 환율 폭등, 즉, 원화가치의 폭락은 더 이상 '외국인투자자들의 달러화 유동성 부족'으로 설명하는 것이 불가능하다. 한국과 일본의 국내주가가 똑같이 폭락할 때 엔화가치는 원화가치와 반대로 급등한 것을 보라. 왜 일본주식을 대거 매도한 외국인투자자들은, 달러화 유동성 부족에 시달릴 터인데, 엔화를 달러화로 환전해 본국으로 송금하지 않는가? 왜 똑 같은 달러화를, 일본으로부터는 거두어들이지 않으면서 한국으로부터는 서둘러 거두어들이는가?

필자가 보건대, 정부가 지금까지 내놓은 대책들 중 최악의 것은, 외환시장을 확실히 안정시키겠다며 내놓은, 그러나 기실에 있어서는 외환시장을 확실히 혼란시키는, '10월 19일 대책'이다. 정부와 다수의 경제전문가들은, 필자가 혹평하는 것은 나무라도 좋으나, 현실만은 올바르게 파악해야 한다.

필자가 단언한다. 지금부터라도 정부가 원점으로 돌아가 2400억 달러의 기존 외환보유고를 사수(死守)하겠다고 공포하고 그 결의를 흔들림 없이 실행에 옮길 수만 있다면, 그리하여 국내외의 경제주체들이 그 사수의 결의를 확고하게 신뢰하게 된다면, 멀지 않아 국가신용도가 점차 회복될 것이다. 국가신용도가 회복되면, 외환시장은 정상화될 것이고, 주식시장도 상대적으로 안정될 것이다. 외환보유고 지키기의 중요성은 아무리 강조해도 지나치지 않는다.

다. '10월 19일 대책'의 시행과정에서 유의해야 할 사항

참으로 안타까운 것은, 정부가 '10월 19일 대책'의 시행을 유보하기가 현실적으로 어려워졌다는 점이다. 무엇보다도, 정부가 정책을 번복하다가 신뢰를 잃은 전력이 있기 때문이다.

돌이켜보면, 현 정부 출범 초기에 기획재정부의 강만수 장관과 최중경 차관이 추진하려 했던 환율정책은, 본래의 의도가 무엇이었는지는 필자가 알 수 없지만, 어쨌든 보유외환을 아끼거나 오히려 늘릴 수도 있는 정책이었다. 그러므로, 지금에 와서 보면, 경우에 따라 "경상수지를 개선하고 외채를 감소시키는 것이 최우선과제라는 인식을 가지고 환율정책을 추진하여 결과적으로 외환위기에 사전에 대비한 셈이므로 선견지명이 있었다."라는 찬사까지도 받을 수 있는 것이었다. 그러나, 고환율정책을 극렬히 반대하는 경박한 시론에 밀린 정부는, 곧바로 U턴을 했고, 시론의 시각으로는 '색깔이 분명한 고환율주의자'로 보였을 최 차관을 희생양 삼아 경질했다. 이후 막대한 양의 보유외환을 투하했다. 그랬건만, 필자가 경고했던 대로 소기의 효과는 못 얻고 급기야 외환위기까지 맞이하게 되었다. 이 과정에서, 하지 않을 것처럼 하다가 갑자기 U턴을 하고, 하고 나서는 한 적이 없다고 말하고, 이후에는 불안감을 주는 행보를 계속하고, 그러다가 불의의 사고까지 당하여, 그리고 기타의 이유로, 정부는 신뢰를 많이 잃게 되었던 것이다.

그렇다. 이런 마당에 '10월 19일 대책'의 시행을 유보한다면, 정부는 분명히 사람들로부터 신뢰를 잃을 것이다. 그러나, 시장(市場)으로부터는 신뢰를 얻을 것이다. 왜냐하면, 시장은 1300억 달러의 위험노출액을 지닌 불안한 외환보유고보다는 온전한 외환보유고를 훨씬 더 신뢰하기 때문이다. 시장은 무정하고 몰염치하며 타산적이다. 구성의 오류(fallacy of composition)가 잠복해 있는 곳이기도 하다. 이것이 시장의 비밀이다. 대저, 경제정책 성공의 요체는 시장의 비밀을 아는 데에 있다!

그럼에도 불구하고 그 대책을 시행해야 한다면, 다음과 같이 시행해야 한다. 첫째, 대출이나 보증을 결정하는 과정에서 매우 엄격한 기준을 적용해야 한다. 이것은 은행들에게 그간의 도덕적 해이에 대한 책임을 묻기 위해서도 필요하지만, 보유외환 손실의 위험을 최소화하기 위해서도 필요하다. 둘째, 가급적 집행의 규모는 줄이고 속도는 늦추어야 한다. 이것은 외환보유고는 끝까지 지켜야 한다는 필자의 지론을 반영한 제언이다.

라. '10월 30일 한미통화스왑협정 체결'에 대한 평가

10월 30일 새벽 한국이 미국과 300억 달러 규모의 통화스왑협정을 체결하여 안정적으로 외환보유고를 늘릴 수 있게 되자, '10월 19일 대책' 때와는 정반대로 주가 급등과 환율 급락이 뒤를 이었다. 코스피주가지수는 직전일 968.97포인트에서 당일 1,084.72포인트로 급등했고, 환율은 직전일 1,427.00원에서 당일 1,250.00원으로 급락했다. 이것은 외환보유고 지키기의 중요성을 역설하는 필자의 지론이 옳다는 것을 한 번 더 증명해 준다.

미국이 미치는 후광효과(後光效果)까지 확보하게 된 10월 30일의 거사를 성공시킨 것에 대해, 필자는 정부에게 아낌없는 찬사를 보낸다.

아쉬운 점은, 언론보도에 따를 때 이번에 확보한 300억 달러 가운데 많은 부분이 은행에 빌려 주는 방식으로 곧바로 풀릴 수도 있다는 점이다. 물론, 정부의 입장에서는 외환보유고의 운용에 모처럼 여유가 생겼으니 그 자금을 목 타는 갈증의 해소에 사용하는 것은 당연하다고 생각할 수도 있다.

그러나, 외환위기의 국면은 아직 종료되지 않았다. 통화스왑협정을 체결했다는 것은, 원화를 담보로 내놓는 조건으로 약정액 범위 안에서 언제든 달러를 꺼내어 쓸 수 있는 '마이너스 통장'을 개설해 놓은 것과 같다. 그러므로, 그 달러는 어디까지나 빌려 오는 달러다. 빌려 오는 달러를 가지고 푸근하게 써서는 안 된다. 아껴야 한다. 이미 '10월 19일 대책'을 시행해 조만간 1300억 달러의 유동성이 공급될 수 있도록 했기 때문에, 정부로서는 보유외환을 풀 만큼 풀었다. 그러니, 지금부터라도 외환보유고 지키기 모드를 실행시켜야 한다.

필자의 관점에서는, 이번에 미국에 개설해 놓은 통장에서는 돈을 아예 인출하지 않는 것이 바람직하다고 생각한다.

미국 통장을 그대로 두어야 하는 이유는, 그 통장의 상징성과 후광효과를 국가신용도를 높이는 데에 한 번 더 활용할 수도 있기 때문이다. 돈이 없어서 못 쓰는 사람, 돈이 있어서 잘 쓰는 사람, 돈이 있어도 안 쓰는 사람 — 이들 세 사람 중에서는 세 번째 사람이 가장 높은 신용도를 부여받을 것이다. 마찬가지로, 한국이 미국 통장을 가지고 있으면서도 한 푼도 인출하지 않고 있으면, 국제금융시장에서는 한국의 외환사정이 의외로 여유가 있다고 생각하거나 최소한 한국의 외환보유고 지키기 의지를 인정하여 조금이라도 더 높은 신용도를 부여할 것이다.

한번 시도해 보라. 손해 볼 일은 없다. 설사 한국의 포커페이스가 읽혀 신용도 상승에 도움이 안 되더라도, 미국 통장을 움켜쥐고 있다 보면 그만큼 달러가 덜 풀리게 될 것이고, 그에 따라 형성될 상대적 고환율이 경상수지 흑자를 조금이라도 더 늘려 줄 테니까.

삼십육계 중에 차시환혼(借尸還魂)이라는 계책이 있다. 시체를 빌린 후 혼을 불러들여 활용한다는 계책이다. 유훈통치 같은 것이 대표적인 예다. 필요하다면 죽은 것의 혼도 재활용하라고 하였는데, 살아 있는 미국 통장의 혼을 재활용해 보는 것도 괜찮지 않겠는가?

마. 고환율의 효용에 대한 재인식

필자가 자신 있게 예언하건대, 정부가 의도하든 의도하지 않든, 금번의 위기국면을 근본적으로 해결하는 데에는 고환율이 많은 역할을 할 것이다. 두고 보라. 얼마 안 있으면, 최근의 고환율이 가져다 주는 경상수지 흑자가 외환시장의 안정에 당장 기여하기 시작할 것이다. 역설적이게도, 다수 국민이 그렇게도 미워하고, 정부가 그렇게도 쫓아내려고 한 고환율이, 묵묵히 충성을 다할 것이다.

미국의 중앙은행에 '마이너스 통장'을 개설해 놓고 언제든지 돈을 꺼내어 쓸 수 있게 된 것도 중요한 것이지만, 그 돈은 어차피 빌리는 돈이다. 반면, 경상수지 흑자는 자력으로 버는 돈이다. 신용도는 자력으로 벌

때 더 높아진다. 또한, 경상수지 흑자는 실물경기의 회복에도 직접 기여한다. 이것이 필자가 고환율이 많은 역할을 할 것이라고 예언하는 것의 논리적 근거다. 정부가 필자의 처방대로 고환율을 용인하기만 하면, 고환율은 일등공신이 될 수도 있다.

필자는 경제공무원 시절이던 11년 전에도, 1997년 위기를 맞이하여 비슷한 예언을 했었다. "금번의 외환위기는 고환율이 가져다 주는 경상수지 흑자의 누적치가 종전의 순외채를 거의 상쇄해 가는 시기가 오면 봄눈 녹듯 근본적으로 해결될 것이다."라고 말이다[졸저 『새로운 패러다임』 참조].

과연 그 외환위기는 필자가 언급한 조건이 형성된 시기에, 즉, 불과 1년 반 만에 해결되었었다. 막연하게 "복구하는 데에 최소한 5년에서 10년은 걸릴 것"이라고 주장했던 국내외 저명 경제학자들의 예상을 뒤엎고서. 정치적 수사로 언급한다면, 고통과 희생을 감수해 준 모든 국민과, 시의에 적절한 경제정책을 일관성 있게 집행한 김대중 정부가 공동의 일등공신이었다고 할 수도 있을 것이다. 그러나, 필자가 경제학적 시각으로 냉철히 평가하건대, 일등공신은 단연 고환율이었다. 그때에도 스포트라이트는 '기업과 금융기관의 구조조정'이 독차지했지만.

또한, 필자는 당시에도 "장차 외환위기가 재발하는 것을 사전에 방지하기 위해서는, 정부나 한국은행이, 한편으로는 해외차입이 과도해지지 않도록 지속적으로 관리하고, 다른 한편으로는 외환시장에서의 매입을 통해 보유외환을 꾸준히 쌓아 올리며 어느 정도의 고환율 수준을 계속 유지시켜 주어야 한다."라고 강력하게 제언했었다[졸저 참조].

그렇게 하였건만 지금 또다시 외환위기의 상황이 진행되고 있으니, 필자가 우국충정으로 외쳐 왔던 것이 공허한 메아리가 되어 돌아오는 느낌을 지울 수 없다. 필자가 이 글을 쓰는 것은 이 나라의 경제를 위해서는 그러한 메아리라도 남겨야 하겠다는 안타까움에서다.

차제에 고환율의 효용에 대한 재인식이 이루어지기를 기대한다.

바. 세 부류의 고환율주의자, 두 부류의 저환율주의자

학술적으로 정의한다면, 고환율이란 '경상수지 흑자를 발생 및 유지시킬 수 있는 수준의 환율'이라고 할 수 있고, 저환율이란 '경상수지 적자를 발생 및 유지시킬 수 있는 수준의 환율'이라고 할 수 있다. 물론, 이 두 가지 환율의 중간에 '경상수지가 균형을 이룰 수 있게 하는 수준의 환율'인 경상수지균형환율이 있다.

경제정책을 담당하는 사람들 중, 고환율을 선호하는 사람을 '고환율주의자', 그리고 저환율을 선호하는 사람을 '저환율주의자'라고 부르기로 하겠다.

고환율주의자라고 다 같은 부류는 아니다. 크게 보면, 다음의 세 부류로 나뉜다.

첫 번째 부류는 맹목형(盲目型) 고환율주의자다. 고환율이 단기적으로 수출을 촉진시켜 성장률을 높인다는 것 이외에는 아무것도 보지 못한다. 보려고 하지도 않는다. 대중이 고물가에 시달려도, 경제가 웃자라 체질이 허약해져도, 자기 임기 중에 성장률이 높아지기만 하면 된다.

두 번째 부류는 수재형(秀才型) 고환율주의자다. 기존경제학을 우수한 성적으로 이수했다. 고환율은 고성장과 대외건전성[경상수지 흑자, 적은 외채, 많은 외환보유고 등]의 달성에 큰 기여를 하지만 고물가의 고통을 수반하는 것이 일반적이라는 사실을 잘 알고 있다. 그렇지만, 성향상 물가안정보다는 고성장이나 대외건전성을 상대적으로 중시한다. 그래서, 당장의 인기가 떨어지는 것은 감수하고서라도, 혹은 장래의 인기를 의식하고서, 고환율정책을 선택한다. 맹목형과는 달리 균형감각이 있어, 지나칠 정도로 밀어붙이지는 않는다. 미래지향적이며, 자존심이 센 경우가 많다.

세 번째 부류는 도사형(道士型) 고환율주의자다. 기존경제학을 우수한 성적으로 이수했다는 것은 수재형과 같으나, 기존경제이론을 능가하는 이론도 많이 터득했다. 예를 들어, 고환율을 고성장 및 대외건전성과는 물론 물가안정과도 조화롭게 양립시킬 수 있는 방법을 알고 있을 수도 있다. 즉, 한때 일본이 그랬던 것처럼 오랫동안 물가안정과 고성장 및 대외건전성을 동시에 구가할 수 있는 비결을 알고 있을 수도 있다. 통찰력이 있어 본질적인 부분을 정확하게 파악한다. 미래지향적이기도 하다. 다만, 제시하는 이론의 독특성 때문에, 기존경제이론만 인정하려는 다수세력에 의해 이단아로 몰려 뜻을 펼 기회를 가지지 못하는 경우가 많다. 천리마를 한눈에 알아주는 백락(伯樂)을 만날 수 있어야 한다.

한편, 저환율주의자는 두 부류다.

첫 번째 부류는 성군형(聖君型) 저환율주의자다. 스테로이드 처방 분야에서는 최고의 솜씨를 발휘한다. 아래에서 감상할 수 있듯이 신기(神技) 또는 예술의 경지에 도달해 있다.

금융기관이나 기업이 외채를 닥치는 대로 끌어올 수 있도록 여건을 조성해 주고, 보유외환은 있는 대로 푼다. 그리하여, 외환시장에는 달러가 넘쳐 저환율이 형성된다. 기업들은 금융기관을 경유하거나 직접 끌어온 외채를 재원으로 하여 대규모 설비투자를 추진한다. 투자가 많이 이루어짐에 따라 국민소득은 증가한다. 이처럼 국민소득 자체가 증가하는 터에 저환율로 물가까지 낮아지니, 구매력이 이중적으로 커져, 국민들은 흥청망청 과소비를 한다. 과소비에 고무된 기업들은 더 많은 외채로 더 많은 투자를 한다. 당장에는 소비와 투자가 매우 활발하게 이루어지기 때문에 국민소득이 빠른 속도로 증가한다. 따라서, 저환율에도 불구하고 매우 높은 수준의 성장률이 시현된다. 가장 이상적이라는 '고성장과 저물가의 조합'이 지속된다. 경제학자들은 경제가 선순환의 국면에 접어들었다고 분석한다. 태평성대가 왔다. 그리고, 거기까지가 끝이다. 과잉투자에 따른 공급과잉으로 재고가 첩첩이 쌓이며 연쇄도산이 일어난다. 외채는 잔뜩 쌓였는데, 정부도 금융기관도 기업도 갚을 재원이 없다. 국가부도시대가 왔다.

남의 나라 이야기가 아니다. 1997년 위기를 맞이하기까지의 수년 동안에 한국에서 실제로 일어난 일의 일부다. 당시 대다수 경제학자들은 그 위기의 핵심적인 원인을 재벌의 선단식경영이나 관치경제와 같은 한국경제의 구조적인 문제점 탓으로 돌렸다. IMF의 공식견해도 마찬가지였다. 그러나, 필자는, 그들의 견해는 과녁을 한참 빗나간 것이며, 조금 전에 그 일부를 제시한 필자의 시나리오가 그 위기의 핵심적인 원인을 가장 적확하게 설명해 준다고 주장했었다[졸저 참조].

아무튼, 이 부류에 속하면서 운이 좋은 사람은, 재임 중에 성군(聖君)이나 현신(賢臣)이라는 칭송을 받다가 모든 책임을 후임자에게 떠넘길 수 있다. 현신이라는 칭송을 받았던 사람은 나중에 다시 기용되기도 한다.

두 번째 부류는 능신형(能臣型) 저환율주의자다. 기존경제학을 우수한 성적으로 이수했다는 것은 수재형 고환율주의자와 같으나, 성향이 반대다. 고성장이나 대외건전성보다는 물가안정을 상대적으로 중시한다. 저환율은 고성장이나 대외건전성을 방해하지만 물가안정에는 크게 기여한다는 사실을 잘 알고 있다. 아울러, 국민의 심리를 기가 막히게 잘 파악한다. '일반국민은 대외건전성에는 아예 관심이 없고 성장률의 미세한 변화는 체감하지 못한다. 하지만, 물가만큼은 미세한 변화도 오늘 당장 알아채며, 물가안정을 가계에 직결시켜 매우 중요하게 여긴다. 이 같은 일반국민의 정서에 편승하는 것이 명철보신(明哲保身)하는 길이다.' — 이렇게 판단해 처신한다. 물론, 진심으로 서민들의 가계부를 걱정하는 경우도 있고, 나중보다는 당장 국민의 후생을 극대화시켜야 한다는 신념을 가지고 있는 경우도 있을 것이다. 그러나, 괜히 고환율정책을 추진해 사서 인기를 잃을 이유가 없다고 생각하는 경우가 가장 많을 것이다. 어쨌든, 미래지향적이지는 않다. 그렇더라도, 인기도 괜찮고 모나지 않기 때문에, 능신(能臣)으로 평가받고 관운도 순탄하다.

사. 고환율주의자에 대한 재평가

필자가 이상에서와 같이 사설(辭說)을 늘어놓은 이유는, 고환율주의자에 대한 세간의 시각이 수정되어야 한다는 점을 지루하지 않게 피력하기 위해서다.

현 정부 출범 초기에 강만수 장관과 최중경 차관이 추진하려 했던 환율정책은, 본인들이 시인하든 부인하든, 필자의 관점에서는 고환율정책이었다. 그리고, 고환율정책이 고성장과 대외건전성이라는 두 가지 효과를 낼 수 있다는 것을 너무나도 잘 알고 있을 두 사람이 그 중 어디에 주안점을 두었는지는 모르지만, 설사 고성장에 두었더라도, 어차피 대외건전성이라는 효과는 함께 나오는 것이 일반적이기 때문에, 그 정책은 결과적으로는 시의에 맞는 정책이 될 수 있었다고 필자는 평가한다.

그러나, 고환율정책 반대론자들은 두 사람을 맹목형 고환율주의자로 일방적으로 몰아붙였다. '이명박 대통령 재임기간 중에 경제성장 공약을 어떻게든 달성하기 위하여 손쉽게 성장률을 높이고자 무리하게 고환율정책을 밀어붙이는 사람들'이라고 지탄했다. 그리고, 결국 자신들의 뜻을 관철시키는 데에 성공했다.

그런데, 그 성공의 결과는 이제 어떻게 되어 있는가? 당시의 고환율정책이 그냥 지속되었더라면 지금의 외환위기 국면은 분명히 덜 혹독했을 터인데 말이다. 당시의 반대론자들은 왜 침묵하고 있는가?

어떤 고환율주의자가 맹목형이라면, 그는 그냥 지탄을 받아도 마땅할 것이다. 그러나, 만일 그가 성향상 물가안정보다 고성장이나 대외건전성을 상대적으로 중시해 고환율정책을 펴는 수재형이라면, 그를 무조건 지탄해서는 안 된다. 단순히 개인적인 성향 때문에 그 정책을 펴는 것인지, 아니면 성장동력 저하나 대외건전성 악화의 문제가 진짜로 있기 때문에 그 정책을 펴는 것인지 등을 살펴서 평가해야 할 것이다.

필자가 이렇게 많은 지면을 할애하면서까지 고환율주의자를 보호하려고 하는 이유는, 이 나라에서 고환율주의자가 천연기념물처럼 희귀해져서는 안 된다고 생각하기 때문이다.

얼마 전처럼 고환율주의자를 매도하는 사회적 풍토에서는 저환율주의자만 나오게 될 것이다. 처음에는 능신형이 많이 나오게 될 것이다. 그러다가, 능신형이 펴는 정책에 많은 국민들이 익숙해지다 보면, 그 다음에는 반드시 성군형이 뒤를 이을 것이다. 그리고, 성군형 다음에는 수많은 실직자들이 뒤를 이을 것이다.

한 수재형 고환율주의자가 안타까운 심정을 토로하며 필자에게 한 말이 있다. 필자가 이 대목에서 쓰고자 하는 것과 내용이 똑같기 때문에, 그의 말을 가감 없이 그대로 인용하기로 하겠다:

"폐쇄경제가 아닌 소규모 개방경제로서 자원빈국이라 수출이 활로(活路)며 자본계정이 100% 개방된 한국이 저환율정책을 쓰는 것은, 장기적으로 결국 자살행위입니다."

아. 국민의 혈세를 효율적이고 효과적으로 사용해야 하는 문제

여타의 대책들을 수립하고 집행하는 데에 있어서도 유의해야 할 사항이 있다.

우리 경제에 위기를 몰고 오려는 에너지를 편의상 '적'(敵)이라고 부르기로 하자. 이번의 적은 예사로운 적이 아니다. 엄청난 대군이고, 기세 또한 심상치 않다.

이 같은 적과 곧바로, 그리고 전면전으로 맞서는 것은 참으로 어리석은 일이다. 적에게 제대로 타격을 가해 보지도 못한 채 초장에 괴멸되기 십상이다. 삼십육계 중 이일대로(以逸待勞 ; 아군은 쉬게 하면서 적군이 지치기를 기다린다)의 계책을 써야 한다. 한참 후방으로 물러나 방어선을 구축한 후 힘을 비축하면서 적의 기세가 누그러지기를 기다려야 한다. 인내심을 가지고 기다려야 하고, 필요하다면 초토화작전(焦土化作戰 ;

scorched earth)도 불사해야 한다. 그러다가 결정적인 시기에 그 동안 온축한 힘을 집약해 일격을 가하며 반격을 시작해야 한다.

금번의 위기국면을 타개하는 데에는 결과적으로 과거, 현재 또는 미래의 혈세가 엄청나게 많이 투입될 것이다. 정부는 국민의 혈세를 효율적이고 효과적으로 사용해야 한다. 그 때문에도, 성급한 대응은 자제해야 한다. '신속하게 선제적 대책을 내놓아야 한다.'라는 강박관념 때문에 졸속의 대책이 나와 속절없이 혈세만 낭비되는 일이 더 이상 생겨서는 안 된다. 다만, 저소득층의 생계와 실직자의 재기 등을 지원하는 사회안전망의 확충만큼은 미리 해 두는 것이 좋을 것이다.

아울러, 지금 시행하는 대책이 당장에 나타날 효과만이 아니라 그것이 장래에 미칠 영향까지도 고려해야 한다.

필자가 예상하건대, 금번의 위기국면은, 가장 난해한 외환위기의 문제만 해결된다면, 나머지 문제에 대해서는 확장적인 통화신용정책과 재정정책을 구사하여 상대적으로 어렵지 않게 대처해 나갈 수 있을 것이다. 이때, 정부는 당장의 효과 또는 대통령 임기 중의 효과를 극대화하고자 집행규모를 최대한 늘리고 싶은 유혹에 빠질 가능성이 있다.

집행규모가 과도해질 경우의 폐단은 다음과 같다. 첫째, 과거, 현재 또는 미래의 혈세가 낭비된다. 둘째, 스테로이드 처방을 할 때와 같이 오히려 치료를 더 어렵게 하는 문제가 생길 수도 있다. 셋째, 부동산투기 재연이나 인플레이션과 같은 후유증에 시달릴 수 있다. 넷째, 경제주체들이 자구노력이나 생산성 향상의 노력을 강도 높게 하지 않아 국제경쟁력이 저하된다. 경제가 웃자라게 되어 체질이 허약해지는 것이다. 다섯째, 국가부채규모가 과도해져 미래의 경제에 국가신용도 하락 및 정책수단 부족의 문제를 남기게 된다. 자칫하면 미래의 경제가 지금과 같은 위기를 또다시 겪게 될 수 있다. 미래의 국민은 지금의 정부가 벌여 놓은 일은 망각하고 그 당시의 정부를 비난하겠지만, 어쨌든 지금의 정부는 역사의 채무자가 된다.

그러므로, 대통령과 장관 그리고 실무자는, 현재와 미래의 국민 모두를 올바르게 섬기는 마음가짐으로 매사에 성실을 기해야 한다.

7. 위기대책의 원활한 추진에 필요한 전제조건

다음의 세 가지 조건만 충족된다면, 필자가 제시한 위기대책은 원활하게 추진될 수 있고 반드시 성공을 거둘 수 있을 것이다.

첫째, 우리 국민과 정부는 고환율을 두려워하지 말아야 한다. 국민 전체와 나라의 장래를 생각하며 장기적으로 볼 때, 우리 기업들이 고환율의 이점에 안주하지 않고 부단히 생산성 향상의 노력을 기울이는 한, 고환율은 일시적 고통이 따르기는 하지만 오히려 축복이라는 점을 정확하게 인식해야 한다. "죽기를 무릅쓰면 살고, 살기를 바라면 죽는다."(必死則生, 幸生則死.) ─『오자』(吳子)에 나오는 이 유명한 교훈을 되새겨야 한다.

둘째, 우리 국민은 고환율이 하향안정화될 때까지 기다려 주는 인내심을 발휘해야 한다. 나폴레옹군이 러시아를 침공하여 모스크바를 향해 진격하는 동안 러시아군은 결정적인 전투는 회피하고서 청야책(淸野策; 焦土化作戰)을 쓰며 후퇴하기를 거듭했다. 러시아군의 총사령관이 승부사로 보이는 쿠투조프로 교체되었다. 그러나, 그도 한 차례의 회전(會戰)만 치른 후 곧바로 전임자의 전술을 다시 사용했고 아예 모스크바까지 내주었다. 이후 나폴레옹군이 혹독한 겨울추위와 식량부족을 걱정해 퇴각할 때에도, 그는 추격의 고삐를 늦추었다. 많은 러시아인들이 그를 비겁자라고 조롱하고 비난했지만, 나폴레옹군은 결국 동사자(凍死者)와 아사자(餓死者)의 속출로 자멸했다. 만일 그가 당장의 여론 때문에 경질되었다면, 후임 총사령관은 자의든 타의든 막강한 나폴레옹군과 전면전을 벌이다 대패했을 것이며, 주력군을 잃게 된 러시아는 항복할 수밖에 없었을 것이다.

셋째, 이명박 대통령과 강만수 장관은 일시적으로 자신들에게 쏟아질 조롱과 비난에 흔들리지 않는 '후안(厚顔)의 내공(內功)'을 발휘해야 한다. 조정의 명령으로 어쩔 수 없이 관중(關中) 방어에 나선 사마의(司馬懿)는, 오장원(五丈原)에 출격해 진을 치고 있는 제갈량(諸葛亮)이 용병술에는 능하고 군량미 조달에는 제약을 받고 있다는 점을 간파했다. '그렇다면, 전투를 벌이지 않고 시간을 끄는 것이 최선이다!' — 이렇게 판단한 그는, 제갈량이 아무리 싸움을 걸어 와도 일절 응하지 않았다. 이에 초조해진 제갈량이 치마저고리와 족두리를 선물하며 격분시키려 했지만, 그런 방법도 그에게는 통하지 않았다. 그는 제갈량군이 자진해서 철수하는 시점까지 조금도 흔들리지 않고 전투를 회피하는 데에 성공했다. 만일 그가 자신을 아녀자로 조롱하는 것에 격분해 싸움에 응했다면, 그는 타격을 입었을 것이며, 삼국지(三國志) 시대의 최종 승자로 남는 데에 실패했을 것이다.

8. 결어

2008년 11월 3일 현재까지 정부가 외환 및 금융시장 안정과 경기침체 예방 등의 목적으로 내놓은 대책들은, 고심 끝에 나온 것들임이 분명하다. 그렇지만, 통화스왑협정 체결과 같은 일부의 대책을 제외하고는, 스테로이드 처방과 유사한 부분이 많고, 국민의 혈세로 만들어지는 다량의 실탄을 너무 이른 시기에 헛되이 소진하게 되어 있어 '선제적 대책'이 아니라 성급한 대책이며, 수비적이다. 불안하고 미흡하다. 글로벌 위기상황이 조기에 진정된다면 위험한 문제까지는 안 생기겠지만, 만에 하나 그것이 장기간 지속된다면, 외환위기가 엄습할 가능성이 높아질 것이며, 자생적 경기회복에도 시일이 오래 걸릴 것이다.

이에 반하여, 필자가 제시하는 처방은, 이열치열(以熱治熱)의 처방이고, 실탄을 허비하지 않게 되어 있어 효율적이며, 기실에 있어서는 공격적이다. 설사 글로벌 위기상황이 장기간 지속되더라도, 외환위기가 초래될 가능성은 낮아질 것이며, 자생적 경기회복이 다른 나라들에 비해 훨씬 앞당겨질 것이다. 그리하여, 금번의 세계경제 침체국면이 종료되었을 때, 한국의 국가신용도는 몇 단계 올라가 있게 될 것이다. '국민들이 고통을 감수하여 위기를 기회로 바꾼 나라'가 될 것이다.

필자는 민주주의를 신봉한다. 그리고, 그런 만큼 그것의 핵심적인 절차적 요소들로서의 토론과 다수결을 존중한다. 그러나, 시국(時局)의 중대사는 토론이나 다수결에 의해서만 결정되어서는 안 된다. 혜안을 가진 선구자는 처음에는 언제나 소수였다. 고환율정책은 당장에는 다수에게 고통을 주기 때문에 토론이나 다수결로는 채택되기가 어렵다. 하지만, 다수의 장래를 위해서는 채택되어야 한다. 정책결정권자의 고뇌에 찬 결단이 어느 때보다도 절실한 시기다.

제2장
****
후기[1] − 비망록

작성일 : 2008년 11월 26일

이미 언급한 바 있지만, 이상의 글[이하 '졸고']은 2008년 10월 15일에 일차적으로 탈고했다가 이후 '10월 19일 종합대책'과 '10월 30일 한미통화 스왑협정 체결'에 대한 평가 부분을 순차적으로 가필해 동년 11월 3일에 최종적으로 탈고한 것입니다. 이 자리를 빌려 그 집필의 동기와 과정을 비망록(備忘錄)으로 남겨 두고자 합니다.

1983년에 행정사무관으로 임용된 후 생애 첫 번째 업무로 재무부 국제금융국 외환정책과에서 환율업무를 담당했었습니다. 이후 근 25년 간 "우리나라의 환율정책은 어떻게 펼쳐야 하는가?" 등의 문제를 놓고서 화두를 들듯 고심해 왔습니다.

11년 전의 1997년 위기 때에는 대통령경제비서실에 근무하면서 그 극복에 미력을 보탠 적도 있습니다. '외환위기의 재발 방지를 위해 정부와 한국은행이 반드시 해야 할 일'을 졸저를 포함한 여러 채널을 통해 역설하기도 했습니다.

야인생활을 하게 된 이후에는 한동안 세상사를 거의 잊고 살았습니다. 명상에 몰입해 보기도 하고, 예전에 틈틈이 공부했던 물리수학과 현대물리학 그리고 세계사를 다시 공부해 보기도 했습니다. 신문기사를 볼 때에는 대체로 표제어 위주로 일별하기만 했습니다.

현 정부 출범 직전인 2008년 1월 어느 날, 대통령당선자와 지근거리에 있던 한 유력인사를 친구의 권유로 만나 대화 도중에 경제에 관한 이야기를 하게 되었습니다.

세상사에 큰 관심을 두지 않고 지내 왔지만, 그 이전에 꽤 오랜 기간 동안 경제학을 천착하고 경제정책업무를 담당해 보았던 터라 그랬는지, 저도 모르게 그 유력인사에게 다음과 같은 취지의 이야기를 하게 되었습니다:

"이명박 후보는 국민들에게 '경제를 조기에 활성화시킬 수 있는 인물'이라는 기대감을 심어 주고서 대통령에 당선되었다. 그러나, 세계경제는 2008년부터 침체국면을 맞이할 것이고, 2009년에는 그것이 심화될 것이다. 국제 고유가와 서브프라임대출 문제가 그 전조(前兆)다. 따라서, 한국경제도 같이 어려워질 수밖에 없다. 그 와중에 정부가 경제정책을 잘못 펴면 한국경제의 어려움은 가중될 것이다. 새 대통령은, 경제가 어려워질 것에 대비해 경제를 진짜로 잘 알면서 금융정책 운영 경험도 있는 인사들을 중용해야 할 것이다. 겉으로 그렇게 보이는 인사들은 많겠지만 실제로 그러한 인사들은 많지 않을 것이다. 널리 구해야 한다."

저 자신이 제 입에서 나오는 이야기에 깜짝 놀랐습니다. 그때부터 오래간만에 경제문제에 대해 다시 관심을 가지기 시작했습니다. 제 말에 책임을 져야 할 것이기 때문에, 제 말이 잘못된 것이라면 빨리 정정해야 할 것이기 때문에, 관심을 가지지 않을 수 없었습니다. 깊이 생각해 보니, 역시 버블이 세계경제에, 그리고 또 한국경제에, 형성되어 있었습니다. 그 시기를 정확하게 예언할 수는 없지만 버블이 터질 것이라는 것은 기정사실이었으므로, 세계 및 한국경제는 공히 침체의 과정을 겪게 될 것이었습니다. 어딘지 모르게 어수선해 보이는 현실의 모습들 너머로, '봄추위, 가을서리, 그리고 엄동'의 장면들이 원경(遠景)으로 보였습니다.

현 정부 출범 초기인 2008년 5월 어느 날, 한 고위직 경제공무원을 만나 당시 이슈가 되어 있었던 환율문제를 가지고 대화를 하게 되었습니다. 당시의 환율은 1040원 내외의 수준이었던 것으로 기억되는데, 아무튼 고환율정책 반대론자들이 목소리를 높이고 있던 때였습니다. 그는 수재형 고환율주의자 중의 한 사람이었습니다. 저는 "앞으로 경제는 침체될 것이다. 국민과 정부는 약간의 고물가에 따른 고통과 실직의 고통 중에서 양자택일을 해야 한다면 전자를 선택해야 할 것이다. 이 같은 관점에서 고환율정책을 지지한다."라고 말하며 그를 응원했습니다. 그를 만나고 돌아오는 길에 '고환율정책 반대론자들은 봄추위를 가지고도 강추위라고 하는구나.' 하고 생각했습니다.

7월 들어 정부는 환율정책의 U턴을 단행했습니다. 그리고, 보유외환을 대거 풀기 시작했습니다. '이대로 가면 외환위기가 올 수도 있다.' ― 저는 위기의식을 느끼게 되었습니다. 그래서, 7월 16일자 중앙일보에 글을 기고했습니다. 졸고의 도입부에 기술한 바와 같이, 외환위기 재발 가능성에 언급하며 "정부는 보유외환을 풀어 환율을 낮추려는 정책을 써서는 안 된다."라고 경고했습니다.

9월 들어 가을서리가 엄습했습니다. 이후 정부의 대처방안과 세간의 다수의견에 불안하고 미흡한 면이 많아, 10월 10일경부터 우국충정으로 졸고를 쓰기 시작했습니다.

10월 15일 졸고를 일차적으로 탈고했습니다. 그 직후, 그것을 한 종합일간지에 투고해 보았습니다. 그러나, 그곳에서는 "배 교수의 지명도가 낮고 글의 내용 또한 지배적인 의견과 너무나 다르기 때문에 게재할 수 없다."라고 솔직하게 말하며 저의 요청을 거절했습니다. 다른 종합일간지 측에도 타진해 보았지만, 그곳에서는 "글이 분량도 많고 내용도 전문적인 것이니 경제일간지에 기고해 보면 어떻겠는가?" 하면서 완곡하게 거절했습니다.

그래서, 안면이 있는 모 경제일간지 편집국장에게 원고를 보내며, 외환위기와 관련된 중요한 제언이 담겨 있는 글인 만큼 가급적 많은 지면을 할애해 달라고 부탁을 했습니다. 그러나, 그곳에서도, 편집회의를 거친 후 글의 내용이 '비상식적'이고 '비정상적'이기 때문에 게재할 수 없다고 결정했습니다. 진정 우국충정으로 부탁한 것이었는데, 안타까웠습니다.

'이것도 하나의 흐름이다.' — 이렇게 받아들이고서, 앞으로 일간지 측에 졸고의 게재를 부탁하지는 않겠다고 결심했습니다.

10월 19일, 졸고에서 언급된 '10월 19일 대책'이 발표되었습니다. 그 이튿날 "그 잘못된 대책으로 인해 외평채가산금리의 급상승, 환율 폭등, 주가 폭락의 과정이 곧 진행될 것이다."라고 예언하는 글을 가필하고 그 것을 일부 지인들에게 보냈습니다.

과연, 외평채가산금리의 급상승, 환율 폭등, 주가 폭락의 과정이 며칠 동안 계속 진행되었습니다. 지인들로부터 "그 같은 일이 일어난 이유를 이제 이해할 수 있고, '궁즉변'의 대책방향에 공감한다."라는 내용의 답신을 여러 통 받았습니다. IBK투자증권에서는 제 글을 사내게시판에 게재해 주었습니다. 동아일보 논설위원으로 있는 친구가 소개한 주간동아 모 기자가 기고를 부탁한다고 전화를 주어, 10월 30일에는 졸고의 일부를 발췌해 주간동아에 기고하기도 했습니다.

10월 30일 새벽, 한미통화스왑협정이 체결되었습니다. 코스피주가지수는 직전일 968.97포인트에서 당일 1,084.72포인트로 급등했고, 환율은 직전일 1,427.00원에서 당일 1,250.00원으로 급락했습니다. 세간의 다수의견은 "이제 외환위기의 국면은 사실상 종료되었다."라고 선언했습니다. 정부는 그 같은 상황에 자못 의기양양해하며, 팔거나 빌려 주거나 보증을 서 주며 보유외환을 푸는 일을 계속했습니다.

저는 당시 "외환위기의 국면은 아직 종료되지 않았다."라고 선언했습니다. 그리고, "정부는 지금부터라도 외환보유고 지키기 모드를 실행시켜야 한다."라고 권고했습니다.

이후의 상황은 어떻게 전개되었습니까? 예컨대 11월 24일의 경우, 코스피주가지수는 협정 당일의 1,084.72포인트에서 970.14포인트로 다시 내려왔고, 환율은 협정 당일의 1,250.00원에서 무려 1,513.00원으로 다시 올라왔습니다. 국가부도위험을 반영하는 외평채가산금리 역시 여전히 522bp의 높은 수준을 유지하고 있습니다.

이제 정부도 조금 정신을 차리지 않았나 생각되기도 합니다. 세간의 다수의견을 지지해 오던 인사들 중에서도 판단이성을 되찾는 분들이 조금씩 늘어나는 듯도 합니다. 그래서인지, 한 달 전과는 다르게 한두 군데 일간지 측에서 먼저 기고를 요청해 오기도 했습니다. 정중하게 사양했지만.

궁즉변. 사물은 궁극에 달하면 변화의 에너지를 얻게 됩니다. 저의 처방대로 보유외환을 움켜쥐고 있는 상태에서 궁극에 달하게 되면, 그 변화는 '희망의 변화'가 될 것입니다. '고환율의 축복'을 누릴 수 있게 될 것입니다. 그러나, 종전처럼 보유외환을 소진시키는 방향으로 돌진하다가 궁극에 달하게 되면, 그 변화는 '절망의 변화'가 될 수밖에 없습니다. '고환율의 저주'를 받아 돌이킬 수 없이 본격적인 외환위기의 늪으로 빠져 들수밖에 없습니다.

국민과 정부가 졸고의 내용을 소수의견이라고 묵살하지 말고 진지하게 수용해 주기를 바랄 따름입니다.

저는 졸고를, 한때의 시론을 담은 성명서(聲明書)가 아니라 하나의 교본(教本)으로 이 시대의 한국인들은 물론 후대의 세계시민들에게까지 남겨야 한다는 각오로 집필했습니다. 2008년 10월 15일 전후에 일어났던 일들을 사례분석의 대상으로 하여, 현재의 위기를 극복하기 위한 올바른 대책방향은 무엇인지, 장기적으로 한국의 환율정책은 어떻게 펴야 할 것인지 등에 대해 역사의식을 가지고 썼습니다. 정파를 의식하지도, 근무했던 친정을 의식하지도 않았습니다. 세력이 큰 다수의견을 필마단기로 비판하는 것이 외로운 길이라는 것을 잘 알지만, 오직 춘추(春秋)의 필법(筆法)을 따라야 한다는 신념으로 글을 썼습니다.

그러므로, 졸고의 주요내용은, 지금 당장에는 소수의견이 될 수밖에 없을지 몰라도, 결국에는 현행 경제위기의 원인, 경과 및 대책방향에 관하여, 그리고 한국의 향후 환율정책 운영방향에 관하여, 가장 정확한 견해로 남게 될 것이라고 생각합니다.

　　같은 주제로 글을 쓰는 것을 여기서 마무리할 수도 있고 이 뒤에 덧붙일 수도 있을 것입니다. 만약 덧붙이게 된다면, 그 글 역시 춘추의 필법을 따른 글이 될 것입니다.

　　긴 글을 일독해 주셔서 고맙습니다. 우리 경제가 조속히 회복되기를 전 국민과 함께 거듭 기원합니다.

2008년 11월 26일
필자 배상

제3장

****

후기[2] − 시장의 비밀

작성일 : 2010년 7월 6일

　졸고 및 첫 번째 후기를 탈고하고 나서 오래간만에 이 두 번째 후기를 집필하게 되어 감회가 새롭습니다. 앞의 글들은 위기가 진행되고 있는 국면의 긴박한 상황에서 썼지만, 이번 글은 위기를 넘어선 국면의 상대적으로 여유로운 상황에서 씁니다. 독자 여러분께서도 심적 여유를 가지고 읽어 주시기 바랍니다.

〈1〉 기존경제학자들의 견해들에 대한 사후평가

　2008년 9월, 질풍노도(疾風怒濤)처럼 글로벌 금융위기가 밀려왔습니다. 그 위기가 한창 진행 중일 때, 각국의 많은 경제학자들은, 세계 또는 자국의 경제가 그 바람과 파도에 의해 어떻게 될 것인지에 대해 각자의 견해를 피력했습니다. 이후 어느덧 근 2년의 세월이 흘렀습니다. 문득 다음 사항이 궁금해졌습니다. ― 그들의 그 견해들 중, 지금에 와서 다시 보았을 때 정론(正論)이었다고 인정할 만한 것은 과연 얼마나 될까?

　누리엘 루비니 교수. 언론보도를 보니, 그는 2008년의 위기를 정확하게 예견함으로써 경제학자로서 글로벌 스타덤에 오른 인물이라고 합니다.

그런데, 막상 그 위기가 발발한 이후에 그가 했다는 여러 발언들을 보니, 아, 이런 것이었습니다. ― "조만간 2008년의 것에 준하는 위기가 다시 온다!"

그는 이 같은 취지의 주장을 최근까지 아마 적어도 한 달에 한 번씩은 반복해 왔을 것 같습니다. 논거를 달리하는 경우도 있지만 결론 면에서는 천편일률적으로 말입니다.

그가 진정으로 내공(內功)이 있는 경제학자여서 그의 예측들이 연이어 적중했다면, 세계경제는 매달 한 차례씩 큰 위기를 맞이했어야 할 것입니다.

인류가 현재까지 만들어 온 시계들 가운데 가장 정확한 것은 미국의 국립표준기술연구소(NIST)에서 최근에 개발한 '양자논리 알루미늄원자시계'라고 합니다. 그렇지만, 그런 시계조차 감히 따라올 수 없는, 완벽하게 정확한 시계도 분명히 있습니다. 하루에 딱 두 번만 맞는다는 것이 단점이기는 합니다만. 바로, 고장이 나서 아예 멈추어 버린 시계입니다. 이 시계도, 시운(時運)만 절묘하게 들어오면 역사적인 명품이 될 수 있습니다.

루비니 교수는 차제에 자신의 손목시계를 한 번쯤 점검해 볼 필요가 있을 듯합니다.

아무튼, 그를 포함해 2008년의 위기를 놓고 그 출발지점을 정확히 예견했다는 몇몇 경제학자들 가운데, 그 위기의 진행경로에까지 예상을 적중시킨 인사들은 거의 없는 것 같습니다.

폴 크루그먼 교수. 노벨경제학상 수상자이자 호사가(好事家)로서, 지명도가 높은 인물입니다. 그를 포함한 중량급 경제학자들 상당수는 2008년의 위기가 1929년에 발발한 대공황에 버금가는 초대형위기로 진행될 것이라고 예언했습니다. 그러나, 이후의 실제상황이 그들의 호사(好事)를 잦아들게 하는 방향으로 전개되었다는 것은 주지의 사실입니다.

그러고 보면, 이상의 인사들 말고도 여러 유형의 경제학자들이 모습을 보였습니다.

카멜레온형 경제학자. 이를테면 주가가 오르는 날에는 낙관론자가 되었다가 그것이 떨어지는 날에는 비관론자로 바뀌는 식으로, 그때그때의 상황변화에 따라 수시로 입장을 바꾸었습니다.

면피형 경제학자. "주가는 경우에 따라 상승할 수도 있고 하락할 수도 있으니, 가 보아야 알 수 있다."라고 말하는 식으로, 경우의 수에 맞추어 다수의 가상시나리오를 열거하기만 하고 주견(主見)은 밝히지 않았습니다.

대세추종형 경제학자. '다수세력을 따라 주장하면, 포화(砲火)를 받을 일은 없다. 나중에 그것이 오류였음이 밝혀지더라도 다수세력 전체가 이심전심으로 합심해 불문에 부칠 것이기 때문이다.'라는 법칙을 터득하여 그대로 실행했습니다.

침묵형 경제학자. '침묵하고 있으면, 틀릴 일은 절대 생기지 않는다.'라는 또 다른 법칙을 터득해 실천했습니다.

철학자형 경제학자. "이번 위기의 원인은 탐욕이다. 대책은 신뢰를 회복시키는 것이다."라고 주장했습니다. 경제용어는 거의 사용하지 않고 논지도 간단해 일반대중 추종자들을 많이 거느렸습니다. 하지만, 그 주장에 학술적 가치를 부여하기는 어렵습니다. 첫째, 탐욕이라는 것은 경제발전의 원동력이자 태고 때부터 인간의 본성 속에 자리 잡아 온 면이 있는 것으로서, "이번 위기의 원인은 탐욕이다."라고 주장하는 것은 이를테면 "금융위기는 경제주체들이 금융행위를 하기 때문에 생기는 것이다."라고 주장하는 것과 마찬가지이기 때문입니다. 둘째, 신뢰가 회복되어야 위기가 진정될 수 있는 측면도 있지만, 거꾸로 위기가 진정되어야 신뢰가 회복될 수 있는 측면도 있으며, 신뢰를 회복시키기 위한 구체적인 방안이 결여되어 있기 때문입니다.

어쨌든, 제가 과문(寡聞)한 탓이 크겠지만, 2008년의 위기가 세계 또는 자국에서 어떤 경로로 진행될 것인가에 관한 기존경제학자들의 견해들 중에서 정론이었다고 인정할 만한 것을 저로서는 찾지 못했습니다.

〈2〉 졸고에서 피력한 저의 견해에 대한 사후평가

사안별로 졸고에서 주요 부분을 발췌하고 평가를 덧붙이기로 하겠습니다.

2008년의 위기가 세계경제 차원에서 어떤 경로로 진행될지에 대해 저는 다음과 같이 예상했습니다.

" … 글로벌 차원의 금융시스템 붕괴위험은 미연에 방지될 것이며, 앞으로 다가올 엄동도 극단적인 혹한은 되지 않을 것으로 보인다. 다행스러운 일이다. 참고로, 금번의 위기는 1929년에 발발한 대공황과 같은 초대형위기는 아니라고 할 수 있다. … 그러므로, 필자는, 금번의 위기가 대공황 당시처럼 전개될 것이라고 예언하며 겁을 주는 폴 크루그먼 같은 일부 학자들의 주장에는 동의하지 않는다."

이 같은 예상에서 별반의 오차는 발생하지 않았습니다.

한편, 2008년의 위기가 한국경제 차원에서 어떤 경로로 진행될지에 대해서는 여러 각도에서 견해를 밝혔습니다.

"따라서, 보유외환을 아무리 많이 풀더라도 … 공연히 외환보유고만 소진시킬 뿐 환율을 궁극적으로 낮출 수는 없는 것이다. 환율은 보유외환을 풀고 있는 동안에만 잠시 진정될 뿐, 개입을 중단하는 순간 원래의 위치로 되돌아갈 것이다." — 정부는 2008년 하반기 6개월 동안에만 외환시장에서 무려 700~800억 달러의 보유외환을 투매했습니다. 이같은 무리한 조치로 동년 말에는 환율이 1,257.50원으로 낮추어지기도 했습니다. 그러나, 2009년 들어 정부가 고환율을 용인하기로 하면서 앞에서와 같은 조치를 중단하자, 동년 3월 2일에는 환율이 무려 1,570.30원으로 치솟았습니다!

"두고 보라. 얼마 안 있으면, 최근의 고환율이 가져다 주는 경상수지 흑자가 외환시장의 안정에 당장 기여하기 시작할 것이다." — 2009년 3월 이후 '월간 기준 사상최대의 상품수지흑자 달성'의 기록이 여러 차례 경신되었습니다.

"금번의 위기국면은, 가장 난해한 외환위기의 문제만 해결된다면, 나머지 문제에 대해서는 확장적인 통화신용정책과 재정정책을 구사하여 상대적으로 어렵지 않게 대처해 나갈 수 있을 것이다." — 정부가 고환율을 용인하고 나서 얼마 후부터 과연 경제는 순항했습니다.

"… 자생적 경기회복이 다른 나라들에 비해 훨씬 앞당겨질 것이다. 그리하여, 금번의 세계경제 침체국면이 종료되었을 때, 한국의 국가신용도는 몇 단계 올라가 있게 될 것이다." — 이 예상도 적중했습니다.

〈3〉 출구전략과 재정적자문제에 관한 논의

2009년 5월, 저는 토론회 등에서 발표를 하며 "현재의 한국경제 회복세는 지속될 것입니다. 지금부터 한국정부는 출구전략을 검토하기 시작해야 합니다."라고 피력했습니다. '글쎄, 더블딥이 온다는 우려가 적지 않은데, 회복세가 과연 그대로 이어질까? 위기가 닥친 지 이제 8개월밖에 안 됐는데 벌써 출구전략을 검토?' 하는 반응이 많이 나왔습니다.

아, 저의 견해는 소수의견으로 출발하는 경우가 너무나 많습니다! 시간이 지나 그것이 정론이었음이 입증될 때쯤이면, 저는 다시 새로운 소수의견을 주장하고 있게 되곤 합니다. 대세에 영합하지 못하고서 말입니다. 그러니, 경제학자로서의 저는 다수세력, 즉, 대다수 기존경제학자들과 대립해야 하는 일이 많아질 수밖에 없습니다. 더구나, 저의 견해들 중에는 정론으로 인정받게 되면 그들이 안주하고 있던 입지를 완전히 상실시킬 것들이 많이 있습니다. 이래저래 저는 그들로부터 호평을 받기 어려운 구도 속에 처해 있습니다. 독자 여러분께서 저에게 백락(伯樂)이 되어 주시기 전까지는 계속 그렇게 될 것 같습니다.

"세상에 백락이 있고, 그런 다음 천리마가 있다. 천리마는 항상 있는 것이지만, 백락은 항상 있는 것이 아니다. … 슬프다! 정말로 말이 없는 것이냐? 아니면, 말을 알아보는 사람이 없는 것이냐?"

(世有伯樂, 然後有千里馬. 千里馬常有, 而伯樂不常有. … 嗚呼! 其眞無馬耶? 其眞不知馬耶?)

한유(韓愈)는 이렇게 말했습니다. 하지만, 독자 여러분께서는 어느 분이든 백락이 되실 수 있다고 저는 생각합니다. '기존경제학은 무조건 옳을 것이다.'라는 선입견만 갖지 않으신다면 말입니다.

사설(辭說)을 늘어놓아 죄송합니다.

『맹자』(孟子)의「고자편」(告子篇)을 보면, 다음과 같은 명언이 나옵니다. 단장취의(斷章取義)를 해서 소개하겠습니다.

"밖에 적이 없고 우환이 없는 나라는 반드시 망한다. 그런 일을 겪고 나면, 우환이 있는 곳에서는 살고 안락한 곳에서는 죽는다는 것을 알게 된다."

(出則無敵國外患者, 國恒亡. 然後, 知生於憂患, 而死於安樂也.)

2009년 10월 30일의 기획재정부 거시경제정책자문회의에서, 저는 먼저 위의 구절을 인용한 후 다음과 같이 조언했습니다.

— "경제위기 국면에서 강력한 구조조정을 시행한 나라는 국가경쟁력이 강화되어 위기 종료 후 도약에 성공할 수 있으나, 구조조정에 미온적이었던 나라는 반대의 상황에 놓이게 됩니다. 출구전략도 같은 맥락에서 고려되어야 합니다."

— "미국 등 세계 주요국에서 출구전략의 시행 필요성 여부에 대한 논의가 이미 시작되었습니다. 그러나, 경기회복 및 고용증대 등을 조기에 가시화시키려는 정치적 고려가 작용할 것이기 때문에, 이들 국가에서 출구전략의 본격시행은 상당히 늦어질 것으로 예상됩니다. 또한, 금번의 위기 국면에서 각국 정부의 대응양상을 지켜본 세계의 많은 경제주체들은, '앞으로 위기가 재발하더라도, 각국 정부가 발권력을 동원해서라도 그것을

막아 줄것이다.'라고 예상할 것이기 때문에, 심리적으로 상당히 안정되어 있다고 볼 수 있습니다. 이상을 감안할 때, 앞으로의 그 항로에 위험요인과 기복(起伏) 그리고 나라별 차이 등이 없을 수는 없지만, 세계경제가 현재 보여 주고 있는 회복세의 기조 자체는 상당기간 그대로 유지될 전망입니다."

— "한국은 이 같은 '외부경제효과'의 수혜자가 될 수 있으므로, 출구전략을 이들 국가보다 조금 빨리 시행해도 무방할 것이며, 이것은 장래의 국제경쟁력 강화에 도움을 줄 것입니다. 선즉제인(先則制人 ; 선수를 치면 남을 제압하거나 남보다 앞설 수 있다)의 교훈을 상기해야 할 것입니다. 한국은 결과적으로 다른 나라들보다 고환율을 빨리 받아들였기 때문에 그들보다 앞서 회복세를 보일 수 있었습니다."

— "출구전략은, 일단 현재의 경기회복세를 냉각시키지 않는 범위 내에서 지금부터라도 바로 시행하는 것이 바람직할 것이라고 사료됩니다."

— "무엇보다도, 재정정책은 반드시 재정적자문제를 개선시키는 방향으로 운영되어야 할 것입니다. 재정이 튼튼해야 국가신용도도 개선되고 향후의 위기를 예방하거나 빨리 극복할 수 있습니다. … 얼마 후부터는 재정적자문제가 세계경제에서 주요 이슈가 될 것입니다."

2009년 11월 이후에는, 이른바 '두바이 재정위기'가 발생하기도 했고, '그리스 등 남유럽국가들의 재정적자 문제'가 반복적으로 대두되기도 했습니다. 그때마다, 저는 일관되게 "세계의 많은 경제주체들이 심리적으로 상당히 안정되어 있고, 주요국 정부가 대응여력을 보유하고 있기 때문에, 충격이 심각하지는 않을 것이다."라고 전망했습니다.

2010년 3월 말, 졸고에서 '한 수재형 고환율주의자'로 거명된 인사가 경제정책 담당 고위직으로 컴백할 수 있게 되었습니다. 해당보직으로 취임하기 직전의 그가, 자신이 참고할 사항이 있으면 허심탄회하게 이야기해 달라고 요청했습니다. 저는 '출구전략 시행 및 재정적자문제 개선'을 강조하고서 다음을 첨언했습니다.

"일부 기업들은 '고환율주의자가 요직에 취임했으니 고환율에 편승할 수 있을 것'이라는 기대감을 가질지도 모릅니다. 하지만, 그 같은 기대감을 불식시켜, 기업들로 하여금 긴장감을 가지고 허리띠를 졸라매도록 해야 할 것입니다. 현 단계에서는 '고환율정책'이 아니라 '경쟁력 강화'가 절실합니다."

〈4〉 시장의 비밀

중요한 여담을 한 가지 해야 할 것 같습니다. 미리 용서를 구할 것은, 논지를 선명히 하기 위해 비유를 조금 과격하게 하고 발언을 다소 외람되게 할 것이라는 점입니다.

『전국책』(戰國策)을 보면, 계량(季梁)이 위(魏)나라 안리왕(安釐王)에게 진언하면서 다음과 같이 비유를 드는 대목이 나옵니다.

— 신은 지금 오던 중에 큰길에서 한 사람을 만났습니다. 그는 마차를 계속 북쪽으로 가게 하면서 신에게 말하기를, "나는 초(楚)나라로 가려고 하오." 하였습니다. "그대는 초나라에 간다면서 어찌하여 [반대로] 북쪽으로 가려 하는 게요?"라고 신이 묻자, 그는 "내 말은 좋은 말이오."라고 하였습니다. "비록 말이 좋아도, 이것은 초나라로 가는 길이 아니오."라고 신이 말하자, 그는 "내가 사용할 여비는 많소."라고 하였습니다. "비록 여비가 많더라도, 이것은 초나라로 가는 길이 아니오."라고 신이 말하자, 그는 "내 마부는 훌륭하오."라고 하였습니다. 이처럼 여러 가지가 뛰어나게 좋았지만, 그는 초나라로부터 점점 더 멀어지기만 할 따름이었습니다.
(今者臣來, 見人於大行. 方北面而持其駕, 告臣曰, 我欲之楚. 臣曰, 君之楚, 將奚爲北面? 曰, 吾馬良. 臣曰, 馬雖良, 此非楚之路也. 曰, 吾用多. 臣曰, 用雖多, 此非楚之路也. 曰, 吾御者善. 此數者愈善, 而離楚愈遠耳.)

제가 보기에, 기존경제학자들은 여기서의 여행객과 너무나 흡사합니다. 그들은, 물려받은 이론[마차와 말]이 많고, 분석해 놓은 통계자료[여비]는 넘칠 정도며, 인원[마부]도 엄청납니다. 그런데도 걸핏하면 북쪽으로만 갑니다. 제가 가끔씩 하듯이 긴요한 것만 단출하게 준비해서 남쪽으로 가면 목적지에 금방 도달할 수 있을 것을 가지고 말입니다.

저는 지금 기존경제학자들의 예언능력을 문제 삼고 있는 것이 아닙니다. 그들의 해석능력(解析能力)을 두고서 이야기하고 있는 것입니다. 경제학자의 본분은 '족집게 예언'이 아니라 '정확한 해석'이기 때문입니다. 단, 해석이 정확할수록 그에 따른 예언이 적중할 가능성이 높아지는 면은 분명히 있다고 생각합니다.

사실, 금융위기나 외환위기와 같은 중대한 국면에서 제가 세계 또는 한국의 경제를 놓고 진지하게 진단이나 처방을 하면, 그때마다 그것이 거의 그대로 적중하곤 했습니다. 적어도 20여 년 전부터 지금까지는 계속 그래 왔습니다. 그리고, 그러한 적중은 결코 우연의 일치가 아니었습니다.

그러한 적중이 가능했던 것은, 무엇보다도, 기존경제학자들이 미처 발견하지 못한 어떤 중요한 것들을 제가 발견해 터득할 수 있었기 때문입니다.

그 중요한 것들 — 이하에서 언급되는 '시장의 비밀'(the secrets of the market)은 바로 이것들을 지칭합니다!

제가 시장의 비밀을 하나씩 터득한 매번의 과정은, 대체로, 정설로 굳어진 기존이론에서 결정적인 오류를 발견하고서 미망(迷妄)의 고뇌를 겪다가 마지막에 깨달음의 희열을 느끼는 것이었습니다. 제가 그 희열을 최초로 경험한 날은 1983년 1월 23일이었습니다. 그리고, 그날 이후 얼마 동안에는 그 같은 돈오(頓悟)의 경험을 연이어 할 수 있었습니다. 그때, 저는 그렇게 터득한 비밀들을 이론서를 통해 세상에 알리는 것이 천명(天命)이라고 생각하게 되었습니다. 그래서, 그 해부터 그에 따른 집필을 시작했습니다.

그 집필은, 제가 터득해 두었던 것을 재고(再考)하고 보강(補强)하는 과정이기도 했습니다.

갑자기 선친[故 智山 裵宗鎬]께서 제게 하셨던 말씀 하나가 생각납니다. ― "학자는 공부를 하고 난 뒤에는 그것을 글로 옮겨 보아야 한다. 글을 쓰다 보면, 자신이 과연 제대로 터득한 것인지를 어느 수준까지는 스스로 점검할 수 있다."

그러고 보니, 선친께서는 당신의 저서 『한국유학의 철학적 전개』[1985]의 서문에서 이렇게 말씀하기도 하셨습니다. ― "가만히 생각해 보면, 나는 이미 늙었지만 연세대학교 철학과에 재직하며 24년 간 공부해 온 덕택으로 이런 졸문을 내게도 되었으니, 그 감사야말로 다할 수 없는 동시에 흐뭇한 생각도 든다. 사실 나는 교수로서 가르친 것이 아니라 학자로서 배운 것이다. 이에 그 배운 것을 입으로 말해 보아 그 진부(眞否)를 묻고자 하는 것이 나의 심정이다."

저의 첫 번째 이론서는 15년 간의 집필 끝에 1998년에 출간되었습니다. 연일 야근을 하는 것이 일상적이었던 경제공무원 생활을 하면서 주경야독 식으로 행한 그 장기간의 집필에는 많은 희생과 고통이 수반되었습니다. 그 책이 졸저 『새로운 패러다임』입니다.

이후 두 번째 이론서를 집필해야 했습니다. 하지만, 제가 자초(自招)해서 겪어야 했던 풍파와 시련을 핑계 삼아, 저는 근 10년 동안 그것을 계속 미루어 왔습니다. 그렇게 제가 터득만 해 두고서 집필을 미루어 왔던 비밀들 중에는 '금융버블의 메커니즘'이 있었습니다. 아, 그런데, 그 메커니즘으로만 그것의 처음부터 끝까지를 학리적으로 올바르게 설명할 수 있는 위기가 그만 발발하고 말았습니다! 바로, 2008년의 위기였습니다. 그때, 저는 제가 천명을 소홀히 하고 있었다는 것을 비로소 깨달았습니다. 그래서, 그 직후 우선 졸고부터 집필하기 시작했습니다. 그리고, 졸고 및 첫 번째 후기의 탈고가 끝나고 나서 곧바로 이 책의 본론 부분을 집필하기 시작했습니다.

근 10년 간의 공백을 두었다가 집필을 하면서, 저는 제 체력이 예전과 같을 줄 알았습니다. 그래서, 밤샘 작업을 예삿일로 하면서 최근까지 근 2년 간 강행군을 했습니다. 그러나, 오십 전후의 나이에 그렇게 하는 것은 무리였습니다. 몸은 많이 축났고, 오른쪽 눈에는 치유할 수 없는 내상(內傷)이 생겼습니다. 그래도, 케인즈가 『일반이론』을 저술하고 나서 치명적인 심장병을 얻었던 것을 생각하면, 그것은 오히려 약과(藥果)였습니다.

공교롭게도 이 글에서는 한문고전(漢文古典) 속의 문장을 많이 인용하게 되는데, 마지막으로 하나만 더 인용하겠습니다. 저는 독자 여러분 모두가 지금 순탄한 길을 걷고 계시기를 기원해 마지않지만, 안타깝게도, 여러분 중에는 목하 난관에 봉착해 있는 분들도 계실 것입니다. 제게는 물론 그런 분들께도, 맹자께서 하신 다음의 말씀은 한 가닥의 위안이 될 수 있을 것입니다.

"순(舜)임금은 밭 가운데에서 발탁되었고, 부열(傅說)은 성벽 쌓는 사이에서 등용되었다. 교격(膠鬲)은 생선과 소금을 팔다가 등용되었고, 관중(管仲)은 사형당할 처지에 있던 중에 등용되었다. 손숙오(孫叔敖)는 바닷가에서 등용되었고, 백리해(百里奚)는 저잣거리에서 등용되었다.

하늘은 이런 사람들에게 대임을 내리려 할 때, 반드시 먼저 그 사람에게 시련을 준다. 그 마음을 괴롭게 하고, 근육과 뼈를 힘들게 하며, 육체를 굶주리게 하고, 몸을 아무것도 아니게 하여, 일을 행함에 있어 할 바를 제대로 못하게 어지럽힌다. 이는 그 사람에게, 마음을 움직임에 있어 성질을 참아 이제 그전에는 할 수 없던 일까지 해낼 수 있도록 힘을 더해 주기 위함이다."

(舜發於畎畝之中, 傅說舉於版築之間, 膠鬲舉於魚鹽之中, 管夷吾舉於士, 孫叔敖舉於海, 百里奚舉於市. 天將降大任於是人, 必先苦其心志, 勞其筋骨, 餓其體膚, 空乏其身, 行拂亂其所爲. 所以動心忍性, 曾益其所不能.)

외람된 부분이 많은 것에 대해 거듭 용서를 구합니다. 그리고, 이왕 용서해 주실 것이라면 호의(好意)도 가져 주시기를 감히 앙망합니다.

　　고맙습니다.

2010년 7월 6일

필자 배상

제1편

유동자산공급의 이론모형과
금융버블의 메커니즘

제1장

****

유동자산의 개념

제1절 화 폐

제1항 화폐의 정의

저자는 화폐(貨幣 ; money)의 정의에 관해서는 일관되게 전통적인 견해를 취해 왔다. 전통적인 견해를 취할 때에 보다 명료한 논의가 가능해지기 때문이다.

저자의 입장은 이 책에서도 변함이 없다. 화폐를 '한 나라 안에서 지급수단으로 일상적이고 널리 사용되는 재화'라고 정의하기로 하겠다.

'지급수단'이라 함은, 이를테면 구매자가 그것을 판매자에게 양도했을 때 판매자로 하여금 구매자를 상대로 물품대가에 대한 청구권을 더 이상 행사할 수 없게 하는 재화를 지칭한다. '최종적인 결제수단'이라고 표현해도 무방하다. 그러나, 어떤 재화가 그러한 지급수단이 된다고 하더라도, 그것이 무조건 화폐로 인정받을 수 있는 것은 아니다. 사과를 가진 사람과 배를 가진 사람 사이에서 물물교환이 이루어지는 경우, 그 사과는 지급수단이 되고, 그 배도 지급수단이 된다. 하지만, 그 사과는 화폐가 아니고, 그 배도 화폐가 아니다! 화폐는 단순한 지급수단이 아니라, 통용(通用)되기에 적합한 여러 가지 특성을 갖추고 있고 실제로도 통용되는 지급수단이다.

어떤 재화가 지급수단으로 통용되기에 적합한 특성[예컨대 등질성, 내구성, 분할성, 편리성, 신뢰성, 적당한 수준의 희소성 … 등]을 갖추고 있다는 것은, 말하자면 그것이 '전문화된 지급수단'(specialized means of payment)이라는 것을 의미한다. 그러나, 전문화된 지급수단이라도, 그것이 실제로 통용되지 못한다면 아직 화폐가 아니다. 실제로도 통용되어야 한다. 그것이 실제로도 통용된다는 것은, 한 나라의 경제주체들이 그것을 일반적으로 수용해 주었다는 것을 의미한다. 즉, 그것이 '일반적 수용성'(general acceptability)이라는 인증조건의 관문까지 통과했다는 것을 의미한다. 그러므로, 화폐는, 말하자면 '일반적 수용성을 가진 전문화된 지급수단'인 것이다.

한 가지 예를 들어 보기로 하겠다. 달러화[미국의 달러화], 유로화, 엔화 그리고 위안화 등은 각각 미국, 유로존, 일본 그리고 중국 등에서 화폐로 인정받는 재화들이다. 이들 하나하나는 분명히 전문화된 지급수단이다. 그러나, 그 중 어느 것도 한국에서는 화폐가 아니다. 한국 안에서는 일반적 수용성을 가지지 못하기 때문이다. 더 이상의 설명은 췌언이 되겠지만, 원화는 한국 내에서는 두 가지 조건을 동시에 충족하기 때문에 한국의 화폐가 될 수 있다.

화폐에 관한 논의가 명료한 것이 되려면, 전통적인 관점의 대상으로서의 화폐는 이상과 같이 정의되어야 할 것이다. 아울러, 그것의 범위는 아래에서와 같이 획정(劃定)되어야 할 것이다.

제2항   화폐의 범위

오늘날의 경제에 있어서 화폐의 범주에 속하는 재화로는 크게 두 가지가 있다. 그 중의 하나는 현금(現金 ; cash)이다. 그리고, 다른 하나는 이전가능요구불예금(移轉可能要求拂預金 ; transferable demand deposit)이다.

1. 현금

가. 현금의 개념

현금이란 물리적 실체가 있는 화폐를 말한다. 물리적 실체가 있는 어떤 재화가 그 자체로서 '일반적 수용성을 가진 전문화된 지급수단'인 경우, 우리는 그것을 현금이라고 부르는 것이다.

여기서 잠시 현금과 예금의 차이점 가운데 한 가지를 거론하기로 하겠다. 현금은 물리적 실체가 있는 재화다. 반면에, 예금은 물리적 실체가 없다. 비록 예금증서는 물리적 실체가 있지만, 그리고 이를테면 어떤 예금은행에 현금을 예치한 경제주체는 예금을 '보유'할 수 있지만, 예금 자체는 장부상으로만 표시될 수 있는 가공(架空)의 재화인 것이다. 예금은 결코 '보관되어 있는 현금'이 아니다.

나. 상품현금과 명목현금

어떤 현금이 전문화된 지급수단으로서의 용도 이외에 본연의 실제적 용도(practical use)를 가지고 있고, 그래서 그 실제적 용도로 쓰일 때의 그것의 시장가치[이하 '상품가치']가 현금으로 쓰일 때의 그것의 시장가치[이하 '액면가치']에 일치하거나 적어도 크게 미달하지는 않는 경우, 우리는 그것을 '상품현금'(商品現金; commodity cash)이라고 부를 수 있다.

은(殷) 땅으로 도읍을 옮긴 뒤로는 은나라라고도 불린, 고대중국의 상(商)나라에서는 패각(貝殼; 조개껍데기)이 현금으로 사용되었었다. 물론, 그 패각이 아무 조개의 껍데기는 아니었다. 고대중국의 내륙과 연안에서는 잡히지 않는 특정한 바닷조개[개오지科 조개]의 껍데기였고, 그런 만큼 상나라에서는 희소가치가 있었다. 그 패각은, 임산부가 지니면 태아를 편안하게 해 주고 순산도 할 수 있다고 여겨져 자안패(子安貝)로 불렸고,

애당초 고급 패물(佩物)이었다고 한다. 그러고 보면, '자안패현금'은, 본래의 용도로는 고급 패물이었다가 추후 현금의 역할을 겸하게 된, 그런 현금이었다. 이렇듯 고유의 실제적 용도를 지닌 채로 현금의 역할을 하는 것, 즉, '현금'이라는 레테르를 떼어 내더라도 상품으로서 나름대로의 값어치를 할 수 있는 현금, 이것을 상품현금이라고 하는 것이다.

역사적으로는, 패각[貨], 건어(乾魚), 모피, 가축, 포목, 비단[幣] … 등 다양한 품목의 재화가 각기 그 시대 또는 그 지역의 상품현금으로 등장했다가 퇴장했다. 물론, 여기서의 '퇴장'은 해당품목의 재화가 본래의 실제적 용도만 지닌 재화로 복귀한 것을 말한다. 한편, 시대와 지역에 크게 구애받지 않고 상품현금으로 장수(長壽)한 것으로는 금(金)과 은(銀)을 들 수 있을 것이다. 이 두 귀금속은 아주 오래된 옛날부터 20세기 초반[보다 정확하게는 제1차 세계대전이 발발한 1914년]에 이르기까지 세계의 여러 지역에서 상품현금 또는 그것의 핵심소재로서의 지위를 굳건하게 지킨 바 있다.

이에 반하여, 어떤 현금이 별반의 실제적 용도가 없고, 있더라도 그 상품가치가 그 액면가치에 크게 미달하는 경우, 우리는 그것을 '명목현금'(名目現金 ; token cash)이라고 부를 수 있다. 후술하는 지폐는 이 같은 명목현금의 대표적인 예다. 지폐에서 '현금'이라는 라벨을 떼어 낸다면, 그것은 한갓 종잇조각에 불과한 것이 될 것이다.

다. 태환현금과 불환현금

명목현금 중에서도, 그것의 보유자가 요청할 경우 그것의 발행자가 금이나 은 등의 귀금속으로 태환해 주는 것은 '태환현금'(兌換現金 ; convertible cash)이라고 부를 수 있고, 그러한 태환이 불가능한 것은 '불환현금'(不換現金 ; inconvertible cash)이라고 부를 수 있다.

전자는, 그것의 실질적 가치는 태환대상 귀금속의 시장가치에, 그리고 그것의 발행가능잔액은 그것의 발행자가 보유하고 있는 태환대상 귀금속의 수량에 기계적으로 연계되어 있는, 그런 현금이다. 반면에, 후자는 그러한 연계가 전혀 없는 현금이다.

근대 이후 국가의 현금발행액관리제도로는 크게 귀금속본위제도와 관리통화제도가 있다. 전자의 제도하에서는 후술하는 '상품현금으로서의 주화'와 여기서의 태환현금 가운데 한 가지 또는 두 가지 모두가 발행된다. 반면, 후자의 제도하에서는 여기서의 불환현금 한 가지가 발행된다.

이 시대에 있어 세계 각국의 현금발행액관리제도는 관리통화제도다. 따라서, 이 시대의 현금은 한마디로 불환현금이다. 명목현금 중에서도 불환현금인 것이다.

라. 지폐와 주화

작고 가벼워서 휴대하기가 용이한 어떤 인쇄물과 주조물(鑄造物)이 각기 그 자체로서 '일반적 수용성을 가진 전문화된 지급수단'인 경우, 우리는 전자를 '지폐'(紙幣 ; note), 그리고 후자를 '주화'(鑄貨 ; coin)라고 부른다.

발행주체에 따라 분류할 때, 지폐는 은행권(銀行券)과 정부권(政府券) 등으로 대분된다. 물론, 세분도 가능하다. 예컨대 은행권은 중앙은행권과 예금은행권으로 세분될 수 있는 것이다. 한편, 주화도 은행주화와 정부주화 등으로 대분된다.

이미 언급한 바 있지만, 지폐는 무조건 명목현금에 해당한다.

반면에, 주화 중에는, ⓐ 상품현금으로서의 주화[예컨대 금화나 은화로서, 녹였을 때의 그것의 시장가치인 소재가치(素材價值)가 액면가치에 일치하거나 약간만 미달하는 것]도 있을 수 있고, ⓑ 명목현금으로서의 주화[예컨대 동전으로서, 소재가치가 액면가치에 많이 미달하는 것]도 있을 수 있다. 다만, 현대의 주화는 후자에 해당한다.

사실, 현대의 소액주화 중에는 제작비용이나 심지어 소재가치가 액면가치를 상회하는 것도 더러 있다. 그러나, 이것은 중앙은행이나 중앙정부가 국민에 대한 서비스 차원에서 소액주화도 발행해야 하다 보니 불가피하게 그렇게 된 것이고, 그것의 발행자가 지향(志向)하는 바는 여전히 명목현금으로서의 주화라고 할 수 있다. 그러므로, 여기서처럼 "현대의 주화는 후자에 해당한다."라고 단정하는 것이 무리한 것은 아니라고 할 것이다.

췌언이지만, 소재가치가 액면가치를 넘어서는 주화는 어떤 금법(禁法)이 없으면 현실적으로 존재하기가 힘들 것이다. 왜냐하면, 그것을 '구매'하여 곧바로 용광로로 보내면 이익을 얻을 수 있기 때문이다.

아무튼, 물리적 형태를 기준으로 대분할 때, 오늘날의 현금으로는 지폐와 주화의 두 종류가 있다고 할 수 있다. 물론, 둘 다 명목현금 중에서도 불환현금에 해당한다.

마. 법정화폐

(1) 법정화폐의 개념

현하 세계 각국에서 발행 및 유통되고 있는 현금은 거의 예외 없이 그 나라의 법정화폐(法定貨幣 ; legal tender)다. 법정화폐란 '국가가 법으로 정한 화폐'를 말하는데, 보다 엄밀하게 규정하면, '국가가 법에 의해 한편으로는 그것의 명목가치를 보장해 주고 다른 한편으로는 강제로 통용시키는 현금'을 일컫는다.

(2) 법정화폐를 통용시키기 위한 방책

법정화폐가 신생아(新生兒) 상태의 불환현금인 경우, 국가는 그것을 명실상부한 화폐로 통용시키기 위해 이를테면 다음과 같은 방책(方策)들로 '당근과 채찍'을 병용할 수 있다.

〈명목가치 보장책〉

첫 번째 방책은 '명목가치 보장책'이다. 국가의 권능으로 법정화폐의 명목가치를 보장해 주는 것이다. 이것은 당근에 해당하는 방책으로서, 그 요체는 국민들이 '법정화폐의 명목가치는 반드시 보장된다.'라고 믿을 수 있게 하는 데에 있다. 그 구체적 방법 중의 하나는, 중앙은행이나 중앙정부로 하여금 직접 법정화폐를 발행하도록 하고 한번 발행된 법정화폐는 국민들에게서 박탈하지 않는 것이다. 같은 맥락에서, 만일 예금은행은행들로 하여금 법정화폐를 발행하도록 했다면, 법정화폐를 발행한 어떤 예금은행이 도산하는 경우에는 해당 예금은행권을 두말없이 다른 예금은행이 발행한 또 다른 법정화폐로 교환해 주어야 한다.

〈유사현금발행 엄금책〉

두 번째 방책은 '유사현금발행 엄금책'이다. 법정화폐 이외에는 그 동안 현금이었던 것과 앞으로 현금으로 발전할 가능성이 높은 것의 발행을 엄금하는 것이다. 그야말로 채찍에 해당하는 방책이다.

〈세금납부수단 지정책〉

세 번째 방책은, 국민들로 하여금 법정화폐로만 세금을 납부하도록 하는 것이다. 뒤집어 말하면, 국민들이 납부할 세금을 법정화폐로만 받아주기로 하는 것이다. 이 방책은 '세금납부수단으로의 지정을 통한 수요유발책'[이하 '세금납부수단 지정책']이라고 할 수 있다. 그런데, 이 방책을 시행하는 것은 법정화폐에 실질적 가치를 부여하는 것이기도 하다. 원론적으로, 국민들은 자신들이 생산한 것 중의 상당부분을 세금으로 국가에 납부해야 한다. 이때, 현물로 납부해야 할 것을 법정화폐로 납부하도록 한다면, 그 현물의 가치와 법정화폐의 가치는 등가(等價)가 된다고 할 수 있다. 이 경우, 법정화폐는 단순한 명목적 가치를 가지는 것이 아니라 그 현물의 가치가 뒷받침해 주는 실질적 가치를 가지는 것이 된다. 조금 과장해 표현하면, '사실상의 태환현금'이 되는 것이다. 이렇게 되면, 법정화폐는 점차 '귀하신 몸'으로 변모하고, 국민들은 그것을 다시 보게 될 것이다. 그리하여, 이를테면 물품의 판매자가 그것을 마다할 이유는 없어질 것이다. 그는 물품대가로 그것을 기꺼이 받으려 할 것이다. 이렇게 볼 때, '세금납부수단 지정책'은 채찍과 당근을 겸한 방책이라고 할 수 있다.

〈재정지출수단 지정책〉

네 번째 방책은, 공무원임금이나 정부구매물품대의 지급과 같은 재정지출을 법정화폐로만 행하면서 그것을 국민들에게 공급해 주는 것이다. 이 방책은 '재정지출수단으로의 지정을 통한 공급책'[이하 '재정지출수단 지정책']이라고 할 수 있다. 각기 단독으로 시행될 때, '세금납부수단 지정책'은 법정화폐의 품귀를, 그리고 '재정지출수단 지정책'은 그것의 공급 과잉을 초래할 것이다. 법정화폐는, 그것이 너무 귀해지면 널리 사용될 수 없고, 그것이 너무 흔해지면 국민들로부터 외면당한다. 너무 흔해져도 안 되고 너무 귀해져도 안 되는 것이 법정화폐다. 그러므로, 두 방책은 규모 면에서 적절히 조합되어 한 세트로 시행되어야 할 것이다. 그렇게 시행된다고 전제할 때, '재정지출수단 지정책' 역시 채찍과 당근을 겸한 방책이라고 할 수 있다.

〈보론〉

저자는, 위의 네 가지 방책 가운데 가장 효과적인 것은 '세금납부수단 지정책'이라고 생각한다. 그것을 시행하면 국민들이 스스로 법정화폐를 '억지 화폐'가 아닌 '진짜 화폐'로 사용하기 시작할 것이기 때문이다. 이 같은 과정이 전개되었던 사례는 역사에서 흔히 찾을 수 있다. 이를테면, 국가가 세금은납제(稅金銀納制)를 시행한 경우에는 자연스럽게 은(銀)이 새로이, 또는 최소한 종전보다 더 많이, 화폐의 역할을 하게 되었었다.

바. 각국의 현금발행기관

오늘날의 경제에서 지폐는 액면금액 면에서도 그렇지만 무엇보다도 발행총액 면에서 주화를 압도하고 있는 것이 일반적이다. 그런데, 지폐는 거의 모든 나라에서 중앙은행이 독점적으로 발행하고 있다. 그리고, 주화도 몇몇 나라를 제외한 대부분의 나라에서 중앙은행이 독점적으로 발행하고 있다. 보다 구체적으로 살펴본다면 다음과 같다.

〈영국〉

영국의 경우, 지폐는 중앙은행[잉글랜드은행]과 일부 예금은행들이 발행하고, 주화는 중앙정부가 독점적으로 발행한다. 중앙은행권, 예금은행권 그리고 정부주화라는 세 종류의 현금이 발행되고 있는 셈이다. 전체적인 모양은 이렇지만, 지방별로는 차이가 있다.

① 잉글랜드와 웨일즈 지방에서는 중앙은행권과 정부주화가 전면적으로 법정화폐의 지위를 부여받고 있다. 그리고, 중앙은행과 중앙정부에게만 현금발행권(現金發行權)이 귀속되어 있다.

② 이에 반해, 스코틀랜드와 북아일랜드 지방에서는 법정화폐의 범위가 대체로 '액면 5파운드 미만의 중앙은행권 및 정부주화' 정도로 한정되어 있다. 뿐만 아니라, 예금은행들도 그 중 일부가 현금발행권을 확보하고 있다. 즉, 스코틀랜드에서는 스코틀랜드은행 등 3개 예금은행이, 그리고 북아일랜드에서는 아일랜드은행 등 4개 예금은행이 각자의 예금은행권을 발행할 수 있는 것이다. 그리하여, 이들 두 지방에서는 예금은행권도 중앙은행권 및 정부주화와 함께 의연(毅然)히 현금으로 통용되고 있다. 잔존하고 있는 '법정화폐가 아닌 현금'의 드문 예를 보여 주고 있는 셈이다.

〈홍콩〉

영국의 영향을 많이 받은 홍콩의 경우, 지폐는 3개 예금은행[홍콩상하이은행, 스탠다드차타드은행홍콩분행 및 중국은행홍콩분행]과 자치정부[홍콩특별행정구정부]가 각각 다른 도안으로 발행한다. 그리고, 주화는 자치정부가 독점적으로 발행한다. 이곳에서는, 자치정부가 발행하는 정부권 및 정부주화는 물론 3개 예금은행이 발행하는 각각의 예금은행권 모두 법정화폐의 지위를 부여받고 있다. 그러고 보면, '은행권이 아닌 지폐로서의 정부권'과 '법정화폐인 예금은행권'도 잔존하고 있는 것이다.

〈미국, 일본〉

미국과 일본의 경우, 지폐는 중앙은행이 독점적으로 발행하고, 주화는 중앙정부가 독점적으로 발행한다.

〈유로존〉

유로존(Eurozone ; 유로화가 통용되는 지역)에서는 유럽중앙은행이 현금발행권을 독점적으로 행사한다. 단, 동 기관은 지폐발행물량 일부에 대해서만 그 실무를 직접 담당하고, 각 회원국 중앙은행이 지폐발행물량 대부분에 대해, 그리고 각 회원국 중앙정부가 주화발행물량 전부에 대해 각각 각자의 몫만큼 그 실무를 대행한다. 참고로, 유로화지폐는 앞뒷면 모두에 유로존 공통의 도안이 새겨진 상태로 발행되고, 유로화주화는 앞면에는 유로존 공통의 도안, 그리고 뒷면에는 회원국별 도안이 새겨진 상태로 발행된다.

〈나머지 대부분의 나라〉

위에서 예시된 나라를 제외한 대부분의 나라에서는 대체로 지폐와 주화 모두를 중앙은행이 독점적으로 발행한다.

〈요약〉

이상의 내용은 다음과 요약될 수 있을 것이다.

"스코틀랜드, 북아일랜드 그리고 홍콩 등의 일부 지역을 제외한 세계의 거의 모든 지역에서, 현금은 그것의 전부 또는 거의 전부를 중앙은행이 발행하고 있다."

사. 화폐의 정의에 비추어 본 현금

이제, 화폐의 정의에 비추면서 현금에 대해 다시 살펴보기로 하자. 구매자가 물품대가만큼의 현금을 판매자에게 양도하면, 판매자는 구매자를 상대로 더 이상 청구권을 행사할 수 없다. 이렇게 지급수단으로 기능하는 현금은 경제재의 거래와 관련하여 일상적이고 널리 사용되고 있다. 이것은, 그것이 법정화폐든 아니든, 현금이 경제적으로 화폐의 역할을 하는 재화임을 말해 준다.

아. 향후의 논의를 위한 전제

현금에 관한 향후의 논의를 진행하기에 앞서, 다음과 같이 전제하기로 하겠다.

첫째, 세계 각국의 현금발행액관리제도는 관리통화제도라고 전제하기로 하겠다. 이 전제는 오늘날의 현실을 있는 그대로 반영하는 것이다. 참고로, 관리통화제도(管理通貨制度; managed currency system)란, '현금으로는 불환현금만 발행되고 그 불환현금의 발행잔액이 - 보다 엄밀하게 규정하면, 그 잔액을 포함하는 본원화폐총액[후술]이 - 정책당국의 재량에 의해 조절되는 제도'를 말한다.

둘째, 한 나라[혹은 한 지역] 안에서는 그 나라[혹은 그 지역]의 중앙은행만 현금을 발행한다고 전제하기로 하겠다. 논의의 편의를 위해 현금발행기관을 비중이 압도적인 쪽으로 단일화한 것일 뿐이므로, 이 전제는 오늘날의 현실을 거의 그대로 반영하는 것이라고 할 수 있다.

셋째, 그 같은 현금은 그 나라[혹은 그 지역]의 법정화폐라고 전제하기로 하겠다. 이 전제 역시 오늘날의 현실을 거의 그대로 반영하는 것이라고 할 수 있다.

2. 이전가능요구불예금 – 화폐성예금

이전가능요구불예금이란 이전제도(移轉制度; transfer system)와 연계되어 있는 요구불예금을 말한다.

전통적으로 활용되어 온 이전제도는 수표제도다. 최근 들어서는, 정보기술(IT)의 발달에 힘입어 보편화된 온라인이체제도가 수표제도를 제치고 이전제도의 대종(大宗)을 이루어 가고 있다. 온라인이체제도로는, 또는 동 제도를 겸하는 것으로는, 자동입출금기제도(ATM; automated teller machine system), 폰뱅킹제도, 인터넷뱅킹제도 그리고 직불카드제도 등이 있다. 조금 고전적이어서 아닐 것 같기도 한 창구이체제도도 온라인이체제도의 하나다. 아니, 사실은 그것이 온라인이체제도의 원형(原型)이다. [*물론, 여기서 운위되는 '창구이체제도'란 창구직원이 손수 금융전산망에 접속된 단말기를 조작하여 계좌이체를 해 주는 제도를 말한다.]

수표제도에 의해 발행되는 수표로는, 예금은행이 별단예금[1]을 근거로

---

1) '별단예금'(別段預金; special account deposit)으로 불리는 예금에는 몇 가지가 있는데, 본문상의 별단예금도 그 중의 하나다. 예금은행은 자기앞수표를 발행할 때 발행의뢰인으로부터 발행근거자금을 받는다. 그리고, 장부상으로는 그 자금을 별도의 저장소에 보관한다. 그 '별도의 저장소' 구실을 하는 예금이 본문상의 별단예금이다. 이 예금은, 그 예금주들이 특정되어 있지 않아 자기앞수표의 정당한 소지자라면 누구나 그 예금주들의 하나로 인정받는, 무기명식의 집합적 요구불예금이다.

하여 발행하는 자기앞수표와, 예금주가 당좌예금을 근거로 하여 발행하는 당좌수표가 있다. 구매자가 판매자에게 이 같은 수표를 교부하는 경우, 판매자는 당일 또는 익일에 해당 별단예금계정이나 구매자의 예금계좌로부터 물품대가만큼의 금액을 인출할 수 있다. 이때 판매자가 그 인출금액만큼을 자신의 선택에 따라 현금으로 지급받거나 자신의 예금계좌로 이체시킬 수 있음은 물론이다. 한편, 온라인이체제도는 구매자의 예금계좌에서 판매자의 예금계좌로 물품대가만큼의 금액이 즉각적으로 직접 이체되는 것을 가능하게 한다.

그리하여, 구매자는 이상과 같은 이전(移轉)의 방식으로 자신의 예금을 마치 현금을 양도하듯 판매자에게 양도할 수 있다. 그리고, 판매자는 그 같은 이전이 완료된 시점 이후부터는 구매자를 상대로 더 이상 청구권을 행사할 수 없다. 구매자의 입장에서 보면 현금이 아니라 예금을 직접 지급수단으로 사용한 것이다. 이러한 예금 역시 경제재의 거래와 관련하여 일상적이고 널리 사용되고 있다. 이것은, 이전가능요구불예금도 현금과 마찬가지로 화폐의 역할을 하는 재화임을 말해 준다.

이하에서는 이전가능요구불예금을 주로 '화폐성예금'(貨幣性預金 ; monetary deposit)이라고 부르기로 하겠다. 화폐성예금은 그 대부분을 예금은행이 취급하고, 나머지 일부는 중앙은행이 직접 취급한다.

제3항 참고사항

1. 수표

수표는 흔히 지급수단으로 인식되고 있지만, 엄밀히 말하면 잠정적인 결제수단일 뿐이다. 수표가 사용되는 경우에는, 판매자가 수표를 수령했을 때가 아니라, 당일이든 익일이든 추후 소정의 과정을 거쳐 그가 해당 별단예금계정이나 구매자의 예금계좌에서 수표금액을 실제로 인출할 수 있게 되었을 때에 비로소 최종적인 결제가 이루어진다. 다시 말하면, 해당예금의 이전이 실질적으로 완료되어야만 최종적인 결제가 이루어지는 것이다. 따라서, 수표 자체는 화폐가 아니다. 수표 뒤에 있는, 수표의 근거가 되는 예금이 화폐인 것이다. 다시 말하면, 자기앞수표가 아니라 그것의 근거가 되는 별단예금이, 그리고 당좌수표가 아니라 그것의 근거가 되는 당좌예금이 각각 화폐인 것이다.

이렇듯 수표조차 화폐가 아닐진대, 예금증서, 현금카드, 신용카드 또는 직불카드 등은 더더욱 화폐가 아니다. 그것이 이전가능요구불예금과 직접적 또는 간접적으로 연관되어 있더라도 말이다. 화폐란, 평소에 경제주체들이 그것을 양도['제시'가 아니라 '양도'다]하는 방식으로 지급을 행하고 그것이 양도되었을 때에는 그와 동시에 최종적인 결제가 이루어지는, 그런 재화다. 이 점에 유의하며 생각해 보시라. 평소에 독자 여러분께서는 예금증서를 양도하는 방식으로 지급을 행하시는가? 현금이나 이전가능요구불예금을 양도하시는 것이 아니라, 현금카드나 신용카드 또는 직불카드를 양도하시는가?

2. 신용카드결제제도

신용카드결제제도는 온라인이체제도가 아니다. 구매자가 물품을 구매하면서 신용카드(credit card)로 '결제'하는 경우, 직불카드(debit card)의 경우와는 달리 구매자의 예금계좌에서 판매자의 예금계좌로 물품대가만큼의 금액이 직접 이체되지는 않는다.

참고로, 그 '결제' 이후의 과정을 순서대로 간략하게 기술한다면, 그것은 다음과 같다. ① 판매자는 구매자의 서명이 들어 있는 매출전표를 직접 또는 자신의 거래예금은행을 통해 신용카드회사에 제출한다. ② 신용

카드회사는 그것을 확인한 후 자사의 거래예금은행을 통해 자사의 예금
계좌에서 판매자의 예금계좌로 물품대가만큼의 금액[수수료를 공제한 금
액]이 이체되도록 한다. 구매자를 대신해 물품대금을 지급해 주는 것이
다. 구매자에게 물품대금만큼 '신용'을 제공해 주는 셈이다. ③ 구매자는
한 달쯤 후에 신용카드회사에게 '신용'을 상환해야 한다. 빌린 돈을 갚아
야 한다는 것이다.

차제에 논지 위주로 간략히 첨언할 것들이 있다.

첫째, 신용카드사용한도는 화폐가 아니다. 위 '②'의 내용을 원용해
서술한다면, 고객들에게 그 한도를 부여한 신용카드회사가 매 시점에 자
사의 거래예금은행을 상대로 대개의 경우 그 한도의 총잔액 대비 어떤 작
은 비율의 크기로 보유하고 있는 화폐성예금, 그것이 물품대금의 지급에
사용될 화폐다.

둘째, 비슷한 맥락에서, 증권회사에의 고객예탁금도 화폐가 아니다.
증권회사가 매 시점에 대개의 경우 그 예탁금의 총잔액 대비 어떤 작은
비율의 크기로 보유하고 있는 화폐성예금, 그것이 그 증권회사가 고객의
주문에 따라 증권을 매수할 때 그 대금의 지급에 사용할 화폐. [*여기
서 '고객의 주문'이라 함은, 고객이 구두·문서 또는 단말기조작에 의해
"이 종목의 증권을 이 가격에 이만큼 사 주세요."라고 주문하는 것을 말
한다. 그것의 법률적 성격이 '증권매수의 위탁'임은 물론이다.]

셋째, 당좌대월한도(當座貸越限度; overdraft facility) 역시 화폐가 아
니다. 인구를 계산할 때에도 태아(胎兒)는 치지 않는다.

3. 이전제도와 연계되어 있지 않은 요구불예금

요구불예금, 즉, 수시입출식예금이라고 모두가 다 화폐인 것은 아니
다. 요구불예금이라도 이전제도와 연계되어 있지 않은 것은, 그 자체로서

는 지급수단으로 통용될 수 없으므로, 화폐가 아니다.[2] 따라서, 그 같은 예금은 화폐성예금으로 분류될 수 없다. 대체로, 요구불예금 중 이전제도와 연계되어 있는 것은 이전서비스가 제공되는 대신 이자율이 상대적으로 낮고, 그 제도와 연계되어 있지 않은 것은 그 서비스가 제공되지 않는 대신 이자율이 상대적으로 높다. 그러므로, 후자의 요구불예금은 후술하는 바와 같이 그것을 저축성예금으로 분류해도 무방할 것이다.

4. 중앙은행당좌예금

이하에서 별도의 언급 없이 '금융기관'이라 할 때, 그것은 중앙은행 이외의 금융기관을 일컫는다.

중앙은행당좌예금은, 중앙정부, 그리고 예금은행들을 위시한 다수의 금융기관들이 중앙은행에 각자의 계좌를 개설하고 자금을 예치하여 보유하는 예금이다. 예금은행이 취급하는 당좌예금과 그 성격이 같다. 중앙은행이 직접 취급하는 화폐성예금인 것이다. 약간의 설명을 덧붙인다면 다음과 같다.

첫째, 이 예금을 보유하고 있는 기관을 '예금주기관'이라고 부르기로 할 때, 예금주기관들은, 그들이 법령 등에 의해 중앙은행에 의무적으로 예치해야 하는 금액이 있는 경우에는 그 금액 부분만 제외하고, 이 예금을 언제든지 현금으로 인출할 수 있다.

둘째, 이 예금은 예금주기관들 사이에서 화폐성예금 본연의 기능을 수행한다. 그들은, 아래에서 볼 수 있는 바와 같이, 자신들 사이에서 오가야

---

[2] 일반적으로, 이러한 예금을 가지고 물품을 구매하려는 경제주체는, 일단 예금은행을 방문하여 인출절차를 밟아 그것을 현금이나 화폐성예금으로 전환해야 하고, 연후에 그 현금이나 화폐성예금을 지급수단으로 사용해야 한다. 당초의 예금이 직접 지급수단으로 사용되는 것이 아니라, 전환된 현금이나 화폐성예금이 지급수단으로 사용되는 것이다.

할 자금을 이 예금을 이용해 간편하게 결제할 수 있다. 이 예금의 존재가 그들 사이의 자금결제를 용이하게 해 주는 것이다.

예를 들어, 서술의 편의상 예금은행을 단순히 '은행'이라고 지칭하기로 하고, A은행의 고객이 자기 명의의 A은행계좌에서 타인 명의의 B은행계좌로 일정금액을 이체해 줄 것을 A은행에 요청했다고 하자. 그렇다면, 이제 해당금액만큼의 자금이 A은행에서 B은행으로 건너가야 한다. 이때, 중앙은행이 A은행 명의의 중앙은행계좌에서 B은행 명의의 중앙은행계좌로 해당금액만큼을 장부상으로 이체해 주면, 현금 실물이 건너가지 않고도 A은행과 B은행 사이의 자금결제가 완결된다. 마찬가지로, C은행의 고객이 국고수표를 들고 와서 자기 명의의 C은행계좌에 수표금액을 입금시켜 줄 것을 C은행에 요청한 경우에도, 중앙은행이 중앙정부 명의의 계좌에서 C은행 명의의 계좌로 해당금액만큼을 장부상으로 이체해 주면 자금결제가 간단히 완결된다.

다만, 이상과 같은 경우, 실제에 있어서는 거액이체 건과 같은 특별한 건이 아닌 한 중앙은행이 건건이 나서지는 않는다. 왜냐하면, 예컨대 A은행계좌들과 B은행계좌들 사이의 여러 소액이체 건들에 따른 자금결제는, '당일 중 A은행에서 B은행으로 자금이 건너가야 하는 건들의 총액'과 '당일 중 B은행에서 A은행으로 자금이 건너가야 하는 건들의 총액'의 차액(差額)을 정산해 하루에 한 번만 처리해 주어도 무방하고, 또한 그렇게 하는 것이 효율적이기 때문이다.

반면에, 콜거래 등 금융기관들 간 자금대차거래의 경우에는 중앙은행이 건건이 나서는 것이 일반적이다. 그 결제가 즉각적으로 이루어져야 하기 때문이다.

셋째, 중앙은행은 예금주기관들과 자금거래를 할 때 통상적으로 이 예금을 이용한다. 예컨대 A은행을 상대로 신규대출금을 공여할 때에는 A은행 명의의 예금을 장부상으로 증액하며, B은행을 상대로 기존대출금을 회수할 때에는 B은행 명의의 예금을 장부상으로 감액한다. 이상과 같은 경우, 중앙은행이 그 자금거래 자체를 위해 현금 실물을 발행하거나 환수할 필요는 없다.

5. 화폐와 통화의 차이

엄밀히 말하면, '화폐'(貨幣 ; money)와 '통화'(通貨 ; money in circulation)는 다르다. 뉘앙스만 다른 같은 개념이 아니다. 간단히 설명하면, 한 시점에 있어서 그 나라에 존재하고 있는 화폐 모두가 아니라, 그 중에서 일정한 집단 내의 경제주체들이 보유하고 있는 화폐만이 통화로 간주되는 것이다. 여기서 '일정한 집단'은 분석의 목적이나 분석가의 관점 등에 따라 달리 편제될 수 있다.

예를 들어, '일정한 집단'이 이른바 비은행민간(非銀行民間 ; non-bank public)으로 규정되어 있다고 하자. 비은행민간이란, 그 나라 안의 경제주체들 전체로 구성된 집합에서 중앙은행 및 각 예금은행, 그리고 중앙정부 및 각 지방정부를 제외한 집합을 말한다. 즉, 각각의 비은행금융기관과 비금융기업 및 가계 등으로 구성된 집합을 가리킨다. 이 경우, 그 같은 비은행민간에 속하는 경제주체들이 보유하고 있는 화폐만이 통화로 간주된다.

이를테면, 똑같은 현금이라도, 그것을 가계가 보유하고 있다면 통화로 간주되어 '현금통화'(現金通貨 ; currency)로 분류되지만, 그것을 예금은행이 보유하고 있다면 통화로 간주되지 않는다. 또한, 똑같은 화폐성예금이라도, 그것이 자동차회사 보유의 예금은행당좌예금이거나 증권회사 보유의 중앙은행당좌예금이라면 통화로 간주되어 '예금통화'(預金通貨 ; deposit money in circulation)로 분류되지만, 그것이 예금은행 보유의 중앙은행당좌예금이거나 중앙정부 보유의 중앙은행당좌예금이라면 통화로 간주되지 않는다. 그리하여, 통화량(通貨量 ; quantity of money in circulation) 역시 예컨대 '한 시점에 있어서 비은행민간이 보유하고 있는 화폐의 총량'으로 파악되어야 한다.

6. 공중의 신뢰

현금이나 중앙은행당좌예금은, 그것을 발행 또는 취급하는 중앙은행이 공중(公衆)의 신뢰를 얻고 있는 경우에만 화폐의 구실을 제대로 할 수 있다. 예금은행이 취급하는 화폐성예금도 마찬가지다. 당해 예금은행을 공중이 신뢰하고 있는 경우에만 화폐의 역할을 제대로 할 수 있다.

예를 들어, 중앙은행이 통화의 과도한 공급을 주도 또는 방조하여 하이퍼인플레이션(hyperinflation)이 진행되고 있는 상황을 가상해 보자. 이 경우, 현금은 그것이 법정화폐임에도 그 위상이 흔들릴 것이다. 최악의 상황에서는 귀금속이나 외국의 현금에 그 자리의 상당부분을 내주어야 할 수도 있을 것이다. 중앙은행당좌예금도 현금과 명운을 같이할 것이다.

한편, 어떤 예금은행이 파산할 가능성이 높아 보이는 상태에 있다면, 그 은행이 취급하는 화폐성예금은, 제3자들이 관련수표를 받으려 하지 않을 것이기 때문에 지급수단으로 기능하는 데에 제약을 받게 되기도 하겠지만, 그 정도에서 그치는 것이 아니라, 그대로 있다가는 해당예금을 환급받지 못해 손실을 입게 될 것을 우려하는 그 예금주들이 서둘러 인출하려 할 것이기 때문에 아예 소멸할 것이다.

이상과 같은 경우에 해당하는 현금이나 화폐성예금은, 그것이 전문화된 지급수단임에도, 일반적 수용성을 상실했기 때문에 화폐의 기능을 제대로 수행하지 못하는 것이다.

이 대목의 경우만 제외하고, 우리의 논의는 중앙은행과 예금은행들이 공중의 신뢰를 얻고 있는 상황을 암묵적으로 전제한 상태에서 이루어져 왔다. 특별한 언급이 없는 한, 그 같은 전제는 앞으로도 유효하다.

7. 예금은행

중앙은행을 논외(論外)로 하고 이야기할 때, 학술용어로서의 '예금은행'(預金銀行 ; deposit bank)은 각종의 금융기관 가운데 법적 및 경제적으로 유일하게 화폐성예금을 취급할 수 있는 기관을 지칭한다.

예전에는 온라인예금[온라인이체제도와 연계되어 있는 요구불예금]이라는 것이 존재하지 않아 화폐성예금의 범위가 수표예금[수표제도와 연계되어 있는 요구불예금]에 한정되었었다. 그래서, 예금은행의 범위도 수표예금기관[수표예금을 취급하는 기관]에 한정되었었다.

그러나, 요즘에는 화폐성예금의 범위가 온라인예금으로까지 넓어져 있다. 이것은 엄연한 현실이다. 따라서, 어떤 기관이 수표예금은 취급하지 못하더라도 온라인예금은 취급할 수 있다면, 우리는 그 기관도 예금은행으로 분류해야 한다. 대부분의 수표예금기관은 온라인예금도 함께 취급한다. 그런데, 수표예금기관이 아닌 기관 중에도 온라인예금은 취급할 수 있는 기관이 있다. 그런 기관은, 비록 수표예금은 취급하지 못하더라도, 예금은행으로 분류되어야 하는 것이다.

그렇다면, 예금은행들은 말하자면 '수표예금은행'과 '비수표예금은행'의 두 부류로 나누어질 수도 있다.

수표예금은행은 기본적으로 자기앞수표를 발행할 수 있다. 그런데, 자기앞수표는 경우에 따라 현금처럼 유통되기도 한다. 이것은 해당 수표예금은행이 공중의 신뢰를 아주 많이 얻고 있어야 가능한 일이다. 대체로, 혹은 평균적으로, 수표예금은행은 비수표예금은행보다 공중의 신뢰를 훨씬 더 많이 얻고 있다고 할 수 있다.

한편, 어느 기관이 예금은행인지를 가려냄에 있어, 해당기관의 이름은 그것이 상호(商號)든 통칭(通稱)이든 전혀 고려요소가 되지 않는다. 그 분류의 기준은 단 하나, 그 기관이 화폐성예금을 취급하느냐의 여부다. 그러므로, 화폐성예금을 취급한다면, 그 기관은 이름에 '은행'이 들어 있지 않더라도 예금은행으로 분류된다. 반대로, 화폐성예금을 취급하지 않는다면, 그 기관은 이름에 '은행'이 들어 있더라도 예금은행으로 분류되지 않는다. [3]

8. 예금자보호의 노력

일반적으로, 중앙정부와 중앙은행은 그 나라의 통화금융시스템이 안정적이고 원활하게 가동될 수 있도록 많은 노력을 기울인다. 그리하여, 그 노력의 일환으로, 예금은행들에게 적정수준의 지급준비금 보유의무 등을 부과하고 그들의 경영상태를 감독한다. 그리고, 어떤 예금은행이 부실화

---

3) 2009년 2월 현재를 기준으로 하여 한국의 예금은행들을 네 개의 부류로 세분해 본다면, 그것은 아래와 같다.

①이름에 '은행'이 들어 있는 수표예금은행 : 각 시중은행, 각 지방은행, 일부 외국은행국내지점, 한국산업은행, 기업은행, 수협은행[수협중앙회신용사업부문], 그리고 회원기관을 위해 자기앞수표를 발행하고 관련 결제업무를 처리해 주는 상호저축은행중앙회 등 [*상호저축은행중앙회는 자신의 명의로 발행될 수표의 용지를 회원기관들에게 미리 교부한다. 그리고, 회원기관들이 각자의 기명날인으로 발행절차가 마무리된 정식의 수표를 고객에게 교부했을 때 당일 중에 당해 회원기관들로부터 해당금액만큼 별단예금을 수입(受入)한다.]

②이름에 '은행'이 들어 있지 않은 수표예금은행 : 농협중앙회신용사업부문, 각 단위농협신용사업부문, 각 단위수협신용사업부문, 우체국예금계정, 그리고 위의 상호저축은행중앙회와 마찬가지로 회원기관을 위해 자기앞수표를 발행하고 관련 결제업무를 처리해 주는 새마을금고연합회 및 신협중앙회 등

③이름에 '은행'이 들어 있는 비수표예금은행 : 온라인예금을 취급하는 일부 상호저축은행 등

④이름에 '은행'이 들어 있지 않은 비수표예금은행 : 온라인예금을 취급하는 각 새마을금고 및 일부 신협, 그리고 온라인이체제도를 수반하는 CMA상품을 취급하는 각 종합금융회사 및 각 금융투자회사종합금융계정[종전의 증권회사종합금융계정] 등

참고로, 수표예금이나 온라인예금을 전혀 취급하지 않는 다음의 기관들, 즉, 각 은행간접투자계정[후술 참조], 일부 상호저축은행, 일부 외국은행국내지점, 그리고 한국수출입은행 등은 이름에 '은행'이 들어 있지만 예금은행으로 분류되지 않는다

해 파산위기에 처하게 되었을 때에는, 자금지원을 통해 파산을 막아 주거나, 파산이 불가피하게 되더라도 가급적 그 고객들의 예금만큼은 최대한 보전(保全)해 준다.

앞에서 예시된 것과 같은 노력은 예금자보호를 위한 노력이라고도 할 수 있는데, 중앙정부가 그 목표를 향해 한 걸음 더 나아갔을 때에는 국가 차원의 예금자보호제도가 운영되기도 한다. 예금자보호제도란, 어떤 예금은행이 지급불능이나 파산 등의 상태에 처해 그 고객들에게 예금을 환급해 주지 못하게 된 경우 국가기관 또는 기타의 제3자가 해당 미환급분 가운데 일부 또는 전부를 대신 지급해 주는 제도를 말한다. 간단히 규정하면, 예금은행 고객들의 예금에 대해 환급을 보장해 주는 제도인 것이다. 단, 그러한 보장의 대상이 반드시 예금은행이 취급하는 예금에만 한정되는 것은 아니며, 기타 금융기관이 취급하는 예금 또는 예금성금융상품까지 그 대상이 되기도 한다. 본편에서 앞으로 운위될 '예금자보호'도 별도의 언급이 없는 한 넓은 의미를 가진다.

이렇게 중앙정부와 중앙은행도 공을 들이지만, 경우에 따라서는 예금은행들의 동업자단체도 회원기관 고객들의 예금에 대해 환급을 보장해 주기 위해 자체적으로 예금자보호기금 같은 것을 조성하여 운용한다. 예금은행단체 차원의 예금자보호제도가 운영되기도 한다는 것이다.

중앙정부나 중앙은행 또는 예금은행단체의 이상과 같은 노력 덕분에, 예금은행들은 각자의 실력 이상으로 공중의 신뢰를 얻을 수 있고, 그들이 취급하는 화폐성예금은 전반적으로 일반적 수용성을 가질 수 있다.

차제에 첨언한다면, 중앙정부와 중앙은행은 예금은행 이외의 금융기관들에 대해서도 평상시의 감독과 유사시의 지원 등을 행한다. 별도의 언급이 없는 한, 우리의 논의는 예금은행 이외의 금융기관들도 전반적으로 공중의 신뢰를 얻고 있는 상황을 전제한 상태에서 이루어질 것이다.

9. 디지털토큰과 중앙은행디지털현금 [*2019년 1월 기준]

비트코인과 같은 디지털토큰(digital token)은 일부 경제주체들 사이에서 지급수단으로 사용되기도 한다. 그래서, 사이버공간에서 사적(私的)으로 주조(鑄造)되는 것임에도 '장차 화폐로 격상될 가능성이 있는 것'으로 여겨지기도 한다. 그런데, 화폐는 단순한 지급수단이 아니라 '일반적 수용성을 가진 전문화된 지급수단'이다. 반면, 현재 수준의 디지털토큰은 특히 다음과 같은 점에서, 즉, 그 가치가 일상적으로 등락하고 또한 여차하면 폐품의 수준으로 하락할 수도 있다는 점에서, 신뢰성을 결(缺)한 재화다. 신뢰성을 결한 재화는 전문화된 지급수단이 되기가 어렵고, 일반적 수용성을 가지기는 더더욱 어렵다. 그렇기 때문에, 현재 수준의 디지털토큰이 화폐로 격상될 가능성은 난세(亂世)에서가 아닌 한 전무(全無)하다고 할 수 있다. [*만일 어떤 거대기업이 디지털토큰을 발행하고, 그 소지자가 요청하면 언제든 그것을 고정률(固定率)로 법정화폐와 '태환'(兌換)해 주겠다고 약속한다면, 그 토큰은 어떻게 될까? 거대기업이라도 자본력과 공신력 양면에서 중앙은행에는 크게 못 미칠 것이기 때문에, 그 토큰도 '비트코인에 비해 한층 업그레이드된 유사화폐' 이상으로 승격되지는 못할 것이다.]

이에 반해, 중앙은행이 직접 발행하는 중앙은행디지털현금(central bank digital cash)은 곧바로 화폐의 역할을 할 수 있다. 하지만, 이것은 그 이름과는 달리 현금은 아니다. 물리적 실체가 없기 때문이다. 그렇다면, '블록체인'이라든가 '분산원장'(分散元帳) 같은 첨단 용어들에 의해 설명되고 있는 이것은 화폐의 범위를 다시 규정해야 할 새로운 종류의 화폐일까? 아니다. 이것은 그 실질에 있어 중앙은행당좌예금 이상도 이하도 아니다. 물론, 일반대중이 접근할 수 없고 기명식(記名式)인 종래의 중앙은행당좌예금과는 다르다. 중앙은행디지털현금 ― 이것은 '일반대중에게도 문호가 개방되고 무기명식(無記名式)인 새로운 중앙은행당좌예금'이다!

제2절 저축성예금

각종의 예금 중에서 화폐성예금을 제외한 나머지를 일괄하여 '저축성예금'(貯蓄性預金 ; savings deposit)으로 분류하기로 하겠다.

저축성예금은 주로 아래의 두 부류에 속하는 금융기관들이 취급한다.

첫 번째 부류는 예금은행이다. 예금은행들은 화폐성예금뿐만 아니라 저축성예금도 기본적으로 취급한다.

두 번째 부류는 비은행예금대출기관(非銀行預金貸出機關 ; non-bank deposit and loan institution)이다. 이 부류에 속하는 기관들은 화폐성예금은 취급하지 못하지만 저축성예금은 취급할 수 있다. 이들은 저축성예금을 수입(受入)하여 조달한 자금 중의 상당부분을 대출을 행하는 데에 사용한다. 이 같은 업무행태는, 좁은 의미의 수신(受信)과 여신(與信)이 업무의 대부분이라고 할 수 있는 전통적인 예금은행과 유사한 면이 많다. 그 수신상품 중에 화폐성예금이 없다는 것만 빼고는 말이다. 이 점에서 우리는 비은행예금대출기관을 '준예금은행'(準預金銀行 ; near deposit bank)이라고 불러도 좋을 것이다.[4]

---

4) 앞의 주 3)에서 이루어진 논의의 연장선상에서 언급하건대, 한국에서는 2009년 2월 현재 각 단위산림조합신용사업부문, 일부 상호저축은행, 그리고 일부 신협 등만 준예금은행으로 남아 있다. 그런데, 이들 중에서도 상당수는, 멀지 않은 장래에 전산시스템 확충 등의 준비과정을 거쳐 온라인예금을 취급하게 되면서 예금은행으로 '승격'할 것으로 보인다. 지금의 추세대로라면, 한국에서 준예금은행은 미구(未久)에 거의 소멸되다시피 할 것이다.

"은행간접투자계정은 준예금은행이 아닌가?" 하며 궁금해하실 분도 계실 것이다. 동 계정은, 예금은행이면서 '신탁업'이나 '집합투자업' 등의 명목으로 경제학적 의미의 자산운용업을 겸영(兼營)하는 기관이 그 겸영에 따라 당해기관의 고유계정과는 구분하여 운영하는, 계정의 형태를 취하는 금융기관이다. 은행신탁계정금전신탁부문 등을 포함한다. 은행간접투자계정 — 예전에는 동 계정이 영위하는 여러 업무들 중에

제3절 채권

제1항 채권의 개념

한자(漢字)로는 다르지만 한글로는 똑같이 표기되기 때문에 발생하는 혼동을 피하기 위해, 유가증권으로서의 채권(債券 ; bond)은 원래대로 '채권'으로 표기하고, 청구권으로서의 채권(債權 ; claim)은, 합성어 속에서가 아니라 독립된 단어로 사용해야 할 경우, 본편에서는 어차피 금전에 관련된 청구권을 표현할 때에만 사용하게 될 것이므로, '금전채권'으로 표기하기로 하겠다. 다만, 혼동의 소지가 전혀 없는 경우에는 양자 모두를 원래대로 표기하기로 하겠다.

부채증권(負債證券 ; debt securities)은, 금전채무자가 발행하고 금전채권자가 인수하는 금융증권이다. 대부분의 경우 부리증권(附利證券 ; interest-bearing securities)의 형태를 취한다.

엄밀히 말하면, 화폐성예금의 증서도, 금전채무자에 해당하는 중앙은행이나 예금은행이 발행하고 금전채권자에 해당하는 예금주가 인수하는 금융증권이다. 그런데, 화폐성예금은 현금과 마찬가지로 화폐로 분류되고, 현금은 금융증권으로 분류되지 않는다. 이 점을 고려하여, 우리의 논의에서는 화폐성예금의 증서를 부채증권의 범주에서 제외시키기로 하겠다. 이 같은 분류기준에 따를 때, 화폐의 범주와 부채증권의 그것은 겹치

서 실질적인 저축성예금업무와 대출업무의 비중이 공히 높은 편이었으나, 현재는 관련법률의 개정이나 관련정책의 변경 등으로 그 두 업무의 비중이 공히 미미해진 상태다. 따라서, 동 계정이 영위하는 그 두 업무는 당해 모기관(母機關)의 고유업무로 간주해 처리하고, 동 계정 자체는 준예금은행으로가 아니라 자산운용회사투자신탁계정과 같은 부류로 분류하는 것이 적절할 것이다.

지 않는다.

제반의 부채증권들은 그 양도성(讓渡性; negotiability) 여하에 따라 크게 ⓐ 양도성이 제약되어 유통이 용이하지 않은 비양도성부채증권과 ⓑ 양도성이 보장되어 유통이 용이한 양도성부채증권으로 분류될 수 있다.

금전거래계약이 체결될 때, 채무자는 부채증권을 발행하고, 그 신규발행물은 그 계약 체결 당시의 채권자, 즉, 원채권자(元債權者)가 인수한다.

그런데, 그 부채증권의 양도성이 제약되어 있는 경우에는, 원채권자가 그것을 제3자에게 양도하기가 어렵다. 그래서, 일반적으로, 원채권자는 그것을 그대로 보유하고 있게 된다. 만기 이전에 그것을 처분해야 할 사정이 생긴다면, 중도해지를 고려해야 한다. 중도해지가 불가능하다면, 어떤 다른 방법을 모색해야 한다. 처분비용 과다 등의 문제로 마땅한 방법을 찾을 수 없다면, 처분을 포기해야 한다. 따라서, 만기도래 때 채권자의 지위에 있게 되는 자는 대개 원채권자다. 이 같은 경우에 해당하는 부채증권이 곧 비양도성부채증권이며, 대표적인 것이 대차증서(貸借證書; certificate of debt and credit)다. 저축성예금의 증서는 대차증서로 분류된다.

반면, 그 부채증권의 양도성이 보장되어 있는 경우에는, 원채권자가 그것을 편리하게 제3자에게 양도할 수 있다. 그래서, 원채권자가 그것을 만기 이전에 제3자에게 매각할 수도 있다. 또한, 그 제3자가 그것을 또 다른 자에게 매각할 수도 있다. 따라서, 만기도래 때 채권자의 지위에 있게 되는 자는 원채권자일 수도 있지만 얼마든지 승계채권자일 수가 있다. 이 같은 경우에 해당하는 부채증권이 곧 양도성부채증권이며, 대표적인 것이 채권(債券; bond)이다. 예금은행이 발행하는 양도성예금증서(NCD; negotiable certificate of deposit)는, 이름에 '예금'이 들어 있지만, 그 성격을 보면 양도성이 보장되어 있는 부채증권이므로, 채권으로 분류된다.

제2항 채권의 종류

채권을 그 발행주체가 누구인지에 따라 분류한다면, 중앙정부가 발행하는 국채, 지방정부가 발행하는 지방채, 중앙은행이 발행하는 통화조절채, 예금은행이 발행하는 은행채, 준예금은행이 발행하는 준은행채, 신용카드회사가 발행하는 카드채, 리스회사가 발행하는 리스채, 비금융기업이 발행하는 회사채 … 등으로 분류할 수 있다.

세간에서는 그 경제학적 성격이 채권인 금융상품에, 그것의 만기나 구체적인 법률적 성격 여하에 따라, '채권'이 아닌 다른 명칭을 붙이는 경우가 많다. 예컨대 '양도성예금증서'나 '기업어음'(CP; commercial paper)처럼 말이다. 그러나, 경제학적 기준에 따를 때, 양도성예금증서는 여전히 은행채의 일종이고, 기업어음은 여전히 회사채의 일종이다.

제3항 채권시장

오늘날의 경제에서는 매일 각종의 채권이 다량 발행된다. 그리고, 그것들은 각자의 만기에 이르러 소각(消却)될 때까지 그 경제에 존재한다. 이 같은 요인과, 채권이 유통이 용이한 금융상품이라는 요인은, 함께 어우러져 채권시장(債券市場; bond market)의 발달을 촉진해 왔다. 그리하여, 오늘날의 경제에는, 신규채권과 관련하여 발행자와 원채권자가 만나는 채권발행시장과, 기발행채권이 매매되는 채권유통시장이 공히 잘 발달되어 있다. 우리의 논의는 이 같은 상황을 전제한 상태에서 계속될 것이다.

췌언 한마디를 덧붙이겠다. 이를테면, ① "저축성예금의 증서를 보유하고 있다."와 "[저축성예금의 증서가 표시해 주는] 저축성예금을 보유하고 있다."는 같은 의미인데, 경제학자들은 그 의미를 관행상 후자의 방식으로 표현한다. 반면, ②"채권을 보유하고 있다."와 "[채권이 표시해 주는] 금전채권을 보유하고 있다."의 경우에는 전자의 방식으로 표현한다. 그러면서도, ③"대출증서를 보유하고 있다."와 "[대출증서가 표시해 주는] 대출채권(貸出債權)을 보유하고 있다."의 경우에는 다시 후자의 방식으로 표현한다. 이러한 문제에 관해서는 저자도 관행을 따르기로 하겠다.

제4절 자산특성 평가요소

제1항 자산의 개념 및 종류

간단히 정의할 때, 자산(資産 ; assets)이라 함은 '경제주체들이 부(富 ; wealth)를 보유하는 수단으로 사용할 수 있는 재화'를 말한다. 위에서 소개한 바 있는 현금, 화폐성예금, 저축성예금 그리고 채권 등은 당연히 자산의 범주에 포함된다. 크게 보아, 이들 네 종류의 자산과, 채권형수익증권[채권투자펀드수익증권], 주식형수익증권[주식투자펀드수익증권], 주식, 저축성보험증권, 대출채권 및 매출채권 등은 금융자산(金融資産 ; financial assets)으로 분류된다. 한편, 토지, 건물, 자동차, 기계류, 귀금속, 보석, 골동품, 미술품 … 등의 실물자산과, 영업권, 특허권, 상표권 … 등의 무형자산은 비금융자산(非金融資産 ; non-financial assets)으로 분류된다.

제2항 자산특성 평가요소

어떤 자산의 특성을 평가하는 데에 고려되는 여러 요소들 중 몇 가지를 아래에 열거하면서 설명을 덧붙이기로 하겠다. 각 요소의 대소(大小) 또는 고저(高低)를 파악하는 것이 그 자산의 특성을 평가하는 것이 된다는 점을 미리 말해 둔다.

1. 폐품위험

　폐품위험(廢品危險 ; waste risk)이라 함은, 어떤 자산이 휴지나 폐품처럼 되어 버려 경제적 가치를 상실할[혹은 그 가치가 크게 훼손될] 위험을 말한다. 금융자산과 비금융자산을 불문하고, 모든 종류의 자산은 폐품위험을 수반한다. 비금융자산의 경우를 먼저 보면, 예컨대 건물은 화재 등으로 경제적 가치를 상실할 위험을 수반한다. 그리고, 특허권은 다른 새로운 기술의 출현 등으로 경제적 가치를 상실할 위험을 수반한다. 금융자산의 경우를 본다면, 그것에 수반되는 폐품위험은 다음에 거론될 파산위험이나 채무불이행위험이다.

2. 파산위험

　파산위험(破産危險 ; bankruptcy risk)이라 함은, 금융자산이 그것의 발행자가 파산하는 바람에 경제적 가치를 상실할 위험을 말한다. 주식은 그것을 발행한 주식회사가 파산하면 경제적 가치를 상실한다. 부채증권도 그것을 발행한 채무자가 파산하면 경제적 가치를 상실하는 것이 일반적이지만, 담보가 확보되어 있다면 그렇지 않을 수도 있다. 그러므로, 부채증권의 경우에는 파산위험보다는 다음에 거론될 채무불이행위험이 더 포괄적인 평가요소가 된다.

3. 채무불이행위험 - 신용위험

가. 채무불이행위험의 개념

채무불이행위험(債務不履行危險 ; default risk)이라 함은, 부채증권의 보유자가 어떤 이유에서든 원리금을 회수하지 못하게 되어 당해 부채증권이 경제적 가치를 상실할 위험을 말한다. 어떤 경우에 원리금을 회수하지 못하게 되는가? 담보가 확보되어 있지 않은 상태에서 채무자가 파산하거나 악의적으로 채무를 불이행하는 경우다. 참고로, 담보에는 크게 보아 물적 담보[담보물]와 인적 담보[제3자의 지급보증]의 두 종류가 있다.

채무불이행위험은 '신용위험'(信用危險 ; credit risk)으로 불리기도 하는데, 이하에서는 두 용어 중 후자를 주로 사용하기로 하겠다.

나. 신용위험과 신용도

신용위험과 신용도(信用度 ; credit rating)는 상반관계에 있다. 즉, 신용위험이 크다는 것은 신용도가 낮다는 것이고, 신용위험이 작다는 것은 신용도가 높다는 것이다.

참고로, 한 경제주체의 신용도는, 그가 담보 없이 부채증권을 발행한다고 할 때, 그가 그 채무를 이행할 능력 및 의지를 얼마만큼 가지고 있는지를 나타내는 지표라고 정의될 수 있다. 그리하여, 그의 신용도는 그가 담보 없이 발행하는 부채증권에 부여되는 신용도로 표현되기도 한다. 예를 들어, 국가[중앙정부]는 항용 국채를 담보 없이 발행하는데, 국가의 신용도는 그 국채에 부여되는 신용도로 표현되기도 하는 것이다. 한 경제주체의 신용도는 '기관신용도'나 '인적(人的) 신용도'로 불리기도 한다.

일반적으로, ① 국가와 중앙은행은, 그 나라 안에서는 채무불이행의 문제를 일으킬 염려가 전혀 없다고 할 수 있으므로, 그 점에서 최고수준의 신용도[말하자면 특급]를 부여받을 수 있다. ② 예금은행들도, 개별적으로는 차등이 있으나, 대체로 아주 혹은 상당히 높은 신용도[1급 또는 2급]를 부여받게 될 것이다. ③ 예금은행 이외의 금융기관들 역시, 당연히 개별적으로는 차등이 있으나, 대체로 상당히 높은 신용도[2급]를 부여받게 될 것이다. ④ 비금융기업들은, 그야말로 천차만별하지만, 평균적으로 금융기관들에 비해 상당히 낮은 신용도[3급 이하]를 부여받게 될 것이다.

다. 현금과 화폐성예금의 신용위험 및 신용도

명료한 서술을 위해, 한 자산의 신용도는 그냥 '신용도'로, 그리고 한 경제주체의 신용도는 '기관신용도'로 잠시 엄격하게 구분해 표기하기로 하겠다. 부채증권으로 분류되지는 않지만, 현금과 중앙은행당좌예금이 중앙은행의 부채라는 점과, 예금은행이 취급하는 화폐성예금이 당해 예금은행의 부채라는 점을 감안해 이들 자산의 신용위험을 평가해 본다면 어떻게 될까?

현금과 중앙은행당좌예금은 신용위험이 아예 없는 자산이라고 할 수 있다. 신용위험을 신용도로 환산하여 말하면, 이 두 가지 자산은 최고수준의 신용도[이를테면 특급]를 부여받을 수 있는 것이다.

한편, 일반적인 경우를 전제하고서 말할 때, 예금은행이 취급하는 화폐성예금은 전반적으로 신용위험이 거의 없거나 아주 작은 자산이라고 할 수 있다. 신용위험을 신용도로 환산해 서술하는 방식으로 부연설명을 하기로 하겠다.

그 예금은, 본래에 있어서는 그 신용도에 당해 예금은행의 기관신용도 등이 그대로 반영되어야 할 자산이다. 이를테면 그 신용도의 평균수준이 반드시 높지만은 않고 그 편차도 클 수 있는 자산이라는 것이다. 그런데, 실제에 있어서는 그 신용도의 면모가 달라질 수 있다. 왜냐하면, 국가나 중앙은행 또는 예금은행단체가 예금자보호에는 각별한 공을 들이는 것이 일반적이기 때문이다. 이러한 경우, 그 신용도는 본래의 경우에 비해 그 평균수준은 월등히 상승하고 그 편차는 현저히 축소된다. 한마디로, 고도(高度)로 상향평준화되는 것이다. 그리하여, 일반적으로, 그 예금은 전반적으로 아주 높은 신용도[1급 이상]를 부여받을 수 있는 것이다.

여기서 쓰여진 '전반적으로'라는 표현은, 당해 예금은행의 기관신용도나 그 예금 고유의 구체적인 성격에 따라 그 신용도에 약간의 차등은 있다는 점과, 그 예금 중에는 예외적인 것도 있을 수 있다는 점을 나타낸다. '그 신용도의 약간의 차등'은, 예금은행들이 그 예금에 수반되는 이자율이나 부대서비스 등의 수준에서 역순(逆順)으로 약간의 차등을 내면 메워질 수 있을 것이다. 그러나, '예외적인 예금' 중에서 신용도가 아주 낮은 것은 고객들이 기피하여 아예 소멸할 수도 있을 것이다.

참고로 첨언하면, 동일한 예금은행이 취급하는 동일한 형태의 화폐성예금도, 예금자보호제도에 의해 일정금액까지 환급을 보장받을 수 있는 경우, 그 한도금액 이내의 부분은 상대적으로 높은 신용도를 부여받고, 그 한도금액을 초과하는 부분은 상대적으로 낮은 신용도를 부여받게 된다.

라. 저축성예금의 신용위험 및 신용도

앞에서의 논의 중 화폐성예금에 관한 부분은 저축성예금에 준용(準用) 될 수 있다. '그 나라 안에서 이루어지는 예금자보호 노력에 의한 보전 내지 환급보장의 대상이 되는 저축성예금의 범위는 구체적으로 어디까지인지' 하는 것만 추가적으로 고려하면 되기 때문에, 자세한 설명은 생략하기로 하겠다.

마. 채권의 신용위험 및 신용도

신용도 측면만 보기로 하자. 예를 들어, 예금은행이 담보 없이 발행하는 채권으로서의 은행채를 놓고서 그 신용도를 평가해 본다면 어떻게 될까? 서술의 편의를 위해, 기관신용도가 1급인 예금은행을 '1군예금은행'이라고 부르고, 기관신용도가 2급 이하인 예금은행을 '2군예금은행'이라고 부르기로 하겠다.

예금의 경우와는 달리 은행채의 경우에는 그 보유자를 보호하는 별반의 정책적 배려나 법적 제도가 없는 것이 일반적이다. 따라서, 은행채의 신용도는 당해 예금은행의 기관신용도 등을 여과 없이 반영한다고 볼 수 있다. 그리하여, 만기 등의 발행조건이 동일하다고 할 때, 만일 1군예금은행이 발행하는 '1군은행채'가 1급의 신용도를 부여받게 된다면, 2군예금은행이 발행하는 '2군은행채'는 2급 이하의 신용도를 부여받게 될 것이다.

이상의 예에서 볼 수 있듯이, 거의 모든 경우에 채권의 신용도는 당해 발행주체의 기관신용도와 그 채권 고유의 구체적인 성격을 여실히 반영한다.

4. 일상등락손실위험 – 시장위험

가. 일상등락손실위험의 개념

일상등락손실위험(日常騰落損失危險 ; daily fluctuation loss risk)이라 함은, 그 자산의 시장가치가 이상에서 거론된 폐품위험과는 무관하게 일상적으로 등락하는 과정에서 하락해 그 보유자가 자본손실(資本損失 ; capital loss)을 입을 위험을 말한다.

그 시장가치가 수요와 공급에 따라 변동하는 어떤 품목의 자산을 상정해 보자. 그 수요와 공급은 당연히 폐품위험을 반영해 형성된다. 그리하여, 객관적일 수도 있고 주관적일 수도 있는 어떤 이유에 의해 폐품위험이 커지게 되면 그 시장가치는 하락하고, 반대의 경우에는 그것이 상승한다.

그런데, 그 수요와 공급은 폐품위험만을 반영하지는 않는다. 그러므로, 폐품위험의 정도가 그대로인 상황에서도 그 시장가치는 등락할 수 있다. 이 경우의 등락은, 폐품위험과는 무관하게 일어난 것이라고 볼 수 있다. 예를 들어 그 자산이 어떤 종목의 채권이라면, 그 종목의 채권에 개별적으로 수반된 신용위험의 정도가 변화했기 때문에 등락한 것이 아니라, 자금시장의 전반적인 수급상황이 변화했기 때문에 등락한 것이라고 볼 수 있는 것이다. 즉, 자금시장의 전반적인 수급상황이 변화해 전 종목의 채권들[또는 만기 등의 측면에서 서로 비슷한 종목의 채권들]의 시장가치가 일제히 등락함에 따라 덩달아 등락한 것이라고 볼 수 있는 것이다. 이 같은 등락의 과정에서 자본손실을 입을 위험인 일상등락손실위험을 '시장위험'(市場危險 ; market risk)이라고 부르기도 하는 것은 이 점에서다.[5]

나. 국채와 일상등락손실위험

자산의 시장가치가 폐품위험과는 별개로 등락할 수 있다는 것을 조금 더 이해하기 쉽게 설명해 주기를 바라시는 독자들도 계실 것이다. 이해를 돕기 위해 국채의 경우를 예로 하여 부연(敷衍)하기로 하겠다.

국채의 시장가치는 하루 중에 조금씩이라도 시시각각 등락한다. 그런

---

5) 시장이자율과 채권의 시장가치는 역비례의 관계에 있다. 전자가 상승하면 후자가 자동적으로 하락하고, 전자가 하락하면 후자가 자동적으로 상승하는 관계에 있는 것이다. 그런데, 제2편 제2장에서 상세하게 설명될 것이지만, 시장이자율은 유량자금수요와 유량자금공급을 균등화시키는 수준으로 결정되는 것이어서, 전자가 우세해진 때에는 상승하고, 후자가 우세해진 때에는 하락한다. 그러므로, 자금시장의 전반적인 수급상황이 변화하면, 그 변화에 따라 시장이자율이 등락하기 때문에, 방향은 반대지만 채권의 시장가치도 함께 등락하는 것이다.

데, 국가의 신용도가 하루 중에 시시각각 변화한다고 보기는 어렵다. 그렇다면, 그 같은 등락은 국채에 수반된 신용위험과는 무관한 등락이라고 보아야 할 것이다. 자금시장의 전반적인 수급상황이 무상하게 변화하는 것에 따른 등락이라고 해석해야 할 것이다.

물론, 엄밀히 말하면, 국가의 신용도도, 본질적으로는 자산투자자들이 국가의 신용상태에 대해 주관적으로 평가하여 매긴 점수들의 종합평균이라고 할 수 있는 것이기 때문에, 그들의 심리 여하에 따라 시시각각 변화할 수는 있다. 그러나, 설사 그렇더라도, 자산의 시장가치가 폐품위험과는 별개로 등락할 수 있다는 사실만큼은 달라지지 않는다.

다. 상장주식의 일상등락손실위험

증권거래소에 상장된 주식, 즉, 상장주식은, 그 날에 평가되는 파산위험의 정도에는 변화가 없다고 볼 수 있는 상황에서도 그 시장가치가 하루 중에 큰 폭으로 등락하기가 일쑤다. 아니, 한 순간에도 큰 폭으로 등락할 수 있다. 장기적으로는 그 등락의 폭이 훨씬 더 클 수 있다. 그리하여, 그 보유자가 자칫하면 큰 폭의 자본손실을 입을 수 있다. 한마디로, 일상등락손실위험이 매우 큰 자산인 것이다.

라. 예금의 범주에 관한 보론

예금의 범주에 관한 것으로서, 일상등락손실위험의 개념에 대한 설명이 먼저 이루어져야 서술이 용이해지기 때문에 미루어 두었던 논의를 잠시 진행하기로 하겠다. 서술의 편의상, 전통적인 예금의 한 형태를 취하며 예금의 범주에 기본적으로 포함되는 중앙은행당좌예금은 논외로 하기로 하겠다.

〈전통적인 예금〉

전통적인 예금을 보유하고 있을 때, 그것의 잔액은, 그것이 무이자예금이면 변화하지 않고, 그것이 고정금리부예금이면 규칙적으로 증가하며, 그것이 변동금리부예금이면 불규칙적으로 증가한다. 이상과 같은 경우, 예금의 잔액이 감소하는 일은 생기지 않는다. 즉, '등'(騰)은 있을 수 있으나 '락'(落)은 없는 것이다. 일상등락손실위험이 전혀 없는 것이다. 원본금액이 축날 일도 당연히 없다. 일반적으로, 이상과 같은 전통적인 예금은 그것의 전부 또는 대부분을 예금은행과 준예금은행이 취급한다.

〈유사예금〉

그런데, 요즘에는 전통적인 예금은 아니지만 고객의 입장에서 본 실질적 성격이 그것과 유사한 금융상품들이 많이 등장해 있다. 예를 들면, 예금은행이나 준예금은행이 전통적인 예금에 더하여 취급하는 이른바 실적배당형예금상품, 자산운용회사투자신탁계정이 취급하는 채권형수익증권, 증권회사를 위시한 여러 금융기관들이 취급하는 환매조건부채권(還買條件附債券 ; RP) … 등이 그것들이다. 이러한 부류의 금융상품을 편의상 '유사예금'(類似預金 ; quasi deposit)이라고 부르기로 하겠다.

〈IMF의 분류〉

IMF가 제시하고 있는 최근의 통화금융통계 편제기준에서는, 전통적인 예금이나 유사예금으로 간주될 수 있는 금융상품들 전부를 일률적으로 예금으로 분류하고 있다.

〈저자의 분류〉

그러나, 지금부터 저자는 이상과 같은 금융상품들 중 다음의 세 가지 조건을 모두 충족하는 것만을 예금으로 분류하고자 한다. 즉,

① 예금은행이나 준예금은행으로 분류되는 금융기관이 자기의 책임으

로 관련 고객자금을 직접 운용할 것,

②일상등락손실위험이 전혀 또는 거의 없을 것,

③이전제도와 연계되어 있거나, 그 원본을 당해 금융기관이 보장해 주거나, 그 일부 또는 전부가 예금자보호제도의 환급보장대상일 것

등의 세 가지 조건을 모두 충족시키는 것만을 예금의 범주에 포함시키고 자 한다. [*참고로, 일상등락손실위험이 전혀 없는 상품은, 원본금액이 축 날 일이 없기 때문에, 즉, 당해 금융기관에 의해 원본이 보장되는 셈이기 때문에, '②'의 조건은 물론 자동적으로 '③'의 조건까지 충족한다.]

이 같은 기준에 따를 때, 예금은행이나 준예금은행이 취급하지 않거 나, 취급하더라도 주된 지위에서 취급하는 것이 아니라 판매 등을 대행하 기만 하는 상품은, 애당초 예금으로 분류되지 않는다. 그리고, 예금은행이 나 준예금은행이 주된 지위에서 취급하더라도 원본보장 등의 조건[위 '②' 및 '③'의 조건]이 충족되지 않는다면, 그 상품 역시 예금으로 분류 되지 않는다. 원본보장 등의 조건이 마저 충족되어야만 예금으로 분류될 수 있다. 예를 들어, 채권형수익증권은 예금은행이 판매를 대행하든 않든 애당초 예금으로 분류되지 않는다. 실적배당형예금상품은 원본보장 등의 조건이 마저 충족되는 것만 예금으로 분류된다. 원본보장 등의 조건이 충 족되는 상품인 환매조건부채권의 경우, 증권회사가 취급하는 것은 예금으 로 분류되지 않으나, 예금은행이 취급하는 것은 예금으로 분류된다.

저자가 예금의 범주를 이상과 같이 규정하는 이유는 크게 두 가지다. 첫 번째 이유는 지금 밝힐 수 있다. 논의의 명료성과 일관성을 기할 수 있기 때문이라는 것이 그것이다. 두 번째 이유는 지금 밝히기가 시기상조 (時機尙早)다. 두 번째 이유, 그것은 제2편 제4장에서 밝혀지게 될 것이 다. 그때, IMF의 기준이 경제학적 의의가 그다지 크지 않다는 사실도 함 께 밝혀지게 될 것이다.

마. 네 가지 자산의 일상등락손실위험

이제, 우리가 주목해 온 네 가지 자산을 놓고서 각 자산에 수반되는 일상등락손실위험이 어느 정도인지를 간략하게 살펴보기로 하자.

첫째, 현금은 일상등락손실위험이 아예 없는 자산이다. 현금은 명목가치가 고정되어 있기 때문이다.

둘째, 화폐성예금도 일상등락손실위험이 전혀 또는 거의 없는 자산이다. 이 점에 대해서는 별도의 설명이 필요하지 않을 것이다.

셋째, 저축성예금 역시 일상등락손실위험이 전혀 또는 거의 없는 자산이다. 이 점에 대해서도 별도의 설명이 필요하지 않을 것이다.

넷째, 채권은 일상등락손실위험이 어느 정도 있는 자산이다. 그것의 잔존만기가 길수록 그 위험이 조금씩 커지는 성격의 자산이기도 하다. 앞의 세 자산과는 달리 자금시장의 전반적인 수급상황이 무상하게 변화하는 과정에서 상당한 정도의 자본손실을 입을 가능성이 상존(常存)한다. 그러나, 상장주식과 비교해 본다면 그 위험이 매우 작은 자산이다. 이 점에서, 우리는 채권을 일상등락손실위험이 작은 자산이라고 간주해도 무방할 것이다.

그리하여, 우리는 위의 네 가지 자산을 한데 묶어 일단 '일상등락손실위험이 없거나 작은 자산'으로 분류할 수 있다.

5. 안전성

안전성(安全性 ; safety)이라 함은, 폐품위험과 일상등락손실위험으로부터 자유로운 정도를 말한다. 안전성이 높다는 것은 그 두 가지 위험이 공히 작다는 것이고, 안전성이 낮다는 것은 그 두 가지 위험 중 하나 이상이 크다는 것이다.

6. 수익성 - 기대수익률

수익성(收益性 ; profitability)이라 함은, 간단히 규정하면, 기대수익률(期待收益率 ; expected return)의 높고 낮은 정도를 말한다. 경우에 따라서는 수익성과 기대수익률을 동의어로 사용하기도 한다.

기대수익률은 ⓐ'폐품위험과 일상등락손실위험을 모두 피할 수 있다고 가정할 때 그 자산으로부터 얻을 수 있을 것으로 기대되는 수익률' 정도로 정의되기도 하고, 혹은 ⓑ'수익률을 확률변수로 간주하고서 계산한 그것의 수학적 기대치(mathematical expectations)'로 엄격하게 정의되기도 한다. 여기에서는 서술의 편의상 기대수익률을 전자의 의미로 사용하고자 한다.

자산투자자가 기대수익률을 계산할 때에는 폐품위험과 일상등락손실위험을 모두 피할 수 있다고 가정하고서 계산하지만, 현실에 있어서는 두 가지 위험 중 하나 이상이 실제로 발생할 수 있다. 그런 경우에는 실제수익률이 기대수익률에 미치지 못하게 될 것이다.

일반적으로, 수익성이 높은 자산은 대체로 폐품위험이나 일상등락손실위험이 크다. 이른바 정크본드 같은 것이나 상장주식이 그 대표적인 예다. 반대로, 폐품위험이나 일상등락위험이 작은 자산은 대체로 수익성이 낮다. 현금이나 화폐성예금이 그 대표적인 예다. 이 두 가지 자산처럼 지급의 목적으로 보유되는 자산이라고 간주할 수 있는 것 말고, 저축의 목적으로 보유되는 자산이라고 간주할 수 있는 것 중에서 그 대표적인 예를 찾는다면, 저축성예금을 들 수 있다.

7. 즉시환금성

가. 즉시환금성의 개념

한 경제주체가 어떤 자산을 화폐로 전환해야겠다고 결정한 당시의 그 자산의 시장가치[A]에서 그가 그것을 실제로 전환하여 얻을 수 있게 되는 화폐의 금액[B]을 차감한 것[$A - B$]을 '전환비용'이라고 부르기로 하자. 그리고, 그가 그 전환의 의사를 결정한 시점부터 그가 그 전환을 실제로 완료할 수 있게 되는 시점까지의 시간을 '전환시간'이라고 부르기로 하자.

즉시환금성(卽時換金性 ; spot convertibility into money)이라 함은, 언제든지 전환비용을 전혀 들이지 않고 전환시간도 거의 소요하지 않으면서 그 자산을 화폐로 전환할 수 있는 가능성의 정도를 말한다. 즉, 언제든지 그 자산을 화폐로 전환해야겠다고 마음먹었을 당시에 형성된 그것의 시장가치를 축내지 않으면서 즉시 그것을 화폐로 전환할 수 있는 가능성의 정도를 말한다.

서술이 복잡해지는 것을 감수하고서 조금 더 엄밀히 규정해 보기로 하겠다. 어떤 자산의 보유자가 그것을 화폐로 전환해야겠다고 아무 때든 결정하였을 경우, 그 이후에 소요될 전환비용과 전환시간이 일률적일 수는 없다. 동일한 자산의 경우에도 그때그때의 상황에 따라 달라질 수 있는 것이다. 그래서, 우리는 평균치와 편차를 고려해야 한다. 해당자산의 성격에 따라, 그 전환비용과 그 전환시간 각각의 평균치는 작을 수도 있고 클 수도 있다. 그 각각의 편차 또한 작을 수도 있고 클 수도 있다. 참고로, 이를테면 그 전환비용의 편차가 큰 경우, 우리는 그 전환비용을 사전에 정확도 높게 예측할 수 없다. 종잡을 수 없다는 이야기다. 즉시환금성이란, 그 전환비용과 그 전환시간 각각의 평균치 및 편차가 공히 작은 정도를 말한다. 따라서, ⓐ 그 전환비용의 평균치, ⓑ 그 전환비용의 편차, ⓒ 그 전환시간의 평균치 그리고 ⓓ 그 전환시간의 편차의 네 가지 항목 각각이 작을수록, 즉시환금성이 상대적으로 높은 자산으로 분류된다.

한 가지 주의할 것은, 여기서 일컬어지는 전환비용은 자본손실과는 별개의 개념이라는 것이다. 전환비용을 계산할 때 기준이 되는 수치인 'A'는 그 자산의 당시의 시장가치일 뿐 그 자산의 원본가치가 아니다. 그 자산을 화폐로 전환하는 작업이 완료되었을 때 자본손실이 발생했느냐 자본이득이 발생했느냐 하는 것은, 즉시환금성과는 무관한 문제다.

그 자산의 보유자가 그 전환을 위해 직접 지급해야 하는 비용, 즉, 이를테면 매도수수료, 증권거래세, 이자소득세 또는 양도소득세 등이 전환비용의 일부를 구성한다는 것은 물론이다.

나. 부동산의 즉시환금성

품목에 따라 차이는 있지만, 부동산은 대체로 즉시환금성이 매우 낮은 자산이라고 할 수 있다. 부동산의 보유자가 아무 때나 전환비용을 들이지 않고 그것을 화폐로 전환하려 한다면, 짧아도 몇 주, 길면 몇 년의 전환시간이 소요될 수도 있다. 그가 상당한 정도의 전환비용을 감수하겠다고 마음먹더라도, 만만치 않은 전환시간이 소요되는 경우가 많다. 부동산은 대체로 위의 네 가지 항목 모두가 공히 큰 자산이라고 할 수 있다.

다. 상장주식의 즉시환금성

포괄적으로 말할 때, 상장주식은 즉시환금성이 그다지 높지는 않은 자산이라고 할 수 있다. 상장주식이나 채권의 경우에는 그 매도주문의 체결 여부를 기준으로 그 매도 여부를 판정하는 것이 관례인데, 이 같은 관례를 따르면서 서술하기로 하겠다.

일반적으로, 상장주식은 전환결정시점[그것의 보유자가 그것을 화폐로 전환해야겠다고 결정하는 시점]이 증권거래소 개장시간대 중인지 그 시간대 이후인지에 따라 그것의 즉시환금성이 크게 달라진다.

전환결정시점이 개장시간대 중일 때, 상장주식의 보유자는 그것을 당시의 시가(時價)보다 그다지 낮지 않은 가격으로 당해 개장시간대 중에 매도할 수 있는 경우가 꽤 많다. 물론, 그날의 운수에 따라 당초의 시가보다 오히려 높은 가격으로 매도할 수 있는 경우도 있고 연일 하한가로 매도주문을 내야 하는 경우도 있지만 말이다.

반면, 전환결정시점이 개장시간대 이후일 때, 상장주식의 보유자는 그것을 당시의 시가(時價)[엄밀히 말하면 직전 개장시간대의 종가(終價)]에 근접한 가격으로 다음 개장시간대 중에 매도할 수 있다는 보장이 없다. 무엇보다도, 워낙 무상하게 변동하는 상장주식의 가격은 하루 중의 변동폭도 크지만 날짜가 바뀔 때의 변동폭도 큰 것이 일반적이어서, 다음 개장시간대의 시가(始價)를 종잡을 수 없기 때문이다. 그렇지만, 비록 직전 개장시간대의 종가에 근접한 수준으로는 아니더라도, 그가 그것을 다음 개장시간대 중에 매도할 수 있는 경우는 꽤 많다.

아무튼, 그가 낸 매도주문이 일단 체결되면, 이후에는 수도결제(受渡決濟)에 소요되는 이삼일 정도의 시간만 지나면 화폐로의 전환이 완료된다.

참고로, 그가 이른바 '매도타이밍'을 놓쳐 당초의 매도희망량을 다 매도하지 못하고 잔량을 나중에 매도하기로 결정한다면, 그 경우의 전환시간은 그 잔량이 실제로 매도되는 시점까지의 기간을 포함시켜서 계산해야 할 것이다. 그런데, 매도타이밍을 놓쳐 다음에 매도하기로 한다는 것은 전환비용을 줄이려 한다는 것이라고 볼 수 있다. 이것은 전환비용을 줄이려면 전환시간이 많이 소요되는 것을 감수해야 한다는 것을 의미한다. 한편, 그가 당초의 매도희망량을 어떻게든 빨리 다 매도하려 한다면, 대개의 경우 그는 당초의 시가(時價)보다 훨씬 낮은 가격으로 매도주문을 내야 할 것이다. 이것은 전환시간을 줄이려면 전환비용이 많이 소요되는 것을 감수해야 한다는 것을 의미한다.

종합적으로 평가해 볼 때, '전환시간의 평균치'는 이를테면 사오일 내외고 '전환비용의 평균치'도 그런대로 작은 편이지만, '전환시간의 편차'와 전환비용의 편차'는 공히 상당히 크다고 할 수 있다. 상장주식을 '즉시환금성이 높은 자산'으로 볼 수는 없는 이유는 이 점에 있다.

라. 채권의 범주에 관한 보론

지금부터 저자는 채권의 범주 및 그 즉시환금성과 관련하여 다음과 같은 입장을 견지하기로 하겠다.

우선, 이를테면 일부 사모사채(私募社債)나 일부 상업어음(commercial bill)처럼 즉시환금성이 발행 당시부터 지나치게 낮은 채권은, 그 실질적 성격이 대차증서에 가까우므로, 그것을 애당초 채권의 범주에서 제외시키기로 하겠다.

아울러, 그 실질적 성격이 채권이더라도 즉시환금성이 현저히 낮은 것에 대해서는, 분석과 서술의 편의를 위해 대개의 경우에 그 존재를 무시하기로 하겠다. 그렇게 하더라도, 우리의 논의의 대세(大勢)는 별다른 영향을 받지 않을 것이다. 왜냐하면,

첫째, 그러한 채권이 전체 채권에서 차지하는 비중은 현실에 있어서도 높지 않은 것이 일반적이기 때문이다.

둘째, 나중에 밝혀지게 되겠지만, 본편의 이론모형에서는, ⓐ 그러한 채권이 자산유동화 등의 요인으로 그 즉시환금성이 높아진 경우에는 그렇게 된 것을 '차환(借換)에 의해 원래의 채권은 소각되고 새로운 채권이 발행된 것'으로 간주해도 무방하고, ⓑ 어떤 채권이 신용위험 현실화 등의 이유로 그 즉시환금성이 현저히 낮아진 경우에는 그렇게 된 것을 '차환에 의해 원래의 채권은 소각되고 새로이 대차증서가 발행된 것'으로 간주해

도 무방하기 때문이다.

셋째, 무엇보다도, 우리의 논의는 어차피 거시경제학적 분석을 추구하는 것이기 때문이다.

마. 네 가지 자산의 즉시환금성

이제, 우리가 주목해 온 네 가지 자산을 놓고서 각 자산이 가진 즉시환금성이 어느 정도인지를 살펴보기로 하자. 중앙은행이 공중의 신뢰를 상실하는 경우와, 예금은행이나 준예금은행이 지급불능상태에 처하는 경우는 배제하고서 서술하기로 하겠다. [*참고로, 만일 어떤 예금은행이 지급불능상태에 처해 있다면, 그 은행이 취급하는 화폐성예금은 이미 화폐가 아니며, 그것의 즉시환금성은 극단적으로는 0%도 될 수 있다. 그 은행이 취급하는 저축성예금의 즉시환금성도 마찬가지다.]

첫째, 현금은 그 자체가 화폐이기 때문에, 즉, 이미 화폐로 전환되어 있는 셈이므로, 즉시환금성이 완벽한 자산이다.

둘째, 화폐성예금 역시 그 자체가 화폐이므로 즉시환금성이 100%인 자산이라고 할 수 있다.

셋째, 저축성예금도 즉시환금성이 완벽에 가까운 자산이라고 할 수 있다. 그것의 보유자는 언제든 약간의 이자를 희생하거나 약간의 수수료를 부담하기만 하면 중도해지의 방법으로 즉시 또는 늦어도 1~2일 정도 후에는 그것을 화폐로 전환할 수 있다. 전환비용이 조금밖에 들지 않고, 전환시간도 짧으면 몇 분, 길어야 1~2일 정도만 소요되는 것이다. 즉시환금성 평가요소 네 가지 항목 모두가 공히 아주 작은 것이다. 예외는 거의 없다.

넷째, 나라에 따라 그 유통시장의 발달 정도가 다르고 종목에 따라 그 즉시환금성이 제각각이어서 포괄적으로 서술하는 것이 정말 어렵지만, 채권도 대체로 즉시환금성이 상당히 높은 자산이라고 할 수 있다. 어려움을 무릅쓰고 계속 서술하기로 하겠다.

채권은 유통을 전제로 발행 및 인수되는 부채증권으로서, 그 유통시장이 전반적으로 잘 발달되어 있는 자산이다. 그 시장은, 증권거래소에 개설된 주식시장에는 못 미치지만 전반적으로 효율성이 매우 높은 시장이라고 할 수 있다[일부 종목의 채권은 증권거래소에 개설된 채권시장에서 매매되기도 하지만 나머지는 이른바 장외채권시장에서 매매된다는 점을 고려해 서술함]. 참고로, 어떤 상품이 매매되는 시장의 효율성이란, 간단히 규정하면, 모든 매매희망자의 호가(呼價) 및 수량을 취합해 정리한 것이 임의의 매매희망자에게 실시간으로 제공될 수 있고, 시가(時價)가 그때그때 매도희망총량과 매수희망총량을 일치시키는 호가 수준에서 단일가로 결정될 수 있는 가능성의 정도를 말한다. 한편, 채권은 그 시가의 하루 중의 변동폭과 날짜가 바뀔 때의 변동폭이 공히 평균적으로 상당히 작은 자산이기도 하다. 그리고, 그 시가는 해당 신용위험이 이미 반영된 상태로 형성된다. 즉, 이를테면 신용위험이 매우 큰 종목의 채권은 그 시가가 이미 헐값으로 형성되어 있는 것이다.

　　따라서, 채권의 보유자는, 신용위험이 없거나 작은 것은 물론 그 위험이 어느 정도 큰 것도, 약간의 매도수수료만 부담하면 언제든 당시의 시가 또는 그에 근접한 가격으로 당일 또는 익일 중에 매도할 수 있는 경우가 상당히 많다. 또한, 정크본드처럼 신용위험이 매우 큰 것도, 그 보유자가 헐값의 시가를 용인하는 한, 그다지 늦지 않은 시일 내에 매도할 수 있는 경우가 적지만은 않다. 어떻든, 이상과 같이 매도주문이 체결되면, 이후에는 수도결제에 소요되는 하루나 이틀 정도의 시간만 지나면 화폐로의 전환이 완료된다. 한편, 잔존만기가 아주 짧은 채권은 그냥 그 만기까지만 기다려도 늦지 않은 시일 내에 화폐로의 전환이 완료될 수 있다. 이상을 고려하며 상장주식의 경우와 비교해 본다면, 종합적으로, '전환시간의 평균치'는 약간 더 크고, '전환시간의 편차'도 약간 더 크지만, '전환비용의 평균치'는 비슷하고, '전환비용의 편차'는 훨씬 작다고 할 수 있는 것이다.

첨언하면, 국채나 통화조절채 혹은 1군은행채 등은 저축성예금에 근접한 수준의 즉시환금성을 가지고 있다고 할 수 있다. 한편, 만일 정크본드 같은 것이 즉시환금성이 현저히 낮은 것이라면, 우리의 논의에서는 그것의 존재를 무시할 수도 있다.

이상을 감안할 때, 그리고 거시경제학적 시각을 견지하기로 할 때, 우리는 채권을 즉시환금성이 높은 자산이라고 간주해도 무방할 것이다.

그리하여, 이제 우리는 위의 네 가지 자산을 한데 묶어 '즉시환금성이 완벽하거나 높은 자산'으로도 분류할 수 있다.

8. 유동성

가. 자산특성 평가요소로서의 유동성

유동성(流動性; liquidity)은 다의적인 개념이다. 자산특성 평가요소로서의 유동성은 아래에서와 같이 네 가지 의미를 가진다.

〈협의의 유동성〉
첫째, 폐품위험과 일상등락손실위험이 없거나 작으면서 동시에 즉시환금성이 높은 특성을 일컬어 "유동성이 높다."라고 말하는 경우가 있다. 이 경우에 해당하는 개념으로서의 유동성을 '협의의 유동성'이라고 부르기로 하겠다. '협의의 유동성이 완벽하거나 높은 자산'의 범주에는 현금, 화폐성예금, 저축성예금, 국채, 통화조절채 그리고 1군은행채 등이 포함된다. 그러나, 예컨대 무보증회사채로서 신용위험[폐품위험]이 작지 않은 것은 그 신용위험 때문에 그 같은 자산의 범주에서 제외된다.

〈광의의 유동성〉

둘째, 폐품위험은 고려하지 않고, 일상등락손실위험이 없거나 작으면서 동시에 즉시환금성이 높은 특성을 일컬어 "유동성이 높다."라고 말하는 경우도 있다. 이 경우에 해당하는 개념으로서의 유동성을 '광의의 유동성'이라고 부르기로 하겠다. '광의의 유동성이 완벽하거나 높은 자산'의 범주에는, 위에서 포함되었던 것들은 당연히 포함되고, 위에서는 제외되었던 무보증회사채 같은 것들도 포함될 수 있다.

〈즉시환금성〉

셋째, 폐품위험은 물론 일상등락손실위험도 고려하지 않고, 즉, 안전성은 일절 고려하지 않고, 그냥 즉시환금성만 높은 특성을 일컬어 "유동성이 높다."라고 말하는 경우도 있다. 이 경우에 해당하는 개념으로서의 유동성은 당연히 즉시환금성과 동의어다. 교과서들을 보면, 자산특성 평가 요소를 수익성과 안전성 및 유동성의 세 가지로 대별(大別)하는 경우가 많다. 그런데, 그 대별이 논리적인 것이 되려면, 그때의 '유동성'은 협의의 유동성도 광의의 유동성도 아닌 즉시환금성으로 규정되어야 한다. 왜냐하면, 협의의 유동성이나 광의의 유동성은 안전성까지도 내포하는 개념이기 때문이다. 대부분의 경우 그 대별은 그다지 논리적이지 않다.

〈자산유동화 관련개념〉

넷째, 유통이 용이한 특성, 보다 구체적으로는 제값을 받고 매각하기가 용이한 특성을 일컬어 "유동성이 높다."라고 말하는 경우도 있다. "자산을 유동화시킨다."라고 말할 때의 '유동화'(流動化; liquidation)는, 이 경우에 해당하는 개념으로서의 유동성을 높인다는 의미를 지닌다. '자산을 유동화시키는 작업'이란, 제값을 받고 매각하기가 어려운 어떤 자산을 그 매각이 용이한 자산으로 탈바꿈시키는 작업이다. 즉, 어떤 자산을 예컨대 신용위험은 원래보다 훨씬 작고 즉시환금성은 원래보다 훨씬 높은 자산으로 변모시키는 작업이다.

나. 특정한 부류의 자산을 지칭하는 개념으로서의 유동성

참고로 첨언하면, 유동성은 아래에서 그 예를 볼 수 있는 바와 같이 때로는 특정한 부류의 자산을 지칭하기도 한다.

〈화폐〉

첫째, 화폐로 분류되는 현금과 화폐성예금이 '협의의 유동성이 완벽하거나 완벽에 가까운 자산'의 범주에 포함된다는 점을 고려하여, 화폐 자체를 지칭하기도 한다.

〈현금〉

둘째, 일반경제주체들은 보유할 수 없는 중앙은행당좌예금을 논외로 할 때 '협의의 유동성이 완벽한 자산'에 유일하게 해당하는 현금만을 지칭하기도 한다. 예금은행들까지 구조적인 지급불능상태에 처하게 되는 위기상황이 발생하는 경우, 예금은행이 취급하는 화폐성예금의 예금주들은 그것을 그대로 보유하고 있으려 하지 않는다. 그대로 보유하고 있다가는, 예금자보호제도가 없으면 손실을 입게 되고 그 제도가 있더라도 최소한 불편을 겪어야 하기 때문이다. 그리하여, 그것은 인출사태의 대상이 되고 더 이상 화폐의 역할을 수행할 수 없다. 반면, 현금은 끝까지 화폐 및 신용위험이 없는 자산으로서의 역할을 수행할 수 있다. 이 점에서 우리는 현금을 '최후의 유동성'이라고 부를 수 있다.

〈현금과 화폐성예금 및 저축성예금〉

셋째, 현금과 화폐성예금은 물론 저축성예금도 '협의의 유동성이 완벽하거나 완벽에 가까운 자산'의 범주에 포함된다는 점을 고려하여, 그 세

가지 자산을 일괄해 지칭하기도 한다. 케인즈가 『일반이론』에서 '화폐'와 동의어로 사용하기도 할 때의 '유동성'은 대체로 이 경우에 해당하는 개념이다.[6]

〈광의의 유동성이 높은 자산〉

넷째, '광의의 유동성이 완벽하거나 높은 자산'의 범주에 포함되는 제반의 자산들, 즉, 현금, 화폐성예금, 저축성예금, 국채, 통화안정채, 1군은행채, 2군은행채, 준은행채, 카드채, 리스채, 회사채, 채권형수익증권, 증권회사가 취급하는 환매조건부채권 … 등을 일괄해 지칭하기도 한다. IMF의 통화금융통계 편제기준에서 말하는 '총유동성'의 기본적인 정의(定義)는, 이 경우에 해당하는 개념으로서의 유동성의 총잔액이다.

다. 유동성위기

한편, 이른바 유동성위기(流動性危機 ; liquidity crisis)는 다음과 같이 크게 두 가지 의미를 가진다.

〈개별경제주체 차원의 유동성위기〉

첫째, 개별경제주체 차원의 유동성위기는, 그 경제주체가 지급불능상태(支給不能狀態 ; insolvency)에 처해 있는 상황을 표현한다. 그러고 보면, 어떤 경제주체가 처한 지급불능상태란, 그가 자신의 채무를 변제할 수 있는 능력을 구조적 또는 일시적으로 상실한 상태로서, 그의 수중에서 화폐라는 '유동성'이 끝내 소진되고 그가 더 이상은 그 '유동성'을 구할 수 없어 발생한 위기라고 할 수 있다.

---

6) J. M. Keynes, *The General Theory of Employment, Interest and Money* [firstly published in 1936], *The Collected Writings of John Maynard Keynes*, Vol. Ⅶ [London: Macmillan, 1973], p. 167 각주 등 참조.

〈경제 전체 차원의 유동성위기 – 총체적 유동성위기〉

둘째, 경제 전체 차원의 유동성위기는, 다수의 비금융기업들 또는 가계들이 한꺼번에 구조적인 지급불능상태에 처해 있고 그 여파로 예금은행들을 포함한 다수의 금융기관들도 함께 같은 상태에 처해 있는 상황을 표현한다. 이왕 말이 나왔으니, 이하에 약간의 설명을 덧붙이기로 하겠다.

비금융기업들이나 가계들이 구조적인 지급불능상태에 처하게 되면, 그들이 발행자[채무자]로 되어 있는 부채증권들은 일거에 휴지(休紙)로 전락한다. 이에 따라, 그들에게 직간접적으로 다량의 자금을 공급해 주고서 그것들을 대거 보유하고 있는 금융기관들은, 자신들의 자산은 휴지가 되어 날아가 버렸는데 예금주 등의 고객들과 여타의 채권자들에게 상환해야 할 부채는 그대로 남아 있기 때문에, 그 부채를 상환할 재원이 없어 결국 덩달아서 구조적인 지급불능상태에 처하게 된다. 이 같은 상황이 경제 전체 차원의 것이 되었을 때, 우리는 그것을 유동성위기라고 부른다. 신용위기(信用危機 ; credit crisis) 또는 금융위기(金融危機 ; financial crisis)라고 부르기도 한다. '총체적 유동성위기'(overall liquidity crisis)라고 불러도 좋을 것이다.

이 같은 위기의 초창기 때에는, 아직은 그 정도가 심하지 않고 예금은행들도 건재하기 때문에, 일부의 경제주체들만 '유동성'을 확보하는 일을 급선무로 여기고, 그 '유동성'의 범주에는 현금뿐만 아니라 예금은행이 취급하는 화폐성예금도 포함된다. 즉, 혹자는 수중에 있는 회사채나 주식 등을 그것이 부실화되거나 폭락하기 전에 빨리 처분하려 하고, 혹자는 어떻게든 지급불능상태에서 벗어나 보고자 동분서주하는데, 그렇게 움직이는 경제주체들은 일부에 그치고, 예금은행이 취급하는 화폐성예금은 여전히 화폐 대접을 받는다.

그러나, 그 위기가 심화되고 특히 예금은행들까지 구조적인 지급불능상태에 직면하게 된 때에는, 거의 모든 경제주체들이, 무엇보다도 앞을 다투어 예금을 인출하려 하면서, 그리고 위에 예시된 유형의 대응행위도 함께 하면서, '최후의 유동성'인 현금을 확보하는 일을 급선무로 여긴다.

제5절 유동자산, 유사유동자산 그리고 비유동자산

제1항 유동자산

이상의 논의가 진행되는 과정에서 우리가 줄곧 주목해 온 자산은 네 가지다. 현금, 화폐성예금, 저축성예금 그리고 채권이 그것들이다. 사실, 저자는 이들 네 가지 자산을 일괄하여 무엇이라고 부르면 좋을까 하는 문제로 고심해 왔었다.

생각해 보니, 우리는 그 네 가지 자산을 한데 묶어 '일상등락손실위험이 없거나 작은 자산'으로 분류할 수 있었다. 또한, '즉시환금성이 완벽하거나 높은 자산'으로도 분류할 수 있었다. 그리고 보면, 이상의 두 가지 분류기준을 동시에 적용해 '일상등락위험이 없거나 작고 즉시환금성이 완벽하거나 높은 자산'으로도 분류할 수 있었던 셈이다.

그런데, '일상등락위험이 없거나 작고 즉시환금성이 완벽하거나 높은 자산'이란, 곧 '광의의 유동성이 완벽하거나 높은 자산'이다. 그렇다면, 이제 우리는 그 네 가지 자산을 한데 묶어 '광의의 유동성이 완벽하거나 높은 자산'으로 분류할 수 있다. 그리고, 그 점에 착안하여, 그 네 가지 자산을 일괄한 것에 '유동자산'이라는 이름을 붙일 수도 있다.

그런데, '광의의 유동성이 완벽하거나 높은 자산'의 범주에는 그 네 가지 자산만 포함되는 것이 아니다. 채권형수익증권 … 등도 포함되는 것이다. 그렇기 때문에, 우리가 그 네 가지 자산만을 일괄해 '유동자산'이라고 지칭하는 것은, 그것이 반드시 잘못된 것은 아닐지라도, 혼동을 초래할 수 있다는 문제만큼은 피할 수 없다.

이 점 등을 감안하여, 저자는, 현금, 화폐성예금, 저축성예금 그리고 채권의 네 가지 자산을 일괄해 그것에 '기본유동자산'(基本流動資産；primary liquid asset)이라는 이름을 붙이기로 하겠다.

　이렇게 하면 혼동은 피할 수 있다. 그러나, 이름이 길어 불편하다. 그래서, 저자는 이하에서 서술할 때에는 대개의 경우 기본유동자산을 그냥 '유동자산'(流動資産；liquid asset)이라고 표기하기로 하겠다. 이 점에 대해 독자 여러분께 양해를 구한다.

제2항　유사유동자산과 비유동자산

　한편, '광의의 유동성이 완벽하거나 높은 자산'의 범주에 포함되는 제반의 자산들 중에서 우리의 네 가지 자산을 제외한 나머지 것들, 즉, 채권형수익증권 … 등을 일괄한 것에는 '유사유동자산'(類似流動資産；quasi liquid asset)이라는 이름을 붙이기로 하겠다.

　아울러, 전체의 자산들 중에서 유동자산이나 유사유동자산에 해당하는 자산들을 제외한 나머지 것들, 즉, 부동산, 주식, 대출채권, 매출채권 … 등을 일괄한 것에는 '비유동자산'(非流動資産；non-liquid asset)이라는 이름을 붙이기로 하겠다.

제3항　요약

　이상과 같이 명명(命名)한다면,
　① 유동자산[기본유동자산]
　　：현금, 화폐성예금, 저축성예금 및 채권
　② 유사유동자산
　　：위의 네 가지 자산이 아니면서 광의의 유동성이 높은 자산들, 즉,

채권형수익증권, 증권회사가 취급하는 환매조건부채권 … 등

③ 비유동자산

  : 광의의 유동성이 높지 않아 위의 두 부류 중 어디에도 속하지 않
  는 나머지 모든 자산들, 즉, 부동산, 주식, 주식형수익증권, 저축성
  보험증권, 대출채권, 매출채권 … 등

이 된다.

이상의 이름들은 저자가 고심을 해 지은 것들이다. 사실, '광의의 유동
성이 완벽하거나 높은 자산'의 테두리 안에 넣고서 볼 때, 저축성예금과
채권형수익증권은 분명히 닮은꼴이다. 채권과 채권형수익증권도 오십보
백보다. 그럼에도, 저자는, 저축성예금이나 채권은 '기본'유동자산으로 분
류하고, 채권형수익증권은 '유사'유동자산으로 분류한다. 저자가 왜 그렇
게 분류하는지, 그리고 그렇게 분류하는 것이 왜 적절한지를, 독자 여러
분께서는 제2편 제4장의 논의가 진행될 때 이해하시게 될 것이다. 그때,
저자가 작명을 괜찮게 했다는 사실도 아울러 밝혀지게 될 것이다.

갑자기 두 가지 노래의 제목이 떠오른다. '멀고도 굴곡진 길'(The
Long and Winding Road)이 떠오르고, '저를 놓아주세요'(Release Me)
도 떠오른다.

'멀고도 굴곡진 길'은, 1970년 5월 8일에 출시된 비틀스의 마지막 오리
지널 앨범에 수록된 곡이다. 그 앨범의 타이틀은 "흐름에 맡겨라"(Let It
Be; 이 구절은 명상의 요체를 함축하고 있다고 할 수 있다)였다. 전설적
인 팝 그룹 비틀스는 그 앨범이 출시되기 얼마 전인 동년 4월 17일에 해
산했는데, 이 곡은 동년 5월 23일에 빌보드차트에 진입해 10주 간 머물렀
고 2주 간 1위를 기록했다. 그들의 동 차트 1위곡들 중에서는 마지막 곡
이기도 하다. 지금 이 순간, 리드싱어인 폴 매카트니의 목소리로 시작되
는 이 곡이 귓전을 생생하게 울리는 듯하다.

'저를 놓아주세요'는, 1950년대에 에디 밀러가 처음 부르고 곧이어 지
미 히프, 레이 프라이스 그리고 키티 웰스 등이 차례대로 부른 곡이다.

1960년대 이후에 여러 대형가수들이 각자의 리메이크 버전을 발표하고 그 중의 일부가 세계적으로 히트하면서 팝을 애호하는 사람들에게 더 친숙해진 곡이기도 하다. 저자는, 1962년에 흑인 여가수 에스터 필립스가 솔뮤직(soul music)풍으로 부른 것, 1967년에 잉글버트 험퍼딩크가 여유 있게 긴 호흡으로 부른 것, 1970년에 엘비스 프레슬리가 라스베가스 공연에서 생동감 있게 부른 것, 그리고 자신의 만년(晩年)인 2001년에 톰 존스가 한 라이브 무대에서 관록 있게 부른 것 등을 특히 좋아한다. 음반을 수집하느라 공을 들이던 시절의 추억이 새롭다.

본장의 논의를 진행해 온 과정이 자못 멀고도 굴곡진 길이었다는 느낌이 든다. 갈 길을 미리 알고 있는 저자의 느낌이 이럴진대, 생소한 용어들까지 뇌리에 입력해 가며 뒤따르셔야 할 독자 여러분의 느낌은 더할 것이다. 저자는 이제 본장이 그 굴레를 풀어 저자를 놓아주기를 바라고 있다. 독자 여러분의 심정도 마찬가지일 것이다.

다행히도, 여기서 우리는 본장의 속박에서 벗어날 수가 있다. 다음 장으로 넘어갈 수 있는 것이다.

제2장

****

주요 변수들의 개념

앞의 제1장을 뒤로 하고 본장을 접하신 순간, 독자 여러분께서는 초행길로 등산할 때 왕왕 가질 수 있는 느낌을 금하실 수 없을 것이다. 다음과 같은 느낌 말이다. 산의 어귀에서 출발해 한참 걸어온 것 같은데, 아직 계곡에서 벗어나지 못했다. 능선에 올라야 시야라도 트일 터인데, 계곡에 갇혀 있기만 하니 답답하다. …

저자가 말씀 드릴 수 있는 것은, 본장에서 한 번만 더 인내하시면 다음의 제3장에서부터는 능선을 타실 수 있다는 것이다.

제1절 주요 용어들의 개념

제1항 예금기관과 비예금민간 등의 개념

한 나라 안의 경제주체들 또는 그들의 몇몇 집합들을 다음과 같이 규정 및 분류하기로 하겠다.

① 예금은행과 준예금은행을 일괄하여 '예금기관'(預金機關 ; depositary)이라고 부르기로 하겠다.

② 예금기관 이외의 금융기관은 그것을 '비예금금융기관'(非預金金融機關 ; non-depositary financial institution)이라고 부르기로 하겠다. 비예금금융기관으로 분류되는 금융기관으로는 증권회사, 보험회사, 자산운용회사투자신탁계정, 신용카드회사, 리스회사, 할부금융회사, 연금기금 … 등이 있다. 추가적인 논의는 제2편 제4장으로 미루고자 한다.

③ 이제, 한 나라 안의 예금기관들 전체로 구성된 집합을 '예금기관부문'(預金機關部門 ; depositary sector)이라고 지칭하기로 하겠다.

④ 한편, 한 나라 안의 경제주체들 전체로 구성된 집합에서 중앙은행

과 예금기관부문, 그리고 중앙정부 및 각 지방정부를 제외한 집합을 '비예금민간'(非預金民間; non-depositary public)이라고 지칭하기로 하겠다. 네거티브 방식이 아니라 포지티브 방식으로 규정한다면, 비예금민간은 크게 보아 각각의 비예금금융기관과 비금융기업 및 가계로 구성된 집합이라고 할 수 있다.

⑤ 예금기관부문의 하위부문은 '예금은행부문'과 '준예금은행부문'으로 분류하고, 비예금민간의 그것은 '비예금금융기관부문'과 '비금융기업부문' 및 '가계부문'으로 분류하기로 하겠다.

⑥ 어떤 부문에 속하는 경제주체가 개별경제주체임을 명시할 필요가 있을 때에는 '개별'(individual)이라는 접두어를 덧붙이기로 하겠다. 이를테면 '개별예금기관'이나 '개별비금융기업' 또는 '개별가계' 식으로 말이다.

⑦ 중앙정부는 그것을 단순히 '정부'라고 부르기로 하겠다. 그리고, 각 지방정부의 존재는 무시하기로 하겠다. 본편의 이론모형에서는 지방정부의 역할이 지방채를 발행하는 것에 한정되는데, 지방채의 존재를 무시하는 데에 따른 실(失)보다는 논의의 편의라는 득(得)이 더 많기 때문이다.

이상과 같이 규정 및 분류하기로 한다면, 그것을 정리한 것은 〈표 1〉과 같다.

참고로, 한 나라 밖의 경제주체들 전체로 구성된 집합을 그 나라 안의 경제주체들로 구성된 이상의 각 부문과 동렬(同列)로 파악해야 할 필요가 있을 때에는, 그것을 '해외부문'(海外部門; overseas sector)이라고 부르기로 하겠다. 해외부문까지 명시적으로 고려하게 되면 서술이 더욱 복잡해지게 되므로, 본편의 논의에서는 가급적 그것의 존재를 부각시키지 않기로 하겠다. 해외부문이 존재하지 않는 국민경제와 동 부문이 존재하는 그것은 각각 '폐쇄경제'(closed economy)와 '개방경제'(open economy)로 지칭될 수 있다. 본편의 논의에서는, 기본적으로는 폐쇄경제가 전제되다가 꼭 필요한 대목에서만 개방경제가 전제될 것이다.

한 가지를 더 첨언하건대, 한 부문을 포괄적으로 대표하는 개별경제주

<표 1> 한 나라 안 경제주체들의 부문별 분류

상위부문	하위부문	소속경제주체
정부[중앙정부]		
중앙은행		
예금기관부문	예금은행부문 준예금은행부문	각 예금은행 각 준예금은행
비예금민간	비예금금융기관부문 비금융기업부문 가계부문	각 비예금금융기관 각 비금융기업 각 가계

체와 어떤 다른 부문을 동렬에 두고서 서술하더라도 논리적 결함은 없다면, 그런 부분에서는 편의상 그대로 서술하기도 할 것이다.

제2항 '현금통화'와 '화폐성예금'의 재규정(再規定)

본편에서 "자산을 보유하고 있다."라고 하는 것은, 그 자산을 소유하고 있는 것을 말한다. 그리고, 본편에서 "어떤 경제주체 X가 다른 경제주체 Y를 상대로 예금이나 채권을 보유하고 있다."라고 하는 것은, X가 Y가 수입(受入) 또는 발행한 예금이나 채권을 소유하고 있는 것을 말한다.

이 경우, 만일 그 실질에 있어 해당자산은 제3자인 Z가 소유하고 있고 X는 Z와의 거래관계에서 그것을 담보로 잡고 있다면, 우리는 그 실질에 입각해 X가 해당자산을 보유하고 있지 않은 것으로 간주해야 한다.

예를 들어, Y가 발행한 채권을 매입해 소유하고 있던 어떤 예금은행 Z가 그것을 X에게 환매조건부[팔 때보다 높은 가격으로 나중에 되사 주는 조건부]로 매도해 놓은 경우를 상정해 보자. 그러한 경우, 외견상으로는 X가 해당채권을 보유하고 있는 것처럼 보일 것이다. 그러나, 그 실질을 보면, X는 예금은행 Z의 소유하에 있는 해당채권을 담보로 제공받은 상태에서 예금은행 Z를 상대로 '환매조건부채권'이라는 저축성예금을 보유하고 있는 것이라고 할 수 있다. 그렇다면, 우리는 X가 해당채권을 보유하고 있지 않는 것으로 간주해야 한다. 그렇게 간주하지 않는다면, X가 저축성예금에 더하여 채권까지 보유하고 있는 것으로 파악될 것이기 때문에, 중복계산의 문제가 발생할 것이다.

한편, 현금은 중앙은행의 부채로 간주될 수 있으므로, 어떤 경제주체가 그것을 보유하고 있다면, 우리는 "그가 중앙은행을 상대로 현금을 보유하고 있다."라고도 말할 수 있다.

논의의 편의를 위해 우선 다음의 두 가지를 전제하고자 한다.

① 예금기관과 비예금민간이 정부나 중앙은행을 상대로 예금[중앙은행당좌예금]이나 채권[국채 또는 통화조절채]을 보유하는 일은 항용 있는 일이지만, 거꾸로 정부와 중앙은행이 예금기관이나 비예금민간을 상대로 예금이나 채권을 보유하는 일은 일절 없다고 전제하기로 하겠다. 이 같은 전제는 현실과 일치하거나 적어도 그에 근접한 것이라고 할 수 있다. "중앙은행의 상업어음재할인은?" 하며 이의를 제기하실 분도 계실 것이다. 그러나, 경제학적 시각으로 보았을 때, 어떤 예금은행이 할인의 방식으로 매입해 보유하고 있는 상업어음을 중앙은행이 재할인해 주는 것도, 중앙은행이 그것을 담보로 잡고 해당 예금은행에 대출을 해 주는 것일 뿐 중앙은행이 직접 해당 비금융기업을 상대로 그것을 보유하는 것은 아니다.

② 다음으로, 한 예금기관이 다른 예금기관을 상대로 예금이나 채권을 보유하는 일도 일절 없다고 전제하기로 하겠다. 물론, 현실에 있어서는 이를테면 어떤 준예금은행이 어떤 예금은행을 상대로 화폐성예금을 보유하는 일 등이 얼마든지 있을 수 있다. 그러나, 각 예금기관이 수입 또는 발행한 예금이나 채권의 잔액 중에서 그러한 부문내부보유분(部門內部保

有分)이 차지하는 비중이 평균적으로 미미하다는 것도 엄연한 현실이기에, 앞의 전제 또한 현실에서 크게 벗어난 것은 아니라고 할 수 있다.

이제, '현금통화'와 '화폐성예금'을 아래에서와 같이 새롭게 정의하고자 한다.

1. '현금통화'의 개념

'그 경제에 존재하고 있는 현금'은, 중앙은행에 의한 발권조치(發券措置)를 거친 후 그 실물이 중앙은행 외부로 나와 정부나 예금기관 또는 비예금민간의 수중에 보유되고 있는 현금을 말한다. 그러한 현금 가운데 비예금민간이 보유하고 있는 부분의 것을 잠시 '협의의 현금통화'라고 지칭하기로 하겠다.

한편, '그 경제에 존재하고 있는 중앙은행당좌예금'은, 중앙은행에 의한 수입조치(受入措置)를 거친 후 정부나 예금기관 또는 비예금금융기관의 수중에 보유되고 있는 중앙은행당좌예금을 말한다. 그러한 중앙은행당좌예금 가운데 비예금금융기관이 보유하고 있는 부분의 것은, 그것을 협의의 현금통화와 마찬가지의 것으로 간주하기로 하겠다. 그것이 화폐성예금의 형태를 취하고 있음에도 말이다.

이와 같이 협의의 현금통화와 비예금금융기관이 보유하고 있는 중앙은행당좌예금이라는 두 가지 자산을 한 부류로 처리하는 이유를 미리 설명한다면,

첫째, 두 가지 자산 공히 그것을 발행 내지 취급하는 기관이 중앙은행으로 동일하기 때문이다.

둘째, 각 예금은행이 취급하는 화폐성예금의 경우에는 당해 예금은행이 법령상 및 경영상의 필요에 따라 그 잔액 대비 일정비율 이상의 금액만큼 지급준비금을 보유하고 있어야 하지만, 두 가지 자산의 경우에는 중앙은행이 그렇게 할 필요가 없기 때문이다. 물론, 중앙은행도 두 가지 자

산에 대해 헌 돈을 새 돈으로 교환해 줄 준비나 예금을 현금으로 인출해 줄 준비는 어느 정도까지 하고 있어야 한다. 그러나, 본편의 이론모형에서는, 예금은행이 지급준비금을 보유하는 것은 중요한 의미를 가지는 반면, 중앙은행이 앞에서와 같은 준비를 하는 것은 아무런 의미도 가지지 않는다. 이 점은 나중에 자연스럽게 밝혀지게 될 것이다.

셋째, 아무튼, 본편의 이론모형은 아무런 영향을 받지 않고 서술은 간편해지기 때문이다.

본편에서 앞으로 운위되는 '현금통화'는 위의 두 가지 자산을 일괄한 것을 가리킨다.

2. '화폐성예금'의 개념

각 예금은행이 취급하는 화폐성예금을 잠시 '일반화폐성예금'이라고 부르기로 하겠다.

정부·중앙은행 또는 예금기관은 우리의 전제하에서는 일반화폐성예금의 보유주체가 될 수 없다. 그러므로, '그 경제에 존재하고 있는 일반화폐성예금'은, 각 예금은행에 의한 수입조치(受入措置)를 거친 후 비예금민간의 수중에 보유되고 있는 일반화폐성예금을 말하는 것이 된다.

본편에서 앞으로 운위되는 '화폐성예금'은, 이상과 같이 비예금민간이 보유하고 있는 일반화폐성예금을 가리킨다.

독자 여러분의 주의를 환기하기 위해 재차 언급한다면, 그리고 시각적 효과를 기하기 위해 수식의 형식을 빌려 표현한다면, 본편에서는 지금부터

　　　'현금통화'
　　　= 비예금민간 보유 현금 + 비예금민간 보유 중앙은행당좌예금
이 되고,

'화폐성예금'

  = 비예금민간 보유 일반화폐성예금

이 되는 것이다.

  그리고 보면,

'현금통화' + '화폐성예금'

  = 비예금민간 보유 화폐

가 되기도 하는 셈이다.

  노파심에서 첨언할 것이 있다. 독자 여러분 중 복잡한 것을 싫어하시는 분들께서는 비예금민간 보유 중앙은행당좌예금의 존재를 그냥 무시하셔도 무방하다. 그 존재가 무시되더라도 논의의 대세는 달라지지 않을 것이기 때문이다. 아무튼, 그런 경우에는 '현금통화'가 명실상부하게 비예금민간 보유 현금만으로 구성될 것이다.

제2절 주요 변수들의 개념

제1항 유동자산총액 및 그 구성항목

"정부와 중앙은행이 예금기관이나 비예금민간을 상대로 예금이나 채권을 보유하는 일은 일절 없고, 한 예금기관이 다른 예금기관을 상대로 예금이나 채권을 보유하는 일도 일절 없다." — 이 같은 전제는 앞으로도 계속 유지된다는 점에 대해 독자 여러분의 주의를 환기해 두고자 한다.

바야흐로 우리의 논의는 본편의 이론모형에 등장할 주요 변수들의 개념을 규정할 수 있는 단계에 접어들었다. 먼저, 현금통화총액, 화폐성예금총액, 저축성예금총액, 채권총액 그리고 유동자산총액의 다섯 개 변수들에 대해 살펴보기로 하자. 참고로, 이하에서 별도의 언급 없이 어떤 자산에 관해 '가액'(價額 ; sum)을 운위할 때, 그것은 그 자산의 시장가치(market value) [이를테면 채권의 경우에는 그 수량에 액면가격(face price)이 아닌 시장가격(market price)을 곱한 것]를 일컫는다.

1. 현금통화총액

한 시점에 있어서 비예금민간이 보유하고 있는 현금통화의 총액(total sum)을 '현금통화총액'(quantity of currencies)이라고 지칭하고 C 로 표시하기로 하겠다. 이 같은 현금통화총액은, 그 시점에 있어서 비예금민간이 중앙은행을 상대로 보유하고 있는 현금통화의 총액이다. [*본절에서 거론되는 변수들의 영문명에 포함된 'quantity'는 'numerical quantity(數 爻 ; 物量으로서의 數量)'가 아닌 'pecuniary quantity(金額量)'에 해당한다!]

2. 화폐성예금총액

다음으로, 한 시점에 있어서 비예금민간이 보유하고 있는 화폐성예금의 총액은 이를 '화폐성예금총액'(quantity of monetary deposits)이라고 지칭하고 D로 표시하기로 하겠다. 이 같은 화폐성예금총액은, 그 시점에 있어서 비예금민간이 예금기관부문, 그 중에서도 특히 예금은행부문을 상대로 보유하고 있는 화폐성예금의 총액이다.

3. 저축성예금총액

한 시점에 있어서 비예금민간이 보유하고 있는 저축성예금의 총액은 이를 '저축성예금총액'(quantity of savings deposits)이라고 지칭하고 T로 표시하기로 하겠다. 이 같은 저축성예금총액은, 그 시점에 있어서 비예금민간이 예금기관부문을 상대로 보유하고 있는 저축성예금의 총액이다.

4. 채권총액

이제, 한 시점에 있어서 비예금민간이 보유하고 있는 채권의 시가총액을 '채권총액'(quantity of bonds)이라고 지칭하고 B로 표시하기로 하겠다. 이 같은 채권총액은, 그 시점에 있어서 비예금민간이 정부와 중앙은행 및 예금기관부문을 상대로 보유하고 있는 채권의 시가총액과, 그 시점에 있어서 비예금민간이 그 내부의 채권발행자들 전체를 상대로 보유하고 있는 채권의 시가총액을 합계한 것이다. 여기서 "비예금민간이 그 내부의 채권발행자를 상대로 채권을 보유하고 있다."라고 하는 것은, 이를테면 가계가 비금융기업을 상대로 회사채를 보유하고 있는 경우를 가리킨다.

비예금금융기관이 발행하는 채권을 '비예금금융채'로 부르기로 하자.

정부와 중앙은행 및 예금기관은 비예금민간 외부의 경제주체들이라는 점에서, 이들이 발행하는 각 채권, 즉, 국채, 통화조절채, 은행채 및 준은행채는 일괄하여 '외부채권'이라고 부를 수 있다. 그런데, 통상(通常)에 있어서, 외부채권은 그것을 비예금민간만 보유하고 있는 것은 아니다. 예를 들어, 국채는 그 중 일부를 예금은행도 보유하고 있는 것이다. 그렇다면, 외부채권의 경우, 당연히, 발행되어 있는 전체물량이 아니라 그 중에서 비예금민간이 보유하고 있는 부분의 시가총액만 채권총액 B에 포함될 수 있다.

한편, 비예금민간 내부의 채권발행자란 결국 비예금금융기관과 비금융기업을 말하는데, 이들이 발행하는 각 채권, 즉, 비예금금융채와 회사채는 일괄하여 '내부채권'이라고 부를 수 있다. 그런데, 내부채권 역시 그것을 비예금민간만 보유하고 있는 것은 아니다. 예를 들어, 회사채 역시 그 중 일부를 예금은행도 보유하고 있는 것이다. 그렇다면, 내부채권의 경우에도, 발행되어 있는 전체물량이 아니라 그 중에서 비예금민간이 보유하고 있는 부분의 시가총액만 채권총액 B에 포함될 수 있는 것이다.

5. 유동자산총액

마지막으로, 한 시점에 있어서 비예금민간이 보유하고 있는 제반 유동자산의 총가액을 '유동자산총액'(quantity of liquid assets)이라고 지칭하고 U로 표시하기로 하겠다. 이 같은 유동자산총액은, 그 시점에 있어서의 현금통화총액 C, 화폐성예금총액 D, 저축성예금총액 T 및 채권총액 B를 모두 합계한 것이다.

그리하여,

유동자산총액

= 현금통화총액 + 화폐성예금총액 + 저축성예금총액 + 채권총액

이 되고, 수식으로는

$$U = C + D + T + B$$

가 된다.

한 가지 걱정거리가 생겼다.

한 20년 전에 물리학자 스티븐 호킹(Stephen Hawking)의 저서 『시간의 역사』(A Brief History of Time)를 읽은 적이 있다. 그는 그 책의 서두에 붙인 「감사의 글」(Acknowledgements)에서 이렇게 기술하고 있었다.

"어떤 사람이, 내가 이 책에 방정식 한 개를 포함시킬 때마다 판매 부수가 반씩 줄어들 것이라고 귀띔해 주었다. 그래서, 나는 방정식을 전혀 사용하지 않기로 결심했다. 그러나, 나는 결국 아인슈타인의 유명한 방정식 $E = mc^2$ 한 개를 집어넣고 말았다. 이것 때문에 잠재적인 독자들 중의 반이 겁을 먹고 달아나지는 않게 되기를 나는 희망한다."
(Someone told me that each equation I included in the book would halve the sales. I therefore resolved not to have any equations at all. In the end, however, I did put in one equation, Einstein's famous equation, $E = mc^2$. I hope that this will not scare off half of my potential readers.)

저자가 이 말을 의식하고서 유심히 살펴보았을 때, 과연 그는 자신의 말대로 그 책의 본문에 단 하나의 수식만 집어넣고 있었다.[7]

그런데, 저자는 이 책에서 조금 전에 이미 수식 하나를 집어넣고 말았다. 게다가, 앞으로도 부지기수의 수식을 더 집어넣어야 한다. 저자로서는 이 책의 판매부수가 2분의 1의 n승으로 줄어들 일만 남겨 놓고 있는 셈

---

7) Stephen Hawking, *A Brief History of Time* (New York: Bantam Books, 1988), pp. vi-vii 및 p. 20 참조.

이다. 그러니, 어찌 걱정을 안 할 수 있겠는가?.

제2항 관념자산수요액, 유효자산수요액
그리고 자산소요액

앞에서 거론된 다섯 개 변수들은 비예금민간 전체의 차원에서 규정된 것들이다. 여기서 잠시 우리의 논의를 비예금민간에 속하는 개별경제주체의 차원에서 진행하기로 하자. 그리고, 그러한 논의를 위해 비예금민간 소속의 대표적인 개별경제주체로서 경제주체 i를 상정하기로 하자.

논의를 진행하기에 앞서 언급해 둘 것이 있다.

① 어떤 자산의 명칭이 OO라고 할 때, 한 시점에 있어서 경제주체 i의 수중에 실제로 보유되고 있는 그 자산의 가액(sum)은 'OO의 보유액'(sum of OO held) 식으로 표현하는 것이 적절할 것이다. 그렇지만, 이하에서는 간략한 서술을 위해 그것을 'OO액'(sum of OO)으로 표현하기로 하겠다. 단, 문맥상 'OO액'으로 표현하기가 어려운 약간의 경우에는, 별도의 관형구가 붙어 있지 않은 상태로 'OO의 가액'으로 표현하거나, 그냥 원래의 방식대로 표현하기도 할 것이다.

② 한편, 한 시점에 있어서 비예금민간의 수중에 실제로 보유되고 있는 그 자산의 총액(total sum)도 'OO의 보유총액'(total sum of OO held) 식으로 표현하는 것이 적절할 것이다. 그렇지만, 그것은 이미 'OO총액'(quantity of OO)으로 표현되어 왔고, 앞으로도 약간의 경우를 제외하고는 그렇게 표현될 것이다. 간략한 서술을 위해서 말이다.

③ 화폐 이외의 자산을 '비화폐자산'이라고 통칭하기로 할 때, 제반 종류의 비화폐자산들 중에는 'OO의 거래(transaction)'나 'OO의 매입(purchase)' 또는 'OO의 매각(sale)'이라고 표현하는 것이 어색한 것들도 있다. 예금주가 위탁(委託)하고 예금기관이 수입(受入)하며 나중에 해지

(解止)되는 저축성예금이 그 대표적인 예다. 그렇지만, 그러한 것들에 대해서도 많은 경우에 서술의 편의상 그 '어색한 표현'을 그대로 사용하기로 하겠다. 그리하여, 이를테면 저축성예금의 경우, ⓐ'거래'는 그것을 예금주가 위탁하고 예금은행이 수입하는 것이고, ⓑ'매입'은 예금주가 그것을 위탁하는 것이며, ⓒ'매각'은 예금주가 그것을 중도 또는 만기에 해지하는 것이다. 포괄적으로 말할 때, 해당절차를 전문용어로 무엇이라고 부르든, ⓐ'비화폐자산의 거래'는 화폐와 비화폐자산이 교환되는 것이고, ⓑ'비화폐자산의 매입'은 경제주체 i가 수중에 있던 화폐를 비화폐자산으로 전환하는 것이며, ⓒ'비화폐자산의 매각'은 경제주체 i가 수중에 있던 비화폐자산을 화폐로 전환하는 것이다.

1. 유동자산액, 화폐액 그리고 개별총부

가. 유동자산액 및 그 구성항목

한 시점에 있어서 경제주체 i의 수중에 실제로 보유되고 있는 현금통화, 화폐성예금, 저축성예금, 채권 그리고 제반 유동자산의 각 가액을, 그 순서대로 현금통화액 C_i, 화폐성예금액 D_i, 저축성예금액 T_i, 채권액 B_i 그리고 유동자산액 U_i라고 지칭 및 표시하기로 하겠다.

이들 변수 사이에

유동자산액

= 현금통화액 + 화폐성예금액 + 저축성예금액 + 채권액

의 관계, 즉,

$$U_i = C_i + D_i + T_i + B_i$$

의 관계가 성립함은 물론이다. 우리는 이 관계식을 '유동자산액 계산식'이라고 불러도 좋을 것이다.

나. 화폐액 및 그 구성항목

아울러, 한 시점에 있어서 경제주체 i의 수중에 실제로 보유되고 있는 화폐의 가액을 화폐액 M_i라고 지칭 및 표시하기로 하겠다.

이 경우, 비예금민간 보유 화폐는 현금통화와 화폐성예금으로 구성되므로,

화폐액

= 현금통화액 + 화폐성예금액

의 관계, 즉,

$$M_i = C_i + D_i$$

의 관계가 성립함은 물론이다. 우리는 이 관계식을 '화폐액 계산식'이라고 불러도 좋을 것이다.

다. 개별총부 및 그 구성항목

한편, 한 시점에 있어서 경제주체 i의 수중에 실제로 보유되고 있는 유동자산, 유사유동자산, 비유동자산 그리고 전체 자산의 각 가액을, 그 순서대로 유동자산액 U_i[앞에서와 같음], 유사유동자산액 V_i, 비유동자산액 Z_i 그리고 개별총부(個別總富 ; individual gross wealth) W_i라고 지칭 및 표시하기로 하겠다. 이들 변수 사이에

개별총부

= 유동자산액 + 유사유동자산액 + 비유동자산액

의 관계, 즉,

$$W_i = U_i + V_i + Z_i$$

의 관계가 성립함은 물론이다.

화폐액 계산식을 유동자산액 계산식에 대입한 다음 그렇게 얻은 식을 위의 관계식에 대입하면,

개별총부

= 화폐액 + 저축성예금액 + 채권액

+ 유사유동자산액 + 비유동자산액

의 관계, 즉,

$$W_i = M_i + T_i + B_i + V_i + Z_i$$

의 관계도 성립한다. 우리는 이 관계식을 '개별총부 계산식'이라고 불러도 좋을 것이다.

개별총부 W_i는, 어떤 요인에 의해 위의 계산식 우변의 항목들 중 하나 이상이 증가하거나 감소하면 그에 따라 증가하거나 감소할 수 있다. 증여의 경우는 고려대상에서 제외하기로 하고서 대략적으로 설명한다면 다음과 같다.

① 경제주체 i가 경상적 거래나 상환적 거래를 위한 지출을 행하면, 개별총부 W_i는 화폐액 M_i가 감소하면서 함께 감소한다. ― '경상적 거래'(經常的 去來; current transaction)란, ⓐ 일상실용재(日常實用財)[생산요소로서의 노동을 포함한다]를 판매 및 구매하는 것과 ⓑ 자산으로부터의 과실(果實)[이자·배당 또는 임대료 등]을 지급 및 수취하는 것을 통칭한다. 개인의 소비지출이나 회사의 경비지출 같은 것이 이 같은 경상적 거래를 위한 지출에 포함됨은 물론이다. 한편, '상환적 거래'(償還的 去來; refunding transaction)란, 이미 발행된 부채증권이나 주식 등이 소각(消却)되는 과정에서 원금상환분이나 감자대금 등을 지급 및 수취하는 것을 지칭한다.

② 반면에, 그에게 경상적 수입이나 조달자금적 수입이 발생하면, 개별총부 W_i는 화폐액 M_i가 증가하면서 함께 증가한다. ― '경상적 수입'(經常的 收入; current revenue)은 그가 경상적 거래를 통해 매출금·근로소득·이자소득·배당소득 또는 임대소득 등을 수취하는 경우에 생기는 수입이다. 그리고, '조달자금적 수입'(調達資金的 收入; revenue from funding)은 그가 부채증권이나 주식 등을 직접 발행하여 그것의 인수자

들로부터 납입금을 수취하는 경우에 생기는 수입이다.

③ 한편, 그것의 기초(基礎)가 되는 자산들 각각의 수량이 불변이더라도, 그 자산들 중 어떤 것의 시장가격이 등락하면, 개별총부 W_i는 해당자산의 가액이 증감함에 따라 함께 증감한다.

④ 그러나, 그가 어떤 비화폐자산을 매입하거나 매각하면, 개별총부 W_i는 불변한다. 매입의 경우에는 화폐액 M_i는 감소하되 그만큼 해당자산의 가액이 증가하고, 매각의 경우에는 해당자산의 가액은 감소하되 그만큼 화폐액 M_i가 증가하기 때문이다. [*이 부분의 설명은, 비화폐자산의 매입이나 매각에 수수료가 소요된다면 현실에 엄밀하게 부합하지 않을 수도 있다. 해당 수수료의 지출은 경상적 지출에 해당하여 위 '①'의 메커니즘에 의해 그 지출액만큼 개별총부 W_i를 감소시킬 수 있기 때문이다. 그렇더라도, 이하에서는 논의의 편의를 위해 그러한 수수료의 존재를 무시하기로 하겠다.]

변수가 여러 개 등장하기는 했지만, 약간의 주의만 기울인다면 그것들 중에 그 의미를 이해하기 어려운 것은 없을 것이다. 또한, 수식이 너댓 번 나오기는 했지만, 그것들은 $E = mc^2$과는 달리 그 도출과정이 복잡하지 않고 그 형식도 덧셈식에 불과하다. 그러므로, 아직까지는 이 책의 가능한 판매부수가 큰 폭으로 줄지 않았기를 바란다.

2. 수요와 공급

일반 교과서에서 '재화에 대한 수요'가 운위될 때, 통상적으로 그것은 다음의 두 가지 개념 가운데 하나를 의미한다. 즉,

① 구매수요(購買需要; purchase demand) : 한 시점에 있어서 경제
　　주체들이 앞으로의 일정기간 동안 구매하고자 하는 재화의 양
　　[경우에 따라 '매수수요'나 '매입수요'로 불리기도 함]

②보유수요(保有需要; holding demand) : 한 시점에 있어서 경제주
　　　체들이 목하 수중에 보유하고 있고자 하는 재화의 양

가운데 하나를 의미한다.

　그리고, '재화의 공급'은 다음의 두 가지 개념 가운데 하나에 해당한
다. 즉,

①판매공급(販賣供給; sale supply) : 한 시점에 있어서 경제주체들
　　　이 앞으로의 일정기간 동안 판매하고자 하는 재화의 양['매도
　　　공급'이나 '매각공급'으로 불리기도 함]

②존재공급(存在供給; existence supply) : 한 시점에 있어서 경제주
　　　체들의 수중에 존재하고 있는 재화의 양[즉, 그 시점에 있어서
　　　경제주체들이 실제로 보유하고 있는 재화의 양]

가운데 하나에 해당한다. [8]

　참고로, 본편에서 어떤 자산과 관련하여 사용되는 용어들 가운데, 'OO
총액'(quantity of OO)은 그 자산의 총체적 존재공급의 가액에 해당하고,
'OO액'(sum of OO)은 그 자산의 개별적 존재공급의 가액에 해당한다.

　차제에 첨언해야 할 것이 있다. 본장에서는 여러 종류의 자산들과
관련하여 또한 여러 종류의 수요·공급들이 거론될 것인데, 저자는 그
러한 수요·공급들 및 관련용어들을 다음과 같은 규칙에 의거해 표기
할 것이다.

　첫째, 어떤 자산에 대한 구매수요를 표현할 때에는 그 자산에 대한 보
유수요와 구별되도록 반드시 '수요'의 앞에 '매수'나 '매입'이라는 접두어를
붙일 것이다. 마찬가지로, 그 자산의 판매공급을 표현할 때에는 그 자산
의 존재공급과 구별되도록 반드시 '공급'의 앞에 '매도'나 '매각'이라는 접

---

8) 물론, 이상과 같은 수요나 공급[즉, 수량변수로서의 수요나 공급]과 관계된 의도
　(desire) 또는 행위(action)를 같은 표현의 '수요'나 '공급'이 가리키는 경우도 간혹 있
　다. 예를 들면, '화폐공급'은 '존재공급으로서의 통화량'을 가리키는 것이 일반적이지
　만 간혹 '통화량을 증가시킬 수 있는 행위'를 가리키기도 한다.

두어를 붙일 것이다. 대신, 서술의 편의를 위해, 대부분의 경우에, ⓐ그 자산에 대한 보유수요를 표현할 때에는 기존경제학의 관행대로 '보유'라는 접두어를 생략하고, ⓑ그 자산의 존재공급을 표현할 때에는 기존경제학의 관행대로 '존재'라는 접두어를 생략하거나, 혹은 전술한 바와 같이 그것의 가액을 'OO총액'이나 'OO액' 등으로 지칭하는 방식으로 '공급'까지도 생략하며, ⓒ아울러 'OO에 대한 수요'나 'OO의 공급'도 기존경제학의 관행대로 각각 'OO수요'(OO demand)나 'OO공급'(OO supply)이라고 약칭하기도 할 것이다. [*그러므로, 만일 이하에서 단순하게 'OO수요'가 운위된다면, 그것은 'OO에 대한 보유수요'를 지칭한다.]

둘째, '수요액'(demand sum)이나 '공급액'(supply sum)이 접미어로 들어간 용어가 사용될 때, 그것은 해당하는 개별적(individual) 수요나 공급의 가액을 각각 지칭한다. [*예를 들어, '채권매수수요액'(purchase demand sum of bonds)은 채권에 대한 개별적 매수수요의 가액(sum of individual purchase demand for bonds)을 지칭한다.]

셋째, '수요총액'(demand amount)이나 '공급총액'(supply amount)이 접미어로 들어간 용어가 사용될 때, 그것은 해당하는 총체적(aggregate) 수요나 공급의 가액을 각각 지칭한다.

넷째, 보유수요액(holding demand sum)에도 '개별총부를 예산제약으로 하는 보유수요액'[통상의 보유수요액]과 '소요액'(need sum)[후술]의 두 종류가 있는데, 전자에 해당하는 것은, 당분간은 간혹 'OO 보유수요액'(holding demand sum of OO)으로 표현될 수도 있지만, 후자가 'OO소요액'(need sum of OO)의 형태로 등장한 이후에는 반드시 '보유'라는 접두어 없이 단순히 'OO의 수요액'(demand sum of OO)으로 표현될 것이다.

그러나, 독자 여러분께서는 이상의 규칙을 일부러 외워 두실 필요는 없다. 저자가 독자 여러분을 배려하며 서술할 것이기 때문에 그 서술의 흐름을 그냥 따라오시기만 하면 된다!

3. 공상수요, 관념수요 그리고 유효수요

가. 개념

수요는 그것이 경제에 실제로 시현(示顯 ; reveal)될 가능성이 어느 정도인지에 따라 크게 공상수요, 관념수요 그리고 유효수요의 세 종류로 분류될 수 있다. 이 세 종류 수요 각각의 개념을 간략하게 규정한다면 다음과 같다.

첫째, 공상수요(空想需要 ; fictional demand)라 함은, '지금은 여력이 없지만 부자가 되면 저것을 꼭 사야지.' 할 때처럼 예산제약을 전혀 고려하지 않고서 펼치는 공상의 산물이어서 단기간 내에 실제로 시현되는 것이 시원적(始原的)으로 불가능한 수요를 지칭한다. '희소한 자원의 효율적 배분에 관한 학문'인 경제학으로서는 이 같은 공상수요까지 연구의 대상으로 삼기에는 '여력'이 없을 것이다.

둘째, 관념수요(觀念需要 ; notional demand)라 함은, 예산제약을 고려하면서 행하는 의사결정의 산물이기는 하지만 기타의 현실적 제약에 가로막혀 실제 시현은 일단 불가능한 수요를 지칭한다. 이것은 말하자면 '경제주체들의 심중(心中)에 그 욕구가 허황된 것이 아닌 상태로 분명히 존재하지만, 기타의 현실적 제약에 의해 방해를 받아, 그 제약이 해소되기 전에는 실제로 시현될 수 없는 수요'라고 할 수 있다.

셋째, 유효수요(有效需要 ; effective demand)라 함은, 예산제약을 고려하면서 행하는 의사결정의 산물이면서 기타의 현실적 제약까지 반영되어 있어 형성과 동시에 혹은 그 직후에 실제로 시현될 수 있고 그래서 그렇게 실제로 시현되는 수요를 말한다. '기타의 현실적 제약까지 반영되어 있는 수요'라는 것은 말하자면 '형성 당시에 기타의 현실적 제약까지 통과한 수요'를 의미한다.[9]

나. 관념수요의 유형

이제, [실제로 시현되지 못하고 있던] 관념수요가 기타의 현실적 제약이 해소되어 실제로 시현될 수 있게 되는 것을 '관념수요의 유효화'(effectuation of notional demand)라고 표현하기로 하겠다.

위의 개념을 도입하기로 한다면, 관념수요는 그것이 유효화될 가능성이 어느 정도인지에 따라 ⓐ'유효화의 가능성이 높은 관념수요'[그 수량의 전부 또는 대부분이 단시일 내에 실제로 시현될 수 있는 것]와 ⓑ'유효화의 가능성이 낮은 관념수요'[앞의 경우에 해당하지 않는 것] 등으로 세분류될 수 있다.

아울러, '유효화된 관념수요'(effectuated notional demand)[관념수요

---

9) '실제로 시현되는 수요'의 의미를 내포하고 '유효수요'로 번역될 수 있는 영어 경제학용어로는 'effectual demand'와 'effective demand'가 있다.

— 경제학의 역사에서, 'effectual demand'를 최초로 사용한 경제학자는 아마도 제임스 스튜어트(James Steuart; 1712~1780)일 것이다. 애덤 스미스(Adam Smith; 1723~1790)도 스튜어트가 만든 용어라고 언급하며 그것을 사용했다. 그들에게 있어 그것은 '개별재화에 대한 수요로서 구매력이 뒷받침해 주는 것'이었다.

— 한편, 'effective demand'는 원래는 다음과 같은 것, 즉, 토머스 맬서스(Thomas Malthus; 1766~1834)가 맹아(萌芽)의 상태로 최초로 사용하고 몇 세대 후 케인즈가 만개(滿開)시켜 보급한 것이었다. 간략하게 말할 때, 맬서스의 그것은 '국민생산물시장에 실제로 시현되는 총체적 수요'에 가까웠고, 케인즈의 그것은 '국민생산물시장에 실제로 시현되는 총체적 수요로서 그 시장이 균형상태에 있는 경우의 것'이었다.

'관념수요'를 비중 있는 용어로 만들어 사용한 선구자는 클라워가 아닐까 한다.

'공상수요'는 저자가 구색을 맞추기 위해 한 번 만들어 본 것이다.

저자에게 본문에서처럼 관념수요와 유효수요를 대비시키며 논의를 진행할 수 있도록 힌트를 준 저작들은 저자가 학부생 시절에 접한 클라워의 하게논문(下揭論文)과 레이욘후프부드의 하게서(下揭書)임을 밝혀 둔다. R. W. Clower, "The Keynesian Counterrevolution: A Theoretical Appraisal," in F. H. Hahn and F. P. R. Brechling (eds.), *The Thory of Interest Rates* [New York: St. Martin's, 1965]; Axel Leijonhufvud, *On Keynesian Economics and the Economics of Keynes* [New York: Oxford University Press, 1968] 참조.

였다가 사후적으로 유효수요와 동등해진 것]라는 개념도 만들어 볼 수 있다.

그러고 보면, 경제학의 연구대상으로서의 수요는 어떤 것이든 언제나 '예산제약을 고려하면서 행하는 의사결정의 산물'로서 탄생한다고 할 수 있다. 단, 나면서부터 평등하지는 못해, 그것의 '출신성분'은 크게 관념수요와 유효수요의 두 종류로 나뉜다. 관념수요의 신분으로 출생한 것은 나중에 유효화의 기회를 얻을 수도 있다.

다. 기타 사항

수요의 경우에 준하여, 공급도 크게 공상공급, 관념공급 그리고 유효공급의 세 종류로 분류될 수 있다. 관념공급의 유효화라는 개념도 도입될 수 있음은 물론이다. 자세한 설명은 생략하기로 하겠다.

대저, 경제는 관념수요·공급들이 아니라 유효수요·공급들에 반응하며 운행된다. 그러므로, 경제학에서의 이론모형은 유효수요·공급들의 조합으로, 최소한 유효화의 가능성이 높은 관념수요·공급들의 조합으로 구성되어야 한다. 자신들의 이론모형들이 과연 그렇게 구성되어 있는지, 기존이론을 답습하고 있는 대다수 경제학자들은 차제에 진지하게 반추(反芻)해 보아야 할 것이다. [*이 문제는 이 책의 주제에서는 벗어나는 것이기 때문에 더 이상 거론하지는 않을 것이다. 관심이 있는 분들께서는 졸저『새로운 패러다임』을 참조해 주시기 바란다.]

4. 관념자산수요액과 유효자산수요액

가. 서론(緖論)

화폐 이외의 재화는 지급수단이 될 수 없어 모든 거래에는 화폐의 지급 및 수취가 수반되어야 한다고 전제하기로 하겠다.

다음과 같은 경우를 상정해 보자. 이 시점에 있어 경제주체 i의 개별총부는 300원이고, 그 개별총부는 '화폐액 100원, 채권액 0원, 부동산액(sum of realty) 200원'으로 구성되어 있다. 그런데, 그는 조금 전에 그 개별총부의 구성상태를 변경해야겠다고 마음먹었다. 그래서, 현재 그가 희망하고 있는 개별총부의 구성상태는 '화폐액 100원, 채권액 200원, 부동산액 0원'이다. 그는 '200원어치의 부동산을 매도하고 그 대금으로 200원어치의 채권을 매수하겠다는 의도'를 지금 가지고 있는 것이다.[10]

"이 같은 경우, 화폐보유수요액은 100원이고, 채권보유수요액은 200원이며, 부동산보유수요액은 0원이다. 그리고, 이들 세 가지 수요액의 합계액은 예산제약금액인 300원 이내이므로, 이들 각각은 경제에 실제로 시현되는 수요액이다." — 대다수 경제학자들은 이 정도로 설명하고 넘어갈 것이다.

위에 예시된 설명 가운데 앞부분은 이론(異論)의 여지가 없다. 뒷부분

---

10) 그는 개별총부의 구성상태를 변경하는 과정에서 우회경로를 택하지는 않을 것이다. 즉, 이를테면 '200원어치의 부동산 매도 → 그 부동산 환매 → 그 부동산 재매도 → 200원어치의 주식 매수 → 그 주식 매도 → 200원어치의 채권 매수'와 같은 길고도 이상한 경로를 택하지는 않을 것이다. 그는 당연히, 본문에서 시사되고 있는 바와 같이 '200원어치의 부동산 매도 → 200원어치의 채권 매수'의 최단경로를 택할 것이다. 여기서는 물론 앞으로도, 우리의 논의는 "경제주체 i는 개별총부의 구성상태를 변경하는 과정에서 언제나 최단경로를 택한다."라고 암묵적으로 전제한 상태에서 진행될 것이다. 참고로, 그렇게 전제한 바를 저자는 '최단경로의 원리'(principle of the shortest path)라고 부른다.

중에서도, '화폐보유수요액 100원'이 유효수요액이라는 설명은 문제될 것이 없다. 점검해 보아야 할 곳은 나머지 부분이다. 과연 '채권보유수요액 200원'과 '부동산보유수요액 0원'은 공히 유효수요액일까?

논지를 부각시키기 위해, '일반적으로'나 '원칙적으로'와 같은 표현이 필요한 대목에서도 그 같은 표현을 생략하고 단정적으로 서술하기로 하겠다. 이 점을 양해해 주시기 바란다.

자신의 수중에 있는 200원어치의 부동산을 매도하겠다는 그의 의도는 분명 확고한 것이다. 그래서, 그 의도는 '부동산매도공급액 200원'의 형태로 부동산시장에 실제로 시현되고 있을 것이다. 따라서, 그 '부동산매도공급액 200원'과 연계되어 있는 '부동산보유수요액 0원'은 실제로 시현되는 수요액, 즉, 유효수요액에 해당한다. 여기까지는 그렇다.

문제는 200원어치의 채권을 매수하겠다는 그의 의도, 즉, '채권매수수요액 200원' 쪽에 있다. 그의 수중에 있는 200원어치의 부동산이 200원에 실제로 팔리기 전에는 그 수요액이 채권시장에 실제로 시현될 수 없기 때문이다.

'부동산매도공급액 200원'이 실제로 시현되는 공급액임에는 분명하지만, 그것이 당장 그대로 실현(實現 ; realize)되는 것[즉, 해당 부동산이 당장 200원에 팔리는 것]은 뜻대로만 되는 일이 아니다. 부동산은 즉시환금성이 낮은 자산이다. 우선 '전환시간의 평균치'부터 크다. 그것을 매도하겠다는 의도가 형성된 때부터 그 매도가 성사될 때까지는 평균적으로 꽤 오랜 시일이 걸린다. 그래서, '부동산매도공급액 200원'은, 설사 그 전액이 실현될 수 있다고 하더라도, 평균적으로 꽤 오랜 시일이 걸려서야 실현될 수 있다. 그리고, 그 실현 전에는, 그의 수중으로 부동산매도대금 200원이 들어오지 않기 때문에, 그의 수중에 '채권매수수요액 200원'을 채권시장에서 실제로 시현하는 데에 쓸 화폐가 존재하고 있을 수 없다.

따라서, 해당 부동산이 팔리지 않아 '채권매수수요액 200원'의 실제 시현이 불가능한 상태는 평균적으로 꽤 오랜 시일 동안 지속될 수밖에 없다. 한편, 그렇게 시일이 경과하다 보면, 그 사이에 어떤 새로운 사정[이를테면 채권보다는 주식에 투자하는 것이 훨씬 유망해지는 것과 같은 사정]이 발생하여, 자칫 '채권매수수요액 200원' 자체가 변경 또는 백지화되기까지 할 수도 있다. 이런 경우에는 '채권매수수요액 200원'의 실제 시현이 아예 불가능해짐은 물론이다.

부동산이 '전환비용의 평균치'도 큰 자산이라는 점까지 고려하면, 문제는 더 복잡해진다. 해당 부동산이 팔리기는 하는데 200원이 아니고 180원에 팔린다면, 그의 수중에는 채권매수수요액을 채권시장에서 실제로 시현하는 데에 쓸 수 있는 화폐가 180원 상당액에 불과하게 될 것이다. 이런 경우에는, 해당 부동산이 팔린 이후에도 '채권매수수요액 200원'의 전액 실제 시현은 불가능하다.

그런데, '채권매수수요액 200원'이 실제로 시현될 수 없는 경우에는, 그것과 연계되어 있는 '채권보유수요액 200원' 역시 마찬가지의 상태에 놓일 수밖에 없다.

그러므로, 대다수 경제학자들이 안이하게 인식할 수도 있는 바와는 달리, '채권보유수요액 200원'은 유효수요액이 아니다. 관념수요액이고, 그 중에서도 '유효화의 가능성이 그다지 높지 않은 관념수요'인 것이다. 해당 부동산이 단시일 내에 200원에 팔릴 가능성은 그다지 높지 않다는 현실이 '기타의 현실적 제약'[개별총부라는 예산제약 이외의 현실적 제약]으로 작용하는 것이다.

나. 자산수요액

경제주체 i가 한 시점에 있어서의 개별총부를 예산제약으로 하여 각각의 자산을 그 가액이 얼마가 되도록 보유하고 있을 것인지 결정하는 경우를 생각해 보자. 이 같은 결정은 그가 그 시점에 있어서의 개별총부를 어떤 내용으로 구성할 것인지 결정하는 것이기도 하다. 이러한 의사결정의 결과로서 각 자산에 대해 나타나는 보유수요액을, 우리는 '자산수요액'(資産需要額; demand sum of an asset)이라고 통칭하고 각각 'OO수요액'(demand sum of OO)으로 표현할 수 있다. 이같이 '보유'를 빼고 통칭 및 표현하는 것이 기존경제학의 관행에 부합하는 것임은 물론이다.

자산수요액은 '한 시점에 있어서 경제주체 i가 개별총부를 예산제약으로 하여 목하 수중에 보유하고 있고자 하는 자산의 가액'이다. 그러므로, 그것은 '개별총부를 예산제약으로 하는 보유수요액'의 성격을 가진다.

개별총부 계산식을 이용해 추가적으로 서술하기로 한다면, 그가 개별총부 W_i를 예산제약으로 하여 화폐액, 저축성예금액, 채권액, 유사유동자산액 및 비유동자산액을 각각 어떤 수준이 되도록 할 것인지 결정하였을 때, 그러한 의사결정의 산물로서 자산수요액의 성격을 가지는 것들이 곧

① 화폐수요액 M_i^d,

② 저축성예금수요액 T_i^d,

③ 채권수요액 B_i^d,

④ 유사유동자산수요액 V_i^d,

⑤ 비유동자산수요액 Z_i^d

가 되는 것이다. 물론, 이들 수요액의 합계는 예산제약인 개별총부 W_i와 일치한다.

이상의 수요액들 중에는 관념수요액도 있을 수 있고 유효수요액도 있을 수 있다.

다. 초과수요액과 초과보유액

한 시점에 있어서 경제주체 i의 수중에 실제로 보유되고 있는 각 자산의 가액을 '자산액'(資産額; sum of an asset)이라고 통칭하기로 하자.

그리고, 자산수요액이 자산액을 초과하는 경우 (자산수요액 — 자산액)을 '초과수요액'(excess demand sum)으로 표현하기로 하고, 반대로

자산액이 자산수요액을 초과하는 경우 (자산액 − 자산수요액)을 '초과보유액'(excess holding sum)으로 표현하기로 하자.

개별총부는 정의상 각 자산액을 모두 합계한 것이고, 각 자산수요액을 모두 합계한 것은 개별총부와 일치하므로, 각 자산액을 모두 합계한 것과 각 자산수요액을 모두 합계한 것은 당연히 일치한다. 즉,

$$M_i + T_i + B_i + V_i + Z_i$$
$$= M_i^d + T_i^d + B_i^d + V_i^d + Z_i^d$$

가 성립한다.

위의 식은

$$(M_i^d - M_i) + (T_i^d - T_i) + (B_i^d - B_i) + (V_i^d - V_i) + (Z_i^d - Z_i)$$
$$= 0$$

과 같이 정리될 수 있다. 이 식의 좌변은 (자산수요액 − 자산액) 형태의 괄호항목들로 구성되어 있다. 이 식이 시사해 주는 바 중의 하나는, 제반 괄호항목들 가운데 어느 하나가 플러스 수치를 취하면 나머지 가운데 하나 이상이 반대로 마이너스 수치를 취해야 한다는 것이다. 즉, 제반 종류의 자산들 가운데 어느 하나에서 초과수요액이 발생해 있으면 나머지 가운데 하나 이상에서는 초과보유액이 발생해 있어야 한다는 것이다.

앞의 서론 부분에서 예시된 것처럼 각 자산액의 조합이 '화폐액 100원, 채권액 0원, 부동산액 200원'이고 각 자산수요액의 조합이 '화폐수요액 100원, 채권수요액 200원, 부동산수요액 0원'인 경우를 보면, 채권에서 200원 크기의 초과수요액이 발생해 있고 그 대신 부동산에서 200원 크기의 초과보유액이 발생해 있다.

그런데, 위의 경우, 채권에 대한 초과수요액 200원은 '부동산의 초과보유액 200원 존재 → 200원어치의 부동산 매도 → 200원만큼의 화폐 입수 → 200원어치의 채권 매수'의 과정이 진행되면 충족될 수 있다. 그렇다면, 우리는 "채권에 대한 초과수요액 200원을 충족시킬 수 있는 원천은 부동산의 초과보유액 200원이다."라고 말할 수 있다. 앞으로 '초과수요액을

충족시킬 수 있는 원천'이라는 표현은 여기에서와 같은 의미로 사용될 것이다.

라. 관념자산수요액과 유효자산수요액 판별기준

이하에서는 한 자산수요액이 관념수요액인지 유효수요액인지를 판별할 수 있는 기준을 제시하기로 하겠다.

〈비화폐자산의 경우〉

먼저, 비화폐자산에 적용할 수 있는 판별기준을 제시하기로 하겠다.

임의의 비화폐자산이 이를테면 채권이고, 지금 경제주체 i의 수중에 실제로 보유되고 있는 채권의 가액, 즉, 채권액은 100원인 경우를 상정하자. 이런 경우,

① 만일 채권수요액이 100원 이하여서 예컨대 100원[또는 60원]이라면, 그 채권수요액, 즉, '채권수요액 100원[또는 60원]'은, 실제 시현 정도가 아니라 실현까지 된 상태에 있으므로 유효수요액이다.

② 만일 채권수요액이 100원을 초과하여 예컨대 140원인데, 채권액을 초과하는 부분에 해당하는 40원어치의 채권을 매입하는 데에 쓸 화폐 전액이 당초부터 그의 수중에 존재하고 있다면, 그 채권수요액, 즉, '채권수요액 140원'은 유효수요액이다. 다시 말하면, '채권에 대한 초과수요액 40원'을 충족시킬 수 있는 원천이 화폐의 초과보유액이라면, '채권수요액 140원'은 유효수요액인 것이다.

③ 그러나, 만일 채권수요액이 100원을 초과하여 예컨대 140원인데, 채권액을 초과하는 부분에 해당하는 40원어치의 채권을 매입하는 데에 쓸 화폐의 전부 또는 일부가 어떤 다른 비화폐자산이 매각되기 전에는 그의 수중에 존재하고 있을 수 없다면, 그 채권수요액, 즉, '채권수요액 140원'은 관념수요액이다. 다시 말하면, '채권에 대한 초과수요액 40원'을 충

족시킬 수 있는 원천 가운데 전부 또는 일부가 어떤 다른 비화폐자산의 초과보유액이라면, '채권수요액 140원'은 관념수요액인 것이다.

간략하게 일반화한다면, 비화폐자산의 경우,

① 그 수요액이 그 보유액 이하라면, 그 수요액은 무조건 유효수요액이다.

② 그 수요액이 그 보유액을 초과하더라도 해당 초과수요액을 충족시킬 수 있는 원천이 화폐의 초과보유액이라면, 그 수요액 역시 유효수요액이다.

③ 그러나, 그 수요액이 그 보유액을 초과하는데 해당 초과수요액을 충족시킬 수 있는 원천 가운데 전부 또는 일부가 어떤 다른 비화폐자산의 초과보유액이라면, 그 수요액은 관념수요액이다.

〈화폐의 경우〉

한편, 화폐에 적용할 수 있는 판별기준은 상대적으로 단순하다.

현재 경제주체 i의 수중에 실제로 보유되고 있는 화폐의 가액, 즉, 화폐액이 100원인 경우를 상정하자. 이런 경우,

① 만일 화폐수요액이 100원 이하여서 예컨대 100원[또는 60원]이라면, 그 화폐수요액, 즉, '화폐수요액 100원[또는 60원]'은, 실현까지 된 상태에 있으므로 당연히 유효수요액이다.

② 그러나, 만일 화폐수요액이 100원을 초과하여 예컨대 140원이라면, '화폐에 대한 초과수요액 40원'을 충족시킬 수 있는 원천은 어차피 그 전부가 어떤 비화폐자산[들]의 초과보유액일 수밖에 없다는 점에서, 그 화폐수요액, 즉, '화폐수요액 140원'은 관념수요액이다.

간략하게 일반화한다면,

① 화폐수요액이 화폐액 이하라면, 그 화폐수요액은 무조건 유효수요액이다.

② 화폐수요액이 화폐액을 초과한다면, 그 화폐수요액은 무조건 관념

수요액이다.

5. 채권소요액

채권액이 100원이고 채권수요액은 140원인데, 해당 초과수요액 40원을 충족시킬 수 있는 원천이 '화폐의 초과보유액 5원, 저축성예금의 초과보유액 10원, 부동산의 초과보유액 25원'으로 구성되어 있는 경우를 상정해 보자.

이 경우, 채권수요액 140원은, 전체로서는 관념수요액에 해당하지만, 그것을 구분해서 보면,

① 채권액 100원과 화폐의 초과보유액 5원에 대응하는 총 105원 부분은 전술한 판별기준을 고려할 때 '유효수요액 요소(要素)'에 해당한다고 볼 수 있고,

② 저축성예금의 초과보유액 10원에 대응하는 10원 부분은 저축성예금의 즉시환금성이 거의 완벽에 가깝다는 점을 고려할 때 '유효화의 가능성이 높은 관념수요액 요소'에 해당한다고 볼 수 있으며,

③ 부동산의 초과보유액 25원에 대응하는 25원 부분은 부동산의 즉시환금성이 낮다는 점을 고려할 때 '유효화의 가능성이 낮은 관념수요액 요소'에 해당한다고 볼 수 있다.

이 점에 착안하여, 우리는 경제주체 i의 채권수요액 중에서 유효수요액 요소에 해당하는 부분과 저축성예금의 초과보유액에 대응하는 부분을 추려서 합친 것을 별도의 개념으로 파악할 수도 있을 것이다. 그 '별도의 개념'을 저자는 '채권소요액'(債券所要額 ; need sum of bonds)이라고 지칭하고 B_i^n으로 표시하고자 한다.

이렇게 지칭 및 표시하기로 할 때,

① 앞의 예와 같은 경우, 채권수요액 140원 중에서 유효수요액 요소에

해당하는 부분은 105원이고 저축성예금의 초과보유액에 대응하는 부분은 10원이므로, 채권소요액 B_i^n은 115원이다.

② 한편, 채권액이 100원인데 채권수요액은 그 이하여서 예컨대 100원[또는 60원]인 경우에는, 채권수요액 중에서 전부가 유효수요액 요소에 해당하고 그래서 저축성예금의 초과보유액에 대응하는 부분은 당연히 없기 때문에, 채권소요액 B_i^n은 100원[또는 60원]이다.

참고로, 위 '①'의 경우에는

$$채권액\ B_i\ <\ 채권소요액\ B_i^n\ <\ 채권수요액\ B_i^d$$

의 관계가 성립하고, 채권소요액 B_i^n은 채권수요액 중에서 ⓐ 채권액의 전부[100원]에 대응하는 부분과 ⓑ 화폐의 초과보유액[5원]에 대응하는 부분 및 ⓒ 저축성예금의 초과보유액[10원]에 대응하는 부분을 추출하여 합계한 것으로 계산된다.

그리고, 위 '②'의 경우에는

$$채권소요액\ \ B_i^n\ =\ 채권수요액\ B_i^d\ \leq\ 채권액\ \ B_i$$

의 관계가 성립하고, 채권소요액 B_i^n은 채권수요액 중에서 ⓐ 채권액의 전부[100원] 또는 일부[60원]에 대응하는 부분과 ⓑ 화폐의 초과보유액[0원]에 대응하는 부분 및 ⓒ 저축성예금의 초과보유액[0원]에 대응하는 부분을 추출하여 합계한 것으로 계산된다.

아무튼, 채권소요액 B_i^n과 채권수요액 B_i^d 양자 사이에는 정의상 언제나

$$채권소요액\ \ B_i^n\ \leq\ 채권수요액\ \ B_i^d$$

의 관계가 성립한다.

현재까지 논의된 바에 입각해 그 성격을 규정해 본다면, 채권소요액은, ① 보유수요액의 일종이고, ② 채권수요액의 일부를 구성하며, ③ [자신은 '유효수요액 요소 해당부분'과 '유효화의 가능성이 높은 관념수요액 요소 해당부분'으로 구성되어 있어] 자신 전체로서는 최소한 '유효화의 가능성이 높은 관념수요액'이 된다.

6. 저축성예금소요액

채권에 관한 바로 위의 논의에서 채권과 저축성예금의 자리를 맞바꾼 뒤 딱 한 구절만 미세하게 수정하면 '저축성예금소요액'을 도출할 수 있다. 그런데, 그런 방식으로 서술해 나가면 독자 여러분께서는 논의가 중복되는 듯한 느낌을 받으실 것이다. 그래서 많이 망설였지만, 생소한 개념은 반복적으로 접할 때 더 잘 이해될 수 있을 것이라는 점을 감안하여, 이제 그 서술을 감행하기로 하겠다. 같은 글을 두 번 읽기 싫어하시는 분들께서는, "저자가 정말로 두 용어를 맞바꾸며 딱 한 구절만 수정하는지 확인해 보자." 하는 기분으로 읽으신다면 덜 지루하실 것이다.

저축성예금액이 100원이고 저축성예금수요액은 140원인데, 해당 초과수요액 40원을 충족시킬 수 있는 원천이 '화폐의 초과보유액 5원, 채권의 초과보유액 10원, 부동산의 초과보유액 25원'으로 구성되어 있는 경우를 상정해 보자.

이 경우, 저축성예금수요액 140원은, 전체로서는 관념수요액에 해당하지만, 그것을 구분해서 보면,

① 저축성예금액 100원과 화폐의 초과보유액 5원에 대응하는 총 105원 부분은 전술한 판별기준을 고려할 때 '유효수요액 요소'에 해당한다고 볼 수 있고,

② 채권의 초과보유액 10원에 대응하는 10원 부분은 채권의 즉시환금성이 상당히 높다는 점을 고려할 때 '유효화의 가능성이 높은 관념수요액 요소'에 해당한다고 볼 수 있으며,

③ 부동산의 초과보유액 25원에 대응하는 25원 부분은 부동산의 즉시환금성이 낮다는 점을 고려할 때 '유효화의 가능성이 낮은 관념수요액 요소'에 해당한다고 볼 수 있다.

이 점에 착안하여, 우리는 경제주체 i의 저축성예금수요액 중에서 유효수요액 요소에 해당하는 부분과 채권의 초과보유액에 대응하는 부분을

추려서 합친 것을 별도의 개념으로 파악할 수도 있을 것이다. 그 '별도의 개념'을 저자는 '저축성예금소요액'(貯蓄性預金所要額; need sum of savings deposits)이라고 지칭하고 T_i^n 으로 표시하고자 한다.

이렇게 지칭 및 표시하기로 할 때,

① 앞의 예와 같은 경우, 저축성예금수요액 140원 중에서 유효수요액 요소에 해당하는 부분은 105원이고 채권의 초과보유액에 대응하는 부분은 10원이므로, 저축성예금소요액 T_i^n 은 115원이다.

② 한편, 저축성예금액이 100원인데 저축성예금수요액은 그 이하여서 예컨대 100원[또는 60원]인 경우에는, 저축성예금수요액 중에서 전부가 유효수요액 요소에 해당하고 그래서 채권의 초과보유액에 대응하는 부분은 당연히 없기 때문에, 저축성예금소요액 T_i^n 은 100원[또는 60원]이다.

참고로, 위 '①'의 경우에는

저축성예금액 T_i < 저축성예금소요액 T_i^n

< 저축성예금수요액 T_i^d

의 관계가 성립하고, 저축성예금소요액 T_i^n 은 저축성예금수요액 중에서 ⓐ 저축성예금액의 전부[100원]에 대응하는 부분과 ⓑ 화폐의 초과보유액[5원]에 대응하는 부분 및 ⓒ 채권의 초과보유액[10원]에 대응하는 부분을 추출하여 합계한 것으로 계산된다.

그리고, 위 '②'의 경우에는

저축성예금소요액 T_i^n = 저축성예금수요액 T_i^d

≤ 저축성예금액 T_i

의 관계가 성립하고, 저축성예금소요액 T_i^n 은 저축성예금수요액 중에서 ⓐ 저축성예금액의 전부[100원] 또는 일부[60원]에 대응하는 부분과 ⓑ 화폐의 초과보유액[0원]에 대응하는 부분 및 ⓒ 채권의 초과보유액[0원]에 대응하는 부분을 추출하여 합계한 것으로 계산된다.

아무튼, 저축성예금소요액 T_i^n 과 저축성예금수요액 T_i^d 양자 사이에는 정의상 언제나

저축성예금소요액 T^n_i ≤ 저축성예금수요액 T^d_i

의 관계가 성립한다.

현재까지 논의된 바에 입각해 그 성격을 규정해 본다면, 저축성예금소
요액은, ① 보유수요액의 일종이고, ② 저축성예금수요액의 일부를 구성
하며, ③ [자신은 '유효수요액 요소 해당부분'과 '유효화의 가능성이 높은
관념수요액 요소 해당부분'으로 구성되어 있어] 자신 전체로서는 최소한
'유효화의 가능성이 높은 관념수요액'이 된다.

막상 서술해 놓고 보니, 명분은 근사하게 내세웠지만, 왠지 무임승차
한 것 같은 기분이 드는 것만은 사실이다.

7. 화폐소요액

가. 화폐소요액의 개념

유동자산액에서 저축성예금소요액과 채권소요액을 차감한 것을 저자
는 '화폐소요액'(貨幣所要額 ; need sum of money)이라고 지칭하고 M^n_i
으로 표시하고자 한다.

이렇게 지칭 및 표시하기로 할 때,

화폐소요액

≡ 유동자산액 − (저축성예금소요액 + 채권소요액)

내지

$$M^n_i ≡ U_i − (T^n_i + B^n_i)$$

의 관계가 성립한다.

이것은,

화폐소요액 + 저축성예금소요액 + 채권소요액 = 유동자산액

내지

$$M_i^n + T_i^n + B_i^n = U_i$$

의 관계가 성립한다는 것을 의미하기도 한다.

저축성예금소요액이나 채권소요액의 경우와는 달리, 화폐소요액은 화폐수요액(demand sum of money)의 일부로 정의되지 않는다. 이 점에 독자 여러분께서는 각별히 유의해 주시기를 바란다.

나. 화폐소요액의 성격

이미 논의된 바와 같이, 저축성예금소요액은 저축성예금수요액 중에서 ⓐ 저축성예금액의 전부 또는 일부에 대응하는 부분과 ⓑ 화폐의 초과보유액에 대응하는 부분 및 ⓒ 채권의 초과보유액에 대응하는 부분을 추려서 합친 것이다.

한편, 채권소요액은 채권수요액 중에서 ⓐ 채권액의 전부 또는 일부에 대응하는 부분과 ⓑ 화폐의 초과보유액에 대응하는 부분 및 ⓒ 저축성예금의 초과보유액에 대응하는 부분을 추려서 합친 것이다.

그런데, 유동자산액은 화폐액과 저축성예금액 및 채권액으로 구성된다.

이렇게 본다면, 편의상 '한 시점에 있어서'와 '목하 수중에'는 생략하고서 서술하기로 할 때, 저축성예금소요액은 '경제주체 i가 유동자산액의 테두리 내에서 보유하고 있고자 하는 저축성예금의 가액'으로 해석될 수 있고, 채권소요액은 '경제주체 i가 유동자산액의 테두리 내에서 보유하고 있고자 하는 채권의 가액'으로 해석될 수 있다.

사실, 저축성예금소요액은 '경제주체 i가 유동자산액을 예산제약으로 하여 보유하고 있고자 하는 저축성예금의 가액'이고, 채권소요액은 '경제주체 i가 유동자산액을 예산제약으로 하여 보유하고 있고자 하는 채권의 가액'이다. 양자 공히 '유동자산액을 예산제약으로 하는 보유수요액'의 성격을 가지는 것이다.

이상의 논의는 화폐소요액의 성격을 파악하는 데에 도움을 준다.

잠시 개별총부에 주목해 보자. 개별총부는 화폐액, 저축성예금액, 채권액, 유사유동자산액 및 비유동자산액을 합계한 것이다. 그런데, 개별총부는 각 자산수요액을 모두 합계한 것과도 일치하기 때문에, 개별총부에서 저축성예금수요액, 채권수요액, 유사유동자산수요액 및 비유동자산수요액을 차감하면 화폐수요액이 남는다. 이것은, 개별총부에서 '경제주체 i 가 개별총부를 예산제약으로 하여 보유하고 있고자 하는 저축성예금 · 채권 · 유사유동자산 및 비유동자산의 합계액'을 차감하면 화폐수요액이 남는다는 것을 의미한다. 화폐수요액은 무엇인가? 주지하는 바와 같이 '경제주체 i 가 개별총부를 예산제약으로 하여 보유하고 있고자 하는 화폐의 가액'이다.

이제, 개별총부의 자리에 유동자산액을 놓고서 비슷한 논의를 진행해 보자. 유동자산액은 화폐액, 저축성예금액 및 채권액을 합계한 것이다. 그런데, 유동자산액은 화폐소요액과 저축성예금소요액 및 채권소요액을 합계한 것과도 일치하기 때문에, 유동자산액에서 저축성예금소요액 및 채권소요액을 차감하면 화폐소요액이 남는다. 이것은, 유동자산액에서 '경제주체 i 가 유동자산액을 예산제약으로 하여 보유하고 있고자 하는 저축성예금 및 채권의 합계액'을 차감하면 화폐소요액이 남는다는 것을 의미한다. 그렇다면, 화폐소요액은 무엇이라고 해석할 수 있을까? 위의 논의에 비추어 볼 때, 당연히 '경제주체 i 가 유동자산액을 예산제약으로 하여 보유하고 있고자 하는 화폐의 가액'이라고 해석할 수 있다.

그렇다. '경제주체 i 가 유동자산액을 예산제약으로 하여 보유하고 있고자 하는 화폐의 가액' — 이것이 화폐소요액이다. 그리하여, 저축성예금소요액이나 채권소요액과 마찬가지로, 화폐소요액 역시 '유동자산액을 예산제약으로 하는 보유수요액'의 성격을 가진다.

8. 거래적 동기에서의 '거래'와 배타원리

가. 서론(緒論)

저축성예금수요액과 저축성예금소요액 사이의 관계를 살펴보자. 양자는 분명히, 그 예산제약의 광협(廣狹), 그 크기의 대소(大小), 그 유효화 가능성의 고저(高低) … 등에서 차이가 있다. 그러나, 비록 그렇더라도, 후자가 전자의 일부를 구성한다는 점에서 양자는 같은 계열에 속한다고 할 수 있다. 채권수요액과 채권소요액 사이의 관계도 마찬가지다.

그렇다면, 화폐수요액과 화폐소요액 사이의 관계는 어떨까? 양자 간에도 마찬가지의 관계가 성립할까? 결론부터 말하면, 대답은 부정적이다.

케인즈가 간파한 것처럼, 화폐보유의 동기(動機 ; motive)로는 크게 거래적 동기(transactions notive), 예비적 동기(precautionary motive) 그리고 투기적 동기(speculative motive)의 세 가지가 있다. 그래서, 화폐수요액은 거래적 동기에 의한 부분과 예비적 동기에 의한 부분 및 투기적 동기에 의한 부분으로 구성된다. 이 점에서는 화폐소요액도 마찬가지다.

문제는 화폐수요액과 화폐소요액의 두 경우에 그 거래적 동기에서의 '거래'가 서로 다르다는 점에 있다.

나. 거래적 화폐수요액에서의 '거래'

(1) 거래적 화폐수요액의 정의

화폐수요액의 경우를 먼저 살펴보기로 하자. 화폐수요액의 예산제약이 개별총부라는 것을 매번 언급할 필요는 없을 것이므로, 여기서는 '개별총부를 예산제약으로 하여'라는 어구도 생략하고서 서술하기로 하겠다.

서술의 편의를 기해야 할 것이 한 가지 더 있다. — 경제주체 i가 '가까운 장래에 수행해야지.' 하며 예정하고 있는 거래는 '가까운 장래에 수행되는 것이 예정되어 있는 거래' 정도로 표현하고, 그가 '나는 가까운 장래에 수행하게 될 것이다.' 하며 예상하는 거래는 '가까운 장래에 수행되는 것이 예상되는 거래' 정도로 표현하기로 하겠다.

화폐수요액 중 거래적 동기에 의한 부분을 '거래적 화폐수요액'(transactions demand sum of money)이라고 부르기로 할 때, 거래적 화폐수요액은 일단 '경제주체 i가 가까운 장래에 수행되는 것이 예정되어 있거나 예상되는 거래에서 지급을 행할 때에 쓰기 위해 지금 보유하고 있고자 하는 화폐의 가액'으로 정의될 수 있다.

그런데, 위의 잠정적 정의에서 운위되는 '거래'에는 전술한 '경상적 거래' 및 '상환적 거래'만 포함될 수 있다. 왜 그럴까?

논의를 계속하기에 앞서 아래의 세 가지 사항에 대해 주의를 환기해 두고자 한다.

① 거래는 경상적 거래, 상환적 거래 및 비화폐자산의 거래로 대분류될 수 있다. 그리고, 비화폐자산의 거래는 저축성예금의 거래, 채권의 거래, 유사유동자산의 거래 및 비유동자산의 거래로 중분류될 수 있다. 아울러, 비유동자산의 거래는 부동산의 거래, 주식의 거래 … 등으로 세분류될 수 있다.

② 이하에서 특정의 비화폐자산을 운위한 뒤에 언급하는 '여타 비화폐자산'은 '어떤 여타 비화폐자산'을 약칭하는 것이다.

③ 우리는 전술한 바 있는 다음과 같은 정리(定理)를 상기할 필요가 있다. ― "제반 종류의 자산들 가운데 어느 하나에서 초과수요액이 발생해 있으면 나머지 가운데 하나 이상에서는 초과보유액이 발생해 있어야 한다."

(2) 채권의 거래가 거래적 화폐수요액에서의 '거래'에 포함될 수 없는 이유

거래적 화폐수요액에서의 '거래'에 경상적 거래 및 상환적 거래만 포함될 수 있다는 것은, 어떠한 비화폐자산의 거래도 그 '거래'에 포함될 수 없다는 것을 의미한다.

우선, 채권의 거래가 그 '거래'에 포함될 수 없는 이유부터 확인해 보기로 하자.

〈상황 Ⅰ〉

다음과 같은 〈상황 Ⅰ〉을 상정해 보자. 경제주체 i는 '내일 100원어치의 채권을 매입해야지.' 하는 계획을 가지고 있다. 한편, 그의 수중에는 그 매입의 과정에서 지급을 행할 때에 쓸 100원만큼의 화폐가 존재하고 있고, 그는 그것을 그 지급의 시점 직전까지 그대로 보유하고 있고자 한다. 그리하여, 우리는 "그는 내일 수행될 예정인 채권의 거래에서 지급을 행할 때에 쓰기 위해 100원만큼의 화폐를 지금 보유하고 있고자 한다."라고 말할 수도 있다. 논지를 선명히 하기 위해, 다른 사정은 없다고 하자.

그가 100원어치의 채권을 내일 매입하려고 계획하고 있다는 것은, 채권에 대한 초과수요액이 100원이라는 것을 의미한다. 그런데, 채권에 대한 초과수요액이 100원이라는 것은, 채권 이외의 어떤 자산[들]에서 초과보유액이 발생해 있어야 한다는 것을 의미한다. 한데, 현재 그의 수중에 있는 자산으로서 채권 이외의 것이라고는 화폐뿐이다. 그렇다면, 다른 자산이 아니라 화폐에서 100원 크기의 초과보유액이 발생해 있어야 한다. 이것은 무엇을 의미하는가? 목하 그의 수중에 존재하고 있는 100원만큼의 화폐가, 그가 내일 수행될 예정인 채권의 거래에서 지급을 행할 때에 쓸 100원만큼의 화폐가, 초과보유액에 해당하는 화폐임을 의미한다.

사실, 이 경우, 각 자산액의 조합은 '화폐액 100원, 채권액 0원, 여타 비화폐자산의 가액 0원'이고, 각 자산수요액의 조합은 '화폐수요액 0원, 채권수요액 100원, 여타 비화폐자산에 대한 수요액 0원'이다. [*화폐수요액이 0원임에 주의할 필요가 있다.]

그러므로, 이 같은 <상황 I>에서, '그가 내일 수행될 예정인 채권의 거래에서 지급을 행할 때에 쓰기 위해 지금 보유하고 있고자 하는 화폐의 가액 100원'은 화폐수요액이 아니며 따라서 애당초 거래적 화폐수요액이 아니다.

<상황 II>

이번에는 다음과 같은 <상황 II>를 상정해 보자. 경제주체 i는 '며칠 후 100원어치의 채권을 매입해야지.' 하는 계획을 가지고 있다. 한편, 그의 수중에는 그 매입의 과정에서 지급을 행할 때에 쓸 100원만큼의 화폐가 존재하고 있지 않으며, 그는 그것을 여타 비화폐자산을 매각하여 입수하고자 한다. 그가 그것을 입수하고자 한다는 점에서, 우리는 그가 그것을 보유하고 있고자 한다고 볼 수도 있다. 그리하여, 우리는 "그는 며칠 후 수행될 예정인 채권의 거래에서 지급을 행할 때에 쓰기 위해 100원만큼의 화폐를 지금 보유하고 있고자 한다."라고 말할 수도 있다. 다른 사정은 없다고 하자.

그가 100원어치의 채권을 며칠 후 매입하려고 계획하고 있다는 것은, 채권에 대한 초과수요액이 100원이라는 것을 의미한다. 한편, 그의 수중에 그 매입의 과정에서 지급을 행할 때에 쓸 100원만큼의 화폐가 존재하고 있지 않고 그가 그것을 여타 비화폐자산을 매각하여 입수하고자 한다는 것은, 채권에 대한 초과수요액 100원을 충족시킬 수 있는 원천으로서 여타 비화폐자산의 초과보유액이 100원이라는 것을 의미한다. 그렇다면, 현하 화폐수요액이 있을 자리는 없다.

사실, 이번의 경우, 각 자산액의 조합은 '화폐액 0원, 채권액 0원, 여타 비화폐자산의 가액 100원'이고, 각 자산수요액의 조합은 '화폐수요액 0원, 채권수요액 100원, 여타 비화폐자산에 대한 수요액 0원'이다. [*여기서도, 화폐수요액이 0원임에 주의할 필요가 있다.]

그러므로, 이 같은 <상황 II>에서도, '그가 며칠 후 수행될 예정인 채권의 거래에서 지급을 행할 때에 쓰기 위해 지금 보유하고 있고자 하는 화폐의 가액 100원'은 화폐수요액이 아니며 따라서 애당초 거래적 화폐수요액이 아니다.

〈논의의 일반화〉

이상의 논의를 일반화한다면, '경제주체 i 가 가까운 장래에 수행되는 것이 예정되어 있거나 예상되는 채권의 거래에서 지급을 행할 때에 쓰기 위해 지금 보유하고 있고자 하는 화폐의 가액'은, '지금 보유하고 있고자 하는 화폐의 가액'이라는 표현이 들어 있더라도 화폐수요액의 구성요소가 아니며, 따라서, '거래에서 지급을 행할 때에 쓰기 위해'라는 문구가 담겨 있더라도 애당초 거래적 화폐수요액의 구성요소가 아니다.

이것은 무엇을 말해 주는가? 거래적 화폐수요액에서의 '거래'에 채권의 거래는 포함될 수 없다는 것을 말해 준다.

(3) 저축성예금의 거래, 유사유동자산의 거래 및 비유동자산의 거래 중 어느 것도 거래적 화폐수요액에서의 '거래'에 포함될 수 없는 이유

채권의 거래에 관한 이상의 논의에서 채권의 자리에 저축성예금, 유사유동자산 및 비유동자산 중 어느 것을 대신 놓더라도, 그 논의는 그대로 성립한다.

이것은, 저축성예금의 거래, 유사유동자산의 거래 및 비유동자산의 거래 중 어느 것도 채권의 거래와 마찬가지로 거래적 화폐수요액에서의 '거래'에 포함될 수 없다는 것을 말해 준다.

(4) 거래적 화폐수요액에서의 '거래'에 경상적 거래 및 상환적 거래만 포함될 수 있는 이유

이상의 논의는, 어떠한 비화폐자산의 거래도 거래적 화폐수요액에서의

'거래'에 포함될 수 없다는 것을 웅변해 준다.

그래서, 이상의 논의는, 제반의 거래들 중에서 각 비화폐자산의 거래를 제외한 나머지, 즉, 경상적 거래 및 상환적 거래만 그 '거래'에 포함될 수 있다는 것을 시사해 준다.

사실, 그 '거래'에는 경상적 거래 및 상환적 거래만 포함될 수 있다.

〈상황 Ⅲ〉

다음과 같은 〈상황 Ⅲ〉을 상정해 보자. 경제주체 i는 '내일 100원어치의 일상실용재를 구매해야지.' 하는 계획을 가지고 있다. 그의 수중에는 그 구매의 과정에서 지급을 행할 때에 쓸 100원만큼의 화폐가 존재하고 있고, 그는 그것을 그 지급의 시점 직전까지 그대로 보유하고 있고자 한다. 그리하여, 우리는 "그는 내일 수행될 예정인 일상실용재의 거래에서 지급을 행할 때에 쓰기 위해 100원만큼의 화폐를 지금 보유하고 있고자 한다."라고 말할 수 있다. 다른 사정은 없다고 하자.

그가 100원어치의 일상실용재를 내일 구매하려고 계획하고 있다는 것은, 일상실용재에 대한 구매수요액이 100원이라는 것을 의미한다. 그런데, 일상실용재는 '부를 보유하는 수단' 내지 '개별총부의 기초(基礎)'로서의 자산이 아니다. 그래서, 그것에 대한 구매수요액은 자산에 대한 초과수요액의 이면(裏面)이 아니다. 따라서, 그것에 대한 구매수요액은 어떠한 경우에도 화폐의 초과보유액을 발생시키지 않는다. 그렇다면, 목하 그의 수중에 존재하고 있는 100원만큼의 화폐는 초과보유액에 해당하는 화폐가 아니다. 이것은 무엇을 의미하는가? 그 100원만큼의 화폐가, 내일 수행될 예정인 일상실용재의 거래에서 지급을 행할 때에 쓸 100원만큼의 화폐가, 수요액에 해당하는 화폐임을 의미한다.

사실, 이 경우, 각 자산액의 조합은 '화폐액 100원, 채권액 0원, 여타 비화폐자산의 가액 0원'이고, 각 자산수요액의 조합은 '화폐수요액 100원, 채권수요액 0원, 여타 비화폐자산에 대한 수요액 0원'이다. [*화폐수요액

이 100원임에 주의할 필요가 있다.]

그러므로, 이 같은 〈상황 III〉에서, '그가 내일 수행될 예정인 일상실용재의 거래에서 지급을 행할 때에 쓰기 위해 지금 보유하고 있고자 하는 화폐의 가액 100원'은 화폐수요액이고 특히 거래적 화폐수요액이다. [*참고로, 이 경우의 화폐수요액은 유효수요액이다.]

〈상황 IV〉

이번에는 다음과 같은 〈상황 IV〉를 상정해 보자. 경제주체 i는 '며칠 후 100원어치의 일상실용재를 구매해야지.' 하는 계획을 가지고 있다. 한편, 그의 수중에는 그 구매의 과정에서 지급을 행할 때에 쓸 100원만큼의 화폐가 존재하고 있지 않으며, 그는 그것을 채권을 매각하여 입수하고자 한다. 그가 그것을 입수하고자 한다는 점에서, 우리는 그가 그것을 보유하고 있고자 한다고 볼 수 있다. 그리하여, 우리는 "그는 며칠 후 수행될 예정인 일상실용재의 거래에서 지급을 행할 때에 쓰기 위해 100원만큼의 화폐를 지금 보유하고 있고자 한다."라고 말할 수 있다. 다른 사정은 없다고 하자.

그가 100원만큼의 화폐를 채권을 매각하여 입수하고자 한다는 것은, 어쨌든 100원어치의 채권을 매각하고자 하는 것이라는 점에서 채권의 초과보유액이 100원이라는 것을 의미한다. 그런데, 그는 여타 비화폐자산을 매입할 계획은 가지고 있지 않다. 그는 단지, 개별총부의 테두리 밖의 존재인 일상실용재만 구매하려 할 뿐이다. 따라서, 여타 비화폐자산에 대한 초과수요액은 0원이다. 그렇다면, 채권의 초과보유액 100원이 기계적으로 발생시켜야 할 초과수요액은 화폐에서만 있을 수 있다. 그리하여, 화폐에 대한 초과수요액은 100원이다. 한편, 화폐에 대한 초과수요액은 개념상 화폐수요액의 일부다. 이것은 무엇을 의미하는가? 채권을 매각하여 입수하고자 하는 100원만큼의 화폐가, 며칠 후 수행될 예정인 일상실용재의 거래에서 지급을 행할 때에 쓸 수 있게 될 것으로 예상되는 100원만큼의 화폐가, 수요액에 해당하는 화폐임을 의미한다.

사실, 이번의 경우, 각 자산액의 조합은 '화폐액 0원, 채권액 100원, 여타 비화폐자산의 가액 0원'이고, 각 자산수요액의 조합은 '화폐수요액 100원, 채권수요액 0원, 여타 비화폐자산에 대한 수요액 0원'이다. [*여기서도, 화폐수요액이 100원임에 주의할 필요가 있다.]

그러므로, 이 같은 〈상황 IV〉에서도, '그가 며칠 후 수행될 예정인 일상실용재의 거래에서 지급을 행할 때에 쓰기 위해 지금 보유하고 있고자 하는 화폐의 가액 100원'은 화폐수요액이고 특히 거래적 화폐수요액이다. [*참고로, 이 경우의 화폐수요액은 관념수요액이다.]

〈논의의 일반화〉

이상의 논의를 일반화한다면, '경제주체 i가 가까운 장래에 수행되는 것이 예정되어 있거나 예상되는 경상적 거래 및 상환적 거래에서 지급을 행할 때에 쓰기 위해 지금 보유하고 있고자 하는 화폐의 가액'은, '지금 보유하고 있고자 하는 화폐의 가액'이라는 표현이 들어 있다는 점에 합당하게 화폐수요액의 일부를 구성하며, '거래에서 지급을 행할 때에 쓰기 위해'라는 문구가 담겨 있다는 점에 부합되게 거래적 화폐수요액의 전부를 구성한다.

(5) 참고 – 자산수요액의 정의에 관한 보다 엄밀한 서술

경제주체 i의 수중에 보유되고 있으나 그가 수요하지는 않는 어떤 자산이 있다고 하자. 그 자산은, 비록 수요되지는 않으나 폐품이나 휴지는 아니다. 그러므로, 그가 그것을 버리고자 하지는 않는다는 것은 물론이다. 그런데, '버리고자 하지 않는다'는 언어학적으로는 얼마든지 '보유하고 있고자 한다'로 바꾸어 표현할 수 있다. 사실, 우리는 "그는 그것이 자신의 수중에서 떠나기 직전까지는 그것을 보유하고 있고자 한다."라고 말할 수 있다. 심지어, "그는 지금 그것을 보유하고 있고자 한다."라고 말할 수

도 있다. 전자는 물론 후자까지도, 언어학적으로는 절대로 틀린 표현이
아니다. 그렇다면, 자산수요액을 단순히 '… 보유하고 있고자 하는 자산의
가액'이라고 정의하는 것에는 모호한 면이 많다고 할 수 있다.

　대저, 학술적 서술은 명료해야 한다. 단순하지만 모호한 것과 번잡하
더라도 명료한 것의 두 가지만 존재하고 선택의 여지는 있다고 할 때, 대
부분의 경제학자들은 전자를 선택할지도 모른다. 특히, 서술은 무조건 단
순해야 좋다고 여기는 경향이 농후한 요즘의 세태하에서는 말이다. 아니,
어쩌면 그들 중에는 자신들이 행하는 특정한 서술이 모호하다는 사실 자
체를 인지(認知)하지 못하는 분들이 많을지도 모른다. 어떻든, 저자는 언
제나 후자를 선택할 것이다. 저자를 따라 주실 때, 독자 여러분께서는 다
소 수고스러우시더라도 사물을 적확하게 파악하실 수 있을 것이다. 그래
서, 저자는 차제에 다음을 첨언하고자 한다.

　첫째, 저자가 어떤 비화폐자산에 대한 수요액을 '… 보유하고 있고자
하는 해당 비화폐자산의 가액'이라고 정의할 때, 그 정의에는 암묵적으로
다음과 같은 단서가 붙는다. ― "단, '… 마음속에서 화폐나 다른 비화폐
자산으로의 전환이 결정된 것으로서 화폐로의 전환이 완료되기 직전까지 보
유하고 있고자 하는 해당 비화폐자산의 가액'은 그 수요액에서 제외된다."

　둘째, 저자가 화폐수요액을 '… 보유하고 있고자 하는 화폐의 가액'이
라고 정의할 때, 그 정의에는 암묵적으로 다음과 같은 단서가 붙는다. ―
"단, '… 마음속에서 비화폐자산으로의 전환이 결정된 것으로서 그 전환이
완료되기 직전까지 보유하고 있고자 하는 화폐의 가액' 내지 '… 비화폐자
산의 거래에서 지급을 행할 때에 쓰기 위해 보유하고 있고자 하는 화폐의
가액'은 그 수요액에서 제외된다."

다. 거래적 화폐소요액에서의 '거래'

(1) 초과소요액과 잉여보유액

화폐소요액과 저축성예금소요액 및 채권소요액을 '자산소요액'(資産所要額; need sun of an asset)이라고 통칭하기로 하자.

그리고, 자산소요액이 자산액을 초과하는 경우 (자산소요액 − 자산액)을 '초과소요액'(excess need sum)으로 표현하기로 하고, 반대로 자산액이 자산소요액을 초과하는 경우 (자산액 − 자산소요액)을 '잉여보유액'(surplus holding sum)으로 표현하기로 하자.

유동자산액은 정의상 화폐액과 저축성예금액 및 채권액을 합계한 것이고, 화폐소요액과 저축성예금소요액 및 채권소요액을 합계한 것은 유동자산액과 일치하므로,

$$M_i + T_i + B_i = M_i^n + T_i^n + B_i^n$$

이 성립한다.

위의 식은

$$(M_i^n - M_i) + (T_i^n - T_i) + (B_i^n - B_i) = 0$$

과 같이 정리될 수 있다. 이 식의 좌변은 (자산소요액 − 자산액) 형태의 괄호항목들로 구성되어 있다. 이 식이 시사해 주는 바 중의 하나는, 세 괄호항목들 가운데 어느 하나가 플러스 수치를 취하면 나머지 둘 중 하나 이상이 반대로 마이너스 수치를 취해야 한다는 것이다. 즉, 세 종류의 자산들 가운데 어느 하나에서 초과소요액이 발생해 있으면 나머지 둘 중 하나 이상에서는 잉여보유액이 발생해 있어야 한다는 것이다.

(2) 저축성예금의 거래나 채권의 거래가 거래적 화폐소요액에서의 '거래'에 포함될 수 없는 이유

채권매입수요액의 재원(財源)이 유동자산액의 테두리 밖에 있는 경우를 상정해 보자. 이 경우, 전체로서의 채권수요액 중 그 매입수요액에 대

응하는 부분은 유동자산액을 예산제약으로 하지 않는다. 반면, 화폐소요액은 유동자산액을 예산제약으로 한다. 그러므로, 그 매입수요액은 화폐소요액과는 전혀 무관하다.

이번에는 그 재원이 유동자산액의 테두리 안에 있는 경우를 상정해 보자. 이 경우, 그 매입수요액의 이면은 채권에 대한 초과소요액이다. 그런데, 앞의 정리에 따르면, 그 초과소요액을 충족시킬 수 있는 원천은 화폐의 잉여보유액이나 저축성예금의 잉여보유액에서 벗어날 수 없다. 그러므로, 이 경우에도 그 매입수요액은 화폐소요액과는 전혀 무관하다. 사정이 달라지지는 않는 것이다.

이상의 논의에서 채권과 저축성예금의 자리를 맞바꾸더라도, 그 논의는 그대로 성립한다.

위에서 논의된 바는 무엇을 말해 주는가? 특히 다음을 말해 준다.

첫째, '경제주체 i가 유동자산액을 예산제약으로 하여, 가까운 장래에 수행되는 것이 예정되어 있거나 예상되는 저축성예금 거래나 채권의 거래에서 지급을 행할 때에 쓰기 위해 지금 보유하고 있고자 하는 화폐의 가액'은, 화폐소요액의 구성요소가 아니며, 따라서 애당초 거래적 화폐소요액의 구성요소가 아니다.

둘째, 저축성예금의 거래나 채권의 거래는 거래적 화폐소요액에서의 '거래'에 포함될 수 없다.

(3) 거래적 화폐소요액에서의 '거래'가 경상적 거래, 상환적 거래, 유사유동자산의 거래 및 비유동자산의 거래로 구성되는 이유

논지의 부각을 위해, 저축성예금매입수요액과 채권매입수요액은 공히 0원이어서 저축성예금이나 채권에서는 초과소요액이 발생할 수 없는 상황을 전제하기로 하겠다.

경제주체 i가 가까운 장래에 수행하려고 하는 일상실용재의 구매나 유사유동자산의 매입 또는 비유동자산의 매입에 충당될 재원이 유동자산액의 테두리 밖에 있는 경우를 상정해 보자. 이 경우, 해당 구매수요액이나 매입수요액을 화폐소요액과 연결시켜 주는 고리는 존재하지 않는다. 그러므로, 이 경우의 구매수요액이나 매입수요액은 화폐소요액과는 전혀 무관하다.

그러나, 그 재원이 유동자산액의 테두리 안에 있는 경우를 상정해 본다면 사정이 달라진다.

① 그 재원이 저축성예금액 100원이고 유동자산액의 구성상태가 '화폐액 0원, 저축성예금 100원, 채권액 0원'인 경우를 상정해 보자. 이 경우, 그 재원이 저축성예금액 100원이라는 것은 경제주체 i가 100원만큼의 저축성예금을 일단 화폐로 전환하려 하고 있다는 것을 의미하기 때문에, 저축성예금에서 100원만큼의 잉여보유액이 발생해 있음은 물론이다. 그렇다면, 앞의 정리에 따라 화폐나 채권에서 초과소요액이 발생해 있어야 한다. 그런데, 우리의 전제에 따르면 채권에서는 초과소요액이 발생할 수 없다. 그러므로, 화폐에서만 100원만큼의 초과소요액이 발생해 있을 수 있다. 한편, 화폐의 초과소요액은 개념상 화폐소요액의 일부다. 그리하여, 이 경우의 구매수요액이나 매입수요액은, 저축성예금의 잉여보유액을 매개로 하여 화폐의 초과소요액과 연계되고, 이 경로로 화폐소요액과 연결된다. [*참고로, 이 경우의 각 자산소요액의 조합은 '화폐소요액 100원, 저축성예금소요액 0원, 채권액 0원'이다.]

② 위의 논의에서 저축성예금과 채권의 자리를 맞바꾸더라도, 그 논의는 그대로 성립한다.

③ 그 재원이 화폐액 100원이고 유동자산액의 구성상태가 '화폐액 100원, 저축성예금액 0원, 채권액 0원'인 경우를 상정해 보자. 이 경우, 우리의 전제에 따를 때 저축성예금에서나 채권에서는 초과소요액이 발생할 수 없으므로, 저축성예금소요액과 채권소요액은 공히 0원이다. 그런데, 유동자산액은 100원이다. 그렇다면, 화폐소요액은 100원이다. 그러므로, 그 재원으로서의 화폐액 100원은 전액 화폐소요액에 대응된다. 그리하여, 이

경우의 구매수요액이나 매입수요액은 곧바로 화폐소요액과 연결된다. [*참고로, 이 경우의 각 자산소요액의 조합은 위의 두 경우에서와 마찬가지로 '화폐소요액 100원, 저축성예금소요액 0원, 채권액 0원'이다. 위의 두 경우에서와 다른 점은, 이 경우의 화폐소요액 100원은 '유효화의 가능성이 높은 관념수요액'이 아니라 유효수요액이라는 것이다.]

이상의 논의는 무엇을 말해 주는가? 특히 다음을 말해 준다.

첫째, '경제주체 i가 유동자산액을 예산제약으로 하여, 가까운 장래에 수행되는 것이 예정되어 있거나 예상되는 경상적 거래 · 상환적 거래 · 유사유동자산의 거래 및 비유동자산의 거래에서 지급을 행할 때에 쓰기 위해 지금 보유하고 있고자 하는 화폐의 가액'은, 화폐소요액의 일부를, 그리고 거래적 화폐소요액의 전부를 구성한다.

둘째, 거래적 화폐소요액에서의 '거래'는 경상적 거래, 상환적 거래, 유사유동자산의 거래 및 비유동자산의 거래로 구성된다.

(4) 참고 – 자산소요액의 정의에 관한 보다 엄밀한 서술

여기서도 첨언할 것이 있다.

첫째, 저자가 저축성예금소요액을 '… 보유하고 있고자 하는 저축성예금의 가액'이라고 정의할 때, 그 정의에는 암묵적으로 다음과 같은 단서가 붙는다. — "단, '… 마음속에서 화폐나 채권으로의 전환이 결정된 것으로서 화폐로의 전환이 완료되기 직전까지 보유하고 있고자 하는 저축성예금의 가액'은 그 소요액에서 제외된다."

둘째, 저자가 채권소요액을 '… 보유하고 있고자 하는 채권의 가액'이라고 정의할 때, 그 정의에는 암묵적으로 다음과 같은 단서가 붙는다. — "단, '… 마음속에서 화폐나 저축성예금으로의 전환이 결정된 것으로서 화폐로의 전환이 완료되기 직전까지 보유하고 있고자 하는 채권의 가액'은 그 소요액에서 제외된다."

셋째, 저자가 화폐소요액을 '… 보유하고 있고자 하는 화폐의 가액'이라고 정의할 때, 그 정의에는 암묵적으로 다음과 같은 단서가 붙는다. ― "단, '… 마음속에서 저축성예금이나 채권으로의 전환이 결정된 것으로서 그 전환이 완료되기 직전까지 보유하고 있고자 하는 화폐의 가액' 내지 '… 저축성예금의 거래나 채권의 거래에서 지급을 행할 때에 쓰기 위해 보유하고 있고자 하는 화폐의 가액'은 그 소요액에서 제외된다."

라. 배타원리

한 자산의 가액이 특정의 예산제약을 구성하는 항목들 가운데 하나일 때, 우리는 "그 자산은 그 예산제약의 기초가 될 수 있는 자산이다."라고 말할 수 있다. 이하에서 '예산제약의 기초가 될 수 있는 자산'은 여기에서와 같은 의미로 사용될 것이다.

화폐에 대한 어떤 보유수요액의 예산제약이 일정한 범위 내의 자산들 각각의 가액을 합산한 것인 경우, 우리는 해당 거래적 동기에서의 '거래'를, 앞에서처럼 복잡한 검토절차를 거칠 필요 없이 다음과 같은 원리에 의거해 간편하게 파악할 수 있다.

"제반 종류의 비화폐자산들 가운데 해당 예산제약의 기초가 될 수 있는 것들 각각의 거래는 해당 거래적 동기에서의 '거래'에서 제외된다."

우리는 이 원리에서 '함께 해당 예산제약의 기초가 될 수 있는 다른 자산을 화폐가 배척(排斥)하는 모양새'를 포착할 수 있다. 그 모양새에 착안하여, 저자는 이 원리를 '배타원리'(排他原理; exclusion principle)라고 명명하고자 한다.

경상적 거래를 포함한 제반 종류의 거래들 중 배타원리에 의해 제외되는 것들을 제외한 나머지는 해당 거래적 동기에서의 '거래에 포함될 수 있음은 물론이다.

화폐수요액과 화폐소요액 각각의 경우에 배타원리를 적용해 보자.

화폐수요액의 예산제약은 개별총부다. 그런데, 제반 종류의 비화폐자산들 가운데 개별총부의 기초가 될 수 있는 것들은 그 전부다. 그렇다면, 제반 종류의 비화폐자산들 각각의 거래는 모두 거래적 화폐수요액에서의 '거래'에서 제외된다. 어떤가? 앞에서 장황하게 설명한 바와 일치하는가?

한편, 화폐소요액의 예산제약은 유동자산액이다. 그런데, 제반 종류의 비화폐자산들 가운데 유동자산액의 기초가 될 수 있는 것들은 저축성예금과 채권이다. 그렇다면, 저축성예금의 거래와 채권의 거래는 거래적 화폐소요액에서의 '거래'에서 제외된다. 어떤가? 앞에서 번거롭게 설명한 바와 또한 일치하는가?

과연 배타원리는 논의를 간편하게 해 준다.

여담이지만, 물리학에도 배타원리가 있다. "각 페르미온(fermion; 전자·중성자 또는 양성자 따위의 입자)은 자신이 처해 있는 것과 동일한 양자상태(量子狀態)에 동종의 다른 페르미온이 있지 못하게 배척하는 힘을 가지고 있다." — 대강 이 정도로 서술할 수 있는 원리다. 이 유명한 원리는, 볼프강 파울리(Wolfgang Pauli; 1945년 노벨물리학상 수상)가 그 원형을 제시했기 때문에 '파울리 배타원리'(Pauli exclusion principle)로도 불린다.

그런데, 아주 무거운 별에서는 중력(重力)이 해당 배타력을 압도해 이른바 중력붕괴(gravitational collapse)가 일어나기도 한다는 점에서, 위의 배타원리는 '붕괴'될 수 있다. 반면, 저자의 배타원리는 붕괴될 이유가 없다. 오히려, 케인즈의 유동성선호설을 붕괴시키는 한 인자(因子)로 작용한다[제2편 제1장 참조].

9. 현금통화소요액과 화폐성예금소요액

비예금민간 보유 화폐는 현금통화와 화폐성예금으로 구성된다. 그래서, 화폐액은 현금통화액과 화폐성예금액으로 분할될 수 있다. 그렇다면,

화폐소요액도 현금통화소요액과 화폐성예금소요액으로 분할될 수 있을까? 대답은 긍정적이다.

경제주체 i가 유동자산액을 예산제약으로 하여 보유하고 있고자 하는 현금통화의 가액을 '현금통화소요액'(現金通貨所要額 ; need sum of currencies)이라고 지칭하고 C_i^n으로 표시하기로 하겠다. [*단, '… 마음 속에서 화폐성예금이나 저축성예금 혹은 채권으로의 전환이 결정된 것으로서 그 전환이 완료되기 직전까지 보유하고 있고자 하는 현금통화의 가액'은 이 소요액에서 제외된다.]

그리고, 경제주체 i가 유동자산액을 예산제약으로 하여 보유하고 있고자 하는 화폐성예금의 가액은 화폐성예금소요액(貨幣性預金所要額 ; need sum of monetary deposits)이라고 지칭하고 D_i^n으로 표시하기로 하겠다. [*단, '… 마음속에서 현금통화나 저축성예금 혹은 채권으로의 전환이 결정된 것으로서 그 전환이 완료되기 직전까지 보유하고 있고자 하는 화폐성예금의 가액'은 이 소요액에서 제외된다.]

다음 사항들에 대해서는 설명이 불필요할 것이다.

첫째, 현금통화소요액과 화폐성예금소요액을 합계한 것은 화폐소요액과 일치하며, 따라서,

$$C_i^n + D_i^n = M_i^n$$

의 관계가 성립한다.

둘째, 현금통화소요액, 화폐성예금소요액, 저축성예금소요액 및 채권소요액을 합계한 것은 유동자산액과 일치하며, 따라서,

$$C_i^n + D_i^n + T_i^n + B_i^n = U_i$$

의 관계가 성립한다.

비예금민간에 속하는 개별경제주체 차원의 논의는 여기서 마치기로 한다. 본항의 모두(冒頭)에서는 "잠시 진행하기로 하겠다."라고 말해 놓고는, 그 논의를 참으로 길게 진행했다. 진정 짧게 진행하고 싶었지만, 빠트려서는 안 될 것은 빠트리지 말아야 했기에 어쩔 수 없었다. 대신, 이제부

터는 논의의 속도를 조금 높이기로 하겠다.

제3항   현금통화소요총액, 화폐성예금소요총액,
저축성예금소요총액 그리고 채권소요총액

　현금통화소요액, 화폐성예금소요액, 저축성예금소요액 및 채권소요액
을 비예금민간 전체 차원에서 파악하면, 각각 현금통화소요총액, 화폐성
예금소요총액, 저축성예금소요총액 및 채권소요총액이 된다.

　첫째, 비예금민간에 속하는 모든 경제주체들 각자의 현금통화소요액을
일거에 합계한 것을 '현금통화소요총액'(need for currencies)이라고 지
칭하고 C^n으로 표시하기로 하겠다. 이 변수는 '비예금민간이 유동자산총
액의 테두리 내에서 보유하고 있고자 하는 현금통화의 총액' 내지 '비예금
민간이 유동자산총액 중에서 현금통화의 형태로 보유하고 있고자 하는
부분의 금액'으로 이해될 수 있다.

　둘째, 비예금민간에 속하는 모든 경제주체들 각자의 화폐성예금소요액
을 일거에 합계한 것을 '화폐성예금소요총액'(need for monetary
deposits)이라고 지칭하고 D^n으로 표시하기로 하겠다. 이 변수는 '비예금
민간이 유동자산총액의 테두리 내에서 보유하고 있고자 하는 화폐성예금
의 총액' 내지 '비예금민간이 유동자산총액 중에서 화폐성예금의 형태로
보유하고 있고자 하는 부분의 금액'으로 이해될 수 있다.

　셋째, 비예금민간에 속하는 모든 경제주체들 각자의 저축성예금소요액
을 일거에 합계한 것을 '저축성예금소요총액'(need for savings deposits)
이라고 지칭하고 T^n으로 표시하기로 하겠다. 이 변수는 '비예금민간이 유
동자산총액의 테두리 내에서 보유하고 있고자 하는 저축성예금의 총액'
내지 '비예금민간이 유동자산총액 중에서 저축성예금의 형태로 보유하고
있고자 하는 부분의 금액'으로 이해될 수 있다.

넷째, 비예금민간에 속하는 모든 경제주체들 각자의 채권소요액을 일거에 합계한 것을 '채권소요총액'(need for bonds)이라고 지칭하고 B''으로 표시하기로 하겠다. 이 변수는 '비예금민간이 유동자산총액의 테두리 내에서 보유하고 있고자 하는 채권의 총가액' 내지 '비예금민간이 유동자산총액 중에서 채권의 형태로 보유하고 있고자 하는 부분의 금액'으로 이해될 수 있다.

현금통화소요총액, 화폐성예금소요총액, 저축성예금소요총액 및 채권소요총액을 합계한 것은 유동자산총액과 일치한다. 따라서,

$$C'' + D'' + T'' + B'' = U$$

의 관계가 성립한다.

제4항 지급준비금총액과 지급준비금소요총액

1. 지급준비금액과 지급준비금총액

가. 지급준비금

간단히 규정할 때, 본편에서 지급준비금(支給準備金 ; reserve)이라 함은 '한 시점에 있어서 예금기관부문의 수중에 보유되고 있는 현금이나 중앙은행당좌예금'을 지칭한다.

똑같은 현금이라도, 그것이 비예금민간의 수중에 있으면 '현금통화'가 되고, 그것이 예금기관부문의 수중에 있으면 '지급준비금'이 된다. 마찬가지로, 똑같은 중앙은행당좌예금도, 그 보유자가 누구냐에 따라 '현금통화'가 되기도 하고 '지급준비금'이 되기도 한다.

나. 지급준비금액과 지급준비금총액

한 시점에 있어서 개별예금기관이 실제로 보유하고 있는 지급준비금의 액수를 '지급준비금액'(支給準備金額 ; sum of reserves)이라고 지칭하기로 하겠다.

그리고, 예금기관부문에 속하는 모든 개별예금기관들 각자의 지급준비금액을 일거에 합계한 것을 '지급준비금총액'(支給準備金總額 ; quantity of reserves)이라고 지칭하고 R로 표시하기로 하겠다. 이 변수가 '한 시점에 있어서 예금기관부문이 실제로 보유하고 있는 지급준비금의 총액'으로 이해될 수 있음은 물론이다.

참고로, '실제로 보유하고 있는'을 강조할 필요가 있는 경우에는, 위의 두 변수를 각각 '실제지급준비금액'(sum of actual reserves)과 '실제지급준비금총액'(quantity of actual reserves)이라고 지칭하기도 할 것이다.

다. 지급준비금액의 변동

(1) 서론

다음과 같은 방식으로 서술 및 설명의 편의를 기하고자 한다.

① 예금기관부문이 보유할 수 있는 제반 종류의 자산들 중에서 지급준비금을 제외한 나머지를 '투자대상자산'이라고 통칭하기로 하겠다. 우리의 논의에서 투자대상자산의 범주에 속할 수 있는 자산으로는 대출채권을 위시하여 회사채·비예금금융채·국채·통화조절채·주식 및 부동산 … 등이 있다. [*한 개별예금기관이 다른 개별예금기관을 상대로 보유하는 일이 없는 것으로 전제되는 화폐성예금·저축성예금·은행채 및 준은행채는 당연히 그 범주에서 제외된다.]

② 신규발행물이 발행 및 인수되거나 신규생산품이 매각 및 매입되는 시장을 '1차시장'(primary market), 그리고 기존발행물이 매도 및 매수되

거나 중고품이 매각 및 매입되는 시장을 '2차시장'(secondary market)이라고 부르기로 하겠다.

③ 예금기관부문의 업무로서, 대출채권을 1차시장에서 인수하는 것[신규대출의 실행]을 포함하여 투자대상자산을 1차시장이나 2차시장에서 인수 또는 매입하는 것을 '투자대상자산의 매입'으로 표현하기로 하겠다.

④ 예금기관부문의 업무로서, 기보유(旣保有) 대출채권으로부터 원금을 상환받는 것[기존대출금의 회수]을 포함하여 기보유 투자대상자산으로부터 원금을 상환받거나 그 자산을 2차시장에서 매각하는 것을 '투자대상자산의 매각'으로 표현하기로 하겠다.

⑤ 현금이나 중앙은행당좌예금이 개별예금기관 또는 예금기관부문의 수중에서 나가는 것과, 그것이 그 수중으로 들어오는 것, 그리고 그것이 그 수중에 그대로 머무르는 것을, 각각 '지급준비금의 유출(流出 ; outflow)'과 '지급준비금의 유입(流入 ; inflow)' 그리고 '지급준비금의 체류(滯留 ; stay)'로 표현하기로 하겠다.

⑥ 정부와 제(諸) 개별예금기관들은 모두 중앙은행당좌예금을 보유하고 있고, 그들 사이 또는 그들 각자와 중앙은행 사이의 자금결제는 중앙은행에 의한 장부상결제의 방식으로 이루어진다고 간주하기로 하겠다.

⑦ 예금기관부문에 속하는 대표적인 개별예금은행들로서 A은행 및 B은행을 상정하기로 하겠다. 아울러, 비예금민간에 속하는 대표적인 개별경제주체들로서 X 및 Y를 상정하기로 하겠다.

⑧ 해당변수에 관련된 보유주체를 드러낼 필요가 있을 때에는, '역전(驛前) 앞'과 같은 중복적인 표현이 될 수도 있지만, '개별예금기관의 지급준비금액'이나 '예금기관부문 전체의 지급준비금총액' 혹은 '비예금민간의 현금통화총액' 등과 같은 표현을 사용하기도 할 것이다.

⑨ 한 변수가 다른 조건들은 동일한 상황에서 어떤 요인에 의해 증가, 감소 또는 불변하는 것을 표현함에 있어, '다른 조건들은 동일한 상황에서'라는 문구를 매번 삽입한다면, 쓰는 사람의 입장에서도 그렇지만 읽으

시는 분들의 입장에서도 퍽 번거로울 것이다. 그래서, 오해의 소지가 없는 한 전기(前記)의 문구는 원칙적으로 생략하기로 하겠다.

개별예금기관의 지급준비금액은, ⓐ 지급준비금이 동 기관 밖으로 유출되면 그 유출분의 크기만큼 감소하고, ⓑ 지급준비금이 동 기관 안으로 유입되면 그 유입분의 크기만큼 증가하며, ⓒ 지급준비금이 동 기관 내에서 체류하면 불변한다.

그러므로, 개별예금기관이 지급이나 수취를 행할 때 동 기관의 지급준비금액이 얼마만큼 감소 또는 증가할 것인가 하는 것은, 그 지급이나 수취가 동 기관 밖 또는 안으로 지급준비금을 얼마만큼 유출 또는 유입시키느냐에 달려 있다.

(2) 개별예금기관이 지급을 행할 때의 변동

개별예금기관이 지급을 행할 때, 그 지급은 ⓐ 경상적 거래를 위한 지급[인건비나 물건비의 지급, 수입해 놓은 예금이나 발행해 놓은 은행채 또는 미상환 상태의 대(對)중앙은행차입금 관련 이자의 지급, 발행해 놓은 주식 관련 배당의 지급 … 등]일 수도 있고, ⓑ 상환적 거래를 위한 지급[수입해 놓은 예금이나 발행해 놓은 은행채 또는 미상환 상태의 대(對)중앙은행차입금 관련 원금상환분의 지급, 발행해 놓은 주식 관련 감자대금의 지급 … 등]일 수도 있으며, ⓒ 신규대출의 실행 등 투자대상자산의 매입을 위한 지급일 수도 있다.

A은행이 지급을 행할 때 동 은행의 지급준비금액은 그 지급에 의해 어떻게 변동할까?

첫 번째로, X가 A은행에 개설된 자신의 화폐성예금계좌나 저축성예금계좌에서 100원만큼을 인출하려 하여 A은행이 그를 상대로 해당 인출금을 지급하는 경우를 가상해 보자. 이 경우, 그 지급에 부수되는 과정은 이를테면 다음과 같은 양상으로 진행될 수 있다.

ⓐ 만일 X가 전술한 자신의 계좌에서 100원만큼을 인출하되 그것을

현금으로 인출한다면, A은행 보유 지급준비금 중에서 현금이 100원만큼 비예금민간으로 유출되면서 A은행의 지급준비금액은 100원만큼 감소한다. [*예금기관부문 전체로서도 지급준비금총액 R가 100원만큼 감소한다.]

ⓑ 만일 X가 전술한 자신의 계좌에서 100원만큼을 인출하되 그것을 이를테면 세금의 납부를 위해 정부 앞으로 이체시킨다면, A은행 보유 지급준비금 중에서 중앙은행당좌예금이 100원만큼 정부로 유출되면서 A은행의 지급준비금액은 100원만큼 감소한다. [*이 경우에도, 지급준비금총액 R가 100원만큼 감소한다.]

ⓒ 만일 X가 전술한 자신의 계좌에서 100원만큼을 인출하되 그것을 B은행에 개설되어 있는 Y의 화폐성예금계좌로 이체시킨다면, A은행 보유 지급준비금 중에서 중앙은행당좌예금이 100원만큼 B은행으로 유출되면서 A은행의 지급준비금액은 100원만큼 감소한다. [*그러나, B은행의 지급준비금액이 100원만큼 증가하므로, 지급준비금총액 R의 변동은 없다.]

ⓓ 만일 X가 전술한 자신의 계좌에서 100원만큼을 인출하되 그것을 A은행에 개설되어 있는 Y의 화폐성예금계좌로 이체시키거나 A은행이 취급하는 저축성예금으로 전환한다면, 지급준비금은 A은행 내에서 체류하고, 따라서 A은행의 지급준비금액은 불변한다. [*A은행의 지급준비금액이 불변함에 유의하시기 바란다. 지급준비금총액 R도 불변한다.]

두 번째로, A은행이 X를 상대로 신규대출금이나 물건비 따위를 100원만큼 지급하되 A은행에 개설된 X의 화폐성예금계좌에 100원만큼을 입금시켜 주는 방식으로 지급하는 경우를 가상해 보자. 이 경우, 그 지급 자체에 의해서는 지급준비금이 A은행 밖으로 유출되는 일이 생기지 않는다. 그렇지만, 통상적으로는, 그 지급 이후 얼마 이내에 X가 해당자금의 전부 또는 일부를 인출하려 할 것이고, 그래서 A은행으로서는 처음의 지급을 행하고 난 뒤 얼마 지나지 않아 후속적인 지급을 행해야 할 것이다. 그 후속적인 지급에 부수되는 과정은 위의 '첫 번째' 논의에서 네 갈래로 예시된 것과 유사한 양상으로 진행될 것이다.

세 번째로, A은행이 X를 상대로 회사채매입대금 따위를 100원만큼 지급하되 B은행에 개설된 X의 화폐성예금계좌에 100원만큼을 입금시켜 주는 방식으로 지급하는 경우를 가상해 보자. 이 경우에는, 그 지급에 의해 A은행 보유 지급준비금 중에서 중앙은행당좌예금이 100원만큼 B은행으로 유출되면서 A은행의 지급준비금액은 100원만큼 감소한다. [*그러나, B은행의 지급준비금액이 100원만큼 증가하므로, 지급준비금총액 R의 변동은 없다. 참고로, 화폐성예금을 직접 취급하지 못하는 준예금은행은, 이를테면 X에게 신규로 대출을 해 줄 때, 여기서의 A은행이 지급하는 것과 동일한 방식으로 해당 대출금을 지급하는 경우가 많다.]

네 번째로, A은행이 직접 B은행을 상대로 B은행 보유 부동산의 매입 관련 대금 따위를 100원만큼 지급하는 경우를 가상해 보자. 이 경우에도, 그 지급에 의해 A은행 보유 지급준비금 중에서 중앙은행당좌예금이 100원만큼 B은행으로 유출되면서 A은행의 지급준비금액은 100원만큼 감소한다. [*이 경우에도, B은행의 지급준비금액이 100원만큼 증가하므로, 지급준비금총액 R의 변동은 없다.]

다섯 번째로, A은행이 직접 정부나 중앙은행을 상대로 국채매입대금 또는 통화조절채매입대금 따위를 100원만큼 지급하는 경우를 가상해 보자. 이 경우에는, 그 지급에 의해 A은행 보유 지급준비금 중에서 중앙은행당좌예금이 100원만큼 정부나 중앙은행으로 유출되면서 A은행의 지급준비금액은 100원만큼 감소한다. [*지급준비금총액 R도 100원만큼 감소한다.]

이상의 논의를 간략하게 일반화한다면 다음과 같다.

"개별예금기관이 어떠한 형태로든 지급을 행할 때, 대개의 경우에 동 기관의 지급준비금액은 그 지급으로 인해 감소한다."

물론, 이미 살펴본 바와 같이, 그 지급을 행하였음에도 지급준비금의 동 기관 밖으로의 유출은 일어나지 않아 동 기관의 지급준비금액이 감소하지 않는 경우도 왕왕 있을 수 있다. 그렇더라도, 그 같은 경우를 동 기관이 스스로 통제하여 연출(演出)하는 것은 일반적으로는 불가능하다. 그러므로, 동 기관으로서는 "지급을 행하게 되면 그 지급으로 인해 우리 기관의 지급준비금액이 감소할 것이다."라고 전제하고서 지급을 행한다고 할 수 있다.

(3) 개별예금기관이 수취를 행할 때의 변동

개별예금기관이 수취를 행할 때, 그 수취는 ⓐ 경상적 거래를 통한 수취[수수료의 수취, 기보유 대출채권·회사채 또는 국채 관련 이자의 수취, 기보유 기타 투자대상자산 관련 과실의 수취 … 등]일 수도 있고, ⓑ 조달자금적 수입의 수취[예금을 수입할 때 조달되는 자금의 수취, 은행채 또는 주식을 발행할 때 조달되는 자금의 수취, 중앙은행으로부터 차입을 행할 때 조달되는 자금의 수취 … 등]일 수도 있으며, ⓒ 기존대출금의 회수 등 투자대상자산의 매각을 통한 수취일 수도 있다.

A은행이 수취를 행할 때 동 은행의 지급준비금액은 그 수취에 의해 어떻게 변동할까?

우리는 앞에서 'A은행이 지급을 행할 때에 지급준비금이 동 은행 밖으로 유출되거나 동 은행 내에서 체류하는 각각의 양상'을 살펴본 바 있다. 이제, 그 각각의 양상을 캠코더로 촬영한 후 그 촬영분을 역방향으로 재생시킨다고 상상해 보자. 우리는 그 재생분을 관찰해 봄으로써 'A은행이 수취를 행할 때에 지급준비금이 동 은행 안으로 유입되거나 동 은행 내에서 체류하는 각각의 양상'을 어렵지 않게 유추(類推)할 수 있다.

그렇게 유추한 바를 간략하게 일반화한다면 다음과 같다.

"개별예금기관이 어떠한 형태로든 수취를 행할 때, 대개의 경우에 동 기관의 지급준비금액은 그 수취로 인해 증가한다."

물론, 앞의 유추의 과정에서 확인할 수 있는 바와 같이, 그 수취를 행하였음에도 지급준비금의 동 기관 안으로의 유입은 일어나지 않아 동 기관의 지급준비금액이 증가하지 않는 경우도 왕왕 있을 수 있다. 그렇더라도, 그 같은 경우를 동 기관이 스스로 통제하여 연출하는 것은 [지급 때와 마찬가지로] 일반적으로는 불가능하다. 그러므로, 동 기관으로서는 "수취를 행하게 되면 그 수취로 인해 우리 기관의 지급준비금액이 증가할 것이다."라고 전제하고서 수취를 행한다고 할 수 있다.

라. 지급준비금총액의 변동

예금기관부문 전체의 지급준비금총액 R는, ⓐ 지급준비금이 동 부문 밖으로 유출되면 그 유출분의 크기만큼 감소하고, ⓑ 지급준비금이 동 부문 안으로 유입되면 그 유입분의 크기만큼 증가하며, ⓒ 지급준비금이 동 부문 내에서 체류하면 불변한다.

우리는 앞의 '다.' 항목에서의 논의 도중에 부수적으로 지급준비금총액 R의 변동에 관해서도 살펴본 바 있다. 그것을 일반화한다면 다음과 같다.

"어떤 개별예금기관이 지급을 행할 때, 동 기관의 지급준비금액은 대개의 경우에 감소하지만, 그 감소분만큼 다른 개별예금기관의 지급준비금액이 증가하여, 즉, 지급준비금이 예금기관부문 내에서 체류하여, 동 부문 전체로서는 지급준비금총액 R가 불변하는 경우도 많다."

한편, '캠코더 촬영분의 역방향 재생'의 방법으로, 우리는 다음의 사실을 유추할 수 있다.

"어떤 개별예금기관이 수취를 행할 때, 동 기관의 지급준비금액은 대개의 경우에 증가하지만, 그 증가분만큼 다른 개별예금기관의 지급준비금액이 감소하여, 즉, 지급준비금이 예금기관부문 내에서 체류하여, 동 부문 전체로서는 지급준비금총액 R가 불변하는 경우도 많다."

2. 지급준비금소요액과 지급준비금소요총액

가. 지급준비금소요액

(1) 서론

일반적으로, 개별예금기관은 시간이 경과하는 도중에 한편으로는 각양(各樣)의 지급을, 그리고 다른 한편으로는 각색(各色)의 수취를 행한다. 물론, 예금기관부문 전체로서는 더욱 그러하다.

이제, 다음과 같이 서술의 편의를 기하고자 한다.

① 비교적 짧은 어떤 기간 동안에 개별예금기관 또는 예금기관부문이 행하는 각 지급의 합계액을 '지급합계액'이라고 지칭하기로 하겠다. 그리고, 같은 기간 동안에 동 기관 또는 부문이 행하는 각 수취의 합계액을 '수취합계액'이라고 지칭하기로 하겠다.

② 개별예금기관 또는 예금기관부문이 지급합계액을 수취합계액보다 많게 하는 것을 가리켜 "추가지출(追加支出)을 행한다."라고 표현하기로 하겠다. 그리고, 동 기관 또는 부문이 반대로 수취합계액을 지급합계액보다 많게 하는 것을 가리켜 "추가회수(追加回收)를 행한다."라고 표현하기로 하겠다.

③ 아울러, 지급합계액이 수취합계액보다 큰 경우 전자에서 후자를 차감한 것을 '추가지출액'이라고 지칭하고, 반대로 수취합계액이 지급합계액보다 큰 경우 전자에서 후자를 차감한 것을 '추가회수액'이라고 지칭하기로 하겠다.

우리는 '지급과 수취 각 요인에 따른 지급준비금액의 변동'에 관한 앞에서의 논의로부터 아래의 정리를 도출할 수 있다.

"대체적으로, 개별예금기관의 지급준비금액은, ⓐ동 기관이 추가지출을 행하면 감소하고, ⓑ동 기관이 추가회수를 행하면 증가하며, ⓒ동 기관이 추가지출도 추가회수도 행하지 않으면 그대로 유지된다."

한편, 우리는 사실상 이미 다음과 같이 전제한 바 있다. — "개별예금기관은 자신의 지급준비금액이 어떻게 변동할 것인지를 위의 정리에 입각해 예상한다."

(2) 지급준비금소요액 − 목표지급준비금액

이제, 한 시점에 있어서 개별예금기관이 법령상 및 경영상의 필요에 따라 보유하고 있고자 하는 지급준비금의 액수를 '지급준비금소요액'(支給準備金所要額; need sum of reserves)이라고 지칭하기로 하겠다.

독자 여러분께, 지급준비금소요액이라는 용어는 생소하겠지만, 그것의 정의 자체는 친숙할 것이다. 이하의 논의 중에서도 상당부분이 친숙할 것이다. 그렇게 판단되는 부분은 간결하게 기술하고자 한다.

추가적으로 몇 가지 용어들을 다음과 같이 정의하고자 한다.

① 한 시점에 있어서 개별예금기관이 중앙은행이 정한 기준에 의거해 의무적으로 보유하고 있어야 하는 최소한의 지급준비금의 액수를 '의무지급준비금액'(義務支給準備金額; sum of compulsory reserves)이라고 지칭하기로 하겠다. [*기존경제학에서처럼 '필요지급준비금액'이라고 하지 않는 이유는, '필요'(required)와 '소요'(need) 사이의 혼동을 피하기 위해서다.]

② 지급준비금으로부터는 별반의 수익을 얻을 수 없음에도, 개별예금기관은 빠듯하게 의무금액만큼만 그것을 보유하고 있을 때에 초래될 불편을 회피할 필요 또는 기타의 경영상의 필요에 따라 어느 정도 여유 있게 그것을 보유하고 있고자 할 것이다. 한 시점에 있어서 동 기관이 그렇게 의무금액을 넘어서 자율적으로 보유하고 있고자 하는 부분에 해당하는 지급준비금의 액수를 '자율지급준비금액'(自律支給準備金額; sum of self-imposed reserves)이라고 지칭하기로 하겠다. [*'여유지급준비금액'이라고 하지 않는 이유는, '여유'(spare)와 '잉여'(excess) 사이의 혼동을 피하기 위해서다.]

③ 개별예금기관은 지급준비금액[실제지급준비금액]이 의무 및 자율지급준비금액을 합계한 수준이 되기를 희망하고 또한 그렇게 되도록 노력을 기울일 것이다. 이 점에서, 의무 및 자율지급준비금액을 합계한 것을 '목표지급준비금액'(目標支給準備金額; sum of target reserves)이라고 지칭하기로 하겠다.

지급준비금소요액은 곧 목표지급준비금액이다.

따라서, 우리는 다음과 같이 전제할 수 있다.

"개별예금기관은, ⓐ 지급준비금액이 그 소요액[목표수준]을 초과하는 경우에는 전자의 감소를 도모하여 추가지출에 나서고, ⓑ 전자가 후자에 미달하는 경우에는 전자의 증가를 도모하여 추가회수에 나서며, ⓒ 전자가 후자와 일치하는 경우에는 전자의 유지(維持)를 도모하여 추가지출이나 추가회수를 하지 않는다."

(3) 참고 - 지급준비금소요액의 정의에 관한 보다 엄밀한 서술

여기서도 첨언할 것이 있다.

저자가 지급준비금소요액을 '… 보유하고 있고자 하는 지급준비금의 액수'라고 정의할 때, 그 정의에는 암묵적으로 다음과 같은 단서가 붙는다. — "단, '… 마음속에서 추가지출에 의한 감축을 결정한 부분에 해당하면서 그 감축이 실제로 완료되기 직전까지 보유하고 있고자 하는 지급준비금의 액수'는 그 소요액에서 제외된다."

나. 지급준비금소요총액

(1) 서론

예금기관부문에 속하는 모든 개별예금기관들 각자의 의무 · 자율 및 목표지급준비금액을 각각 일거에 합계한 것을, 그 순서대로 의무 · 자율 및 목표지급준비금액총액(total sum of compulsory/self-imposed/target reserves)이라고 지칭하기로 하겠다.

지급준비금총액[실제지급준비금총액] R가 목표총액을 초과하는 경우, 일반적으로 다음과 같은 상황이 전개될 것이다. 일각(一角)에는 지급준비금액이 오히려 목표액에 미달하여 추가회수에 나서는 개별예금기관들도 있다. 그러나, 타각(他角)에는 지급준비금액이 목표액을 초과하여 추가지출에 나서는 개별예금기관들이 금액 기준으로 훨씬 더 많이 있다. 예금기관부문 전체로서는 추가지출에 나서는 것이 된다.

한편, 지급준비금총액 R가 목표총액에 미달하는 경우에는, 추가지출에 나서는 기관들보다 추가회수에 나서는 기관들이 훨씬 더 많아, 부문 전체로서는 추가회수에 나서는 것이 되는 상황이 전개될 것이다.

마지막으로, 지급준비금총액 R가 목표총액과 일치하는 경우에는, 추가지출에 나서는 기관들과 추가회수에 나서는 기관들이 동수(同數)여서, 부문 전체로서는 추가지출이나 추가회수를 하지 않는 것이 되는 상황이 전개될 것이다.

(2) 지급준비금소요총액 – 목표지급준비금총액

이제, 예금기관부문에 속하는 모든 개별예금기관들 각자의 지급준비금소요액을 일거에 합계한 것을 '지급준비금소요총액'(支給準備金總額 ; need for reserves)이라고 지칭하고 R^n으로 표시하기로 하겠다. 이 변수가 '한 시점에 있어서 예금기관부문이 법령상 및 경영상의 필요에 따라 보유하고 있고자 하는 지급준비금의 총액'으로 이해될 수 있음은 물론이다.

지급준비금소요총액 R^n은 곧 목표지급준비금총액이다.

이 점까지 고려하여, 지급준비금총액 R가 그 소요총액 R^n을 초과하는 경우 그 초과분을 '지급준비금잉여분'(excess of reserves)으로 표현하고, 전자가 후자에 미달하는 경우 그 미달분을 '지급준비금부족분'(shortage of reserves)으로 표현하기로 하겠다.

드디어 우리는 다음과 같이 전제할 수 있다.

"예금기관부문은, ⓐ 지급준비금총액 R가 그 소요총액 R^n[목표수준]을 초과하는 경우에는 그 잉여분의 감축을 도모하여 추가지출에 나서고, ⓑ 전자가 후자에 미달하는 경우에는 그 부족분의 보충을 도모하여 추가회수에 나서며, ⓒ 전자가 후자와 일치하는 경우에는 현상유지(現狀維持)를 도모하여 추가지출이나 추가회수를 하지 않는다."

제5항 본원화폐총액과 본원화폐소요총액

1. 본원화폐총액

가. 본원화폐

본편에서 본원화폐(本源貨幣 ; base money)라 함은 '한 시점에 있어서 비예금민간이나 예금기관부문의 수중에 보유되고 있는 현금이나 중앙은행당좌예금'을 지칭한다

우리는, 똑같은 현금 또는 똑같은 중앙은행당좌예금을 놓고서, 그것이 비예금민간의 수중에 있으면 '현금통화'라고 지칭하고, 그것이 예금기관부문의 수중에 있으면 '지급준비금'이라고 지칭하기로 한 바 있다.

그렇다면, 본원화폐는 결국 현금통화와 지급준비금을 일괄하여 지칭하는 개념과 다르지 않다. 기존경제학에서 운위하는 '본원통화'(monetary base) 내지 '고출력화폐'(high-powered money)와도 다르지 않다.

나. 본원화폐총액

한 시점에 있어서 비예금민간과 예금기관부문이 실제로 보유하고 있는 본원화폐의 총액을 '본원화폐총액'(本源貨幣總額 ; quantity of base money)이라고 지칭하고 H 로 표시하기로 하겠다.

이 변수가 '한 시점에 있어서 비예금민간이 실제로 보유하고 있는 현금통화의 총액과, 그 시점에 있어서 예금기관부문이 실제로 보유하고 있는 지급준비금의 총액을 합계한 것'으로 이해될 수 있음은 물론이다.

그러므로, 본원화폐총액 H 와 현금통화총액 C 및 지급준비금총액 R 사이에는 정의상

　　　　본원화폐총액

　　　　= 현금통화총액 + 지급준비금총액

의 관계, 즉,

$$H = C + R$$

의 관계가 성립한다.

본원화폐총액이 기존경제학에서 운위하는 '본원통화량'(quantity of monetary base)과 다르지 않다는 점에 대해서는 설명이 불필요할 것이다.

다. 본원화폐총액의 변동

다음과 같이 서술의 편의를 기하고자 한다.

첫째, 비예금민간과 예금기관부문을 합하여 일컬어야 할 때, 그 합한 것을 '민간부문'(民間部門 ; civil sector)이라고 부르기로 하겠다.

둘째, 현금이나 중앙은행당좌예금이 민간부문의 수중에 그대로 머무르는 것과, 그것이 그 수중으로 들어오는 것, 그리고 그것이 그 수중에서 나가는 것을, 각각 '본원화폐의 체류'와 '본원화폐의 유입' 그리고 '본원화폐의 유출'로 표현하기로 하겠다.

셋째, 화폐성예금총액 D 와 저축성예금총액 T 를 합계한 것을 '예금총액'(預金總額 ; quantity of deposits)이라고 지칭하고 DT 로 표시하기로 하겠다.

넷째, 예금기관부문에 속하는 대표적인 개별예금은행들로서 A은행 및 B은행을, 그리고 비예금민간에 속하는 대표적인 개별경제주체들로서 X 및 Y를 계속 상정하기로 하겠다.

본원화폐총액 H 는, ⓐ 본원화폐가 민간부문 내에서 체류하면 불변하고, ⓑ 그것이 그 부문 안으로 유입되면 그 유입분의 크기만큼 증가하며, ⓒ 그것이 그 부문 밖으로 유출되면 그 유출분의 크기만큼 감소한다.

(1) 본원화폐가 민간부문 내에서 체류하는 경우

다음에 예시되는 것들이 대표하는 각 유형별 지급이 이루어지는 경우, 각 경우에 첨기된 설명대로 본원화폐는 민간부문 내에서 체류한다.

① A은행이 X를 상대로 그의 기보유 예금 중 전부 또는 일부를 환급해 주는 경우로서, X가 해당예금으로부터 100원만큼을 현금으로 인출하는 경우를 가상해 보자. 이 경우, 지급준비금총액 R 는 100원만큼 감소하고, 현금통화총액 C 는 100원만큼 증가한다. 그리하여, 현금통화총액 C 와 지급준비금총액 R 의 합계인 본원통화총액 H 는 불변한다. [*'그의 기보유 예금'은 화폐성예금일 수도 있고 저축성예금일 수도 있다. 어쨌든, 앞의 과정에서 예금총액 DT 는 인출금액인 100원만큼 감소한다.]

② A은행이 X를 상대로 그의 기보유 예금 중 전부 또는 일부를 환급해 주는 마찬가지의 경우로서, X가 해당예금으로부터 100원만큼을 인출하되 그것을 A은행 또는 B은행에 개설되어 있는 자신 또는 Y의 화폐성예금계좌로 이체시키거나 A은행이 취급하는 저축성예금으로 전환하는 경우를 가상해 보자. 이 경우, 지급준비금총액 R 와 현금통화총액 C 는 공히 불변한다. 그리하여, 본원통화총액 H 도 당연히 불변한다. [*예금총액 DT 도 불변한다.]

③ A은행이 X를 상대로 그가 보유하는 예금을 증액시켜 주는 방식으로 지급을 행하는 경우로서, A은행이 A은행 또는 B은행에 개설된 X의 계좌에 100원만큼을 입금시켜 주는 방식으로 신규대출금 · 물건비 · 회사

채매입대금 또는 예금이자 … 등을 지급하는 경우를 가상해 보자. 이 경우, 지급준비금총액 R와 현금통화총액 C는 공히 일단 불변한다. 그리하여, 본원통화총액 H도 당연히 일단 불변한다. [*'X의 계좌'는, 대부분의 경우에는 화폐성예금계좌지만, 지급의 목적물이 저축성예금이자인 경우에는 저축성예금계좌일 수도 있다. 어쨌든, 예금총액 DT는 지급금액인 100원만큼 일단 증가한다. 그리하여, X에게는 새로이 100원만큼의 '기보유 예금'이 생긴 셈이고, 이후 위 '①'이나 '②'의 유형에 해당하는 과정이 진행되면 본원통화총액 H는 계속 불변한다.]

④ A은행이 직접 B은행을 상대로 100원만큼을 중앙은행당좌예금으로 지급하는 경우를 가상해 보자. 이 경우, 지급준비금총액 R와 현금통화총액 C는 공히 불변하고, 본원통화총액 H 역시 당연히 불변한다. [*예금총액 DT도 불변한다.]

⑤ X가 Y를 상대로 100원만큼을 현금으로 지급하는 경우를 가상해 보자. 이 경우에도, 지급준비금총액 R와 현금통화총액 C는 공히 불변하고, 본원통화총액 H 역시 당연히 불변한다. [*예금총액 DT도 불변한다.]

위에 제시된 각 유형별 지급의 과정을 역방향으로 재현한 것과 동등한 양상으로 각 유형별 수취가 이루어지는 경우에도, 본원화폐는 민간부문 내에서 체류한다.

이상에서 볼 수 있듯, 지급이나 수취가 민간부문 내부에서만 이루어지는 경우, 즉, 민간부문에 속하는 한 경제주체가 역시 민간부문에 속하는 다른 경제주체만을 상대로 지급이나 수취를 행하는 경우, 본원화폐는 민간부문 내에서 체류하고 그 총액 H는 불변한다.

반면, 지급이나 수취가 민간부문과 여타부문[정부 또는 중앙은행] 사이에서 이루어지는 경우에는, 이하에서 볼 수 있듯 본원화폐의 유입 또는 유출이 일어나 그 총액 H가 증가 또는 감소한다.

(2) 본원화폐가 민간부문 안으로 유입되는 경우

정부 또는 중앙은행이 민간부문을 상대로 다음의 각 유형별 지급을 행하는 경우, 본원화폐는 해당 지급금액만큼 민간부문 안으로 유입되고, 본원화폐총액 H는 그 금액만큼 증가한다.

① 정부가 정부지출(government expenditure) 해당분을 지급하는 경우

② 정부가 기타재정지출 해당분[기발행 국채에 관련된 원금 또는 이자의 지급분은 여기에 포함된다]을 지급하는 경우

③ 중앙은행이 공개시장에서 기발행의 국채 또는 통화조절채를 매입하면서 그 대금을 지급하는 경우

④ 중앙은행이 기발행 통화조절채에 관련된 원금 또는 이자를 지급하는 경우

⑤ 중앙은행이 예금기관을 상대로 중앙은행대출금을 지급하는 경우 … 등

(3) 본원화폐가 민간부문 밖으로 유출되는 경우

정부 또는 중앙은행이 민간부문을 상대로 다음의 각 유형별 수취를 행하는 경우, 본원화폐는 해당 지급금액만큼 민간부문 밖으로 유출되고, 본원화폐총액 H는 그 금액만큼 감소한다.

① 정부가 조세수입(tax revenue) 해당분을 수취하는 경우

② 정부가 기타재정수입 해당분[국채발행금은 성격상 재정적자의 보전에 충당되는 것이므로 여기에는 포함되지 않는다]이나 국채발행금을 수취하는 경우

③ 중앙은행이 공개시장에서 기발행의 국채 또는 통화조절채를 매각하면서 그 대금을 수취하는 경우

④ 중앙은행이 통화조절채를 발행하면서 해당 납입금을 수취하는 경우

⑤ 중앙은행이 예금기관을 상대로 기존 중앙은행대출금에 관련된 원금 또는 이자를 수취하는 경우 … 등

(4) 본원화폐총액의 일정기간 동안의 변동

설명이 필요 없겠지만, 이상의 논의는 다음과 같이 연장될 수 있다.

어떤 기간 동안 여러 경로를 통해 민간부문 안으로 유입되는 본원화폐의 총액을 '본원화폐유입총액'이라고 부르기로 하자. 그리고, 그 기간 동안 또한 여러 경로를 통해 민간부문 밖으로 유출되는 본원화폐의 총액을 '본원화폐유출총액'이라고 부르기로 하자.

본원화폐총액 H 는, ⓐ 본원화폐유입총액이 그 유출총액보다 크면 해당기간이 경과하는 사이에 종국적으로 양자 간의 차액만큼 증가하고, ⓑ 후자가 전자보다 크면 해당기간이 경과하는 사이에 종국적으로 양자 간의 차액만큼 감소하며, ⓒ 전자와 후자가 일치하면 해당기간이 경과하는 사이에 종국적으로 불변한다.

2. 본원화폐소요총액

한 시점에 있어서 비예금민간이 유동자산총액의 테두리 내에서 보유하고 있고자 하고 예금기관부문이 법령상 및 경영상의 필요에 따라 지급준비금으로서 보유하고 있고자 하는 본원화폐의 총액을 '본원화폐소요총액'(本源貨幣總額 ; need for base money)이라고 지칭하고 H^n으로 표시하기로 하겠다.

이 변수가 '한 시점에 있어서 비예금민간이 유동자산총액의 테두리 내에서 보유하고 있고자 하는 현금통화의 총액과, 그 시점에 있어서 예금기관부문이 법령상 및 경영상의 필요에 따라 보유하고 있고자 하는 지급준비금의 총액을 합계한 것'으로 이해될 수 있음은 물론이다.

그러므로, 본원화폐소요총액 H^n과 현금통화소요총액 C^n 및 지급준비금소요총액 R^n 사이에는 정의상

   본원화폐소요총액

   = 현금통화소요총액 + 지급준비금소요총액

의 관계, 즉,

$$H^n = C^n + R^n$$

의 관계가 성립한다.

3. 보론

본원화폐의 본질은 '중앙은행이 직접 발행하는 화폐로서 비예금민간이나 예금기관이 보유하고 있는 것'이다.

중앙은행이 발행하는 화폐는 현금뿐일까? 그렇지 않다. 중앙은행당좌예금도 중앙은행이 발행하는 화폐다. 이 두 종류의 화폐만이 본원화폐가 될 수 있다. [*우리가 일상적으로 보유하는 화폐성예금은 '예금은행이 발행하는 화폐'로서, 통화(money in circulation)는 될 수 있어도 본원화폐(base money)가 될 수는 없다.]

그리고, 전기한 두 종류의 화폐 중에서도 비예금민간이나 예금기관이 보유하고 있는 것만 본원화폐가 될 수 있다.

그리하여,

   본원화폐 = 비예금민간 보유 현금[현금통화]

      + 예금기관 보유 현금[시재금]

      + 예금기관 보유 중앙은행당좌예금[지준예치금]

   = 현금통화

      + 지급준비금

으로 도식화될 수 있다.

제3장
****
주요 전제

제1절 자산총액과 그 소요총액 사이의 대소관계(大小關係)에 관한 전제

제1항 개별경제주체 차원의 논의

1. 서론

먼저, 제1장을 포함한 이전의 논의에서 명시 또는 시사된 것들 가운데 다음의 것들에 대해 주의를 환기해 두고자 한다.

① 자산액이 자산소요액을 초과하는 경우 (자산액 − 자산소요액)은 '잉여보유액'으로 표현되고, 반대로 자산소요액이 자산액을 초과하는 경우 (자산소요액 − 자산액)은 '초과소요액'으로 표현된다.

② 유동자산액은 정의상 현금통화·화폐성예금·저축성예금 및 채권 등 네 가지 자산 각각의 보유액을 합계한 것이고, 네 가지 자산 각각에 대한 소요액을 합계한 것은 유동자산액과 일치한다. 그러므로, 네 가지 자산 가운데 하나 이상[셋 이하]에서 잉여보유액이 발생해 있으면 나머지 가운데 하나 이상에서는 초과소요액이 발생해 있게 된다. 이때, 각 잉여보유액의 합계와 각 초과소요액의 합계는 반드시 일치한다.

③ 현금통화와 화폐성예금 및 저축성예금 중 어느 하나를 다른 하나로 전환하는 데에는 별반의 시일이 소요되지 않는다.

④ 현금통화나 화폐성예금을 채권으로 전환하거나, 역방향으로의 전환을 행하는 데에는 공히 수도결제기간을 포함하여 약간의 시일이 소요된다.

⑤ 저축성예금을 채권으로 전환함에 있어서는, 1차적으로 저축성예금

을 현금통화나 화폐성예금으로 전환한 연후에, 2차적으로 그 현금통화나 화폐성예금을 채권으로 전환해야 한다. 그런데, 그 1차적 전환에는 별반의 시일이 소요되지 않으므로, 저축성예금을 채권으로 전환하는 데에도 약간의 시일만 소요된다고 할 수 있다.

⑥ 채권을 저축성예금으로 전환함에 있어서는, 1차적으로 채권을 현금통화나 화폐성예금으로 전환한 연후에, 2차적으로 그 현금통화나 화폐성예금을 저축성예금으로 전환해야 한다. 그런데, 그 2차적 전환에는 별반의 시일이 소요되지 않으므로, 채권을 저축성예금으로 전환하는 데에도 약간의 시일만 소요된다고 할 수 있다.

⑦ 그렇다면, 유동자산으로 분류되는 네 가지 자산 사이의 전환에는, 그 대상이 되는 자산들의 조합이 어떻든, 별반의 시일이 소요되지 않거나 길어도 약간의 시일만 소요된다. 이것은, 유동자산액의 테두리 내에서는 포트폴리오(portfolio)의 조정이 언제나 약간의 시일 내에 완료될 수 있다는 것을 말해 준다.

2. 불균형상황이 균형상황으로 바뀌는 메커니즘

서술의 편의상, 네 가지 자산 각각에서 보유액과 소요액이 일치하는 상황을 '균형상황'이라고 지칭하고, 그렇지 않은 상황을 '불균형상황'이라고 지칭하기로 하겠다. 균형상황은, 잉여보유액이나 초과소요액이 네 가지 자산 가운데 어느 것에서도 형성되어 있지 않은 상황이다. 반면, 불균형상황은, 잉여보유액과 초과소요액이 각각 그 자산들 가운데 하나 이상과 그 나머지 가운데 하나 이상에서 형성되어 있는 상황이다.

비예금민간에 속하는 대표적인 개별경제주체로서의 경제주체 i에게 있어서, 균형상황이 지속되다가 어떤 이유로 예컨대 다음과 같은 불균형상황, 즉, 잉여보유액과 초과소요액이 100원만큼씩 각각 화폐성예금과 저축성예금에서 형성되어 있는 상황이 발생했다고 가상하자. 이제, 그는 화폐성예금에서의 잉여보유액과 저축성예금에서의 초과소요액을 동시에 해소시키기 위해 100원만큼의 화폐성예금을 저축성예금으로 전환하는 일에 즉각 나설 것이다. 그런데, 그 전환에는 별반의 시일이 소요되지 않을 것이다. 그리하여, 예시된 불균형상황은 잠시 동안만 존속하고, 곧바로 균형상황이 다시 지속될 것이다.

위의 논의를 간략하게 일반화한다면, 그것은 다음과 같다.

경제주체 i는, 어떤 불균형상황에 처한 경우, 잉여보유액이 형성되어 있는 자산을 초과소요액이 형성되어 있는 자산으로 적정액만큼 전환하는 방식으로 해당 불균형상황을 균형상황으로 돌려놓으려 한다. 그리고, 즉각 그러한 전환에 나선다. 그런데, 그 전환에는 별반의 시일이 소요되지 않거나 길어도 약간의 시일만 소요된다. 그리하여, 그에게 있어서, 해당 불균형상황은 일시적으로만 존속하고, 곧이어 균형상황이 다시 지속된다.

3. 결론

위의 논의에 기초할 때, 우리는 다음과 같이 말해도 무방하다.
"비예금민간에 속하는 표준적인 개별경제주체에게 있어서는, 대부분의 상황에서

현금통화액 = 현금통화소요액,

화폐성예금액 = 화폐성예금소요액,

저축성예금액 = 저축성예금소요액,

채권액 = 채권소요액

이 성립한다."

제2항 비예금민간 전체 차원의 논의

1. 서론

여기서 소속부문의 명기 없이 그냥 '경제주체들'이라고 할 때, 그것은 비예금민간 소속 경제주체들을 지칭한다.

서술의 편의상, 자산총액이 자산소요총액을 초과하는 경우 (자산총액 − 자산소요총액)을 '잉여보유총액'(surplus holding amount)으로 표현하고, 반대로 자산소요총액이 자산총액을 초과하는 경우 (자산소요총액 − 자산총액)을 '초과소요총액'(excess need amount)으로 표현하기로 하겠다.

유동자산총액 U 는 정의상 현금통화 · 화폐성예금 · 저축성예금 및 채권 등 네 가지 자산 각각의 보유총액(quantity)을 합계한 것이고, 네 가지 자산 각각에 대한 소요총액(need)을 합계한 것은 유동자산총액 U 와 일치한다. 그러므로, 네 가지 자산 가운데 하나 이상에서 잉여보유총액이 발생해 있으면 나머지 가운데 하나 이상에서는 초과소요총액이 발생해 있게 된다. 이때, 각 잉여보유총액의 합계와 각 초과소요총액의 합계는 반드시 일치한다.

2. 채권총액과 그 소요총액 사이의 대소관계에 관한 논의

비예금민간 내부에는 채권총액 B 와 채권소요총액 B^n 을 일치시키려 하는 힘이 존재하고 있다는 사실을 선명하게 드러내기 위해, 그리고 설명이 복잡해지지 않게 하기 위해, 여기서의 논의는 다음의 두 가지 사항을 전제하고서 진행하기로 하겠다.

① 비예금민간에게 있어서 신규채권의 발행이나 기발행채권의 소각은

당분간 일어나지 않는다.

② 비예금민간 외부의 경제주체[이를테면 예금기관이나 중앙은행]가
채권시장에 참여하여 매매에 나서는 일도 당분간 일어나지 않는다.

가. 채권에서의 초과소요총액이 해소되는 메커니즘

이제, 채권에서 초과소요총액이 형성되어 있는 상황, 즉,

채권총액 B < 채권소요총액 B''

이 성립하는 상황을 가상해 보자.

이 상황에서는, 여타 세 자산[현금통화와 화폐성예금 및 저축성예금]
중 하나 이상에서 잉여보유총액이 형성되어 있기 때문에, 해당자산[들]을
채권으로 전환하려고 나서는 경제주체들이 역방향으로의 전환에 나서는
경제주체들보다 금액 기준으로 훨씬 더 많게 된다. 이것은 위 '①'의 전
제하에서 다음을 의미한다. 즉, 비예금민간 내부에서 유효수요총액으로서
의 채권매수수요총액이 유효공급총액으로서의 채권매도공급총액보다 크
거나 곧 커질 것임을 의미한다. 한데, 위 '②'의 전제하에서 비예금민간의
채권매수수요총액 및 채권매도공급총액은 각각 그대로 채권시장 전체
차원의 매수수요총액 및 매도공급총액이 된다. 그리하여, 제1장에서 일
반적으로 전제한 대로 채권시장이 효율적인 한, 채권의 시장가격은 곧
상승할 것이다.

그런데, 그 상승은 당연히 채권총액 B의 크기를 직접 증가시킨다.
그 증가폭을 잠시 '채권총액 B의 증가폭'이라고 부르기로 하겠다.

한편, 그 상승은 이를테면 다음의 세 가지 경로를 거쳐 채권소요총액
B''의 크기에도 영향을 미칠 수 있다.

ⓐ 경로 1 : 채권의 시장가격이 상승 → 채권총액 B가 증가 → 동 증
가폭만큼 유동자산총액 U가 증가 → 예산제약효과(budget constraint
effect)에 의해 채권소요총액 B''이 증가[단, 그 증가폭은 채권총액 B의

증가폭보다는 작음]

ⓑ 경로 2 : 채권의 시장가격이 상승 → 동 가격과 역비례관계에 있는 채권의 유통수익률이 하락 → 채권과 대체재관계에 있는 저축성예금의 이자율이 그대로 있다면 통상적 대체효과(ordinary substitution effect)에 의해 채권소요총액 B'' 이 감소

ⓒ 경로 3 : 채권의 시장가격이 상승 → '가까운 장래에 그 가격이 도로 하락할 가능성이 높으므로 채권을 보유하고 있으면 자칫 시세차손을 입을 수 있다.'라고 우려하는 경제주체들이 늘어남 → 투기효과(speculation effect)에 의해 채권소요총액 B'' 이 감소

위의 세 가지 경로를 종합하여 고려해 볼 때, 다음과 같이 추론하는 것은 합현실적이라고 할 수 있다. ― "채권의 시장가격의 상승은 채권소요총액 B'' 을 증가시킬 수도 있고 감소시킬 수도 있는데, 설사 증가시키더라도 그 증가폭은 채권총액 B 의 증가폭보다는 훨씬 작을 것이다."

그렇다면, 우리가 가상한 상황에서 거의 곧바로 이루어지는 채권의 시장가격의 상승은, 한편으로는 채권총액 B 를 상대적으로 큰 폭으로 증가시키고, 다른 한편으로는 채권소요총액 B'' 을 감소시키거나 상대적으로 미미하게 증가시켜,

채권총액 B < 채권소요총액 B''

이던 당초의 상황을

채권총액 B = 채권소요총액 B''

인 상황으로 바꾸어 놓을 것이다.

그리고, 채권시장이 효율적인 한, 위의 과정은 신속하게 진행 및 완료될 것이다.

나. 채권에서의 잉여보유총액이 해소되는 메커니즘

다음으로, 채권에서 잉여보유총액이 형성되어 있는 상황, 즉,

채권총액 B > 채권소요총액 B''

이 성립하는 상황을 가상해 보자. 이 상황에서는 위 '가'에서와는 반대되는 양상의 과정이 진행될 것이다. 그리하여, 당초의 상황이 상당히 짧은 시일 내에

채권총액 B = 채권소요총액 B''

인 상황으로 바뀔 것이다.

다. 부분적 결론

설명은 생략하겠지만, 우리는 앞 '①'과 '②'의 전제를 해제하고서도 이상의 논의가 시사해 주는 다음의 사실에 접근할 수 있다.
"거의 매 시점에 있어서 채권총액 B와 채권소요총액 B''은 대체로 일치한다. 즉, 거의 매 시점에 있어서

채권총액 B ≈ 채권소요총액 B''

이 성립한다."

3. 현금통화와 화폐성예금 및 저축성예금의 경우

채권총액 B와 채권소요총액 B''이 거의 매 시점에 있어서 대체로 일치한다는 사실은, 우리에게 다음 사항을 일러 준다. ―"잉여보유총액이나 초과소요총액은 실질적으로는 현금통화나 화폐성예금 또는 저축성예금에서만 형성될 수 있는 셈이다."

그런데, 현금통화나 화폐성예금 또는 저축성예금에서 형성되어 있는 잉여보유총액이나 초과소요총액은, 그 세 가지 자산 사이의 전환이 각기 적정금액만큼 이루어지면 해소될 수 있다. 한편, 예금기관이 지급불능상태에 처하는 일만 발생하지 않는다면, 그 전환에는 별반의 시일이 소요되

지 않는다. 그렇다면, 예금기관이 지급불능상태에 처하는 일이 발생하지 않는 한, 앞의 해소의 과정은 적어도 이론적으로는 언제나 상당히 짧은 시일 내에 진행 및 완료될 수 있다.

우리는 논의의 편의를 위해 사실상 "통상의 상황에서는 예금기관이 지급불능상태에 처하는 일은 발생하지 않는다."라고 전제해 왔고, 앞으로도 그럴 것이다.

그러므로, 우리는 다음과 같이 언급해도 무방하다.

"거의 매 시점에 있어서 현금통화와 화폐성예금 및 저축성예금 각각의 보유총액과 그 소요총액은 각 자산별로 대체로 일치한다. 즉, 거의 매 시점에 있어서

$$현금통화총액\ C \approx 현금통화소요총액\ C^n,$$
$$화폐성예금총액\ D \approx 화폐성예금소요총액\ D^n,$$
$$저축성예금총액\ T \approx 저축성예금소요총액\ T^n$$

이 성립한다."

제3항 자산총액과 그 소요총액 사이의 대소관계에 관한 전제

이상의 논의에 근거하여, 그리고 앞으로의 논의에서 서술의 편의를 기하기 위하여, 저자는 지금부터 아래와 같이 전제하기로 하겠다. 일시적 내지 과도적으로는 각 자산별로 보유총액과 소요총액이 괴리될 수도 있다는 점을 인정하기로 하고서 말이다.

"매 시점에 있어서 현금통화 · 화폐성예금 · 저축성예금 및 채권 각각의 보유총액과 그 소요총액은 각 자산별로 일치한다. 즉, 매 시점에 있어서

$$현금통화총액\ C = 현금통화소요총액\ C^n,$$

$$\text{화폐성예금총액 } D = \text{화폐성예금소요총액 } D'',$$
$$\text{저축성예금총액 } T = \text{저축성예금소요총액 } T'',$$
$$\text{채권총액 } B = \text{채권소요총액 } B''$$

이 성립한다."

이 전제는 현실에서 크게 벗어나지 않는 것이다.

이 전제는 외관상으로는 단순해 보일 것이다. 그러나, 저자는 이 전제의 배후에 엄존하는 사실을 발견하게 되기까지 결코 짧지 않은 부심(腐心)의 과정을 겪어야 했다. 논리적 험로를 탐사하는 고심(苦心)의 과정을 말이다. 저자는 또, 본편에서 지금까지 행해진 많은 서술의 절반 정도가 기실 이 전제의 타당성을 설명하기 위해 할당되었다고 해도 과언이 아닐 정도로 공도 많이 들였다.

앞으로 제시될 저자의 이론모형에서 이 전제가 차지하는 비중은, 케인즈의 유효수요이론에서 "한계소비성향은 1보다 작다."라는 전제가 차지하는 그것과 엇비슷할지도 모른다. ― 그냥 내부적 비중 면에서만 그렇다는 이야기다.

제2절 현금통화비율 등에 관한 전제

제1항 현금통화비율 등의 정의

　유동자산총액의 자산별 구성에 관련된 비예금민간의 선호(選好 ; preference)를 나타내 준다고 할 수 있는 몇 가지 비율(比率 ; ratio)들을 아래와 같이 정의하고자 한다.

　현금통화소요총액, 화폐성예금소요총액, 저축성예금소요총액 및 채권소요총액 각각이 유동자산총액 중에서 차지하는 비율을, 그 순서대로 현금통화비율(currency ratio) c, 화폐성예금비율(monetary deposit ratio) d, 저축성예금비율(savings deposit ratio) t 및 채권비율(bond ratio) b 라고 지칭 및 표시하기로 하겠다.

　각 비율은 수학적으로는

$$c \equiv \frac{C^n}{U}, \quad d \equiv \frac{D^n}{U}, \quad t \equiv \frac{T^n}{U}, \quad b \equiv \frac{B^n}{U}$$

으로 정의된다.

　그리하여, 이제 다음과 같은 관계식들이 성립한다. 즉,

$$C^n = c \cdot U,$$
$$D^n = d \cdot U,$$
$$T^n = t \cdot U,$$
$$B^n = b \cdot U$$

가 성립한다. 이 관계식들은, 각각이 해당자산에 대한 소요총액과 유동자산총액 사이의 개별적인 관계를 나타내 준다는 점에서, '네 가지 유동자산 각각에 대한 소요총액과 유동자산총액 사이의 개별관계식' 정도로 총칭(總稱)되기도 할 것이다.

위의 관계식들이 다음을 의미함은 물론이다. — "임의의 시점에 있어서 비예금민간은 유동자산총액 중에서 c 율(率)만큼은 현금통화의 형태로, d 율만큼은 화폐성예금의 형태로, t 율만큼은 저축성예금의 형태로, 그리고 b 율만큼은 채권의 형태로 각각 보유하고 있고자 한다."

한편, 현금통화 · 화폐성예금 · 저축성예금 및 채권소요총액의 합계는 언제나 유동자산총액과 일치하여 항상

$$C^n + D^n + T^n + B^n = U$$

가 성립하므로, 현금통화 · 화폐성예금 · 저축성예금 및 채권비율의 합계는 반드시 1이 된다. 즉,

$$c + d + t + b = 1$$

이 기계적으로 성립한다. 이 식은 각 비율의 운신(運身)을 제약하는 식이기도 하므로 〈비율제약식〉으로 지칭되어도 좋을 것이다.

이미 언급한 바와 같이, 각 비율은 비예금민간의 선호를 반영하여 형성된다. 예를 들어, 저축성예금이자율을 포함한 여타의 변수들은 그대로인데 채권유통수익률이 비예금민간 외부에서 발생한 어떤 요인에 의해 홀로 상승한 경우를 가상해 보자. 이 경우, 비예금민간의 입장에서 볼 때 저축성예금의 매력도는 상대적으로 떨어지고 채권의 그것은 상대적으로 올라갈 것이다. 그렇다면, 현금통화비율이나 화폐성예금비율은 어떨지 몰라도, 저축성예금비율은 하락하고 채권비율은 상승하게 될 것이다. 물론, 〈비율제약식〉을 충족시키는 범위 내에서 말이다.

각 비율에 영향을 미치는 변수들로는 어떠한 것들이 있는지에 관한 자세한 논의는 제2편 제4장으로 미루기로 하겠다.

제2항 현금통화비율 등의 한 시점에서의 크기에 관한 전제

저자는 이상의 각 비율에 관해 다음과 같이 전제하기로 하겠다.

첫째, 각 비율은 0보다는 크고 1보다는 작은 값을 취한다. 이 첫 번째 전제는 매우 현실적인 것이므로 재론되지 않을 것이다.

둘째, 다른 조건들이 일정하다고 할 때, 각 비율은 유동자산총액의 크기에 의해서는 달라지지 않아 각기 균일한 값을 취한다. 즉, 어떤 조건들 아래에서 각 비율이 유동자산총액의 임의의 한 수준에 대해 각기 어떤 값을 취한다면, 그 값은 유동자산총액의 크기가 달라지더라도 해당조건들 아래에서는 각기 균일하게 유지된다.[11]

이 두 번째 전제하에서, ① 각 비율은 해당자산에 대한 소요총액과 유동자산총액 사이의 개별관계식 속에서는 '$y = a \cdot x$'에서의 'a'처럼 상수(常數; constant)의 역할을 하고, ② 해당관계는 '$y = a \cdot x$' 형태의 선형관계(線形關係; linear relation)가 된다.

예를 들어, 어떤 조건들 아래에서 U의 임의의 한 수준에 대해

$$c = 0.02, \quad d = 0.2, \quad t = 0.4, \quad b = 0.38$$

이라면, 그 조건들 아래에서는 U의 가능한 모든 수준에 대해

$$C^n = 0.02 \cdot U, \quad D^n = 0.2 \cdot U,$$
$$T^n = 0.4 \cdot U, \quad B^n = 0.38 \cdot U$$

의 함수관계들이 성립한다.

---

11) 수학적으로 표현하면, 모든 $U \geq 0$에 대해

$$\frac{\partial c}{\partial U} = 0, \quad \frac{\partial d}{\partial U} = 0, \quad \frac{\partial t}{\partial U} = 0, \quad \frac{\partial b}{\partial U} = 0$$

이 성립한다고 전제하는 것이다. 그림으로 표현하면, 이를테면 d와 U 사이의 관계가 예컨대 옆의 그림에서와 같다고 전제하는 것이다.

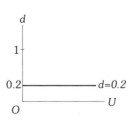

위의 두 번째 전제를 보다 현실적인 것으로 완화하는 문제는 나중에 논의될 것인데, 그 논의 또한 제2편 제4장에서 이루어질 것이다. 그때, 독자 여러분께서는 지금의 전제가 나름대로의 실제적 유용성을 지니고 있다는 사실을 인지하시게 될 것이다.

아무튼, 별도의 언급이 없는 한, 앞으로 등장할 여러 관계식들에 포함되어 있는 c, d, t 및 b는 지금의 전제에 따라 각각 해당 관계식들 속에서 상수의 역할을 한다.

제3항　제1절에서의 전제와의 결합

제1절에서의 전제에 따르면, 각 자산총액과 그 소요총액 사이에는

$$C = C^n,$$
$$D = D^n,$$
$$T = T^n,$$
$$B = B^n \qquad \text{················· 〈식 1〉}$$

의 관계가 각각 성립한다. [*물론, 이미 언급한 대로 '일시적 내지 과도적 괴리'는 인정된다.]

한편, 본절에서의 논의에 따를 때, 각 자산소요총액과 유동자산총액 사이에는

$$C^n = c \cdot U,$$
$$D^n = d \cdot U,$$
$$T^n = t \cdot U,$$
$$B^n = b \cdot U \qquad \text{················· 〈식 2〉}$$

의 관계가 각각 성립한다.

그렇다면, 각 자산총액과 유동자산총액 사이에는 당연히

$$C = c \cdot U,$$

$$D = d \cdot U,$$
$$T = t \cdot U,$$
$$B = b \cdot U \quad \cdots\cdots\cdots\cdots\cdots\cdots\cdots\cdots\cdots\cdots \langle \text{식 3} \rangle$$

의 관계가 각각 성립한다. [*⟨식 1⟩에서 인정되는 만큼의 '일시적 내지 과도적 괴리'가 이 경우에도 인정되어야 할 것임은 물론이다.]

제4항 현금통화비율 등의 한 기간 동안의 크기에 관한 전제

앞 제2항에서의 전제는 기실 현금통화비율 등이 한 시점에서 어떠한 크기를 취하느냐에 관한 것이었다. 본항에서는 그것들이 시간이 흐르는 동안에는 매 시점에서 어떠한 크기를 취하느냐에 관해 다음과 같이 전제하기로 하겠다.

"네 가지 유동자산 각각에 대한 소요총액과 유동자산총액 사이의 개별 관계식은, 논의 중에 새로운 상태가 가상된 것은 그 새로운 상태로, 그리고 별도의 언급이 없는 것은 종전과 동일한 상태로, 해당논의의 대상기간에 걸쳐 일정하게 유지된다."

제3절   목표지급준비율에 관한 전제

제1항   목표지급준비율의 한 시점에서의 크기에 관한 전제

예금기관부문은 목표지급준비금총액을 아래에서와 같이 설정한다고 전제하기로 하겠다.

① 전술한 바 있는 의무·자율·목표지급준비금총액은 각각 화폐성예금에 대한 부분과 저축성예금에 대한 부분으로 구분된다.

② 예금기관부문이 수입해 놓은 화폐성예금의 총잔액 대비 화폐성예금에 대한 의무·자율·목표지급준비금총액 각각의 비율을 '화폐성예금에 대한 의무·자율·목표지급준비율'(compulsory/self-imposed/target reserve ratio on monetary deposits)이라고 지칭하기로 하겠다.

③ 아울러, 예금기관부문이 수입해 놓은 저축성예금의 총잔액 대비 저축성예금에 대한 의무·자율·목표지급준비금총액 각각의 비율을 '저축성예금에 대한 의무·자율·목표지급준비율'(compulsory/self-imposed/target reserve ratio on savings deposits)이라고 지칭하기로 하겠다.

④ 각 예금의 경우, 다른 조건들이 일정하다고 할 때, ⓐ 의무지급준비율과 자율지급준비율은 예금기관부문이 수입해 놓은 해당예금의 총잔액의 크기에는 상관없이 각기 균일한 값을 취하며, ⓑ 따라서 두 비율의 합계로서의 목표지급준비율도 예금기관부문이 수입해 놓은 해당예금의 총잔액의 크기에는 상관없이 균일한 값을 취한다.

⑤ 화폐성예금에 대한 목표지급준비율은 q_D로, 그리고 저축성예금에 대한 그것은 q_T로 표시하기로 하겠다. 이들 두 비율 각각은, 중앙은행의 통화신용정책 운영방향이나 예금기관부문의 전반적인 경영전략 등이 변화하게 되면 따라서 변화할 수 있지만, 해당예금에 대한 목표지급준비금

총액과 예금기관부문이 수입해 놓은 해당예금의 총잔액 사이의 관계식 속에서는 위 '④'의 전제에 의해 각기 상수의 역할을 한다. 그리고, 두 비율 각각의 절대적 및 상대적 크기에 관해서는

$$1 \gg q_D \gg q_T \gg 0$$

의 관계가 성립한다.

이상의 전제는, 비록 현실 그대로는 아닐지라도 현실에서 많이 괴리된 것은 아니라고 할 것이다.

한편, 우리는 이전의 논의 중에 다음과 같이 전제한 적이 있다. ―"정부나 중앙은행이 예금기관을 상대로 예금을 보유하는 일은 일절 없으며, 한 예금기관이 다른 예금기관을 상대로 예금을 보유하는 일도 일절 없다."

이 전제는 비예금민간만이 예금기관을 상대로 예금을 보유할 수 있다는 것을 의미하고, 이것은 다시 다음을 의미한다. ―"예금기관부문이 수입해 놓은 화폐성예금의 총잔액은 곧 비예금민간의 화폐성예금총액 D와 일치하고, 예금기관부문이 수입해 놓은 저축성예금의 총잔액은 곧 비예금민간의 저축성예금총액 T와 일치한다."

이제, 화폐성예금에 대한 목표지급준비금총액은 화폐성예금총액 D에 화폐성예금에 대한 목표지급준비율 q_D를 곱하여 얻는 금액[즉, $q_D \cdot D$]이 되고, 저축성예금에 대한 목표지급준비금총액은 저축성예금총액 T에 저축성예금에 대한 목표지급준비율 q_T를 곱하여 얻는 금액[즉, $q_T \cdot T$]이 된다. 그리고, 전체적인 목표지급준비금총액, 즉, 지급준비금소요총액 (need for reserves)은 당연히 앞의 두 금액을 합계한 것이 된다.

그리하여, 지급준비금소요총액 R^n은

$$R^n = q_D \cdot D + q_T \cdot T$$

가 된다. 이 식을 〈지급준비금소요총액 계산식〉이라고 부르기로 하겠다.

우리는 아래의 논의를 통해 유동자산총액 U의 각 수준에 대해 지급준비금소요총액 R^n이 어떤 크기를 취하게 될지를 알 수 있다.

전술한 〈식 3〉에 따르면, 화폐성예금총액 D와 저축성예금총액 T 및 유동자산총액 U 사이에는

$$D = d \cdot U, \quad T = t \cdot U$$

의 관계들이 성립한다. 이 두 식을 위의 〈지급준비금소요총액 계산식〉에 대입하면, 지급준비금소요총액 R^n은

$$
\begin{aligned}
R^n &= q_D \cdot D + q_T \cdot T \\
&= q_D \cdot (d \cdot U) + q_T \cdot (t \cdot U) \\
&= (q_D \cdot d + q_T \cdot t) \cdot U \qquad \cdots\cdots\cdots\cdots \langle \text{식 4} \rangle
\end{aligned}
$$

가 된다.

참고로, 위의 〈식 4〉를 살펴볼 때, 우리의 전제하에서는 $(q_D \cdot d + q_T \cdot t)$가 상수의 역할을 하므로, 우리는 적어도 다음의 사실을 알 수 있다. ― "지급준비금소요총액 R^n과 유동자산총액 U 사이에도 선형관계가 성립한다."

제2항 목표지급준비율의 한 기간 동안의 크기에 관한 전제

위 제1항에서의 전제는 기실 두 가지 목표지급준비율이 한 시점에서 어떠한 크기를 취하느냐에 관한 것이었다. 본항에서는 그것들이 시간이 흐르는 동안에는 매 시점에서 어떠한 크기를 취하느냐에 관해 다음과 같이 전제하기로 하겠다.

"두 가지 목표지급준비율은, 논의 중에 새로운 수준이 가상된 것은 그 새로운 수준으로, 그리고 별도의 언급이 없는 것은 종전과 동일한 수준으로, 해당논의의 대상기간에 걸쳐 일정하게 유지된다."

제4절 추가지출과 추가회수에 관한 전제

예금기관부문이 비예금민간을 상대로 신규대출의 실행 등 투자대상자산의 매입을 위한 지급을 행할 때, 통상적으로 그 지급은 비예금민간 보유 화폐성예금을 증액시켜 주는 방식으로 이루어진다. 물론, 그 지급이 비예금민간에게 현금을 직접 지급하는 방식으로 이루어지는 경우도 아주 없지는 않을 것이다. 그 지급이 어느 방식으로 이루어지든, 그것이 비예금민간의 유동자산총액 U 를 직접 증가시키는 요인으로 작용하는 것만은 분명하다.

반면에, 예금기관부문이 비예금민간을 상대로 기존대출금의 회수 등 투자대상자산의 매각을 통한 수취를 행할 때, 그 수취는 비예금민간 보유 화폐성예금이나 현금이 감액되는 형태로 이루어진다. 분명히, 그 수취는 유동자산총액 U 를 직접 감소시키는 요인으로 작용한다.

한편, 예금기관부문이 지급준비금잉여분의 감축을 도모하여 추가지출에 나서야 할 때, 일반적으로는 다음과 같은 과정이 그 추가지출의 중요한 부분으로 진행될 것이다. ― 동 부문은 비예금민간을 상대로 투자대상자산의 매각은 상대적으로 줄이고 그것의 매입은 상대적으로 늘리는 일을 한다. 이를테면, 비예금민간을 상대로 기존대출금은 조금 회수하고 신규대출은 많이 실행한다. [*이 과정의 진행은 유동자산총액 U 를 시간의 경과에 따라 증가시키는 요인이 된다.]

반대로, 예금기관부문이 지급준비금부족분의 보충을 도모하여 추가회수에 나서야 할 때에는, 일반적으로 다음과 같은 과정이 그 추가회수의 중요한 부분으로 진행될 것이다. ― 동 부문은 비예금민간을 상대로 투자대상자산의 매입은 상대적으로 줄이고 그것의 매각은 상대적으로 늘리는 일을 한다. 이를테면, 비예금민간을 상대로 신규대출은 조금 실행하고 기존대출금은 많이 회수한다. [*이 과정의 진행은 유동자산총액 U 를 시간

의 경과에 따라 감소시키는 요인이 된다.]

그리고, 예금기관부문이 지급준비금에 잉여분도 부족분도 발생하지 않아 추가지출이나 추가회수를 하지 않으려 할 때에는, 일반적으로 다음과 같은 과정이 그 현상유지 도모의 중요한 부분으로 진행될 것이다. — 동 부문은 비예금민간을 상대로 투자대상자산의 매입이나 매각을 상대적으로 줄이거나 늘리는 일을 하지 않는다. 이를테면, 비예금민간을 상대로 신규대출을 실행하고 기존대출금을 회수함에 있어 한쪽으로 치우치는 일은 하지 않는다. [*이 과정의 진행은 유동자산총액 U 를 시간이 경과하는 동안 균일한 수준으로 유지시키는 요인이 된다.]

이상을 감안하여, 그리고 논의의 편의를 위하여, 저자는 지금부터 아래와 같이 전제하기로 하겠다.

① 지급준비금총액 R 가 그 소요총액 R''[목표수준]을 초과하는 경우, 예금기관부문은 그 잉여분의 감축을 도모하여 추가지출에 나서되, 비예금민간을 상대로 투자대상자산의 매각은 상대적으로 줄이고 그것의 매입은 상대적으로 늘리는 일을 하는 것에 중점을 둔다. 그 과정에서 유동자산총액 U 는 시간의 경과에 따라 증가한다.

② 지급준비금총액 R 가 그 소요총액 R'' 에 미달하는 경우, 예금기관부문은 그 부족분의 보충을 도모하여 추가회수에 나서되, 비예금민간을 상대로 투자대상자산의 매입은 상대적으로 줄이고 그것의 매각은 상대적으로 늘리는 일을 하는 것에 중점을 둔다. 그 과정에서 유동자산총액 U 는 시간의 경과에 따라 감소한다.

③ 지급준비금총액 R 가 그 소요총액 R'' 과 일치하는 경우, 예금기관부문은 현상유지를 도모하여 추가지출이나 추가회수를 하지 않되, 비예금민간을 상대로 투자대상자산의 매입이나 매각을 상대적으로 줄이거나 늘리는 일을 하지 않는 것에 중점을 둔다. 그 과정에서 유동자산총액 U 는 시간이 경과하는 동안 균일한 수준으로 유지된다.

이상의 전제 역시 현실에서 크게 벗어난 것은 아니다.

제5절 본원화폐총액에 관한 전제

물리적 형태 면에서, 본원화폐는 현금과 중앙은행당좌예금으로 구성된다.

그런데, 현금의 경제학적 생성(生成) 및 소각(消却)은 각각 중앙은행의 발권 및 환수조치가 있어야만 완결될 수 있다. 그리고, 중앙은행당좌예금의 경제학적 생성 · 유통 및 소각 역시 각각 중앙은행의 수입 · 이체 및 해지조치가 있어야만 완결될 수 있다.

이 점은 중앙은행이 본원화폐총액을 조절 및 관리할 수 있는 권능(權能)을 가지고 있다는 것을 시사해 준다. 그리고, 그렇게 시사해 주는 바는 일반적인 사실이다.

그렇다면, 비록 그 권능을 자의적(恣意的)으로 행사할 수는 없을지라도, 중앙은행은 적어도 이론적으로는 주어진 상황에서 본원화폐총액 H를 자신이 의도하는 어떤 수준[이를테면 H_0의 수준]으로 일정기간 동안 계속 유지시킬 수 있다고 할 수 있다.

이상을 감안하여, 그리고 이번에도 또한 논의의 편의를 위하여, 저자는 지금부터 다음과 같이 전제하기로 하겠다.

"주어진 상황별로 본원화폐총액 H는 중앙은행이 의도하는 어떤 수준으로 해당기간 동안 균일하게 유지된다."

이 전제에 의해, 본원화폐총액 H는 우리의 이론모형에서 외생변수(外生變數; exogenous variable)가 된다.

참고로, 국민경제의 분석을 위한 이론모형들로서 기존이론을 추종하는 경제학자들이 케인즈 이래 지난 70여 년 동안 만들어 온 것들을 이것저것 살펴보면, 거의 예외 없이 본원화폐총액이 아니라 통화량(通貨量; quantity of money)이나 총통화량(總通貨量; quantity of broad money)이 외생변수로 설정되어 있다. 통화량이나 총통화량이 내생변수로 설정되어 있는 경우에도, 형식적으로만 그럴 뿐 실질에 있어서는 그것이 외생변수나 다름이 없게 설정되어 있다. 사실, 저자도 졸저 『새로운 패러다임』 중 1983년에 주로 집필한 초반부에서만큼은 통화량을 외생변수로 설정했었다. [*통화량은 '현금통화총액과 화폐성예금총액의 합계'에 해당하고, 총통화량은 '현금통화총액과 화폐성예금총액 및 저축성예금총액의 합계'에 해당한다.]

그러나, 통화량이나 총통화량은 외생변수로 취급될 성격의 변수가 아니다. 왜냐하면, 그것은 중앙은행이 직접적으로 통제할 수 있는 본원화폐총액과는 달리 동 기관이 간접적으로만 통제할 수 있는 변수이기 때문이다. 나중의 논의 중에 보다 정확한 모습이 밝혀지겠지만, 그것은 국민경제의 시스템 안에서 중앙은행을 포함하는 수많은 경제주체들 간의 상호작용에 의해 그 크기가 결정되는 변수다. 한마디로, 내생변수(內生變數; endogenous variable)로 취급되는 것이 일반적으로 타당한 변수인 것이다.

기존경제학자들도 비록 정확하게는 아니지만 위의 사실을 나름대로 잘 알고 있을 것이다. 아니, 분명히 그렇다. 그들이 교과서에서 장(章; chapter) 하나 정도를 할애하여 '신용창조'나 '통화승수' 같은 것을 설명하고 있는 것을 보면 말이다. 그럼에도, 그들은 실제로 국민경제분석모형을 구성함에 있어서는 대부분의 경우에 "통화량이나 총통화량은 중앙은행이 자신이 의도하는 수준으로 기계적으로 유지시킬 수 있고, 따라서 얼마든지 외생변수로 취급될 수 있다."라고 주장하며 견강부회(牽强附會)하고 있다. 다음과 같은 중요한 사실은 몰각한 채 말이다. ― "설사 그것이 중앙은행이 충분히 통제할 수 있는 것이라고 하더라도, 그것을 외생변수로 취급한 모형은 어떻든 논리정합성과 현실적합성 모두를 결할 수밖에 없다."

그들이 그렇게 할 수밖에 없는 가장 중요한 이유는, 아직 이 책이 나오지 않았기 때문이다.

제4장

****

유동자산총액이 결정되는 메커니즘

제1절
〈주요 변수들의 개념과 주요 전제〉의 개요

앞의 제2장 및 제3장에서 논의된 내용이 자못 방대한 터라, 독자 여러분께서는 복습을 필요로 하실 것이다. 이 제1절은 그 번거로움을 덜어 드리기 위해 할애된 것이다.

제1항 주요 변수들의 개념

앞의 제2장에서, 저자는 주요 변수들을 다음과 같이 설정했다.

① 한 시점에 있어서 비예금민간이 실제로 보유하고 있는 현금통화, 화폐성예금, 저축성예금, 채권 그리고 제반 유동자산 각각의 총가액을, 그 순서대로 현금통화총액 C, 화폐성예금총액 D, 저축성예금총액 T, 채권총액 B 그리고 유동자산총액 U라고 지칭 및 표시하기로 했다. 이 다섯 변수들 사이에는 정의상

$$U = C + D + T + B$$

의 관계가 성립한다.

② 한편, 한 시점에 있어서 비예금민간이 유동자산총액의 테두리 내에서 보유하고 있고자 하는 현금통화, 화폐성예금, 저축성예금 그리고 채권 각각의 총가액은, 그 순서대로 현금통화소요총액 C'', 화폐성예금소요총액 D'', 저축성예금소요총액 T'' 그리고 채권소요총액 B''이라고 지칭 및 표시하기로 했다.

③ 한 시점에 있어서 예금기관부문이 실제로 보유하고 있는 지급준비금의 총액을 지급준비금총액 R라고 지칭 및 표시하기로 했다. 그리고,

한 시점에 있어서 예금기관부문이 법령상 및 경영상의 필요에 따라 보유하고 있고자 하는 지급준비금의 총액은 지급준비금소요총액 R^n이라고 지칭 및 표시하기로 했다.

④ 현금통화총액 C와 지급준비금총액 R를 합계한 것을 본원화폐총액 H라고 지칭 및 표시하기로 했다. 세 변수들 사이에는 정의상

$$H = C + R$$

의 관계가 성립한다.

⑤ 그리고, 현금통화소요총액 C^n과 지급준비금소요총액 R^n을 합계한 것은 본원화폐소요총액 H^n이라고 지칭 및 표시하기로 했다. 세 변수들 사이에는 정의상

$$H^n = C^n + R^n$$

의 관계가 성립한다.

제2항 주요 전제

이어서, 앞의 제3장에서, 저자는 나름대로의 현실적 근거들을 제시하며 다음과 같이 전제했다.

① 각 자산총액과 그 소요총액 사이에는

$$C = C^n,$$
$$D = D^n,$$
$$T = T^n,$$
$$B = B^n \qquad \cdots\cdots\cdots\cdots\cdots\cdots\cdots\cdots \langle 식 1 \rangle$$

의 관계가 각각 성립한다.

② 한편, 각 자산소요총액과 유동자산총액 사이에는

$$C^n = c \cdot U,$$
$$D^n = d \cdot U,$$

$$T^n = t \cdot U,$$
$$B^n = b \cdot U \qquad \cdots\cdots\cdots\cdots\cdots\cdots\cdots\cdots\cdots \langle 식 2 \rangle$$

의 관계가 각각 성립한다. c, d, t 및 b는 그 순서대로 현금통화비율, 화폐성예금비율, 저축성예금비율 및 채권비율로 지칭되며, 그 합계는 〈비율제약식〉대로 반드시 1이다. 각 비율은 0보다는 크고 1보다는 작은 값을 취한다. 그리고, 별도의 언급이 없는 한 해당 관계식들 속에서 상수의 역할을 한다. 한편, 그 관계식들은, 논의 중에 새로운 상태가 가상된 것은 그 새로운 상태로, 그리고 별도의 언급이 없는 것은 종전과 동일한 상태로, 해당논의의 대상기간에 걸쳐 일정하게 유지된다.

③ 참고로, 〈식 1〉과 〈식 2〉에 의해 각 자산총액과 유동자산총액 사이에는

$$C = c \cdot U,$$
$$D = d \cdot U,$$
$$T = t \cdot U,$$
$$B = b \cdot U \qquad \cdots\cdots\cdots\cdots\cdots\cdots\cdots\cdots\cdots \langle 식 3 \rangle$$

의 관계가 각각 성립한다.

④ 지급준비금소요총액 R^n 은

$$\begin{aligned} R^n &= q_D \cdot D + q_T \cdot T \\ &= q_D \cdot (d \cdot U) + q_T \cdot (t \cdot U) \\ &= (q_D \cdot d + q_T \cdot t) \cdot U \qquad \cdots\cdots\cdots\cdots \langle 식 4 \rangle \end{aligned}$$

가 된다. q_D는 화폐성예금에 대한 목표지급준비율이고, q_T는 저축성예금에 대한 목표지급준비율이다. 두 비율 각각은 해당 관계식들 속에서 상수의 역할을 한다. 그리고,

$$1 \gg q_D \gg q_T \gg 0$$

의 관계가 성립한다. 한편, 두 비율은, 논의 중에 새로운 수준이 가상된 것은 그 새로운 상태로, 그리고 별도의 언급이 없는 것은 종전과 동일한 수준으로, 해당논의의 대상기간에 걸쳐 일정하게 유지된다.

⑤ 지급준비금총액 R 가 그 소요총액 R''[목표수준]을 초과하는 경우, 예금기관부문은 그 잉여분의 감축을 도모하여 추가지출[주로 비예금민간을 상대로 행함]에 나서고, 그 과정에서 유동자산총액 U 는 시간의 경과에 따라 증가한다.

⑥ 지급준비금총액 R 가 그 소요총액 R'' 에 미달하는 경우, 예금기관부문은 그 부족분의 보충을 도모하여 추가회수[주로 비예금민간을 상대로 행함]에 나서고, 그 과정에서 유동자산총액 U 는 시간의 경과에 따라 감소한다.

⑦ 지급준비금총액 R 가 그 소요총액 R'' 과 일치하는 경우, 예금기관부문은 현상유지를 도모하여 추가지출이나 추가회수를 하지 않으며, 그 과정에서 유동자산총액 U 는 시간이 경과하는 동안 균일한 수준으로 유지된다.

⑧ 주어진 상황별로 본원화폐총액 H 는 중앙은행이 의도하는 어떤 수준으로 해당기간 동안 균일하게 유지된다.

제2절
본원화폐총액과 그 소요총액에 관한 보론

제1항 본원화폐총액과 그 소요총액 사이의 차액이
함축하는 의미

　　본원화폐총액 H 를 나타내는 식

$$H = C + R$$

에서 본원화폐소요총액 H^n 을 나타내는 식

$$H^n = C^n + R^n$$

을 변끼리 차감하면,

$$H - H^n = (C - C^n) + (R - R^n) \quad \cdots\cdots\cdots\cdots \quad \langle \text{식 5} \rangle$$

의 식을 얻을 수 있다.

　　그런데, 〈식 1〉에 의해

$$C = C^n$$

이 성립하여

$$C - C^n = 0$$

이므로, 〈식 5〉는

$$H - H^n = R - R^n \qquad \cdots\cdots\cdots\cdots\cdots\cdots\cdots\cdots\cdots \quad \langle \text{식 6} \rangle$$

이 된다.

　　위의 〈식 6〉은, 본원화폐총액 H 와 그 소요총액 H^n 사이의 차액[전자에서 후자를 차감한 것]이 지급준비금총액 R 와 그 소요총액 R^n 사이의 차액[전자에서 후자를 차감한 것]과 똑같은 크기를 가진다는 것을 알려 준다.

제2항 본원화폐소요총액식과 본원화폐계수

한편, 〈식 2〉에 의해 현금통화소요총액 C^n은

$$C^n = c \cdot U$$

고, 〈식 4〉에 의해 지급준비금소요총액 R^n은

$$R^n = (q_D \cdot d + q_T \cdot t) \cdot U$$

이므로, 본원화폐소요총액 H^n은

$$H^n = C^n + R^n$$
$$= c \cdot U + (q_D \cdot d + q_T \cdot t) \cdot U$$
$$= (c + q_D \cdot d + q_T \cdot t) \cdot U \quad \cdots\cdots\cdots\cdots \quad 〈식 7〉$$

이 된다.

위의 〈식 7〉, 즉,

$$H^n = (c + q_D \cdot d + q_T \cdot t) \cdot U$$

의 식은, $(c + q_D \cdot d + q_T \cdot t)$의 구체적인 크기를 달리하기도 하면서 앞으로의 논의 중에 가장 빈번하게 등장할 매우 중요한 식이다. 이 식을 '본원화폐소요총액식'이라고 표현하기로 하겠다. 아울러, $(c + q_D \cdot d + q_T \cdot t)$를 '본원화폐계수'(本源貨幣係數; base money coefficient)라고 지칭하고 때때로 h로 표시하기로 하겠다.

그리하여, 이하에서 본원화폐소요총액식은 다음과 같은 형태로 등장할 것이다. 즉, 정식으로는

$$H^n = (c + q_D \cdot d + q_T \cdot t) \cdot U$$

의 형태로, 그리고 약식으로는

$$H^n = h \cdot U$$

의 형태로 등장할 것이다. 물론,

$$h \equiv c + q_D \cdot d + q_T \cdot t$$

다.

제3항 본원화폐총액식

어떤 상황에서 본원화폐총액 H 가 예컨대

$$H = H_0 \qquad \text{·····························} \quad \langle \text{식 8} \rangle$$

의 크기로 주어져 있다고 하자.

위의 $\langle$식 8$\rangle$과 같은 식, 즉, 주어진 크기의 본원화폐총액을 나타내주는 식을 '본원화폐총액식'이라고 표현하기로 하겠다.

제3절
유동자산총액이 결정되는 메커니즘

유동자산총액의 결정(決定 ; determination)은 어떤 메커니즘으로 이루어질까?

편의상 본원화폐총액 H는

$$H = \overline{H}$$

의 크기로 주어져 있다고 전제하고서 그 메커니즘을 설명하기로 하겠다. 그 설명은 다음과 같이 두 가지 방식으로 진행될 수 있다.

제1항 본원화폐총액과 그 소요총액을 대비시키는 방식에 의한 설명

유동자산총액이 결정되는 메커니즘을 설명할 수 있는 첫 번째 방식은 〈그림 1〉을 이용하는 것이다.

〈그림 1〉에서, 본원화폐총액식

$$H = \overline{H}$$

는 다음과 같은 직선, 즉, 그 절편(截片)이 $\overline{H}$인 세로축상의 지점을 출발하여 수평으로 우향하는 직선으로 표시된다. ― 간단히 표현하면, 높이가 $\overline{H}$인 수평선이 그것이다.

한편, 본원화폐소요총액식

$$H'' = (c + q_D \cdot d + q_T \cdot t) \cdot U$$

는 원점을 출발하여 완만한 기울기로 우상향하는 직선으로 표시된다. 이 직선과 같이 (U, H'') – 평면에서 본원화폐소요총액식을 표시해 주는 선

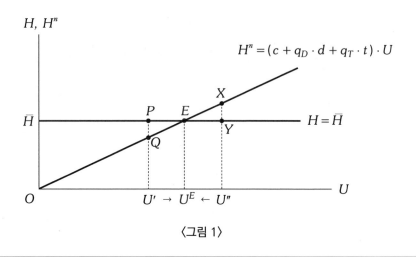

$$H^n = (c + q_D \cdot d + q_T \cdot t) \cdot U$$

〈그림 1〉

을 '본원화폐소요총액선' [H^n-line]이라고 지칭하기로 하겠다.

위의 두 직선이 교차하는 지점 [즉, 점 E]에 대응하는 유동자산총액 U의 크기를 U^E로 표시하기로 하겠다.

이제, 유동자산총액 U는 다음과 같은 메커니즘에 의해 그 크기가 U^E로 결정된다. [*독자 여러분께서는 특히 〈식 6〉을 미리 상기해 주시기 바란다.]

① 먼저, 유동자산총액 U가 어떤 이유로 U^E보다 작은 U'의 수준에 머물러 있는 경우를 상정해 보자. 이 경우, 본원화폐총액 H는 그 소요총액 H^n을 선분 PQ의 크기만큼 초과하고 있게 된다. 그런데, 이것은 곧 지급준비금총액 R이 그 소요총액 R^n을 같은 크기만큼 초과하고 있다는 것을 의미한다. 그리하여, 예금기관부문은 그에 따른 지급준비금잉여분의 감축을 도모하여 추가지출에 나서게 된다. 그 과정에서 유동자산총액 U는 시간의 경과에 따라 증가한다. 이 같은 프로세스는 유동자산총액 U가 U^E의 수준으로 증가하기 직전까지 계속 진행된다.

② 다음으로, 유동자산총액 U가 어떤 이유로 U^E보다 큰 U''의 수준에 머물러 있는 경우를 상정해 보자. 이 경우, 본원화폐총액 H는 그 소

요총액 H^n에 선분 XY의 크기만큼 미달하고 있게 된다. 그런데, 이것은 곧 지급준비금총액 R가 그 소요총액 R^n에 같은 크기만큼 미달하고 있다는 것을 의미한다. 그리하여, 예금기관부문은 그에 따른 지급준비금부족분의 보충을 도모하여 추가회수에 나서게 된다. 그 과정에서 유동자산총액 U는 시간의 경과에 따라 감소한다. 이 같은 프로세스는 유동자산총액 U가 U^E의 수준으로 감소하기 직전까지 계속 진행된다.

③ 마지막으로, 유동자산총액 U가 어떤 이유로 바로 U^E의 수준에 머물러 있는 경우를 상정해 보자. 이 경우, 본원화폐총액 H는 그 소요총액 H^n과 일치하고 있게 된다. 그런데, 이것은 곧 지급준비금총액 R가 그 소요총액 R^n과 일치하고 있다는 것을 의미한다. 그리하여, 예금기관부문은 현상유지를 도모하여 추가지출이나 추가회수를 하지 않는다. 그 과정에서 유동자산총액 U는 시간이 경과하는 동안 U^E의 수준에 그대로 머물러 있게 된다. 이 상태는 다른 조건들이 변경되지 않는 한 지속된다.

이상의 논의에 따를 때, U^E는 말하자면 유동자산총액 U의 균형수준(均衡水準; equilibrium level)이고, 그 균형수준은 안정적(安定的; stable)이다.

제2항   지급준비금총액과 그 소요총액을 대비시키는 방식에 의한 설명

유동자산총액이 결정되는 메커니즘은 〈그림 2〉에 의해서도 설명될 수 있다.

본원화폐총액 H와 현금통화총액 C 및 지급준비금총액 R 사이에는 정의상

$$H = C + R$$

의 관계가 성립한다.

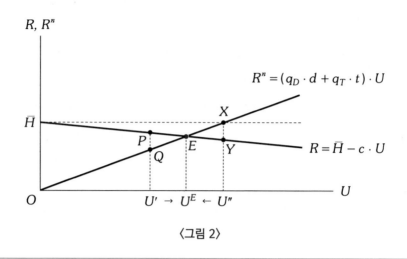

<그림 2>

그런데, 본원화폐총액 H는

$$H = \overline{H}$$

의 크기로 주어져 있고, 현금통화총액 C는 〈식 3〉에 의해

$$C = c \cdot U$$

이므로, 지급준비금총액 R는

$$R = H - C$$
$$= \overline{H} - c \cdot U$$

가 된다.

〈그림 2〉에서, 지급준비금총액 R를 나타내는 위의 식은 다음과 같은 직선, 즉, 그 절편이 $\overline{H}$인 세로축상의 지점을 출발하여 완만하게 우하향하는 제1사분면상의 직선으로 표시된다. 이 직선이 다음의 사실을 알려준다는 것은 물론이다. ─ "유동자산총액 U가 커질수록 지급준비금총액 R는 그 크기 자체가 작아진다."

한편, 지급준비금소요총액 R^n을 나타내는 〈식 4〉는

$$R^n = (q_D \cdot d + q_T \cdot t) \cdot U$$

인데, 이 식은 원점을 출발하여 완만한 기울기로 우상향하는 직선으로 표

시된다. 대응하는 본원화폐소요총액선에 비해 더 완만한 기울기를 가지는 이 직선은 어쨌든 다음의 사실을 알려 준다. — "유동자산총액 U가 커질수록 지급준비금소요총액 R''도 커진다."

위의 두 직선이 교차하는 지점[즉, 점 E]에 대응하는 유동자산총액 U의 크기를 U^E로 표시하기로 하겠다. 여기서의 U^E와 〈그림 1〉에서의 U^E가 동일한 크기를 취한다는 것에 대해서는 설명이 필요하지 않을 것이다.

이제, 유동자산총액 U는 다음과 같은 메커니즘에 의해 그 크기가 U^E로 결정된다.

① 먼저, 유동자산총액 U가 어떤 이유로 U^E보다 작은 U'의 수준에 머물러 있는 경우를 상정해 보자. 이 경우, 지급준비금총액 R는 그 소요총액 R''을 선분 PQ의 크기만큼 초과하고 있게 된다. 그리하여, 예금기관부문은 그에 따른 지급준비금잉여분의 감축을 도모하여 추가지출에 나서게 된다. 그 과정에서 유동자산총액 U는 시간의 경과에 따라 증가한다.

② 다음으로, 유동자산총액 U가 어떤 이유로 U^E보다 큰 U''의 수준에 머물러 있는 경우를 상정해 보자. 이 경우, 지급준비금총액 R는 그 소요총액 R''에 선분 XY의 크기만큼 미달하고 있게 된다. 그리하여, 예금기관부문은 그에 따른 지급준비금부족분의 보충을 도모하여 추가회수에 나서게 된다. 그 과정에서 유동자산총액 U는 시간의 경과에 따라 감소한다.

③ 마지막으로, 유동자산총액 U가 어떤 이유로 바로 U^E의 수준에 머물러 있는 경우를 상정해 보자. 이 경우, 지급준비금총액 R는 그 소요총액 R''과 일치하고 있게 된다. 그리하여, 예금기관부문은 현상유지를 도모하여 추가지출이나 추가회수를 하지 않는다. 그 과정에서 유동자산총액 U는 시간이 경과하는 동안 U^E의 수준에 그대로 머물러 있게 된다.

이상의 두 가지 설명방식은 수학적으로는 동등하다. 동일주화의 양면에 해당하는 셈이다. 그렇지만, 시사점 면에서는 차이가 있을 수 있으므로, 왠지 이를테면 LP음반의 양면에 비유되어야 할 것 같기도 하다.

아무튼, 이하의 논의는 기본적으로 전자의 설명방식의 연장선상에서 이루어질 것이다.

제4절 참고사항

제1항 유동자산공급방정식과 유동자산승수

유동자산총액 U 의 균형수준인 U^E 의 값을 산출해 보기로 하자.

우리의 전제하에서 본원화폐총액 H와 그 소요총액 H^n 은 각각

$$H = \overline{H},$$

$$H^n = (c + q_D \cdot d + q_T \cdot t) \cdot U$$

인데, 이 두 변수는 유동자산총액 U 가 U^E 의 수준에 있을 때 균등화된다. 이것은, 방정식

$$\overline{H} = (c + q_D \cdot d + q_T \cdot t) \cdot U$$

를 U 에 관해 풀었을 때의 해(解; solution)가 곧 U^E 임을 말해 준다.

그리하여, U^E 의 값은

$$U^E = \frac{1}{(c + q_D \cdot d + q_T \cdot t)} \cdot \overline{H}$$

로 산출된다.

우리는 위의 식을 '유동자산공급방정식'(流動資産供給方程式; liquid asset supply equation)이라고 불러도 좋을 것이다.

그리고,

$$u \equiv \frac{1}{(c + q_D \cdot d + q_T \cdot t)}$$

로 정의되는 수치 u 는 '유동자산승수'(流動資産乘數; liquid asset multiplier)라고 불러도 좋을 것이다. 유동자산승수 u 는 정의상 본원화폐계수 h [$\equiv c + q_D \cdot d + q_T \cdot t$]의 역수(逆數; reciprocal)에 해당한다.

이상의 논의가 알려 주는 것들 중의 하나는 다음의 사실이다. ―"유동자산총액은 본원화폐총액이 $\overline{H}$ 의 크기로 주어져 있는 경우 그 $\overline{H}$ 의 u

배(倍)만큼의 값으로 결정된다."

예를 들어,

$$c = 0.02, \quad d = 0.2, \quad t = 0.4, \quad b = 0.38,$$

$$q_D = 0.06, \quad q_T = 0.03$$

이라면,

$$u = \frac{1}{0.02 + 0.06 \times 0.2 + 0.03 \times 0.4}$$

$$= \frac{1}{0.044}$$

$$\approx 22.7$$

이 되어,

$$U^E \approx 22.7 \cdot \overline{H}$$

가 되는 것이다.

제2항 유동자산총액을 구성하는 변수들에 관한 논의

현금통화총액 C, 화폐성예금총액 D, 저축성예금총액 T 그리고 채권총액 B 각각의 균형수준을 그 순서대로 C^E, D^E, T^E 그리고 B^E로 표시하기로 하겠다.

⟨식 3⟩을 이루는

$$C = c \cdot U,$$

$$D = d \cdot U,$$

$$T = t \cdot U,$$

$$B = b \cdot U$$

의 관계식들은 이 대목에서 다음의 두 가지를 알려 준다.

첫째, 현금통화총액, 화폐성예금총액, 저축성예금총액 그리고 채권총액 각각의 크기는 유동자산총액의 크기가 결정되는 대로 그에 부수(附隨)

하여 결정된다.

둘째, 해당 균형수준들, 즉, C^E, D^E, T^E, B^E 그리고 U^E 사이에는

$$C^E = c \cdot U^E,$$
$$D^E = d \cdot U^E,$$
$$T^E = t \cdot U^E,$$
$$B^E = b \cdot U^E$$

의 관계들이 성립한다.

그리하여, C^E, D^E, T^E 그리고 B^E 각각의 값은

$$C^E = \frac{c}{(c + q_D \cdot d + q_T \cdot t)} \cdot \overline{H},$$
$$D^E = \frac{d}{(c + q_D \cdot d + q_T \cdot t)} \cdot \overline{H},$$
$$T^E = \frac{t}{(c + q_D \cdot d + q_T \cdot t)} \cdot \overline{H},$$
$$B^E = \frac{b}{(c + q_D \cdot d + q_T \cdot t)} \cdot \overline{H}$$

로 산출된다.

여기서 논의된 바는 기존경제학에서 운위되는 '통화량'(quantity of money; $M1$)과 '총통화량'(quantity of broad money; $M2$)에도 적용될 수 있다.

우리의 이론모형에 비추어 볼 때, 통화량과 총통화량은 각각

$$M1 \equiv C + D,$$
$$M2 \equiv C + D + T$$

로 규정될 수 있다.

그렇다면,

$$M1^E \equiv C^E + D^E,$$
$$M2^E \equiv C^E + D^E + T^E$$

로 각각 규정되는 두 수치 $M1^E$와 $M2^E$는, 그 순서대로 통화량과 총통화량 각각의 균형수준이 된다.

이제, C^E, D^E 및 T^E 각각의 이미 산출된 값을 위의 두 정의식에 대입하면, $M1^E$와 $M2^E$ 각각의 값은

$$M1^E = \frac{c + d}{(c + q_D \cdot d + q_T \cdot t)} \cdot \overline{H},$$

$$M2^E = \frac{c + d + t}{(c + q_D \cdot d + q_T \cdot t)} \cdot \overline{H}$$

로 산출된다. 참고로, 이 두 식 속에서 각각 $\overline{H}$의 계수로 등장하는 두 수치는 그 순서대로 '통화승수'(money multiplier)와 '총통화승수'(broad money multiplier)가 될 것이다.

아무리 보아도, 통화량과 총통화량은 본질적으로 내생변수들이다.

제3항 본편의 모형과 기존경제학의 유사모형 사이의 차이점

본편에서 목하 축조되고 있는 모형을, 저자는 '유동자산공급모형'(流動 資産供給模型 ; liquid asset supply model)이라고 명명하고자 한다. 단, 여기서는 [서술의 편의상] 단순히 '저자의 모형'이라고 부르기로 하겠다.

기존경제학의 모형으로서 저자의 모형과 유사한 면이 있는 것은 이른 바 '화폐공급모형'(貨幣供給模型 ; money supply model)이다. 경제학원 론서에 빠짐없이 등장하는 모형이다. 이 모형을 여기서는 단순히 '기존의 모형'이라고 부르기로 하겠다.

기존의 모형과 비교되었을 때 저자의 모형이 보여 주는 차이점을 몇 가지만 간략히 적시(摘示)한다면, 그것은 아래와 같다. 대개 졸작을 놓고 서 우쭐한 기분으로 하는 자화자찬(自畵自讚)을, 명작을 놓고서 착잡한

심정으로 해야 하는 경우도 있을 수 있다. 지금의 경우가 그렇다!

〈포괄성 면에서의 차이〉

첫째, 저자의 모형은 우선 포괄성 면에서부터 기존의 모형보다 우월하다. 기존의 모형으로는 현금통화, 화폐성예금 그리고 저축성예금까지만 다룰 수 있다. 채권까지 다룰 엄두는 내지 못한다. 이와 달리, 저자의 모형은 채권까지도 포괄한다. 논의의 지평(地平)을 확대시켜 준다.

〈논의의 깊이 면에서의 차이〉

둘째, 저자의 모형은 논의의 깊이 면에서는 기존의 모형을 압도한다. 아차, 저자의 표현이 너무 공격적이었다. "저자의 모형은 논의의 깊이 면에서는 기존의 모형을 많이 보완해 준다." — 이 정도로 부드럽게 표현할 것을 그랬다. 그렇더라도, 수정은 하지 않겠다. 논쟁적인 글은 논쟁적이어야 할 것이니까. 기존경제학자들은 수요의 개념에 대한 이해가 실로 천박(淺薄)한 까닭에 자산소요액과 같은 새로운 개념의 변수를 상상조차 하지 못했다. 그리고, 같은 이유로, 자산소요액이 들어가야 할 자리에 통상적인 자산수요액을 넣는 식의 오류를 다반사로 범해 왔다. 뿐만 아니라, 핵심적인 전제를 아예 명시하지 않거나, 명시하더라도 그것의 논리적 및 현실적 타당성을 충실히 설명하지 못해 왔다. 이에 반해, 저자는 앞의 제2장 및 제3장에서 그렇게 했던 것처럼 치밀(緻密)하고 어느 의미에서는 치열(熾烈)하기까지 한 논의를 철저히 수행했다.

〈외형적 구조 면에서의 차이〉

셋째, 저자의 모형은 외형적 구조 면에서도 기존의 모형을 능가한다. 기존의 모형은 여러 가지로 엉성하고 허술하다. 반면, 저자의 모형은 전체적으로 짜임새가 있고 탄탄하다.

한국 속담 중에 "시작이 반이다."(Once begun is half done.) 하는

것이 있다. "어렵고 힘들 것이라고 예상되던 일도 일단 시작하고 나면 의외로 금방 진척된다." ─ 이 정도의 의미를 가지는 격언이다. 그런데, 기존경제학자들 중에는 "시작만 하면 이미 반은 진행된 것이나 마찬가지니, 이론을 정립할 때에도 전반부 논의는 건너뛰어도 무방하다."라고 생각하는 분들이 많은 듯하다. 전반부 논의가 부실해 후반부 논의의 방대성에도 불구하고 사상누각(沙上樓閣)으로 전락하는 것들이 기존이론들 중에 많은 것을 보면 말이다.

"제대로 시작하면 반을 한 것이나 다름없다."(Well begun is half done.) ─ 이것은 영미의 속담이다. 위의 한국 속담과 비슷하지만 강조점은 분명히 다르다. 저자는 이론을 정립함에 있어 언제나 '제대로 시작하는 것'을 중시한다. 기초를 튼튼히 하고 중추를 바로 세우는 일에 가장 많은 공을 들인다. 그러다 보니, 시작부분의 분량이 이미 전체논의의 반 이상을 차지하게 되는 경우가 비일비재하다. 본편에서처럼 말이다.

일반 독자들께서는, 정확한 지식은 얻지 못하더라도 당장 접하기에 부담이 적기 때문에, 시작과 동시에 건너뛰기를 하는 학자들의 저작을 선호하실 것이다. 그리고, 정반대의 이유로 저자의 저작은 기피하실 것이다. 하지만, 비록 소수일지언정, 정확한 지식을 갈구하고 그것을 후대에 전하실 독자들도 분명히 계실 것이다. 바로 그런 분들을 위해, 저자는 현우(賢愚)가 전도(顚倒)되는 이 현실을 비장(悲壯)히 감수(甘受)하고자 한다.

〈후속논의의 가능성 면에서의 차이〉

넷째, 저자의 모형은 후속논의[또는 응용]의 가능성 면에서는 기존의 모형과의 비교 자체를 불허한다. 기존의 모형은 국민경제분석모형이 등장하는 자리에서부터는 자취를 감추어야 한다. 기존경제학자들이 그 자리에서부터는 통화량이나 총통화량을 외생변수로 취급할 수밖에 없기 때문이기도 하지만, 근본적으로는 그 자체의 확장성(擴張性; extensibility)이 부족하기 때문이다. 반면, 나중에 자연스럽게 밝혀지겠지만, 저자의 모형은

그 자체로서도 국민경제분석모형의 일익을 담당할 수 있다. 후속논의의
가능성이 크게 열려 있는 것이다.

제5절 후속논의를 위한 예비적 논의

지금부터는 다음과 같이 서술의 편의를 도모하고자 한다.

① 유동자산총액을 구성하는 변수들, 즉, 현금통화총액, 화폐성예금총액, 저축성예금총액 및 채권총액, 그리고 각각 이들 중 일부의 합계인 통화량 및 총통화량을 통칭할 필요가 있을 때, '유동자산총액의 구성변수(構成變數; component variable)'라는 표현을 사용하기로 하겠다. 이 구성변수들 모두가 열거되어야 할 때, 그 순서는 여기서와 같도록 하겠다.

② 한편, 본원화폐계수의 정의식에 직접적 또는 간접적으로 들어가는 비율들, 즉, 현금통화비율, 화폐성예금비율, 저축성예금비율, 채권비율, 화폐성예금에 대한 목표지급준비율 및 저축성예금에 대한 목표지급준비율을 통칭할 필요가 있을 때에는, '본원화폐계수의 구성인자(構成因子; component factor)'라는 표현을 사용하기로 하겠다. 이 구성인자들 모두가 열거되어야 할 때, 그 순서도 여기서와 같도록 하겠다.

③ 본원화폐계수와 그 구성인자들을 표시할 때 사용하던 본래의 기호들, 즉, h, c, d, t, b, q_D 및 q_T는, 해당 계수와 구성인자들 각각이 당초의 상황에서 취하는 수치를 표시할 때 사용하기로 하겠다.

④ 본원화폐계수와 그 구성인자들 가운데 어느 하나가 새로운 상황에서 취하는 수치가 당초 또는 직전의 그것에 비해 상승해 있게 되는 경우에는, 해당하는 본래의 기호 앞에 '↑' 표시를 덧붙이기로 하겠다. 그리고, 전자의 수치가 후자의 그것에 비해 하락해 있게 되는 경우에는, 전기한 자리에 '↓' 표시를 덧붙이기로 하겠다.

⑤ 그리하여, 예를 들면, h는 '본원화폐계수가 당초에 취하던 수치'를 나타내고, $\uparrow h$는 '본원화폐계수가 새로이 취하는, 당초 또는 직전에 비해 높아진 수치'를 나타내며, $\downarrow h$는 '본원화폐계수가 새로이 취하는, 당초 또

는 직전에 비해 낮아진 수치'를 나타낸다.

⑥ 비슷한 맥락에서, 당초 또는 직전에 비해 아주 높아진 수치를 나타낼 때에는 '↑↑' 표시를, 그리고 당초 또는 직전에 비해 아주 낮아진 수치를 나타낼 때에는 '↓↓' 표시를 덧붙일 것이다. 강조할 필요가 있는 경우에는 더 많은 화살표를 덧붙이기도 할 것이다.

제1항 당초의 상황

당초의 상황은 아래와 같다고 전제하기로 하겠다[〈그림 3〉 참조>].

첫째, 본원화폐총액은 H_0의 크기로 주어져 있다.

둘째, 본원화폐계수와 그 구성인자들 각각은 그 순서대로 h, c, d, t, b, q_D 및 q_T의 크기를 취하고 있다. 물론,

$$h = c + q_D \cdot d + q_T \cdot t$$

다.

셋째, 유동자산총액과 그 구성변수들은 그 순서대로 각각 U_0, C_0, D_0, T_0, B_0, $M1_0$ 및 $M2_0$의 균형수준을 유지하고 있다. 물론,

$$U_0 = \frac{1}{(c + q_D \cdot d + q_T \cdot t)} \cdot H_0,$$

$$C_0 = \frac{c}{(c + q_D \cdot d + q_T \cdot t)} \cdot H_0,$$

$$D_0 = \frac{d}{(c + q_D \cdot d + q_T \cdot t)} \cdot H_0,$$

$$T_0 = \frac{t}{(c + q_D \cdot d + q_T \cdot t)} \cdot H_0,$$

$$B_0 = \frac{b}{(c + q_D \cdot d + q_T \cdot t)} \cdot H_0$$

$$M1_0 = \frac{c + d}{(c + q_D \cdot d + q_T \cdot t)} \cdot H_0$$

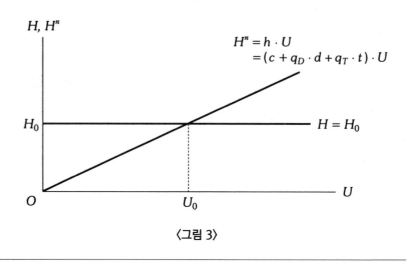

〈그림 3〉

$$M2_0 = \frac{c + d + t}{(c + q_D \cdot d + q_T \cdot t)} \cdot H_0$$

다.

제2항 본원화폐총액의 변화가 유동자산총액에 미치는 영향

우리는 제2장에서의 논의 중에 본원화폐총액이 어떤 경우에 증가, 감소 또는 불변하는지에 대해 살펴본 적이 있다. 그 논의에 따르면, 그 총액은 아래와 같이 재정정책이나 통화신용정책에 의해 증가 또는 감소할 수 있다.

이를테면, ⓐ 정부가 정부지출을 조세수입보다 많게 하고 그에 따른 재정적자의 보전을 위해 발행되는 국채는 중앙은행이 인수하는 방식으로 확장적(擴張的) 재정정책이 집행되는 경우나, ⓑ 중앙은행이 예금기관부문에 대한 중앙은행대출금의 잔액을 증가시키는 방식으로 확장적 통화신용정책이 집행되는 경우 등에는 본원화폐총액이 증가한다.

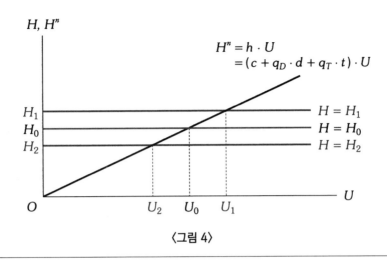

$$H^n = h \cdot U$$
$$= (c + q_D \cdot d + q_T \cdot t) \cdot U$$

〈그림 4〉

반면, ⓐ 정부가 정부지출을 조세수입보다 적게 하고 그에 따른 재정 흑자분으로 중앙은행 보유의 기발행국채를 상환하는 방식으로 수축적(收縮的) 재정정책이 집행되는 경우나, ⓑ 중앙은행이 예금기관부문에 대한 중앙은행대출금의 잔액을 감소시키는 방식으로 수축적 통화신용정책이 집행되는 경우 등에는 본원화폐총액이 감소한다.

물론, 각 경우에 중화조치(中和措置; counerbalancing measures)는 당연히 시행되지 않는다는 전제하에서 말이다.

아무튼, 새로운 상황이 전개되면서 본원화폐총액이 당초에 비해 증가한 H_1의 크기로 유지된다면, 본원화폐계수의 구성인자들은 당초의 상태 그대로라고 가정할 때, 유동자산총액은 당초에 비해 증가한 새로운 균형 수준, 즉, 〈그림 4〉에서 U_1으로 표시되는 수준으로 결정될 것이다. 이 경우, 유동자산총액은, 따라서 그 구성변수들 각각도, 본원화폐총액이 증가한 것과 같은 비례대로 증가할 것이다.

이에 반하여, 새로운 상황이 전개되면서 본원화폐총액이 당초에 비해 감소한 H_2의 크기로 유지된다면, 본원화폐계수의 구성인자들은 당초의 상태 그대로라고 가정할 때, 유동자산총액은 당초에 비해 감소한 새로운 균형수준, 즉, 〈그림 4〉에서 U_2로 표시되는 수준으로 결정될 것이다. 이 경우, 유동자산총액은, 따라서 그 구성변수들 각각도, 본원화폐총액이 감소한 것과 같은 비례대로 감소할 것이다.

물론, 이상의 각 경우에, 그리고 이하의 각 경우에도, 유동자산총액과 그 구성변수들 각각이 새로운 균형수준에 도달하기까지에는 어느 정도의 조정기간(調整期間 ; adjustment period)이 소요될 것이다.

제3항 본원화폐계수의 변화가 유동자산총액에 미치는 영향

그 구성인자들 가운데 어느 하나 이상이 당초에 비해 상승 또는 하락한 수치를 유지하게 되어 본원화폐계수가 새로이 ↑h의 크기로 상승해 있게 되면, 본원화폐총액은 당초의 상태 그대로라고 가정할 때, 유동자산총액은 당초에 비해 감소한 새로운 균형수준, 즉, 〈그림 5〉에서 U_3로 표시되는 수준으로 결정될 것이다. 이 경우, 유동자산총액의 구성변수들이 반드시 다 감소하는 것은 아니다. 본원화폐계수의 구성인자들이 구체적으로 어떻게 변화했는지에 따라 그 구성변수들 중 어떤 것은 오히려 증가할 수도 있다.

반면에, 그 구성인자들 가운데 어느 하나 이상이 당초에 비해 하락 또는 상승한 수치를 유지하게 되어 본원화폐계수가 새로이 ↓h의 크기로 하락해 있게 되면, 본원화폐총액은 당초의 상태 그대로라고 가정할 때, 유동자산총액은 당초에 비해 증가한 새로운 균형수준, 즉, 〈그림 5〉에서 U_4로 표시되는 수준으로 결정될 것이다. 이 경우에도, 유동자산총액의 구성변수들이 반드시 다 증가하는 것은 아니다. 본원화폐계수의 구성인자들이 구체적으로 어떻게 변화했는지에 따라 그 구성변수들 중 어떤 것은 오히려 감소할 수도 있다.

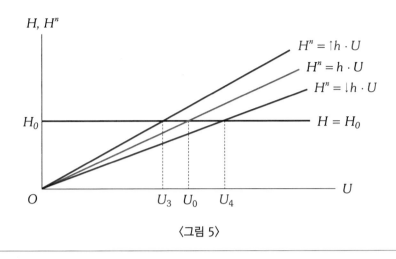

<그림 5>

제4항 통화량의 내생변수적 성격에 관한 보론

1. 수행될 거래의 총액이 변화할 때 통화량이 스스로 변화하는 메커니즘

제2장에서 살펴본 바와 같이, 거래적 화폐소요액에서의 '거래'는 경상적 거래, 상환적 거래, 유사유동자산의 거래 및 비유동자산의 거래로 구성된다. 그러므로, 우리는 여기서 다음과 같이 추론할 수 있다.

다른 조건들이 동일하다고 할 때, 이를테면 실질국민생산이 증가하거나 물가수준이 상승하여 비예금민간이 수행해야 할 제반 경상적 거래의 총액이 증가하면, 화폐소요액이 증가한다. 또한, 이를테면 주식시장이 활황국면에 접어들거나 하여 비예금민간이 수행하고자 하는 제반 주식거래의 총액이 증가해도, 화폐소요액이 증가한다. 그렇다면, 다른 조건들이 동일하다고 할 때, 예컨대 실질국민생산이 증가하거나, 물가수준이 상승하거나, 주식거래가 활발해지면, 현금통화비율과 화폐성예금비율은 각각 상승하고 저축성예금비율과 채권비율은 각각 하락할 것이다.

위에서 추론된 바를 고려하되 논의의 편의를 기하기 위해, 다음과 같은 상황을 상정해 보자. 즉, 위에 예시된 것과 같은 요인으로 화폐성예금비율은 $\uparrow d$의 크기로 상승해 있고 동 상승폭만큼 채권비율이 $\downarrow b$의 크기로 하락해 있으며, 본원화폐계수의 나머지 구성인자들과 본원화폐총액은 당초의 상태 그대로인 상황을 상정해 보자.

이 상황에서, 본원화폐계수는

$$\uparrow h = c + q_D \cdot \uparrow d + q_T \cdot t$$

로 상승해 있게 된다.

그리하여, 이제, 유동자산총액은 당초에 비해 감소한 새로운 균형수준, 즉, 이를테면 〈그림 5〉에서 U_3로 표시되는 수준으로 결정될 것이다. 그리고, 통화량도 그에 부수하여 결정될 것이다. 통화량의 그 균형수준을 $M1_3$로 표시하기로 할 때, 그것은

$$M1_3 = \frac{c + \uparrow d}{(c + q_D \cdot \uparrow d + q_T \cdot t)} \cdot H_0$$

가 될 것이다.

그런데, q_D가 1보다 현저히 작은 숫자여서 분명히

$$\frac{c + \uparrow d}{(c + q_D \cdot \uparrow d + q_T \cdot t)} > \frac{c + d}{(c + q_D \cdot d + q_T \cdot t)}$$

가 성립하므로,[12)]

$$M1_3 > M1_0$$

가 성립한다. 당초에 비해 통화량이 증가하는 것이다.

---

12) 통화승수를 $m1$으로 표시하기로 할 때,

$$m1 = \frac{c + d}{h}, \quad h = c + q_D \cdot d + q_T \cdot t$$

다. 여기서는 가정에 의해 특히

$$dc = 0, \quad dt = 0$$

이므로,

2. 기존경제학자들의 인습적 설명과의 비교

이상의 논의 중에서 주목되어야 할 부분을 간추린다면, 그것은 다음과 같다. — "실질국민생산이 증가하거나, 물가수준이 상승하거나, 주식거래가 활발해지면, 본원화폐총액이 불변이더라도 통화량이 증가한다. 비예금민간이 더 많은 화폐를 필요로 하면 **통화량이 저절로 증가하는 것이다.**"

독자 여러분께서는 이것과 기존경제학자들이 인습적(因襲的)으로 행하고 있는 다음과 같은 설명을 비교해 보시기 바란다. — "실질국민소득이 증가하거나 물가수준이 상승하면, 화폐수요가 증가한다. 그런데, **통화량은 주어진 크기에서 불변**하므로, 화폐수요가 증가함에 따라 시장이자율이 상승한다. 시장이자율은, 증가했던 화폐수요가 불변의 통화량과 같은 수준으로 감소할 때까지 상승한다."

사실, 기존경제학자들의 상기 설명 중 후반부의 기저(基底)를 이루는 두 가지 인식, 즉, "경제 내에는 화폐수요와 화폐공급[통화량]을 일치시키려 하는 힘이 존재한다."라는 인식과, "시장이자율은 양자를 일치시키는 수준으로 결정된다."라는 인식은, 케인즈 이래 지난 70여 년 동안 기존경

$$\frac{dm1}{dd} = \frac{\partial}{\partial d}\left(\frac{c+d}{h}\right) + \frac{\partial}{\partial h}\left(\frac{c+d}{h}\right) \cdot \frac{\partial h}{\partial d}$$

$$= \frac{1}{h} - \frac{c+d}{h^2} \cdot q_D$$

$$= \frac{h - q_D \cdot c - q_D \cdot d}{h^2}$$

$$= \frac{(c + q_D \cdot d + q_T \cdot t) - q_D \cdot c - q_D \cdot d}{(c + q_D \cdot d + q_T \cdot t)^2}$$

$$= \frac{(1 - q_D) \cdot c + q_T \cdot t}{(c + q_D \cdot d + q_T \cdot t)^2} > 0$$

이다. 이것은, 여기서의 가정하에서는 화폐성예금비율이 상승하면 통화승수도 상승한다는 것, 그래서 본문에서의 부등식이 성립한다는 것을 알려 준다. Q.E.D.

제학자들이 줄곧 범해 온 중대한 오류들이다. 이 점은 제2편 제1장 및 제2장에서 본격적으로 거론될 것이므로 여기서는 논외(論外)로 하기로 하자.

그렇다면, 전기한 두 설명 사이의 핵심적인 차이점은 무엇이겠는가?

국민경제는 일종의 유기체(有機體; organic body)다. 그리고, 화폐는 인체에서의 혈액에 비유될 수 있다. 여기까지는 인식이 일치한다. 차이가 나는 것은 다음부터다. ─ 국민경제는 유기체로서, 인체가 조혈능력(造血能力)을 갖춘 것과 비슷하게, 화폐가 더 많이 필요해지면 어느 정도까지는 자체 내에서 그것을 추가적으로 만들어 낼 수 있다. 이것은 저자의 인식이다. 국민경제는 유기체지만 조혈능력은 없는 것이나 마찬가지다. 이것은 기존경제학자들의 인식이다.

저자의 설명과 기존경제학자들의 그것 중에서 어떤 것이 현실에 부합하는지 판단하고 선택하시는 것은 독자 여러분의 자유다. 저자는 독자 여러분께 강권(强勸)할 의사도 능력도 없다. 다만, 이렇게 말씀 드릴 수는 있다. 기존경제학자들이 명의(名醫)의 처방대로 제작한 것이라며 제공해 온 안경은, 기실 투명하지도 않고 왜도(歪度)도 심하다. 반면, 저자가 장인정신으로 만든 새로운 안경은 사물을 직시할 수 있게 해 준다. 이런 안경이 나온 마당에 독자 여러분께서는 뿌옇고 굴절된 안경을 계속 쓰실 것인가?

제5항 자산담보부채권의 개념 및 성격

본절에서는, 유동자산총액과 그 구성변수들 각각이 새로운 균형수준으로 도달하기까지 및 그 후에 진행되는 과정으로서의 '작용(action)과 환류(feedback)의 과정'에 대한 설명이 생략되어 왔다. 그러한 과정에 대한 본격적인 설명은 제2편 제4장에서 이루어질 것이다. 본절의 논의는 예비적인 것임을 상기해 주시기 바란다.

그렇더라도, 당장의 논의에 꼭 필요한 설명까지 생략할 수는 없다. 그래서, 약간의 지면을 할애해 '작용의 과정' 중 한 단면을 간략히 논급하기로 하겠다. 단, 그 논급과 다음 장의 논의를 위해 필요하므로, 자산담보부채권과 신용파생채권의 개념 및 성격에 관한 논의를 핵심적인 부분 위주로 선행시키고자 한다. 각각의 양이 적지는 않으므로, 논제별로 항을 달리해 서술할 것이다. 본항은 자산담보부채권에 관한 서술을 위해 할당한 것이다.

1. 자산담보부채권의 두 가지 의미

널리 자산담보부채권(資產擔保附債券; asset backed bond)이라고 할 때, 그것은 다음의 두 가지 채권을 포괄한다.

하나는 전통적인 의미의 것으로서, 말하자면 '담보자산에 의해 보호받는 채권'(bond protected by the collateralized assets)이라고 할 수 있다. 이 채권은, 발행자가 자력으로 원리금을 상환하는 것을 전제하여 발행되고, 따라서 채권자는 그 상환이 제대로 이루어지지 못하게 되었을 때에야 비로소 그 담보자산으로부터 화폐를 확보할 수 있는 절차를 밟을 수 있으며, 발행자는 통상적인 경제주체다.

다른 하나는 현대적인 의미의 것으로서, 말하자면 '담보자산에 기초한 채권'(bond based on the collateralized assets)이라고 할 수 있다. 이 채권은, 자산이 담보로 설정되어 있는 것은 위의 경우와 마찬가지지만, 애당초 그 담보자산으로부터 나오는 화폐흐름으로 원리금이 지급되도록 설계되어 있으며, 발행자도 특수목적회사(special purpose company; SPC) 성격의 페이퍼컴퍼니다.

이하에서 운위되는 자산담보부채권은 위의 두 가지 채권 중 후자, 즉, 저자로서는 오해의 소지가 없게 '자산기초채권'(asset based bond)이라고 명명하고 싶고 세간에서는 관행적으로 'ABS'(asset backed securities)라고 부르는 것만을 지칭한다.

2. 자산담보부채권과 자산유동화채권 사이의 개념상 차이점

자산유동화의 기본적인 개념은 제1장 제4절에서 이미 거론되었으므로 그에 대한 설명은 생략하기로 하겠다.

엄격히 말하면, 우리는 자산담보부채권의 기초가 되는 자산이 유동화 대상자산인 경우에만 그 채권을 특별히 '자산유동화채권'(資産流動化債券; bond for asset liquidation)이라고 부를 수 있다. 그러므로, 자산담보부채권과 자산유동화채권은 개념상으로는 동일하지 않다.

다만, 현실에 있어서는 거개(擧皆)의 자산담보부채권이 자산유동화채권이므로, 여기서도 대개의 경우에 자산담보부채권을 자산유동화채권처럼 간주하기로 하겠다.

3. 자산담보부채권의 발행절차

자산담보부채권의 기초가 되는 자산을 포괄적으로 일컬을 때 '기초자산'(base assets)이라고 부르기로 하고, 기초자산의 낱개를 일컬을 때 '개별기초자산'(individual base asset)이라고 부르기로 하자. 그리고, 여러 종목 또는 종류의 다수 개별기초자산들을 집합(緝合)하여 하나의 풀(pool)이 되게 한 것을 '베이스풀'(base pool)이라고 부르기로 하자.

자산담보부채권의 발행절차는 다음과 같다. 투자은행(投資銀行; investment bank)은, ⓐ특수목적회사를 설립한 후, ⓑ그 페이퍼컴퍼니

명의로 개별기초자산들[이를테면 예금기관 보유 대출채권들]을 매입하여 베이스풀을 만들고, ⓒ 그 풀로부터 나올 화폐흐름으로 원리금이 지급될 채권을 그 페이퍼컴퍼니 명의로 발행하여 매각하며, ⓓ 이렇게 하여, 개별기초자산들을 원래 보유하고 있던 예금기관 등은 그 자산들을 현금화하고, 투자은행은 채권의 발행과정에서 발생하는 수익[= 채권매각대금총액 − 개별기초자산매입총액 − 관련경비총액]을 얻는다.

그런데, 이 같은 절차가 순조롭게 진행되기 위해서는 무엇보다도 다음과 같은 조건이 충족되어야 할 것이다. 즉, 완공품인 자산담보부채권이 투자자들에게 매력적인 것이어서 투자은행이 그것을 쉽게 고가(高價)로 매각할 수 있다는 조건이 충족되어야 할 것이다. 물론, 여기서의 '고가'는 원자재인 개별기초자산을 후하게 쳐주고 매입하고서도 상당한 마진을 남길 수 있는 가격을 말한다. 이러한 조건의 충족은 아래와 같은 원리로 일정부분 가능해진다.

4. 자산담보부채권의 발행이 촉진될 수 있는 원리

예를 들어, 두 경제주체 X와 Y가 각각 두 종목의 채권 A채와 B채를 보유하고 있다고 상정하자. 1년 후에 동전을 던진다고 할 때, A채는 앞면이 나오면 110원을, 그리고 뒷면이 나오면 0원을 바로 지급하기로 되어 있는 채권이다. 반대로, B채는 앞면이 나오면 0원을, 그리고 뒷면이 나오면 110원을 바로 지급하기로 되어 있는 채권이다. 다른 위험은 없다고 가정하자. 이것들 각각은 사실 복권(福券)이지만, 독자 여러분께서는 그냥 채권이라고 믿어 주시기 바란다. 잠깐만 말이다.

A채로부터 1년 후에 지급받을 수 있는 금액의 수학적 기대치는 당연히 55원이다. 하여, 무위험채권에 적용되고 있는 시장이자율이 연 10%라고 할 때, 우리는 A채의 시장가격이 50원으로 결정될 것이라고 생각하기

쉽다. 그러나, 복권투자자들이 대체로 위험선호자(risk-lover)들인 것과는 달리, 채권투자자들은 대체로 위험기피자(risk-averter)들이다. 그래서, 대부분의 채권투자자들은, '동전의 앞면이 나올 때의 이득'이라는 가점요소보다 '동전의 뒷면이 나올 때의 손실'이라는 감점요소에 가중치를 더 많이 부여하기 때문에, A채를 50원이나 주고 매입하려고 하지는 않는다. 따라서, A채의 시장가격은 이를테면 40원으로 결정된다. 비슷한 사정으로, B채의 시장가격도 40원으로 결정된다.

투자은행이 나설 차례다. 투자은행은 X를 만나 A채 1매를 45원에 매입하겠노라고 제안한다. X가 반색을 하고 그 제안에 응할 것임은 물론이다. 투자은행은 곧이어 Y를 만나 B채 1매를 역시 45원에 매입하겠노라고 제안한다. Y도 그 제안에 즉각 응할 것임은 물론이다. 혹시 표정관리를 할지는 모르지만. 아무튼, 투자은행은 다음 단계로 A채 1매와 B채 1매를 섞어 베이스풀을 만든다. 1년 후 이 풀로부터는 동전의 어느 면이 나오든 상관없이 확정적으로 110원의 흐름이 나올 것이다. 따라서, 이 풀을 기반으로 하여 새로운 채권 2매를 발행하면, 새로운 채권은 1년 후에 확정적으로 1매당 55원을 지급할 수 있다. 이것은 무엇을 말해 주는가? 투자은행이 새로운 채권을 1매당 50원을 받고 곧바로 매각할 수 있음을 의미한다.

이런 원리로 발행되는 것이 바로 자산담보부복권, 아니, 채권이다. ─ 실언(失言)에 관한 지크문트 프로이트(Sigmund Freud)의 심리학적 분석은 과연 경청할 가치가 있다.

보르도 와인은 같은 재료들을 여하히 배합하느냐에 따라 그 값어치가 달라진다고 한다. 스카치 블렌디드 위스키의 경우도 마찬가지라고 한다. 그렇다. 요체는 블렌딩(blending)에 있다! 각기 위험도가 높은 개별기초자산들을 가지고 블렌딩을 잘하면 위험도가 낮아진 자산담보부채권을 만들 수 있고, 그렇게 위험도가 낮아진 정도에 비해 그것의 가격을 덜 올려 매각하기로 하면 투자자의 입장에서 본 그것의 수익성은 올라가는 것이다. 물론, 다른 특성요소들은 동일한 상태에서 위험도가 낮아지거나 수익성이 높아지거나 혹은 두 가지 현상이 함께 일어난다면, 그렇게 된 자산의 매력도는 높아져 있을 것이다.

잠재적인 개별기초자산은 충분하게 있다고 할 때, 투자하기에 유망하여 투자은행이 고가로 매각하기에 용이한 자산담보부채권이 많이 탄생할 수 있는 것은 대략 이상과 같은 원리에 의해서다.

단, 블렌딩하는 손놀림이 현란(絢爛)해 위험도가 낮아진 것처럼 보이기는 하지만 실제의 위험도는 의외로 높은 자산담보부채권도 얼마든지 나올 수 있다는 사실, 이것이 몰각(沒却)되어서는 안 된다. 아무리 정교하게 설계된 자산담보부채권도 개별기초자산들이 전반적으로 부실화하면 동반하여 부실화할 수밖에 없다는 사실, 이것도 몰각되어서는 안 된다.

5. 자산담보부채권의 종류

자산담보부채권 중에서 가장 포괄적인 것은, 그 기초자산의 종류가 부채증권인 이른바 부채증권담보부채권(collateralized debt obligation; CDO)이다. 부채증권담보부채권은, 그 '부채증권'이 대출채권이면 대출채권담보부채권(collateralized loan obligation; CLO)으로 불리고, 그것이 채권이면 채권담보부채권(collateralized bond obligation; CBO)으로 불린다. 대출채권담보부채권 중에서 그 '대출채권'이 주택저당대출채권인 것이 바로 주택저당권담보부채권(mortgage backed securities; MBS)이다.

앞으로의 논의에서는 이상과 같은 자산담보부채권을 간략히 'ABS채'(ABS bond)라고 부르기도 할 것이다.

참고로 첨언하면, 먼저 발행된 ABS채를 기초자산으로 하는 ABS채도 있을 수 있다. 이것은 '중첩ABS채'(heaped up ABS bond)로 불릴 수 있을 것이다.

제6항 신용파생채권의 개념 및 성격

1. 신용파생채권의 개념

어떤 채권으로부터 나와야 할 화폐흐름의 크기[절대치]와 방향[플러스/마이너스 부호] 가운데 하나 이상이 준거자산(reference assets)의 신용위험이 현실화되느냐 아니냐에 따라 달라질 때, 우리는 그 채권을 '신용파생채권'(信用派生債券; credit derivative bond)이라고 부를 수 있다.

신용파생채권 중에서 저자가 대표로 삼고자 하는 것은, 이른바 신용부도스왑(credit default swap; CDS)과 관련된 채권, 즉, 이하에서 간략히 'CDS채'(CDS bond)라고 부를 채권이다.

2. CDS채의 개념 및 성격

엄밀히 말하면, '스왑'[맞교환]이라는 표현이 시사하듯, 이론적인 신용부도스왑계약으로부터는 언제나 한 쌍의 CDS채가 발행된다. 그 한 쌍은, 이를테면 '고객용 CDS채'(protectee's CDS bond)와 '회사용 CDS채'(protector's CDS bond)로 나눌 수 있고, 각기 일정수준 이상의 양도성을 가진다. 계약 당시, 보장제공자(protection provider)[말하자면 보험회사]는 고객용을 발행하고 회사용을 취득하며, 보장수혜자(protection beneficiary)[말하자면 보험고객]는 역으로 회사용을 발행하고 고객용을 취득한다. 그리고, 계약기간 중, 고객용을 보유하고 있는 보장수혜자는 준거자산의 신용위험이 현실화될 경우 회사용을 보유하고 있는 보장제공자로부터 일종의 보험금[benefit]을 지급받을 수 있고, 그 대신 후자는 전자로부터 정기적으로 일종의 보험료[premium]를 지급받을 수 있다.

CDS채는, 그것이 고객용이든 회사용이든, 말하자면 그 앞면과 뒷면에 각각 그 보유자의 금전채권(金錢債權)과 금전채무(金錢債務)가 동시에 규정되어 있는, 양면성이 있는 증서다. 이 같은 양면성에도 불구하고, 저자는 그 앞면과 그 양도성에 초점을 맞추어 CDS채를 채권으로 분류하고자 한다.

다른 조건들이 동일하다고 할 때, CDS채의 시세는, 준거자산의 신용위험이 현실화될 우려가 커지면 고객용의 경우에는 상승하고 회사용의 경우에는 하락하며, 그 우려가 작아지면 반대의 상황이 전개된다. 그리고, 그 우려의 크기 여하 등에 따라 그것의 자산적 성격보다 그것의 부채적 성격이 우세해지면, CDS채의 시세는 일반채권의 경우와 달리 마이너스의 수치를 취할 수도 있다. 이렇게 되는 것을 저자는 'CDS채의 부채화(負債化)'라고 표현하고자 한다. CDS채에 상대방이 계약상의 의무를 이행하지 않거나 못할 위험[counterparty risk]이 있다는 것은 물론이다.

3. '고객용 CDS채'에 관한 보론

고객용 CDS채[보험료를 내고 보장을 받는 '고객'이 보유하는 CDS채]에 관해 첨언할 것은 아래와 같다.

① 신용위험이 있는 어떤 자산에 투자하는 경제주체는, 그 자산을 준거자산으로 하는 고객용 CDS채를 매입하여 보유하고 있게 되면, 해당 보장제공자가 건재하는 한 전기한 신용위험을 충분히 방어(hedge)할 수 있다. 그리하여, 고객용 CDS채의 존재는 신용위험이 있는 자산에 대한 투자를 일정부분 촉진할 수 있다. 물론, 준거자산을 전혀 보유하고 있지 않은 상태에서 고객용 CDS채 자체에 투자하는 '투기자'(speculator)들도 얼마든지 있을 수 있다.

② 현실의 CDS채들 중에는 즉시환금성이 너무 낮아 채권[유동자산으로서의 채권]으로 분류하기에 부적절한 것들도 있을 것이다. 그런 것들은

고객용과 회사용을 막론하고 채권의 범주에서 제외시켜야 할 것이다. 그러나, 그렇게 하더라도, "고객용 CDS채의 존재는 신용위험이 있는 자산에 대한 투자를 일정부분 촉진할 수 있다."라는 사실만큼은 크게 달라지지 않을 것이다.

4. '회사용 CDS채'에 관한 보론

회사용 CDS채[보험료를 받고 보장을 해 주는 '회사'가 보유하는 CDS채]에 관해서는 아래와 같이 부연 또는 첨언할 필요가 있을 것 같다.

① 회사용 CDS채의 뒷면에는 그 보유자가 부담할 우발채무(偶發債務; contingent liabilities)[유사시에 보험금을 지급할 의무]가 규정되어 있다. 그래서, 해당 우발채무가 실제화되면, 그 보유자는 당연히 거액의 확정채무(確定債務; determinate liabilities)를 부담해야 한다. 그리고 보니, 그 폐품위험의 극단(極端)이, 일반채권의 경우에는 '자산의 가치가 영[0]이 되는 상태'에서 멈추지만, 회사용 CDS채의 경우에는 '자산의 가치가 한참 마이너스가 되는 상태'로까지 돌진하는 것이다.

② 당초의 보장제공자가 원래 보유하고 있던 회사용 CDS채가 유통되어 그 보유자가 여러 차례 바뀐 경우, 보험금 지급의 책임은 누가 지게될까? 동 채권의 마지막 보유자가 1차책임을 지고, 그가 파산하거나 하면 그 직전의 보유자가 2차책임을 지며, 이렇게 유통경로를 거슬러 올라가 최종책임은 당초의 보장제공자에게 귀속되는 것이 일반적이라고 할 수 있을 것 같다.

③ 통상적인 CDO의 발행에 쓰일 베이스풀을 보유하고 있는 특수목적회사가 있다고 하자. 그리고, 이 회사가 전기한 베이스풀에 들어 있지 않은 '제3의 자산'을 준거자산으로 하는 신용부도스왑계약을 보장제공자의 자격으로 체결하여 회사용 CDS채를 취득했다고 하자. 이 회사가 그 회사

용 CDS채를 전기한 베이스풀에 넣어 ABS채를 발행한다면, 그렇게 합성된 베이스풀에 근거하여 발행되는 그 ABS채를 우리는 '합성CDO'(synthetic CDO)라고 부른다.

④ 이번 것은 중요한 것이다. ― 해당 우발채무가 실제화될 확률을 과소하게 계산하는 경제주체는, 회사용 CDS채를 '돈 안 들이고 들여놓고 사료 없이 기를 수 있는, 아주 기특한 캐시카우(cash cow)'로 간주할 수도 있다. 그래서, 그는 그것을 거푸 취득하여 다량 보유할 수도 있다. 회심의 미소를 지으며 말이다. 여차하면 그것이 그를 재정적으로 파멸시킬 트로이의 목마(Trojan horse)로 돌변할 수 있음에도 말이다.

⑤ 참고로, 당초의 보장제공자 등 보험금 지급의 책임자들이 그 지급의 부담이 과도해지거나 하여 파산하게 되면, 해당하는 고객용 CDS채는 제구실을 할 수 없어 폐품으로 전락하게 된다.

전항 및 본항의 논의와 관련하여 참고로 첨언할 것이 있다. ABS채의 법률적 발행주체로서의 특수목적회사는 엄밀히 말하면 비금융기업의 일종이다. 하지만, 이하에서 별도의 언급이 없이 운위되는 '비금융기업'에서는 제외될 것이다. 마찬가지로, ABS채는 회사채의 일종이지만 '회사채'에서는 제외될 것이다. CDS채도, 그 발행주체에 따라 비예금금융채·은행채 또는 회사채 등의 일종이 될 수 있지만, '비예금금융채'·'은행채' 또는 '회사채' 등에서는 제외될 것이다.

제7항   유동자산총액과 신용부담총액 사이의 관계

예금기관으로부터 대출을 받는 채무자가 그에 상응해 발행하고 해당 예금기관이 원채권자로서 인수하는 부채증권은, '예금기관대출증서'로 부르는 것이 가장 적절하겠지만, 대개의 경우에 서술의 편의상 단순히 '대출증서'라고 일컫기로 하겠다.

1. 신용부담총액의 개념

이하에서 신용부담총액(信用負擔總額; total sum of credit burden)
이라 함은 '한 시점에 있어서 비예금민간 소속 채무자들이 기발행의 대출
증서나 회사채 또는 비예금금융채에 근거하여 확정적으로 부담하고 있는
미상환 금전채무의 액면금액 총액'을 지칭한다.

위의 정의에 관해 약간의 설명을 첨기하기로 하겠다.

첫째, '대출증서'는 조금 전에 언급한 바와 같이 예금기관대출증서를
말한다.

둘째, 우발채무는 그것이 실제화되지 않은 한 '확정적으로 부담하는
금전채무'에는 해당하지 않는다.

셋째, '금전채무'에 대응하는 금전채권의 보유자는 예금기관부문 소속
일 수도 있고 비예금민간 소속일 수도 있다. 이를테면, 대출증서에 근거
한 금전채권은, 해당증서를 직접 소지한 예금기관부문 채권자가 보유할
수도 있고, 그 증서에 기초한 ABS채를 소지한 비예금민간 채권자가 보유
할 수도 있다. 채권(債券)에 근거한 금전채권의 보유자 역시 예금기관부
문 채권자일 수도 있고 비예금민간 채권자일 수도 있다.

2. 유동자산총액과 신용부담총액 사이의 일반적인 상관관계

지금부터는 논지 위주로 간단하게 서술하기로 하겠다. '다른 조건들이
동일하다고 할 때'와 같은 단서도 특별히 명시할 필요가 없는 한 생략할
것이다.

〈예금총액과 신용부담총액 사이의 일반적인 상관관계〉
만기가 된 부채증권을 보유하고 있는 채권자가, 해당 금전채권 자체는

상환받지 않기로 하는 대신, 해당 채무자로 하여금 새로운 부채증권을 발행하게 하고서 그것을 자금의 제공 없이 취득하는 것 — 이것을 '직접대환'(直接貸換; provision of direct refinancing)이라고 부르기로 하겠다. 예금기관이 기왕에 집행한 대출금에 대해서 만기연장이나 재대출을 해주는 것은 직접대환에 해당한다. 한편, 해당 채무자가 해당 금전채무의 상환에 필요한 자금을 조달하기 위해 발행하는 새로운 부채증권을 제3자가 그 자금을 제공하며 인수해 주는 것, 이것은 '간접대환'(間接貸換; provision of indirect refinancing)이라고 부르기로 하겠다. 이들 두 용어는 '대환'(貸換; provision of refinancing)이라고 통칭될 것이다.

이상과 같은 직접대환과 간접대환 및 대환은, 해당 채무자를 주체로 해서 파악하면 각각 '직접차환'(直接借換; reception of direct refinancing)과 '간접차환'(間接借換; reception of indirect refinancing) 및 '차환'(借換; reception of refinancing)이 된다.

예금기관은 예금이 들어오면 그 중의 일부는 지급준비금으로 남겨 두고 나머지는 투자대상자산에 투자한다. 그런데, 투자대상자산의 대종은 대출증서고, 채권도 어느 정도의 비중을 차지한다. 이것은 우리가 다음과 같이 인식해도 좋다는 것을 의미한다. — "일반적으로, 예금기관부문은 들어와 있는 예금이 많을수록 신용의 회수는 느슨하게 하고 그것의 공여는 늘릴 것이다. 물론, '회수를 느슨하게 한다'는 것은 보유하고 있던 기발행 대출증서 및 채권에 대한 대환에 너그러워진다는 것을 의미하고, '공여를 늘린다'는 것은 순수하게 신규로 발행되는 대출증서 및 채권에 더 많이 투자한다는 것을 의미한다. 그런데, 여기서, 대출증서의 경우에는 비예금민간이 발행한 것이 거의 전부일 것이며, 채권의 경우에도 비예금민간이 발행한 것[회사채나 비예금금융채]이 적지 않을 것이다. 그리하여, 예금기관부문으로 들어와 있는 예금이 많아지면, 동 부문이 비예금민간을 상대로 보유하는 금전채권도 많아지게 될 것이다."

그런데, 예금기관부문에 들어와 있는 예금의 총액은 화폐성예금총액

D와 저축성예금총액 T의 합계인 예금총액 DT와 일치한다. 그렇다면, 우리는 다음과 같이 인식해도 무방할 것이다. — "일반적으로, 예금총액 DT가 증가하면, 비예금민간 채무자들이 예금기관부문 채권자들을 상대로 부담하는 금전채무의 액면금액 총액은 증가하게 된다."

예금총액 DT가 감소하는 경우에는 위와 반대되는 상황이 전개될 것이다.

〈채권총액과 신용부담총액 사이의 일반적인 상관관계〉

채권총액 B가 '단가'(單價)[채권의 1매당 시가]의 상승이 아니라 '수량'(number of sheets)[채권의 존재량]의 증대에 의해 증가한다면, 신용부담총액은 어떻게 될까? 우리는 일단 다음과 같이 인식해도 괜찮을 것이다. — "일반적으로, 채권총액 B가 수량의 증대에 따라 증가한다는 것은, 비예금민간 채권자들이 한편으로는 기발행 채권에 대한 대환에 너그러워지고 다른 한편으로는 순수하게 신규로 발행되는 채권에 더 많이 투자한다는 것을 의미한다. 그 채권 중에는 비예금민간 채무자들이 발행한 것도 많이 포함되어 있을 것이다. 그리하여, 채권총액 B가 수량의 증대에 따라 증가한다면, 비예금민간 채무자들이 같은 부문 채권자들을 상대로 부담하는 금전채무의 액면금액 총액은 증가하게 된다."

참고로, 채권총액 B가 수량의 증대에 따라 증가하는 일반적인 과정은 다음과 같다고 할 수 있다. — "기존채권의 소각물량과 신규채권의 발행물량이 균형을 이루어 채권의 존재량이 불변이던 상태에서, 어떤 이유로 채권소요총액 B''이 증가하기 시작한다. 그에 따라, 채권의 단가는 일단 상승하기 시작한다. 그런데, 채권에 있어서, 단가와 유통수익률은 역비례의 관계에 있고 발행수익률은 유통수익률을 따라가기 때문에, 단가의 상승은 유통수익률의 하락을 통해 발행수익률을 하락시킨다. 채권의 발행수익률이 하락하면, 신규로 채권을 발행하는 경제주체의 이자부담이 경감된다. 따라서, 비예금민간 소속의 현재적 또는 잠재적 채무자들은, 대출이자율이 하락하지 않는다면 대출증서의 발행보다 채권의 발행을 상대적으로 더 선호할 것이며, 그 압력으로 대출이자율도 하락하여 시장이자율이 전반적으로 하락하면 전체적으로 더 많은 자금을 조달하려 할 것이다. 그리하여, 어쨌든 채권은 더 많이 발행된다. 신규채권의 발행물량이 기존채권의 소각물량을 상회하게 된 것이다. 이렇게 되어 채권의 존재량이 증대하게 되면, 그래서 그 증대분이 채권소요총액 B''의 증가분을 흡수하게 되면, 채권의 단가는 상승하다가 멈추거나 원위치를 향할 것이다. 아무튼, 이제 채권총액 B는 증가되어 있다. 그 증가분 중의 일부는 단가의 상승에 따른 것일 수 있지만, 보다 많은 부분은 수량의 증대에 따른 것이다."

채권총액 B가 수량의 축소에 따라 감소하는 경우에는 위와 반대되는 상황이 전개될 것임은 물론이다.

차제에 첨언해 둘 것들이 있다.

① 이하에서 별도의 언급 없이 '채권총액의 증가'를 운위 또는 전제할 때, 그것은 '수량도 증대되면서 채권총액이 증가하는 것'을 의미한다. 마찬가지로, 별도의 언급이 없는 '채권총액의 감소'는 '수량도 축소되면서 채권총액이 감소하는 것'을 의미한다.

② 신규금융증권의 발행물량이 기존금융증권의 소각물량을 상회하게 되는 것은 '순증발행(純增發行)'으로 표현하고, 반대의 것은 '순감발행(純減發行)'으로 표현하기로 하겠다.

③ 비예금민간 채무자가 같은 부문 채권자로부터 자금을 조달하기 위해 발행하는 대차증서를 '일반대차증서'라고 지칭하기로 하겠다. 예를 들어, 보험회사의 가계대출증서는 이것에 포함된다.

④ 위의 논의에서처럼 "채권총액 B가 수량의 증대에 따라 증가한다면, 비예금민간 채무자들이 같은 부문 채권자들을 상대로 부담하는 금전채무의 액면금액 총액은 증가하게 된다. …"라고 인식하는 것이 항상 타당한 것이 되려면, 사실 일정한 조건이 전제되어야 한다. 이를테면 "비예금민간의 입장에서 보았을 때 국채·통화조절채·은행채 및 준은행채의

순증발행이나 순감발행은 없다."와 같은 조건 말이다. 별도의 언급이 있는 부분은 제외하고, 앞으로의 논의는 이 같은 조건이 전제된 상태에서 진행될 것이다. 독자 여러분께서는 이 점에 유의해 주시기 바란다.

〈유동자산총액과 신용부담총액 사이의 일반적인 상관관계〉

예금총액 DT와 채권총액 B 각각이 유동자산총액을 구성하는 중추적인 변수임을 감안한다면, 여기서의 논의는 아래와 같이 정리될 수 있을 것이다.

"일반적으로, 유동자산총액이 증가한다면, 신용부담총액도 증가하게 된다. 반대로, 전자가 감소한다면, 후자도 감소하게 된다."

3. 금전채권의 시가평가금액과 금전채무의 액면금액 사이의 괴리

비예금민간 측에 어떤 금전채무가 있다면, 그 반대 편에는 대응하는 금전채권이 반드시 존재한다. 이때, 금전채권의 액면금액과 금전채무의 액면금액은 항상 같기 마련이다. 하지만, 금전채권의 시가평가금액은 금전채무의 액면금액과 다를 수 있다. 다른 조건들이 동일하다고 할 때, 금전채권의 시가평가금액은, 시장이자율이 하락하면 상승하고, 그 이자율이 상승하면 하락할 것이다. 또한, 비예금민간 측 채무불이행의 위험이 낮아지면 상승하고, 그 위험이 높아지면 하락할 것이다. 금전채무의 액면금액은 불변임에도 말이다.

설명이 필요 없겠지만, 예금은 변가자산(變價資産)이 아니고 그 채무자도 비예금민간 소속이 아니므로, 예금총액 DT는 시장이자율이나 비예금민간 측 채무불이행의 위험 여하에 의해서는 직접 변동하지 않는다. 반면, 채권은 변가자산이고 여러 경우에 그 채무자가 비예금민간 소속이므로, 채권총액 B는 전기한 요인에 의해 직접 변동한다. 즉, 채권의 존재량이 불변이더라도, 시장이자율이 하락하면 증가하고, 그 이자율이 상승하면 감소한다. 또한, 비예금민간 측 채무불이행의 위험이 낮아지면 증가하고, 그 위험이 높아지면 감소한다. 참고로, 어떤 채권의 시가와 그 채권에 근거한 금전채권의 시가평가금액은 이론상 늘 같아야 한다.

4. 유동자산총액과 신용부담총액 사이의 괴리

〈신용부담총액 개념의 중요성〉

이 책에서 운위되는 '기업투자'(企業投資 ; business investment)는, 국민생산물에 대한 총수요(aggregate demand for national product)의 한 구성요소인 투자수요로 직접 연결되는 투자를 지칭한다. 설비투자[보다 엄밀하게 규정하면, 생산에 사용할 신품설비를 외부로부터 구입하거나 자체적으로 제작하는 투자]가 기업투자의 주종임은 물론이다. 독자 여러분께는 '설비투자'라는 용어가 친숙할 것이므로, 이하에서는 많은 경우에 '설비투자'로 '기업투자'를 대표시키고자 한다.

한편, '자산투자'(資産投資 ; asset investment)는, 자산의 보유로부터 과실[이자·배당 또는 임대료 따위]이나 시세차익을 얻으려는 목적의 투자를 지칭한다. 주식투자·채권투자 또는 부동산투자 등이 자산투자에 해당함은 물론이다.

신용부담총액은 국민경제의 운행수준을 가늠할 수 있게 해 주는 중요한 보조지표(補助指標)가 될 수 있다. 이 변수의 중요성은, 그것이 국민경제의 외형적 성과 여하와 내면적 취약성 여하를 함께 가늠할 수 있게 해 주는 지표라는 점에 있다.

예를 들어, 어떤 기간 동안 신용부담총액이 급속히 증가했다면, 우리는 일단 다음과 같이 추정할 수 있는 것이다. ― "해당기간 동안 비예금민간은 빌린 자금으로 설비투자나 자산투자를 매우 활발하게 추진했을 것이다. 그러나, 그 투자는 과잉투자였을 가능성이 있다. 만일 실제로 그렇다면, 그 투자로부터는 금전채무의 상환이나 차환을 위해 필요한 수입(收入)이나 수익(收益)을 제대로 얻을 수 없게 될 것이고, 그에 따라 장차 신용위기가 초래될 수도 있다." [*차환도 채무자가 신용도를 갖추고 있어야 가능해지는 것이기 때문에, 수입이나 수익이 제대로 나와 주어야 한다!]

〈유동자산총액과 신용부담총액 사이의 상관관계의 비대칭성〉

타이어 같은 것의 경우, 튜브를 통해 입으로 바람을 넣어 부풀리는 일보다는 튜브를 열어 놓고 바람을 빼서 쪼그라뜨리는 일이 훨씬 쉬울 것이다. 그러나, 신용의 공여 및 회수가 각각 증가 및 감소의 요인으로 작용하는 신용부담총액의 경우에는 반대가 될 것이다. 회수보다 공여를 많이 해 팽창시키는 일보다는 공여보다 회수를 많이 해 수축시키는 일이 훨씬 어려울 것이다.

일반적으로, 유동자산총액이 증가하는 국면에서는 신용부담총액이 순조롭게 증가할 것이다. 하지만, 위에서 언급한 바와 같이, 전자가 감소하는 국면에서는 후자가 순조롭게 감소하지 않을 수도 있다. 특히, 전자가 어떤 위기상황에 즈음하여 빠른 속도로 감소하는 경우에는, 후자를 서둘러 감소시키려는 채권자 측의 움직임에 대해 채무자 측이 불가피하게 저항할 것이다. 이런 상황에서는 채무자만 어려움을 겪는 것이 아니다. 채권자도 어려움에 처한다. 예를 들면, 채권자가 예금기관인 경우, 예금은 썰물처럼 빠져나가고 있는데 대출금은 제대로 회수되지 않아 지급불능상태에 빠질 위험에 직면할 수도 있는 것이다.

〈유동자산총액과 신용부담총액이 정반대로 움직이는 경우〉

신용위기가 심각해진 '금융공황'(金融恐慌; financial panic)의 국면에서는 아래의 장면들이 동시에 전개되는 상황이 진행될 수 있다.

① 유동자산총액이 급증해 왔었고, 그에 편승하여 신용부담총액도 급증해 왔었다. 그런데, 그 과정에서 비예금민간 채무자들이 추진해 온 투자는 전반적으로 과잉투자였다. 거품 속에다 공기를 주입하기만 한 것이었다. 그래서, 이제 그 채무자들은 그렇게 급증한 신용부담총액을 더 이상 감당할 수 없게 되었다. 금전채무를 상환할 수 있는 능력을 그들 중 대부분이 상실한 것이다.

수많은 비금융기업들이 '부실기업'이 되면서 도산하고, 그에 따라 수많은 종업원들이 실직하며 '신용불량자'까지 되어 버린다.

② 비예금민간 소속의 잠재적 채무자들이 부담하고 있던 우발채무가 대거 실제화된다. 이를테면, 보험회사들이 쾌재를 부르며 보유하고 있던 다량의 회사용 CDS채들이 걷잡을 수 없이 '트로이의 목마'로 돌변하는 것이다. 이런 경우, 해당 우발채무는 모두 확정채무가 되고 기존의 금전채무는 여전하기 때문에, 신용부담총액은 추가적으로 급증한다.

③ 신용부담총액은 앞에서와 같이 추가적으로 급증하지만, 그것에 대응하는 금전채권들 중 대부분의 시가평가금액은 각기 채무불이행위험의 현실화로 폭락한다. 그리고, 해당 금전채권을 담은 자산은 졸지에 부실자산으로 전락한다. 그래서, 그러한 금전채권을 많이 보유하고 있으면서 다른 한편으로는 '지급해야 할 예금이나 보험금' 등의 형태로 금전채무도 많이 부담하고 있는 다수의 금융기관들은, 황망(慌忙) 중에 '부실금융기관'이 되어 버린다. 상환재원이 되어 주어야 할 자산은 형해(形骸)만 남았는데, 상환해야 할 부채는 육중(肉重)히 그대로 있거나 오히려 급증해 있기 때문에, 그렇게 될 수밖에 없는 것이다. 그 종업원들도 실직자 대열에 합류하게 됨은 물론이다.

④ 채권보유자들은 휴지로 전락할 위험이 농후한 여러 채권들을 앞 다투어 처분하려 하고, 예금주들은 예금기관들의 부실화를 우려하여 여러 예금들을 서둘러 인출하려 한다. 그에 따라, 채권총액 B 는 주로 단가급

락에 의해 급감하고, 예금총액 DT는 주로 인출사태에 의해 급감한다. 그리하여, 유동자산총액은 급감한다.

　서로 등을 보이며 질주하는 것을 일컬어 '배치(背馳)한다.'라고 표현한다. 이상에 예시된 상황에서는, 신용부담총액은 급증하고 유동자산총액은 급감하여 양자가 문자 그대로 배치한다. 물론, 신용부담총액과 그것에 대응하는 금전채권들의 시가평가금액 총액도 배치한다.

제8항　유동자산총액과 총수요 사이의 관계

　차제에 보론으로서 간략하게 추가할 것이 있다.

　서술의 편의를 위해, 한 시점에 있어서 비예금민간이 보유하고 있는 국채의 시가평가금액 총액을 '비예금민간 관련 국채시가총액'이라고 일컫기로 하겠다. 그리고, 한 시점에 있어서 비예금민간이 보유하고 있는 국채의 액면금액 총액은 '비예금민간 관련 국채발행잔액'이라고 일컫기로 하겠다. 한편, 국민생산물에 대한 총수요는 단순히 '총수요'라고 부르기로 하겠다.

　비예금민간 관련 국채시가총액이 채권총액[B]의 한 구성요소인 것은 물론이다. 그리고, 신용부담총액은 '한 시점에 있어서 비예금민간 소속 채무자들이 기발행의 대출증서나 회사채 또는 비예금금융채에 근거하여 확정적으로 부담하고 있는 미상환 금전채무의 액면금액 총액'이므로, 그것이 비예금민간 관련 국채시가총액이나 국채발행잔액과는 중첩되는 부분을 일절 공유하지 않는다는 것도 물론이다. 총수요가 소비수요와 투자수요 및 정부지출수요로 구성된다는 점에 대해서는 설명이 불필요할 것이다.

　이제, 다음과 같은 조건들이 충족되는 상황을 상정해 보자.

　① 비예금민간의 입장에서 보았을 때 국채의 순증 또는 순감발행이 없는 경우, 유동자산총액과 신용부담총액 사이에는 높은 수준의 정(正)[＋]

의 상관관계가 성립한다.

②비예금민간의 입장에서 보았을 때, 통화조절채·은행채 및 준은행채의 순증 또는 순감발행은 없지만, 국채의 그런 발행은 있다. 그리고 발행되어 있는 국채의 대부분은 비예금민간이 보유한다.

③정부가 국채의 순증 또는 순감발행을 추진하는 경우, 다른 사정들이 동일하다면, 정부지출수요는 각각 그 순증분 또는 순감분만큼 증가 또는 감소한다.

④신용부담총액과 투자수요 사이에는 언제나 높은 수준의 정[＋]의 상관관계가 성립한다.

⑤비예금민간 관련 국채시가총액과 국채발행잔액 사이에도 언제나 높은 수준의 정[＋]의 상관관계가 성립한다.

⑥물가수준은 불변이다.

이 같은 상황에서 새롭게 성립할 상관관계들 가운데 우리가 곧바로 주목할 두 가지는 다음과 같다. ― 첫째, 신용부담총액 및 비예금민간 관련 국채시가총액의 합계액과 유동자산총액 사이에는 항용 뚜렷한 정[＋]의 상관관계가 성립한다. 둘째, 전기한 합계액과, 투자수요 및 정부지출수요의 합계치 사이에도 항용 뚜렷한 정[＋]의 상관관계가 성립한다.

이상에서 논의된 바를 감안할 때, 우리는 아래와 같이 인식해도 무방할 것이다.

"일반적으로, 유동자산총액과 총수요 사이에는, 따라서 전자와 국민소득 사이에도, 각각 일정수준 이상의 정[＋]의 상관관계가 성립한다."

제5장
****
금융버블의 메커니즘

제1절 채권보유욕구의 증대에 의한 채권비율의 상승이
            유동자산총액에 미치는 영향

제2절 금융버블의 메커니즘
    제1항 금융버블의 생성 및 팽창
    제2항 금융버블의 폭렬 및 수축
            1. 비예금민간의 대응   2. 예금기관부문의 대응
            2. 유동자산총액의 급격한 수축   4. 유동자산총액 수축의 1차과정
            5. 유동자산총액 수축의 2차과정   6. 유동자산총액 수축의 파장

제3절 금융버블의 메커니즘에 관한 보론
    제1항 '서브프라임사태'의 거시경제학적 본질
            1. 기존경제학자들의 인식   2. 저자의 반문
            3. 저자의 학리적 설명
    제2항 금융버블 붕괴의 제어 및 반전을 위한 대책들
            1. 서론   2. 주요 대책들의 예시
            3. 예시된 대책들의 일괄시행에 따른 효과
            4. 유동자산총액의 재팽창   5. '출구전략'의 필요성
            6. 본원화폐계수 복귀나 실물경기 회복의 속도에 영향을 미칠 수 있는 요인들
            7. 참고사항[유동성함정에 관한 보론]
    제3항 금융버블사태의 예방을 위해 평소 시행해야 할 대책들
            1. 과도한 재정적자의 지양   2. 본원화폐 과잉공급의 지양
            3. 금융기관에 대한 자산건전성규제의 실시

제4절 결어

본장에서 '금융버블의 메커니즘'을 다루는 것은 다소 이르다는 감(感)이 들기도 한다. 하부구조를 축조하는 참으로 긴 작업이 아직 다 끝나지 않았기 때문이다. 그러나, 독자 여러분께서 가장 많은 관심을 가지실 만한 것, 그래서 이 책의 하이라이트가 될 만한 것, 이것을 마냥 뒤로 미루어 배치하는 것도 바람직하지는 않은 것 같다. 하여, 미진한 부분은 뒤의 제2편에서 보완하기로 하고 곧바로 논의를 진행하기로 하겠다.

제1절
채권보유욕구의 증대에 의한 채권비율의
상승이 유동자산총액에 미치는 영향

수익성이나 위험도 면에서 투자하기에 유리하거나 그렇게 보이는 각종의 채권들이 속속 등장하면, 객관적 또는 주관적으로 전체 채권들의 평균적인 수익성 및 위험도는 각각 상승 및 하락하여, 비예금민간의 채권보유욕구는 증대될 것이다. 새로운 채권들이 이렇게 그 욕구를 자극하고, 그래서 채권비율이 이를테면 $\uparrow b$의 크기로 상승해 있는 상황을 상정해 보자. 그리고, 논의의 편의를 위해, 동 상승폭만큼 저축성예금비율이 $\downarrow t$의 크기로 하락해 있고, 본원화폐계수의 나머지 구성인자들과 본원화폐총액은 당초의 상태 그대로라고 가정하기로 하자.

이 상황에서, 본원화폐계수는

$$\downarrow h = c + q_D \cdot d + q_T \cdot \downarrow t$$

로 하락해 있게 된다.

그리하여, 이제, 유동자산총액은 당초에 비해 증가한 새로운 균형수준, 즉, 이를테면 〈그림 6〉에서 $U_5 [\gg U_0]$로 표시되는 수준으로 결정될 것

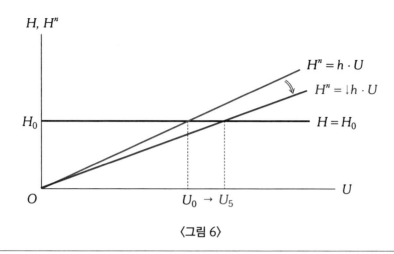

$$H, H^n$$

$$H^n = h \cdot U$$

$$H^n = \downarrow h \cdot U$$

$$H = H_0$$

$$H_0$$

$$O \qquad U_0 \rightarrow U_5 \qquad U$$

〈그림 6〉

이다. 그리고, 이에 부수해 그 구성변수들도 다음과 같이 결정될 것이다. 즉, 그것들 각각의 균형수준을 그 순서대로 C_5, D_5, T_5, B_5, $M1_5$ 및 $M2_5$로 표시하기로 할 때,

$$C_5 = \frac{c}{(c + q_D \cdot d + q_T \cdot \downarrow t)} \cdot H_0 > C_0,$$

$$D_5 = \frac{d}{(c + q_D \cdot d + q_T \cdot \downarrow t)} \cdot H_0 > D_0,$$

$$T_5 = \frac{\downarrow t}{(c + q_D \cdot d + q_T \cdot \downarrow t)} \cdot H_0 < T_0,$$

$$B_5 = \frac{\uparrow b}{(c + q_D \cdot d + q_T \cdot \downarrow t)} \cdot H_0 \gg B_0,$$

$$M1_5 = \frac{c + d}{(c + q_D \cdot d + q_T \cdot \downarrow t)} \cdot H_0 > M1_0,$$

$$M2_5 = \frac{c + d + \downarrow t}{(c + q_D \cdot d + q_T \cdot \downarrow t)} \cdot H_0 < M2_0$$

가 될 것이다.[13]

요컨대, 비록 저축성예금총액은 감소하지만, 현금통화총액과 화폐성예 금총액이 소폭 증가하는 것은 물론 특히 채권총액이 현격히 증가하므로,

전체적으로 유동자산총액이 현저히 증가하는 것이다.

기존경제학자들 같으면 이 대목에서 어떻게 설명했을까?

"비예금민간의 선호가 저축성예금에서 채권으로 일정 폭 옮겨 가면, 전자의 총액이 감소하는 만큼 후자의 그것이 증가할 것이다. 결국, 그 합계는 제로섬(zero-sum)이 될 것이고, 따라서 유동자산총액은 불변할 것이다."

"아니다. 저축성예금이 대거 빠져나가면 예금기관들은 일제히 대출을 줄여야 한다. 그래서, 신용창조(credit creation)와 반대되는 과정, 즉, 말하자면 신용흡수(credit absorption)의 과정이 진행될 것이다. 그렇게 되면, 저축성예금이 추가적으로 감소하고 화폐성예금까지 감소할 것이다. 결국, 채권총액이 증가하는 폭보다 예금총액이 감소하는 폭이 더 커질 것이고, 따라서 유동자산총액은 감소할 것이다."

"무슨 말인가? 채권총액이 증가할 때에는 그 증가분에 상응하는 채권발행금이 채권발행자들에게 흘러간다. 그 돈은 그들의 수중에 잠겨 있지 않고 돌게 될 것이다. 그리고, 그러다가 예금의 형태로 예금기관들에게 되돌아올 것이다. 결국, 예금총액은 많이 회복될 것이고, 따라서

---

13) 기본적인 전제 및 여기서의 가정에 의해 특히
$$1 \gg q_D \gg q_T \gg 0, \quad dc = 0, \quad dd = 0$$
이므로,
$$\frac{d}{dt}\left(\frac{t}{c + q_D \cdot d + q_T \cdot t}\right)$$
$$= \frac{c + q_D \cdot d}{(c + q_D \cdot d + q_T \cdot t)^2} > 0$$
이고,
$$\frac{d}{dt}\left(\frac{c + t + d}{c + q_D \cdot d + q_T \cdot t}\right)$$
$$= \frac{(1 - q_T) \cdot c + (q_D - q_T) \cdot d}{(c + q_D \cdot d + q_T \cdot t)^2} > 0$$
이다. 이것은, 여기서의 가정하에서는 저축성예금비율이 하락하면 저축성예금총액과 총통화량이 각각 감소한다는 것을 알려 준다. 본문에서처럼 말이다. 나머지 부등식들에 대해서는 별도의 증명이 불필요할 것이다. Q.E.D.

유동자산총액은 증가할 것이다."

이런 식으로, 그들은 비록 백가(百家)까지는 아니더라도 최소한 십가(十家)는 이루어 쟁명(爭鳴)했을 것이다. 단, 그 무성한 견해들 중에서도 정곡(正鵠)에 닿을 수 있는 것은 아마 없을 것이다.

다기망양(多岐亡羊) — '길이 여러 갈래로 갈라지는 곳에서 양을 잃어버렸다.'라는 뜻이다. 갈림목이다. 기존경제학자들이 안내하는 길들만 해도 열 갈래가 넘는다. 저자가 안내하는 길도 따로 있다. 양을 찾기 위해서는 어느 길로 들어서야 할 것인가?

누구의 안내를 따를 것이냐로 갈등을 겪으셔야 할 기로(岐路)에 독자 여러분을 또다시 세워 송구스러움을 금할 수 없다. 하지만, 독자 여러분께서는 그 갈등에 대한 보상을 받으실 수 있다. — 저자가 인도하는 길로 진입하시는 분들께서는 지금부터 비경(秘境)을 보시게 될 것이다.

그 비경이란, 현대경제에 내재하며 일정한 조건만 충족되면 언제든 작동할 태세에 있는, '금융버블의 메커니즘'(mechanism of financial bubble)이다. 2008년의 글로벌 금융위기를 야기한 이후 그 존재를 두고서 기존경제학자들 사이에 무성한 추측만 오고 갔던, 그리고 저자가 발견하기 전까지는 스스로를 베일 속에 감추어 두었던, 그 메커니즘이다.

제2절 금융버블의 메커니즘

제1항 금융버블의 생성 및 팽창

전절의 과정은, 말하자면, '투자하기에 실제로 유리한 채권'이 아니라 '투자하기에 유망해 보이는 채권'만으로도 진행될 수 있다. 논지의 부각을 위해, 본절의 논의도 후자만으로 진행하고자 한다.

그런데, 본절의 논의는 국민경제에 내재하는 메커니즘에 관한 것이다. 그렇다면, '투자하기에 유망해 보이는 채권'으로는 민간부문에서 발행되는 채권이 선정되어야 할 것이다. 이 점을 감안하여, 민간부문에서 발행되지 않는 국채와 통화조절채는 그 후보에서 제외시키기로 하겠다.

이제, '민간부문에서 발행되면서 투자하기에 유망해 보이는 채권'의 종류는 통상적인 회사채나 은행채 등이 될 수도 있다. 그렇지만, 또한 논지의 부각을 위해, 여기서는 그것의 대종이 ABS채고 나머지가 CDS채라고 가정하기로 하겠다.

종래 발행되어 온 채권들에 추가하여 수익성이 높아 보이거나 위험도가 낮아 보이는 각종의 ABS채들과 CDS채들이 가속적으로 계속 등장하고, 그에 따라 전절에서 거론된 과정이 그다지 길지 않은 기간 동안에 고도로 심화(深化)되어 있는 상황을 상정해 보자. 그리고, 논의의 편의상, 채권비율은 $\uparrow b$ 보다 훨씬 높은 $\uparrow\uparrow b$ 의 크기로 상승해 있고 저축성예금비율은 $\downarrow t$ 보다 훨씬 낮은 $\downarrow\downarrow t$ 의 크기로 하락해 있다고 가정하기로 하자.

이 상황에서, 본원화폐계수는

$$\downarrow\downarrow h = c + q_D \cdot d + q_T \cdot \downarrow\downarrow t$$

로 하락해 있게 된다.

그리하여, 이제, 유동자산총액은 당초에 비해 엄청나게 증가한 새로운

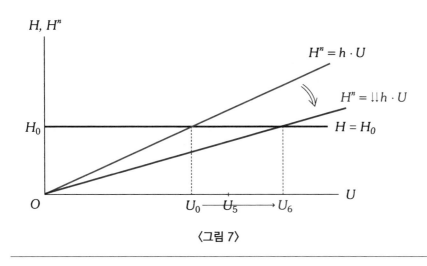

H, H''

$H'' = h \cdot U$

$H'' = \downarrow\downarrow h \cdot U$

H_0

$H = H_0$

O $U_0 \longleftarrow U_5 \longrightarrow U_6$ U

〈그림 7〉

균형수준, 즉, 이를테면 〈그림 7〉에서 $U_6[\gg U_5 \gg U_0]$로 표시되는 수준으로 결정될 것이다. 유동자산총액이 당초의 U_0 수준에서 시작하여 그다지 길지 않은 세월이 흐르는 사이에 무려 U_6의 수준에까지 도달하는 것이다. 분명히 본원화폐총액은 당초부터 줄곧 불변임에도 말이다.

전장 제5절 제7항의 말미에서, 저자는 유동자산총액의 급증이 일반적으로 '유동자산총액의 급증 → 신용부담총액의 급증 → 과잉투자 → 신용위기를 야기할 압력의 축적'의 과정을 진행시킨다는 사실을 부각시킨 바 있다. 그래서 여기서는 자세한 논의를 생략하지만, 직관적으로 파악할 때에도, 유동자산총액이 급속히 팽창한 과정이기도 한 위의 과정은 곧 '금융버블이 생성되고 또한 급속히 팽창한 과정'이라고 해석할 수 있을 것이다. 어떻든, 다음의 사실은 불변한다. — "금융부문이 고도로 발달된 현대경제에는, 본원화폐총액의 증가 없이도 대형의 금융버블을 만들어 낼 수 있는 메커니즘이 내재한다."

참고로, 만일 위의 과정이 진행되고 있는 와중에 중앙은행이 본원화폐총액을 증가시키기까지 한다면 어떻게 될까? 당연히, 불타오르는 곳에 휘발유를 붓는 격이 될 것이다.

제2항 금융버블의 폭렬 및 수축

위의 과정이 진행된 결과로 유동자산총액이 U_6의 수준에까지 도달해 있는 상황이 금융버블이 한계점까지 팽창해 있는 상황이라고 가정하자. 이를테면, 신용과잉(信用過剩; credit superfluity)이 극에 달하여 제1장에서 거론된 '총체적 유동성위기'가 목전에 임박한 상황이라고 가정하자.

이제 어떤 일이 벌어질까? 비누방울이 한껏 부풀면 이내 터지듯, 금융버블이 드디어 폭렬(爆裂)할 것이다. 그리고, 그렇게 폭렬한 그것은 아주 급격히 수축(收縮)할 것이다.

우리의 모형에서, 금융버블의 수축은 유동자산총액이 수축하는 모습에 의해 표현될 수 있다. 유의할 사항은, 전자의 버블 자체는 수축 끝에 소멸하더라도 후자의 총액은 말하자면 관성에 의해 계속 수축할 수 있다는 점이다. 아래에서는 전자의 버블이 폭렬한 이후 후자의 총액이 수축하는 과정 '전체'가 설명될 것이다. [*전장 제5절 제7항의 말미에서 이미 언급된 부분은 중복을 피하기 위해 가급적 생략하기로 하겠다].

1. 비예금민간의 대응

"아, 그렇게 유망해 보였던 것이 이렇게 위험한 것이었구나!" — 비예금민간의 만시지탄(晩時之歎)이다. 총체적 유동성위기가 엄습하고 나서 다시 보니, 현란하게 설계된 ABS채도 그 기초자산이 얼마든지 부실화할 수 있는 것이었다. 캐시카우인 줄 알았던 '회사용 CDS채'도 그 준거자산의 신용위험이 얼마든지 현실화될 수 있는 것이었다. 안전판으로 여겼던 '고객용 CDS채'도 '회사용 CDS채'의 보유자가 얼마든지 도산할 수 있는 것이었다. 그간에 매입해 두었던 그 수많은 ABS채들과 CDS채들, 이것들은 언제 터질지 모르는 시한폭탄들이었다!

나머지 채권들 중 상당수도 안심하고 지닐 수 없는 것들이기는 마찬가지였다!

그래서, 비예금민간은 일부 안전한 것들만 남겨 두며 채권보유의 규모 및 비중을 최대한 줄이려고 한다. [*그 규모 및 비중은 줄이려고 하기도 전에 이미 시가금액 면에서 큰 폭으로 줄어 있을 것이다. 하여, '줄이려고 하는 행위'의 상당부분은 그렇게 줄어 있는 것을 체념하고서 그냥 받아들이는 행위가 될 것이다.]

그에 따라, 채권비율은 결국 아주 낮은 수준, 즉, 예컨대 $\downarrow\downarrow b$의 크기로 하락하게 된다.

그런데, 채권비율이 하락한다고 하여 그 하락분의 전부 또는 대부분을 저축성예금비율이 흡수할 수는 없다. 경제 전체 차원에서 유동성위기가 진행되고 있어 비예금민간이 또한 다음과 같이 대응하기 때문이다.

첫째, 경제를 위요(圍繞)하는 불확실성이 증대되고 있는 까닭에, 비예금민간은 장기저축성예금보다 단기저축성예금과 화폐성예금을 상대적으로 점점 더 선호하게 된다.[14]

둘째, 제1장에서 거론된 '개별경제주체 차원의 유동성위기'까지 겪게 되어 '유동성'을 확보하는 일을 급선무로 여기는 소속 경제주체들이 늘어나고 있는 까닭에, 비예금민간 전체로서는 저축성예금보다 화폐성예금과 현금통화를 상대적으로 점점 더 선호하게 된다.

셋째, 예금기관들까지 보유자산[대출채권, 회사채, ABS채, 회사용 CDS채 … 등]의 부실화 또는 부채화로 구조적인 지급불능상태에 처하게 될 우려가 커지고 있는 까닭에, 비예금민간은 안전성이 전반적으로 떨어지고 있는 예금보다 이른바 '최후의 유동성'인 현금통화를 상대적으로 점점 더 선호하게 된다.

---

14) 보다 정밀한 논의를 위해서는 여기서처럼 저축성예금을 '장기'와 '단기'로 구분할 필요가 있다. 논의가 복잡해지는 것을 피하기 위해 그 이유에 대한 설명은 제2편 제4장으로 미룬다. 독자 여러분께서는 해당대목을 그냥 '저축성예금보다 화폐성예금을 상대적으로 점점 더 선호하게 된다.'로 파악하셔도 무방하다.

그리하여, 저축성예금비율과 화폐성예금비율 및 현금통화비율은, 채권비율의 하락분을 분산적으로 흡수하여, 결국 예컨대 $\uparrow t$와 $\uparrow d$ 및 $\uparrow c$의 크기로 각각 상승한다.

2. 예금기관부문의 대응

"회수부터 해야 한다!" — 이것은 살아남아야 할 예금기관들의 외침이다. 그들은, 대출채권이든 회사채든 ABS채든 부실화할 우려가 있는 것들은 한시라도 빨리 회수 또는 매각하려 한다. 또한, 부실화할 우려가 없는 것들에 대해서도 만일의 예금인출사태에 대비하기 위해 그렇게 하려 한다. 수입예금잔액은 별반 감소하지 않기를 기대하면서 말이다. 이러한 회수 내지 매각이 수입예금잔액의 감소 없이 이루어진다면, 해당 예금기관의 보유지급준비금은 절대액 및 비율[수입예금잔액 대비 비율] 양면에서 증가할 것이다.

"대출을 해 주자니 신용위험이 울고, 국채에 투자하자니 저수익성과 시장위험이 함께 운다." — 이것은 살아남은 예금기관들의 고민(苦悶)이다. 그들은, 설사 보유지급준비금이 넘치더라도 투자할 곳이 마땅치 않아 그것을 당분간 그대로 보유하고 있고자 한다. 그리고, '당분간'은 자꾸 길어진다. [*참고로, 여기서 말하는 '국채의 시장위험'은, 신용경색으로 시장이자율이 상승하는 국면에서 국채를 보유하고 있다가 그 시장가격의 하락으로 자본손실을 입을 위험을 의미한다.]

위의 논의는 무엇을 말해 주는가? 바로 화폐성예금에 대한 목표지급준비율과 저축성예금에 대한 그것이 결국 예컨대 $\uparrow q_D$와 $\uparrow q_T$의 크기로 각각 상승한다는 것을 말해 준다.

3. 유동자산총액의 급격한 수축

"아, 그러고 보니, 여섯 개나 되는 그 구성인자들 하나하나가 일제히 본원화폐계수를 급상승시키는 방향으로 움직인다!" — 독자 여러분께서는 이렇게 탄식하실 것이다. 그렇다. 그렇게 움직인다. 그래서, 본원화폐계수는 매우 높은 수준까지 급상승할 것이다. 즉, 이를테면

$$\Uparrow h = \uparrow c + \uparrow q_D \cdot \uparrow d + \uparrow q_T \cdot \uparrow t$$

로 급상승할 것이다.

그렇다면, 유동자산총액은 어떻게 될까? 〈그림 8〉에서 볼 수 있듯이, U_6로부터 좌측으로 아주 멀리 떨어져 있는 U_7이 일단 그것의 새로운 균형수준이 될 것이다. 그리고, 어느 부문 소속이냐 할 것 없이 거의 모든 경제주체들이 각자의 입장에서 일제히 긴박하게 움직일 것이기 때문에, 그것은 그 새로운 균형수준을 향해 급속히 수축될 것이다. U_6로부터 U_7까지의 공간적 거리는 분명히 멀지만, 그것의 시간적 거리는 무척 짧은 것이다.

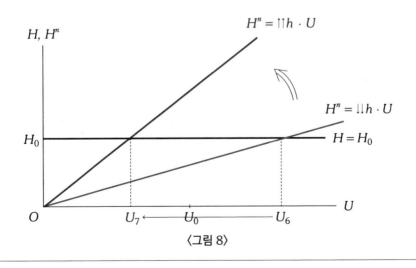

〈그림 8〉

그렇더라도, 저자가 해야 할 이야기까지 짧아지지는 않는다. 왜냐하면, 이미 언급한 바와 같이, 그 수축의 과정이 순탄할 수는 없기 때문이다.

4. 유동자산총액 수축의 1차과정

여기서도 논지 위주로 간단히 설명하기로 하겠다. 그 간단한 설명을 위해, 주어져 있는 본원화폐총액의 수준[즉, H_0]은 1만 원, 수축 시작 직전의 유동자산총액의 수준[즉, U_6]은 50만 원, 그리고 유동자산총액의 '새로운 균형수준'[즉, U_7]은 10만 원이라고 상정하기로 하겠다.

차제에 언급해 둘 것이 있다. 여기서도 그럴 것이지만 앞의로의 논의에서도, 그 논지의 설명에 지장이 없는 한 목표지급준비율을 복잡하게 화폐성예금에 대한 것과 저축성예금에 대한 것으로 구분하는 것을 지양(止揚)하기로 하겠다.

본원화폐계수가 $\uparrow\uparrow h$로 급상승하는 과정에서, 유동자산총액의 수축은 우선 다음과 같이 크게 두 갈래로 진행된다.

① '종전까지의 유동자산총액 급증'에 편승해 급증했었고 여기에 '우발채무의 대거 실제화'까지 가세해 추가적으로 급증한 신용부담총액을, 비예금민간 채무자들은 더 이상 감당할 수 없게 되었다. 그들 중 대다수는 채무상환능력을 이미 상실했다. 그래서, 이들을 상대로 한 금전채권을 담은 채권은 투매의 대상이 되어 그 단가가 급락하고, 그에 따라 채권총액 B가 급감한다. 그 급감의 폭은 일단 20만 원이 되었다고 하자. 이제, 이 요인으로 유동자산총액은 일단 30만 원으로 급감했다.

② 예금기관들이 속속 목표지급준비율을 상향조정하는 와중에, 비예금민간 예금주들은 속속 저축성예금을 화폐성예금으로 전환하거나 예금 자체를 현금통화로 전환한다. 이것은 '목표지급준비금 대비 실제지급준비금의 부족'을 계속 유발하고, 그에 따라 예금기관부문은 추가회수에 계속 나

선다. 물론, 그 추가회수가 이루어질 때마다 예금총액 DT는 감소한다. 이 같은 과정 역시 빠르게 진행되기 때문에, 예금총액 DT는 급감한다. 그 급감의 폭은 일단 10만 원이 되었다고 하자. 이제, 이번 요인까지 가세하여, 유동자산총액은 20만 원으로 급감했다.

소속이 어디든, 그리고 채무자든 채권자든, 경제주체들은 거의 모두가 이상의 수축과정만으로도 심대한 고통을 겪었을 것이다. 그러나, '새로운 균형수준'까지는 아직도 갈 길이 멀다!

5. 유동자산총액 수축의 2차과정

다음과 같은 상황을 상정하고서 논의를 진행하기로 하겠다. — 첫째, A은행은 목표지급준비율을 5%로 설정해 놓고 있고 현재까지는 목표지급준비금과 실제지급준비금이 일치하고 있다. 둘째, 경제주체들 X와 Y 및 Z는 A은행을 상대로 각기 100원만큼의 예금을 보유하고 있다. 셋째, 예금자보호제도는 시행되지 않고 있다. 넷째, 명시적으로 언급될 것 이외의 다른 조건들은 동일하다.

위와 같은 상황에서 경제주체 X가 자신의 예금을 전액 현금으로 인출할 수 있었다고 하자. 이 경우, 그에게 있어, 예금액은 100원만큼 감소하고, 현금통화액은 100원만큼 증가하며, 유동자산액은 불변한다. A은행의 사정은 어떠할까? 실제지급준비금이 100원만큼 감소하고 목표지급준비금이 5원만큼 감소하기 때문에, 목표지급준비금 대비 실제지급준비금의 부족분은 95원만큼이 된다. 해서, A은행은 그 부족분의 보충을 위해 이를테면 기존의 대출금 중에서 95원만큼을 회수하려고 나설 것이다. 그 회수에는 성공했다고 하자.[15]

다음으로, 경제주체 Y도 자신의 예금을 전액 현금으로 인출할 수 있었다고 하자. 이 경우, A은행은 다시 잔여 대출금 중에서 95원만큼을 회수하려고 나설 것이다. 그러나, 신용부담총액 팽창에 따른 대지진(大地震)이 이미 비예금민간 채무자들을 덮친 연후이기 때문에, 그 회수에는 실패했다고 하자. 그래서, '목표지급준비금 대비 부족분'은 채워지지 않은 상태가 되었다고 하자. 그리고, 이 같은 상황이 여러 차례 반복되어 '예금 인출 → 실제지급준비금 감소 → 회수 실패로 목표지급준비금 대비 부족분 확대 → 예금 인출 → 실제지급준비금 추가감소 → … '의 과정[16]이 계속 진행되었다고 하자. 그러다가 결국 실제지급준비금이 아예 바닥을 드러내었다고 하자.

뒤늦게 경제주체 Z가 허겁지겁 A은행의 창구에 나타났다. 그의 예금 인출요구는 받아들여질 수 없다. A은행은 지급불능상태에 처한다. 그리고, 곧이어 도산위기에 몰린다. 이 경우, 경제주체 Z가 보유하고 있는 '100원만큼의 예금'은 더 이상 본편에서 말해지는 예금이 아니다. 그 '100원만큼의 예금'은, 단시일 내에 현금으로 전환될 수 없게 되어 유동성을 상실한 것이기 때문에, 더 이상 '유동자산으로서의 예금'이 아닌 것이다. 다시 말하면, 파산상태에 놓인 채무자를 상대로 보유하고 있는 금전채권 이외에 아무것도 아닌 것이다. 따라서, 그것은 유동자산총액 U에 계상될 수 없다. 예금이었다가 '증발'(蒸發)한 것이다! 그리고, 그것이 유동자산이 아닌 만큼, 경제주체 Z가 그것에서 전환하여 보유하고 있고자 하는 현금통화의 금액도 현금통화소요총액 C''에 계상될 수 없다.

"남의 문제가 아니다!" — 경제주체 Z와 A은행에 관한 소식은 소문과

---

15) 참고로, 그 회수에 성공했다는 것은, 그 직전에 비해, 유동자산총액은 95원만큼 감소했고, 그 감소분만큼 A은행의 실제지급준비금은 증가했으며, '목표지급준비금 대비 부족분'은 해소되었다는 것을 의미한다.

16) 이 과정에서는 유동자산총액이 불변한다. A은행이 실제지급준비금을 계속 풀어 유동자산총액을 지탱해 주는 형국이 연출되는 것이다. 경제 전체 차원에서 수학적으로 설명하면, 유동자산총액 U는 제자리에 있는데, 평상시의 함수관계에서 벗어나, 지급준비금소요총액 R''은 작은 폭으로 감소해 가고, 지급준비금총액 R는 큰 폭으로 감소해 가는 것이다.

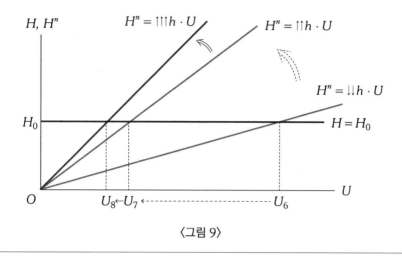

〈그림 9〉

매스컴을 타고 곧바로 세상에 알려지고, 여러 예금기관들 앞으로 예금주들이 줄을 선다. 이른바 '뱅크런'(bank run)이 도처에서 현실화되는 것이다. '예금기관들의 줄도산'도 현실화된다.

"믿을 것은 현금뿐이다!" — 이제, 그간에 상승해 있던 화폐성예금비율과 저축성예금비율은 급속히 하락하고, 현금통화비율은 추가적으로 급속히 상승한다. 그에 따라, 본원화폐계수는 직전의 $\uparrow\uparrow h$에서 "이대로 가다가는 극단적 최고치[17]에 도달할 수도 있겠다."라고 우려할 만한 수준인 $\uparrow\uparrow\uparrow h$로 또다시 상승한다. 그래서, 유동자산총액의 '새로운 균형수준'[즉, U_7]은 과거지사(過去之事)가 된다. 그것의 '최종적 균형수준'은 〈그림 9〉에서 볼 수 있듯이 $U_8[\ll U_7]$이 될 것이다.

그리하여, 유동자산총액은 지금부터는 그것의 '최종적 균형수준'을 향해 더욱 급속히 수축될 것이다. 그것의 상당부분이 '예금의 증발(蒸發)'에

---

17) 비예금민간이 유동자산으로서는 '최후의 유동성'만을 받아들이는 극단적인 상황에 이르면, 화폐성예금비율과 저축성예금비율 및 채권비율은 모두 0이 되고, 현금통화비율은 1이 될 것이다. 그렇다면, 본원화폐계수의 극단적 최고치는 1이라고 할 수 있을 것이다.

따라 갑자기 소멸하기도 하면서 말이다.

6. 유동자산총액 수축의 파장

이상과 같은 유동자산총액 수축의 과정은 일종의 진원(震源)이 되어 그 파동(波動)이 국민경제의 여러 부면(部面)으로 퍼져 나간다. 또한, 임의의 한 부면에 미친 그 파동은 그곳에서 새로운 파동을 형성하고, 그 새로운 파동은 당초의 진원으로 환류하기도 하고 다른 부면에 중첩되기도 한다. 이러한 다면적인 상호작용의 과정은 상황을 악화시키는 방향으로 진행되는 것이 일반적이다. 그리고, 그것은 유동자산총액이 '최종적 균형수준'에 이를 때까지 계속될 수도 있다.

아무튼, 여기서 언급되는 '유동자산총액 수축의 파장'은 아래와 같은 양상으로 전개된다.

〈비금융기업들과 금융기관들의 연쇄도산〉

유동자산총액이 급격히 수축하는 과정은 곧 '기왕에 제공했던 자금은 서둘러 회수하고, 신규로 자금을 제공하는 것은 극도로 기피하는 과정'이기도 하다. 그래서, 애당초 금전채무가 과다했던 것들이야 말할 것도 없고, 괜찮았던 비금융기업들마저 운영자금조차 조달할 수 없게 되어 도산한다. 금융기관들도 동반하여 부실화한다. '연쇄도산' 내지 '도산의 접종(接踵)'이 걷잡을 수 없이 계속된다. 이러한 상황이 유동자산총액의 수축을 가속화시킴은 물론이다.

〈주식 및 부동산가격의 폭락〉

전반적인 주식시세는 이미 폭락을 거듭해 왔고, 그럼에도 그 바닥은 아직 드러나지 않았다. 부동산도 주식의 전철(前轍)을 밟고 있다.

〈실질국민생산의 급격한 축소〉

비금융기업과 금융기관을 막론하고, 많은 기업들이 도산하는 가운데, 도산하지 않은 기업들은 살아남기 위해 자구노력(自救努力)에 진력한다. 판매가 부진한 만큼 조업(操業)부터 단축하고, 감원과 급여삭감 및 물건비절감 등의 구조조정을 추진하며, 설비투자를 중단 또는 축소한다. 이같은 과정 및 그 파장을 국민소득론의 관점에서 간략히 파악해 본다면, 그것은 다음과 같다.

먼저 공급측면을 보자. 기업은 생산의 주체다. 그런데, 기업들 중 다수가 도산하여 아예 생산을 하지 못하고, 도산하지 않은 기업들도 각자의 생산량을 축소하고 있다. 이것은 무엇을 말해 주는가? 실질국민생산 자체가 감소했고 또한 계속 감소하고 있다는 것을 웅변해 준다.

수요측면은 어떠할까? 기업부문 전반에 걸친 조업단축과 물건비절감 및 투자축소 등은 원료와 중간재 및 최종재 생산의 각 단계에서 부가가치를 창출할 기회를 축소시키는데, 기업들은 이러한 상황과 자금경색의 상황 등이 꽤 오랫동안 지속될 것이라고 예상하여 장래에 대한 전망을 비관적인 것으로 바꾼다. 그리하여, 투자의 한계효율[투자수익률에 대한 전망치]이 전반적으로 하락하고, 그에 따라 투자수요곡선이 하강한다. 참고로, 투자의 한계효율은 "이 투자를 실행했다가는 원본도 못 건질 것이다." 라고 예상되는 경우에는 마이너스치가 된다. 한편, 감원과 급여삭감의 현실화 등은 가계부문 전반에 걸쳐 장래에 대한 불안감을 확산시킨다. 그리하여, 평균소비성향[소득에 대한 소비수요의 비율]이 각 소득수준에서 하락하고, 그에 따라 소비수요곡선도 하강한다.

그렇다면, 어떤 형국이 되는가? 공급측면의 실질국민생산과 수요측면의 총수요가 앞서거니 뒤서거니 하며 동반감소하는 형국이 되는 것이다. 이것은 무엇을 말해 주는가? 감소해 가는 실질국민생산이 기본적으로 그때그때의 균형수준에 근접한 것이라는 점을 알려 준다. 이 경우의 '균형'은 '축소지향적 균형'이라고 표현해도 좋을 것이다. 실질국민생산이 축소되는 이 같은 과정이 급격히 진행된다는 것은 물론이다. 그리고, 그러한 축소가 도산기업과 실업자의 급격한 증가를 동반한다는 것도 물론이다.

〈자금시장의 양극화〉

자금시장[부리증권시장]의 양극화현상은 극도로 심화된다.

국채나 통화조절채의 발행량은 중립적이라고 가정할 때, 무위험 혹은 저위험의 부리증권이 발행 및 거래되는 '메이저리그시장'(major league market)에서는 이자율이 낮게 형성된다. 왜 그럴까? 자금공급자들은 채무불이행의 위험이 대거 현실화한 것을 체험하거나 목도했다. 그래서, 그들 중 대부분은 안전성을 크게 중시하여 메이저리그시장에서만 자금을 제공하고자 한다. 반면, 그 시장에 자금수요자로 참여할 자격을 갖춘 우량기업들의 수효는 현저히 제한되어 있고, 그들은 이미 설비투자를 대폭 축소하기로 결정한 터라 자금의 조달을 별로 필요로 하지 않는다. 유동자산총액의 급격한 수축의 여파로 자금공급의 절대규모가 큰 폭으로 감소하기는 했지만, 우량기업들의 자금수요는 그보다 더 큰 폭으로 감소한 것이다. 때문에, 메이저리그시장에서는 자금공급이 자금수요보다 우세하여 낮은 이자율이 형성되는 것이다.

고위험의 부리증권이 발행 및 거래되는 '마이너리그시장'(minor league market)에서는 위와 반대되는 현상이 나타난다. 비우량기업들 중의 대부분은 설비투자자금은 차치하고 당장의 생존을 위한 운영자금의 조달을 절실히 필요로 한다. 하지만, 그들의 필요에 응해 줄 자금공급자들의 수효는 현저히 제한되어 있다. 더구나, 그 공급자들은 엄청난 위험 프리미엄 내지 가산금리(加算金利; spread)를 붙인 살인적인 이자율로만 자금을 제공하려 한다. 비우량기업들 중의 다수는 그 살인적인 이자율을 부담해 볼 기회조차 얻지 못하여 그대로 도산한다.[18] 용하게 그 기회를 얻었더라도, 적지 않은 경우에 그 부담 때문에도 결국 도산한다.

18) 본문의 주제에서는 벗어난 면이 있지만, 차제에 다음을 첨언하고자 한다. — 마이
너리그시장에서는 언제나 자금수요가 자금공급을 초과한다. 해당 초과수요는 이자율
의 변화만으로는 해소될 수 없다. 자금공급자는 원본을 떼일 우려가 매우 큰 경우에
는 자금수요자가 아무리 높은 이자율을 제시하더라도 자금을 제공하려 하지 않기 때
문이다. 그리하여, 이 사안은 '가격변수가 신축적이더라도 시장이 청산되지 않는 경
우'의 한 예가 될 수 있을 것이다. 단, 시장에 참여할 자격을 갖추지 못한 자의 수요
는 관념수요나 공상수요로 처리하고, 그 자격을 갖춘 자의 그것은 유효수요로 처리
한 후, 시장의 개념을 유효수요와 유효공급이 대응하는 장소로 규정하면, 형식논리
상으로는 "마이너리그시장도 이자율이 신축적인 한 얼마든지 청산될 수 있다."라는
결론을 얻을 수 있다.

제3절
금융버블의 메커니즘에 관한 보론

제1항 '서브프라임사태'(subprime crisis)의
거시경제학적 본질

서술의 편의를 위해, 신용등급이 낮은 개인을 대상으로 그가 매입하려 하거나 이미 소유하고 있는 주택을 담보로 잡되 담보인정비율(LTV ; loan-to-value ratio)을 높게 적용하며 상당한 수준의 가산금리를 부과하여 제공하는 대출을 '서브프라임대출'(subprime loan)이라고 부르기로 하겠다. 그리고, 그 대출을 취급하는 금융기관을 '대출기관'(loan agency)이라고 부르기로 하겠다. [*대출기관은, 예금을 함께 취급하는 예금기관일 수도 있고, 그렇지 않은 비예금금융기관일 수도 있다.]

1. 기존경제학자들의 인식

"2008년 글로벌 금융위기를 야기한 핵심적인 요소는 서브프라임사태다!" — 기존경제학자들은 거의 모두가 이 같은 입장을 견지하고 있다. 그러면서 많은 경우에 그 사태 특유의 속성(屬性)을 아래와 같이 인식 및 설명하고 있다.

"대출기관들은 수입예금이나 금융채발행금 등을 당초의 재원으로 하여 서브프라임대출을 제공한다. 그리고, 얼마 지나지 않아 그 대출채권을 MBS채[주택저당권담보부채권]의 발행을 주관하는 투자은행 측에 상당히 높은 가격에 매각해 새로운 재원을 마련한다. 연후에, 그 새로운 재원으로 다시 서브프라임대출을 제공한다. 그리고, 또다시 그

대출채권을 매각해 새로운 재원을 마련한다. 이 같은 과정은 계속 반복된다. 그리하여, 실행된 서브프라임대출의 잔액은 눈덩이처럼 불어난다.

한편, 그 대출을 받은 개인들 중의 대다수는 해당자금으로 저마다 주택을 매입한다. 그리하여, 주택에 대한 매입수요는 폭발적으로 증가하고, 그에 따라 주택의 시세는 과도하게 상승한다. 대출기관들은 거품을 잔뜩 머금은 그 시세에 하등의 거리낌도 없이 높은 담보인정비율을 적용해 준다.

이제 거품이 터진다. 담보주택의 가치는 헐값이 되어 버린다. 주택의 시세가 계속 오를 것이라고 기대하며 과중하게 대출을 받은 개인들은 상환능력을 상실한다. 투자은행들의 감언이설(甘言利說)에 넘어가 관련 MBS채를 다량 인수하여 보유하고 있는 금융기관들은 부실화를 피할 수 없다. 미처 매각하지 못한 관련 대출채권을 많이 보유하고 있는 대출기관들도 파산위기에 처한다. 이것이 서브프라임사태다.

이 사태를 초래한 중핵적인 인자(因子)는 'MBS채의 과도한 발행 및 인수'라고 할 수 있다. 그리고 보면, 2008년 글로벌 금융위기를 야기한 핵심적인 요소가 이 사태이므로, 그 위기의 근본적인 원인도 곧 그 과도한 발행 및 인수라고 할 수 있다. 그리하여, 그 위기의 주범(主犯)이 누구인지도 지목할 수 있다. 그 과도한 발행 및 인수를 주도 또는 주선한 투자은행들이다."

이상의 인식 및 설명은 일견하기에는 충실해 보일 것이다. 그러나, 기실에 있어서는 서브프라임사태로 직격탄을 맞은 금융기관들의 재무상태에 못지 않게 부실하다. 무엇보다도, 'MBS채의 과도한 발행 및 인수'가 어떻게 가능한지에 대한 학리적(學理的) 설명이 사실상 결여되어 있기 때문이다. [*2008년 글로벌 금융위기의 원인들로서 저자가 서편 및 본장에서 이미 거론한 것들이 전반적으로 기존경제학자들에 의해 제대로 고려되지 않고 있다는 점은 차치(且置)하기로 하겠다. 그리고, 어쩌면 서브프라임대출에 대비되는 '프라임대출'의 경우에도 여기서 언급된 것과 유사한 과정이 상당한 정도로 진행되었을지도 모른다는 점도 차치하기로 하겠다.]

저자가 이렇게 말하면, 해당하는 경제학자들은 아마도 다음과 같이 부연 및 질문할 것이다. ― "투자은행들은 원래 자신들이 떠넘길 상품을 근사하게 포장하는 데에는 귀재들이다. 듣는 사람의 귀를 솔깃하게 하는 데에도 능하다. 게다가, 신용평가회사들까지 그들과 한통속이 되어 MBS채의 신용등급을 실제보다 훨씬 높게 평가해 주곤 했다. 그래서, 많은 채권투자자들이 MBS채를 발행되는 족족 기꺼이 인수 및 보유하고자 했다. 'MBS채의 과도한 발행 및 인수'는 이러한 구도 속에서 얼마든지 가능했다. 이렇게 부연해 주어도 학리적 설명이 결여되어 있다고 계속 주장할 것인가?"

2. 저자의 반문

저자가 기존경제학자들의 눈높이에 맞추어 반문(反問)하겠다.

채권투자자들이 MBS채를 발행되는 족족 인수 및 보유한다면, 그들은 이를테면 저축성예금을 인출해 마련한 자금이나 다른 채권에 투자하려던 자금을 가지고 그렇게 할 것이다. 그렇다면, 대출기관들은 종전에 수입해 놓은 예금이 빠져나가든지 금융채의 발행을 통한 자금조달이 어려워지든지 하는 상황에 봉착할 것이다. 서브프라임대출채권의 매각을 통한 자금조달은 기가 막히게 잘되고 있는데 말이다. 산토끼는 잘 잡히는데 집토끼가 자꾸 없어진다!

이것은 대출기관들이 다른 대출은 줄여야 한다는 것을 의미한다. 그래서, 비금융기업들은 대출을 받기가 힘들어질 것이다. 그들은 회사채의 발행을 통한 자금조달에도 어려움을 겪게 될 것이다. 시중의 자금이 MBS채쪽으로 몰리고 있으니 말이다. 그들은 어떻게 대응할까? 더 높은 금리를 부담하고서라도 자금을 조달하려고 나설 것이다. 그리하여, 이제 MBS채 시장과 서브프라임대출시장을 제외한 일반자금시장에서는 금리가 오르게 된다.

이렇게 되면, 시중의 자금이 일반자금시장으로 U턴을 한다. 그 결과, 먼저 MBS채의 발행이 어려워지고, 이것은 즉각 서브프라임대출시장에 파장을 미친다. 그 대출채권을 매각해 새로운 재원을 마련하기가 여의치 않게 되고, 그것을 반영하여 그 대출의 금리는 가파르게 오르며, 그 금리 때문에 그 대출의 신청자들은 확연히 줄게 된다. 그리하여, 실행된 그 대출의 잔액이 눈덩이처럼 불어나는 일은 불가능하게 된다.

사리(事理)가 이러한데, 어떻게 'MBS채의 과도한 발행 및 인수'가 가능해지는가? 근사한 포장과 부풀리기 평가라는 요인 자체는, MBS채의 발행 및 인수를 상당히 증가시킬 수는 있지만, 글로벌 금융위기가 초래될 정도로까지 그것을 증가시킬 수는 없는 것이다.

"중앙은행이 본원화폐총액을 급증시키면 그 과도한 발행 및 인수가 가능해진다." — 해당하는 경제학자들은 이렇게 설명하며 궁지에서 벗어나려 할 것이다. 그러나, 그렇게 설명하는 것은 "2008년 글로벌 금융위기의 근본적 원인은 '본원화폐총액의 급증'일 뿐 'MBS채의 과도한 발행 및 인수'는 아니며, 투자은행들도 그 위기의 주범이 아니다."라고 설명하는 것과 마찬가지다. 자가당착(自家撞着)에 빠지는 것이다.

3. 저자의 학리적 설명

저자가 정립한 새로운 이론의 관점에서 보면, 기실 이미 논급한 바와 같이, 'MBS채의 과도한 발행 및 인수'는 아래와 같은 구도 속에서 가능해진다. '본원화폐총액의 급증'이 뒷받침해 주지 않더라도 말이다.

"수익성이나 위험도 면에서 투자하기에 유리하거나 그렇게 보이는 MBS채들이 속속 등장하면, 객관적 또는 주관적으로 전체 채권들의 평균적인 수익성 및 위험도는 각각 상승 및 하락하여, 비예금민간의 채권보유욕구는 증대된다. 새로운 MBS채들이 이렇게 그 욕구를 자극하고 그래서 채권비율이 상승하면, 유동자산공급모형에 의거해 유동자산총액이 '저절로' 증가한다. 그리고, 그 증가분 중 상당부분이 MBS채의 순증발행분에 배분된다. 이것은 무엇을 의미하는가? 기존의 것들에 더해져 발행되는 새로운 MBS채들의 인수 및 보유에 쓰일 자금이 다른 자금시장이 위축되지 않는 가운데 계속 나올 수 있다는 것, 이것을 의미한다."

전설에 따르면, 화수분에서는 그 속의 것이 번식을 하기 때문에 한참을 꺼내어도 계속 재물이 나온다고 한다. 저자가 발견한 채권비율은 '마법의 비율'(magic ratio)이어서 화수분도 만들 수 있다!

노파심에서 첨언한다. 독자 여러분께서는 저자가 이상과 같이 서술했다고 하여 다음과 같이 오해하시면 안 된다. ― "미국의 Fed를 위시한 각국의 중앙은행들이 저금리정책을 선호하면서 본원화폐총액의 과도한 증가를 용인한 것이 서브프라임사태의 여러 배경들 가운데 하나였다는 사실을 저자는 도외시하고 있다."

본원화폐총액의 과도한 증가 등의 요인들이 가세(加勢)한 가운데 전술한 '화수분의 원리'가 작동하여 발발한 것 ― 이것이 서브프라임사태라고 할 수 있다.

제2항 금융버블 붕괴의 제어 및 반전(反轉)을 위한 대책들

1. 서론

경제정책을 분담하는 당국들로서의 정부와 중앙은행을 '정책당국'(政策當局; policy authorities)이라고 통칭하기로 하겠다.

앞 제2절에서 거론된 '금융버블 붕괴의 과정'이 그 극단까지 진행되는 일은 실제로는 잘 일어나지 않을 것이다. 정책당국이 수수방관(袖手傍觀)할 리는 만무할 것이기 때문이다.

2. 주요 대책들의 예시

금융버블 붕괴의 과정이 진행될 때, 정책당국은 예컨대 아래와 같은 대책들을 시행하면 그 진행을 어느 정도까지 제어할 수 있다. 그리고, 시간이 필요하겠지만, 연후에는 그 진행을 반전시킬 수 있다. 해당대책들은 상황을 개선시키는 방향으로 다면적인 상호작용을 일으키는 것이 일반적이다. 난해한 사안은 없으므로, 설명은 간략하게 덧붙일 것이다.

〈예금자보호제도의 도입〉

예금의 전부 또는 일부에 대해 정부기관이 환급을 보장해 주는 예금자보호제도를 도입하면, 급상승하던 현금통화비율을 정지시키거나 일정부분 되돌릴 수 있다. 이 경우 경제 전반에 걸친 예금인출사태가 미연에 방지될 수 있음은 물론이다.

〈공적 자금의 투입〉

금융기관들 중에서 회생이 불가능한 것들과 회생이 가능한 것들을 추린 후 전자는 후자에 합병시키고 후자에는 공적 자금(公的 資金 ; public funds)을 투입하면, 많은 예금들과 금융채들이 상당히 안전해지므로, 급상승하던 현금통화비율과 급강하하던 채권비율 각각을 공히 정지시키거나 일정부분 되돌릴 수 있다. 참고로, 공적 자금은 대여나 출자의 형식으로 투입할 수도 있고 증여의 형식으로 투입할 수도 있다. 물론, 지급보증의 방식으로 그것의 실제투입을 유사시로 미룰 수도 있다.

⟨확장적 통화신용정책의 집행⟩

확장적 통화신용정책 — 이것은 중앙은행이 집행하는 정책이다. 원래는 '예금은행들의 의무지급준비율을 평소에 비해 현저히 하향조정해 주는 것'까지 포함한다. 하지만, 논의의 단순화를 위해, 여기서는 '민간부문을 상대로 본원화폐를 그 회수분(回收分)보다 현저히 더 많이 공급하는 것'만으로 구성된다고 간주하기로 하겠다. 물론, 그 '공급'은, 중앙은행대출·상업어음재할인 또는 환매조건부채권매입 따위의 명목으로 예금기관들에게 자금을 빌려 주는 방식이나, 채권유통시장에서 국채 따위를 공개적으로 매입하며 해당채권의 매도자에게 대금을 지불하는 방식 … 등으로 이루어진다. 중앙은행은 비예금민간에게 보다 많은 자금이 제공되기를 지향(志向)하면서 이 정책을 집행한다고 할 수 있다.

확장적 통화신용정책이 집행되면, 본원화폐총액이 곧바로 증가한다. 중앙은행의 돈이 풀리는 것이다! 설사 본원화폐계수가 급상승하는 추세에 있더라도, 이 정책이 강도 높게 집행되면, 급속한 수축세를 보이던 유동자산총액이 완만한 확장세로 돌아설 것이다. 그리하여, 무엇보다도, 비금융기업들의 전반적인 자금사정이, 따라서 그들의 전반적인 신용등급상태도, 조금씩 개선될 것이다. 그렇게 되면, 비예금민간 채권투자자나 예금기관 대출담당자 등의 입장에서 본 적격업체들[그 회사채에 투자하거나 대출을 해 주기에 적격(適格)인 업체들]의 수는 종전의 급감세에서 서서히 회복될 것이다. 그리고, 그에 따라, 급강하하던 채권비율과 급상승하던 목표지급준비율도 각기 점차 되돌아설 것이다. 실물부문에서는, 급속히 얼어붙던 소비 및 투자심리가 천천히 되살아날 것이다.

〈확장적 재정정책의 집행〉

확장적 재정정책은 정부가 집행하는 정책이다. 광의로는 '재정지출을 예년 수준 및 당해연도 재정수입보다 현저히 더 많이 하는 것'을 지칭하고, 협의로는 '정부지출을 예년 수준 및 당해연도 조세수입보다 현저히 더 많이 하는 것'을 지칭한다. 여기서는 광의의 것 위에 협의의 것을 겹쳐 놓은 것으로 간주하기로 하겠다.

재정지출(fiscal expenditure)은 정부지출(government expenditure) 과 기타재정지출(other fiscal expenditure)로 구성된다. 설명이 필요 없겠지만, 정부지출은 정부가 각종의 재물 및 용역을 구매하면서 대금을 치르는 것을 말하며, 그 구매수요[정부지출수요]는 소비수요 및 투자수요 등과 더불어 국민생산물에 대한 총수요[이하 '총수요']를 구성한다. 기타 재정지출에는 실업수당의 지급과 같은 이전지출 등이 포함된다. 한편, 재정수입(fiscal revenue)은 조세수입(tax revenue)과 기타재정수입(other fiscal revenue)으로 구성된다.

참고로, 법적으로는 정부기관이 아니지만 공공적 성격을 가진 어떤 기관[이를테면 한국의 예금보험공사 같은 기관]이 예금자보호제도에 의해 예금을 대위환급해 주거나 부실금융기관들의 회생을 위해 공적 자금을 투입한다면, 그러한 지출은 기타재정지출에 해당한다고 보는 것이 경제학적으로는 타당할 것이다. 그 기관의 수입도 기타재정수입으로 간주할 수 있을 것이다.

정부가 확장적 재정정책을 집행하면서 그에 수반되는 재정적자를 보전하기 위해 국채를 발행하거나 차입을 할 때, ⓐ 해당자금을 중앙은행으로부터 조달하는 경우에는 본원화폐총액이 [그 조달과정에서는 변동이 없고 그 집행과정에서는 플러스가 되어] 결과적으로 증가하고, ⓑ 해당자금을 비예금민간으로부터 조달하는 경우에는 본원화폐총액이 [그 조달과정에서는 마이너스가 되고 그 집행과정에서는 플러스가 되어] 결과적으로 불변한다. 논의의 단순화를 위해, 여기서는 "정부는 중앙은행의 자금으로 그 재정적자를 보전한다."라고 가정하기로 하겠다.

차제에 통화신용정책과 재정정책 사이의 특징적인 차이점 한두 가지를 간략하게 적시(摘示)하기로 한다면, 그것은 다음과 같다. — 첫 번째 차이점은 풀리는 돈의 성격에 관한 것이다. 통화신용정책에 의해 풀리는 돈의 대종은 '갚아야 할 돈'이다. 반면, 재정정책에 의해 풀리는 돈의 대부분은 '갚을 필요가 없는 돈'이다. 같은 금액이라면, 후자의 돈이 전자의 돈보다 그 위력이 훨씬 클 것이다. 두 번째 차이점은 총수요에 미치는 영향에 관한 것이다. 통화신용정책을 집행하는 과정에서는 재물과 용역의 구매를 위한 지출이 수반되지 않는다. 따라서, 그 정책은 총수요에 직접적인 영향은 미치지 못한다. 간접적인 영향만 미칠 수 있다. 반면, 재정정책의 경우에는, 정부지출수요 자체가 총수요의 주요 구성요소로서 그것에 직접적인 영향을 미친다.

여기서 언급되는 확장적 재정정책은, 그것이 집행되었을 때, 크게 보면 '본원화폐총액의 증가를 통한 효과'와 '본원화폐계수의 하락을 통한 효과' 및 '총수요의 증가를 통한 효과'를 동시에 가져다줄 것이다.

3. 예시된 대책들의 일괄시행에 따른 효과

금융버블의 붕괴가 진행되던 도중에 이상에 예시된 대책들이 한꺼번에 시행된 상황을 상정해 보자. 유동자산총액은 어떻게 될까? 〈그림 10〉을 이용해 간략하게 설명하기로 하겠다.

먼저 본원화폐총액을 살펴보자. 그것은 당초의 H_0에 비해 엄청나게 증가한 크기, 즉, 이를테면 $\widehat{H}$의 크기를 취하고 있게 된다.

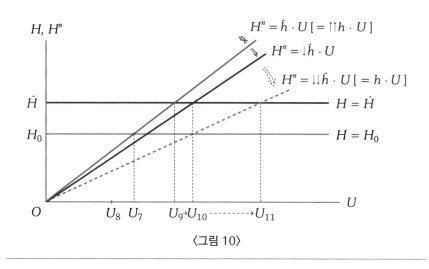

$H^n = \hat{h} \cdot U \, [= \Uparrow h \cdot U]$

$H^n = \downarrow \hat{h} \cdot U$

$H^n = \Uparrow \hat{h} \cdot U \, [= h \cdot U]$

$H = \hat{H}$

$H = H_0$

H, H^n

$\hat{H}$

H_0

O U_8 U_7 $U_9 \rightarrow U_{10}$ - - - - - - →U_{11} U

〈그림 10〉

다음으로 본원화폐계수를 살펴보자. 그것은 정책당국이 수수방관했다면 도달했을 수준인 $\Uparrow\uparrow h$ 까지 상승하지 않고 도중의 어떤 수준에서 멈춘다, 즉, 이를테면 $\Uparrow h$ 에 가까운 수준인 $\hat{h}$ 에서 멈춘다. 그리고, 방향을 바꾸어 천천히 도로 하락하기 시작한다. [*〈그림 10〉에서는 '근접한 것'을 편의상 '일치하는 것'으로 작도했다.]

그에 따라, 설사 본원화폐계수가 도로 하락하지 않는다고 하더라도, 유동자산총액은 하마터면 도달했을 수준인 U_8 에 비해서는 굉장히 큰 U_9 의 수준으로 결정될 것이다. 그리고, 이제 그것이 그 아래의 수준으로 수축될 일은 여간해서는 없을 것이다. 급한 불은 꺼진 것이다!

그런데, 실제에 있어서는 본원화폐계수가 도로 하락하기 시작한다. 그리하여, 만일 그것이 이를테면 $\downarrow\hat{h}$ [$\gg h$]의 수준까지 하락해 있다면, 유동자산총액은 당초의 U_0 에 근접한 U_{10} 의 수준으로 회복될 것이다. 금융버블 팽창의 과정이 한창 진행되던 시절을 생각해 보면 미흡하지만, 안도할 수 있는 수준까지는 되돌아온 것이다.

그러나, 이야기는 여기서 끝날 수 없다. 시간의 문제일 뿐, 본원화폐계수는 평상시의 수준이라고 할 수 있는 당초의 h 부근까지 하강(下降)할 수 있는 여력만큼은 충분히 가지고 있기 때문이다.

4. 유동자산총액의 재팽창

그동안 하락해 온 본원화폐계수는 유동자산총액이 안도할 수 있는 수준까지 되돌아오면 그 자리에서 멈추는 것이 아니다. 그때부터는, '유동자산총액이 안도할 수 있는 수준 유지 → 민간부문의 많은 경제주체들이 점차 채권자 입장에서는 심리적 안정을 되찾고 채무자 입장에서는 신용도를 만회 → 본원화폐계수의 구성인자들이 각자의 평상시 수준을 지향(指向)'의 과정이 진행될 것이므로, 그것이 자신의 평상시 수준을 향해 추가적으로 하락할 것이다.

〈그림 10〉을 계속 이용해 서술하기로 하겠다.

만일 상대적으로 이른 시기에 본원화폐계수가 당초의 h에 근접한 수준인 $\downarrow\downarrow\hat{h}$까지 하락한다면, 유동자산총액은 금융버블 팽창의 과정이 상당히 진행되던 때의 수준에 못지 않은 U_{11}의 수준으로 다시 팽창하게 될 것이다. 물론, 어느 정도의 조정기간이 경과한 후에 말이다.

위에서와 같이 유동자산총액이 조기에 다시 팽창하는 것, 금융버블 붕괴에 따른 한랭기(寒冷期)가 엊그제까지였는데 어느새 과열상황이 재연(再演)되려 하는 것, 이것은 현실에서 얼마든지 가능한 일이다. 저자가 발견한 '금융버블의 메커니즘'은 이렇게 작동한다!

5. '출구전략'(exit strategy)의 필요성

전술한 바와 같이 유동자산총액이 조기에 다시 팽창하게 되면, 회복축하연(恢復祝賀宴)을 벌이던 국민경제는 두 명의 위험한 불청객 중 적어도

한 사람만큼은 파티장 한복판에 들일 수밖에 없다. 그들 가운데 한 명은 인플레이션이다. 총수요가 과도해지는 모습을 보았다 하면 자신을 초청한 줄 알고 무조건 신나게 달려오는 인물이다. 다른 한 명은 자산가격거품이다. 유동자산총액이 팽창할 때 인플레이션이 나타나지 않으면 어김없이 대타(代打)로 출현한다. 경우에 따라서는 인플레이션과 콤비로 등장하기도 한다.

요점 위주로 간략한 설명을 덧붙이기로 하겠다. 유동자산총액이 팽창하는 과정에서는 비예금민간 채무자들이 신규로 빌리게 된 자금이 풍성해진다. 이때, 그것이 설비투자자금으로 주로 쓰이면 총수요가 과도해지고, 그것이 자산투자자금으로 주로 쓰이면 부동산이나 주식 등의 가격이 과도하게 상승한다. 물론, 그것이 양쪽으로 분산되어 쓰이면, [그 분산을 반영한 각각의 강도로] 두 가지 현상이 동시에 일어날 것이다.

그런데, 위의 두 불청객보다 훨씬 더 위험한 것도 있다. 그들이 지니고 와서 놓고 갈 시한폭탄이 그것이다. 이것이 파티장 한복판에서 터지면 금융버블의 폭렬이 일어난다!

그러므로, 이번의 상황에 임해서는 정책당국이 종전보다 더욱 긴장하고서 대비해야 할 것이다. 왜냐하면, 만일 이번에도 얼마 전처럼 금융버블의 폭렬이 일어난다면 정책당국으로서는 '이미 실탄을 소진한 상태에서 또다시 적군을 맞이해야 하는 상황'에 직면하게 될 것이기 때문이다.

이상의 논의는 이른바 출구전략의 필요성을 웅변해 준다.

출구전략이라고 하여 거창한 것은 아니다. 이를테면, 이미 시행해 온 대책들을 놓고서 그 시행을 중단하거나 그 방향을 반대로 돌리는 것을 말한다. 유량자금공급모형에 비추어 규정한다면, 증가시켜 놓은 본원화폐총액을 감소시키기도 하고, 하락시켜 온 본원화폐계수를 정지시키기도 하는 것을 말한다. 이제, 정책당국은 이 같은 출구전략을 미리 강구해 두었다가 적절한 시기에 적절한 강도로 시행해야 할 것이다.

6. 본원화폐계수 복귀나 실물경기 회복의 속도에 영향을 미칠 수 있는 요인들

금융버블 수축의 과정이 종료되고 난 후에는 본원화폐계수가 복귀[평상시의 수준으로 하락]하는 과정 및 실물경기가 회복되는 과정이 시작될 것이다. 그 복귀나 회복의 속도에 영향을 미치는 주요 요인들로는 어떤 것들이 있을까? 그것들 가운데 몇 개를 추려 간략하게 논의하기로 하겠다. 논의 중에 중복되는 부분이 생기더라도 양해해 주실 것을 부탁 드린다.

가. 금융버블의 폭렬직전 크기

"산이 높으면 골도 깊다."라는 말이 있다. 그 말처럼, 금융버블의 폭렬하기 직전의 크기가 컸을수록, 그 폭렬의 충격과 파장이 클 것이고, 그에 따라 본원화폐계수의 복귀나 실물경기의 회복에 소요되는 기간은 길어질 것이다.

나. 수습대책의 적정성 여부

한두 가지 예를 들어 설명하기로 하겠다.

〈예금자보호제도가 시행되지 않은 경우〉
만일 수습대책 중에 예금자보호제도 같은 것은 제외되어 있다면, 금융버블 수축의 종료 이후에도 예금기관들의 추가도산 가능성에 따른 우려는 잔존하게 될 것이다. 이런 경우, 본원화폐계수는 쉽게 낮아지지 않을 것이고, 그런 만큼 실물경기의 회복도 더디게 이루어질 것이다.

〈경제가 유동성함정에 빠져 있는 경우〉

금융버블 수축은 종료되었지만 많은 기업들에게 설비투자의 한계효율이 마이너스여서 투자수요가 크게 위축되어 있는 상황을 전제해 보자. 그리고, 그 상황에서 확장적 통화신용정책만 시행되고 있는 경우를 상정해 보자. 이런 경우, 그 정책의 효과는 이를테면 다음과 같은 이유들로 제한될 것이다.

첫째, 중앙은행이 예컨대 '예금기관들에 대한 중앙은행자금 저리대출'의 방식으로 본원화폐총액을 증대시키려 할 때, 그 증대가 순조롭게 추진되지 않을 수도 있다. 투자수요가 위축된 만큼 예금기관대출금에 대한 기업들의 수요가 워낙 적고 그 여파로 이미 지급준비금잉여분이 마땅한 처분처 없이 쌓여 있는 상태라면, 예금기관들이 해당 중앙은행자금을 아예 필요로 하지 않을 수도 있기 때문이다. 본편에서의 주요 전제들 가운데 하나는 "중앙은행은 본원화폐총액을 얼마든지 자신이 의도하는 수준으로 유지시킬 수 있다."라는 것인데, 현실에서는 이 전제가 배제되어야 하는 사례가 생길 수도 있는 것이다. [*기존경제학 식으로 서술한다면, 중앙은행이 자신이 찍은 돈을 은행시스템 안에 투입하려 하는데 그 투입이 여의치 못할 수도 있다는 것이다.]

둘째, 중앙은행이 채권유통시장에서 비예금민간을 상대로 채권을 매입하는 방식에 의해 본원화폐총액을 증가시키더라도, 그리고 그에 따라 일단 해당채권 매도자들의 매도대금수취액만큼 요구불예금총액이 증가하더라도, 채권비율이 낮아지거나 목표지급준비율이 높아지거나 하여 본원화폐계수가 높아지는 바람에 유동자산총액이 그다지 많이 증가하지 않을 수도 있다. [*기존경제학 식으로 서술한다면, 중앙은행의 돈이 은행시스템 안에 투입되었는데도 이상하게 통화량이 제대로 늘어나지 않을 수도 있다는 것이다.]

셋째, 유동자산총액이 어느 정도 증가할 수 있게 되더라도, 애당초 설비투자를 위한 자금수요가 많지 않은 터라, 전기한 증가에 상응하는 자금이 운영자금이나 자산투자자금 등으로만 주로 사용되면서 투자수요는 별로 증가하지 않을 수도 있다. [*기존경제학 식으로 서술한다면, 분명히 통화량은 꽤 늘어났는데도 이상하게 투자수요가 제대로 늘어나지 않을 수도 있다는 것이다.]

이처럼 경제가 유동성함정(流動性陷穽; liquidity trap)에 빠져 있는 경우에는, 확장적 재정정책[그 중에서도 중앙은행의 국채인수를 수반하는 것]이 총수요 증가를 위한 보다 유효한 대책이 될 수 있다.

이 대목에서 참고로 첨언할 것들은 다음과 같다.

① "예금기관들은 지급준비금잉여분이 생기면 언제나 주로 비예금민간을 상대로 추가지출을 행한다." — 이것도 본편에서의 주요 전제들 가운데 하나다. 그런데, 위에서와 같은 경우에는 예금기관들이 이 전제와 다르게 행동할 수도 있다. 해당 중앙은행자금을 받아 발생한 지급준비금 잉여분의 대부분을 가지고 정부를 상대로 국채를 인수할 수도 있는 것이다. 마땅한 다른 투자처가 없는 한, 그리고 해당 중앙은행자금의 금리가 국채의 그것보다 낮아 금리마진을 취할 수 있는 한, 이것은 너무나 자연스러운 일이다.

② 예금기관들이 위 '①'에서와 같이 국채를 인수한다면, 그것은 중앙은행이 직접 국채를 인수하는 것과 사실상 마찬가지가 된다.

③ 예금기관들이 지급준비금잉여분의 대부분을 계속 국채의 인수에 사용하더라도, 정부가 국채발행금을 거의 곧바로 재정지출에 투입한다면, 본원화폐총액과 유동자산총액은 공히, 예금기관들이 이 책에서의 전제대로 행동할 때와 큰 차이 없이 증가할 수 있다. 이를테면 '중앙은행이 예금기관들에게 100원만큼 대출을 해 주어, 지급준비금잉여분이 직접적으로 100원만큼 발생하고, 직전 대비 본원화폐총액 +100원 → 예금기관들이 100원만큼 국채를 인수하여, 직전 대비 본원화폐총액 −100원 → 정부가 비예금민간을 상대로 100원만큼 재정지출을 하여, 직전 대비 본원화폐총액 +100원 및 유동자산총액 +100원 → 지급준비금잉여분이 파생적으로

70원만큼 발생하고 그것으로 예금은행들이 국채를 인수하여, 직전 대비 본원화폐총액 −70원 → 정부가 70원만큼 재정지출을 하여, 직전 대비 본원화폐총액 +70원 및 유동자산총액 +70원 → … → 최종적으로, 본원화폐총액은 당초에 비해 100원만큼 증가하고, 유동자산총액은 당초에 비해 100원 곱하기 해당 유동자산승수만큼 증가'의 과정이 진전되는 것이다.

다. 건설투자수요 관련 문제

금융버블 수축 종료 후 '부동산불패'(不動産不敗)의 신화는 이미 깨지고 '부동산필패'(不動産必敗)의 악몽이 많은 경제주체들을 계속 사로잡고 있는 경우를 상정해 보자. 이런 경우에는, 부동산에 관련된 기업투자 건들 중 대부분의 한계효율이 마이너스로 계산될 수밖에 없어, 투자수요가 특히 건설투자수요의 극심한 위축으로 부진할 수 있고, 그 부진의 지속으로 실물경기의 회복이 늦어질 수 있다.

라. 차입경영 관련 문제

금융버블 수축 종료 후 살아남기는 했지만 그 수축의 과정에서 과도한 부채로 위태로움을 겪었고 거기서 나름대로 교훈을 얻은 기업 하나를 상정해 보자. 그리고, 금년 말 직전 현재 이 기업은 당기순이익을 내었고 그것의 현금화가 가능한 상황에 있다고 가정해 보자.

이 기업이 전기한 이익을 처분할 수 있는 방식들로는 크게 보아 이를 테면 다음의 세 가지가 있다. 설명의 편의를 위해, 그 처분의 모든 절차는 금년 말에 완결된다고 간주하기로 하겠다.

첫 번째 방식은, 현금배당을 실시하는 것이다. 이 방식이 채택되면, 금년 말에 있어 부채비율과 부채규모는 공히 전년 말대로 유지된다.

두 번째 방식은, 내부유보 후 해당재원을 설비투자에 투입하는 것이다. 그 투자의 한계효율은 기존 부채에 따르는 지급이자율보다는 훨씬 높다. 이 방식이 채택되면, 금년 말에 이르러 부채비율은 전년 말보다 감소한다. 하지만, 부채규모만큼은 전년 말대로 유지된다. 부채 자체는 그 투자의 회임기간 동안 그대로 끌고 가야 하는 것이다. 그러나, 후일 해당투자가 성공적인 것이 되었을 때에는, 그것으로부터의 순익금 덕분에 부채비율과 부채규모가 공히 금년 말보다 매우 큰 폭으로 감소할 수 있다.

세 번째 방식은, 내부유보 후 해당재원으로 부채를 상환하는 것이다. 이 방식이 채택되면, 금년 말에 이르러 부채비율이 전년 말보다, 그리고 앞의 경우에 비해 상대적으로 많이, 감소한다. 아울러, 부채규모도 전년 말보다 감소한다. 단, 앞의 경우에서처럼 후일에 부채비율과 부채규모를 매우 큰 폭으로 감소시킬 수 있는 기회를 가질 수는 없다.

이 기업은 첫 번째 방식만큼은 채택하지 않을 것이다. 주주들을 설득할 수 있는 한 말이다. 대신, 두 번째와 세 번째 방식을 놓고서 고민에 빠질 것이다.

그런데, 투자의 한계효율이라는 것은 그 본질을 말하자면 '위험이 수반된 기대수익률'이고, 그 '위험' 중에는 투자 실패의 위험뿐만 아니라 투자의 회임기간 중에 부채 문제나 유동성 문제 같은 것이 불거질 위험도 포함되어 있다. 반면, 우리의 기업은 지금으로서는 위험기피자(risk-averter)가 되어 있다. 그렇다면, 동 기업은 투자의 한계효율이 아주 높지 않은 한 투자보다는 부채상환을 선호할 것이다. 다시 말하면, 보다 많은 경우에 세 번째 방식을 채택할 것이다. 이때, 동 기업은 두 번째 방식을 채택할 때에 비해 저축성예금과 채권을 덜 보유하고 있고자 하게 될 것이다. [*비예금민간이 현금통화와 화폐성예금에 비해 저축성예금과 채권을 상대적으로 덜 보유하고 있고자 할 때에는 본원화폐계수가 상대적으로 높은 수준을 취하게 된다는 점을 독자 여러분께서는 상기해 주시기 바란다.]

그리하여, 우리가 여기서 상정한 것과 비슷한 기업들이 많이 생긴 후

서서히 줄어든다면, 그런 기간 동안에는 본원화폐계수의 느린 하락은 물론 무엇보다도 투자수요의 느린 증가로 실물경기의 회복이 지지부진(遲遲不進)하게 진행될 것이다.

마. 가계부채 관련 문제

주식이나 부동산의 가격이 장차 크게 오를 것이라고 기대하고서 은행대출을 받아 해당자산에 투자해 두었다가, 금융버블 수축의 여파로 커다란 자본손실을 입었고, 그 수축의 종료 후에도 그 자산을 그대로 보유하고 있는 가계 하나를 상정해 보자. 그리고, 이 가계는 지금 그 자산의 가격이 더 떨어질 것이라고 비관적으로 전망하고 있다고 가정하자.

이 가계의 당초계획은 대략 '그 자산의 가격이 매입가에 비해 많이 올랐을 때 그것을 매각하여 그 대금으로 대출금을 변제하고 이득을 취하는 것'이었을 것이다. 그러나, 이제 이 가계는 그 계획을 이를테면 '그 가격이 더 떨어지기 전에 하루라도 빨리 그 자산을 매각하여 그 대금으로 대출금의 일부를 먼저 상환하고, 나머지 대출금은 소비지출 감축을 통해 마련된 재원으로 상환하는 것'으로 바꿀 것이다. 그리고, 그렇게 수정된 계획을 실행할 것이다.

그리하여, 우리가 여기서 상정한 것과 비슷한 가계들이 많이 생긴 후 서서히 줄어든다면, 그런 기간 동안에는 소비수요의 느린 증가로 실물경기의 회복에 속도가 붙지 않을 것이다.

여기서 첨언해야 할 것이 있다.

다음과 같은 조건들이 충족되는 상황을 상정해 보자.

ⓐ 비예금민간은 일제히 자신들의 입장을 '부채상환 모드'로 전환했다. 그래서, 예금기관들을 상대로 신규대출금은 사절하고 기존대출금은 서둘러 상환하려 한다. 그리고, 그 상환을 위해 저축성예금과 채권 등 보유자산의 만기해지나 매각에도 적극 나선다.

ⓑ 예금기관들은, 비예금민간을 상대로 대출 또는 기발행국채의 매입을 행하는 것과, 정부를 상대로 신규국채의 인수를 행하는 것 말고는 마땅한 투자수단이 없다.

ⓒ 중앙은행은, 예금기관들을 상대로 중앙은행자금을 대출해 주거나 그 원리금을 회수하는 것 말고는 민간부문을 대상으로 일절 자금거래를 하지 않는다. 예를 들면, 공개시장에서 기발행국채를 매매하는 거래도 하지 않는다.

ⓓ 정부부문이 본원화폐총액의 크기에 미치는 영향은 중립적이다.

ⓔ 예금기관들에게 대출되는 중앙은행자금의 이자율은 국채의 발행 및 유통수익률 중 어느 것보다 높다.

이 같은 상황에서는 다음의 두 갈래 과정이 동시에 진전될 것이다. 첫째, '비예금민간의 신규대출금 사절 및 기존대출금 상환으로 예금기관들의 금고나 장부에는 지급준비금잉여분이 계속 쌓임 → 예금기관들은 전기한 잉여분의 마지막 투자처로 국채를 고려해 보지만 국채의 금리가 중앙은행자금의 그것보다 낮아 역마진이 생기기 때문에 포기함 → 예금기관들은 전기한 잉여분으로 중앙은행자금을 상환하는 길을 택할 수밖에 없음 → 그 상환의 진행에 따라 본원화폐총액이 감소함'의 과정이 진전될 것이다. 둘째, 본원화폐계수가 높아지는 과정이 진전될 것이다.

그리하여, 여기서 상정된 상황에서는, 중앙은행이 본원화폐총액의 증대를 도모하더라도 그 총액은 오히려 감소할 것이다. 또한, 설사 동 기관이 공개시장에 참여해 대대적으로 기발행국채를 매수함으로써 그 총액의 증대에 성공하더라도, 본원화폐계수가 높아지고 있거나 이미 많이 높아져 있기 때문에, 유동자산총액이 원활하게 늘어나지 못할 것이다.

본목에서는 기실 실물경기의 회복을 지연시킬 수 있는 몇 가지 요인들을 예시했다. 그런데, 당연한 이야기지만, 만약 그 요인들이 너무 강하게 작용한다면, 유동자산총액이 다시 수축하는 일도 생길 수 있을 것이다. 그리고, 대략적으로 말할 때, 그 요인들이 강하게 작용하는 상황에서는 특히 확장적 재정정책이 필히 강구되어야 할 것이다.

7. 참고 사항

가. 유동성함정에 관한 케인즈의 견해

이미 시사한 바와 같이, 저자가 규정하는 '유동성함정'은, 일반적인 통화신용정책으로는 본원화폐총액의 증대가 여의치 못하거나, 그 증대가 이루어지더라도 유동자산총액이 활발하게 증가하지 않거나, 그 증가가 이루어지더라도 총수요가 별로 증가하지 않는 상황을 지칭한다. 위 제6목에서의 논의 중 대부분은 사실 유동성함정에 관한 것이기도 하다는 점을 독자 여러분께서는 이미 눈치채셨을 것이다.

케인즈는 『일반이론』에서 "모든 사람들이 '임박한 장래에 시장이자율은 상승하고 그에 따라 채권시세는 하락할 것이다.'라고 예상하여 채권 대신 화폐만 보유하고 있으려 하는 상황도 생길 수 있다."라는 취지의 이야기를 한 바 있다. 저자의 시각으로 해석(解釋)한다면, 케인즈가 가상한 그 상황은 '채권비율이 영[0]이어서 본원화폐계수가 아주 높은 수준을 유지하고 있기 때문에, 본원화폐총액을 증대시켜도 유동자산총액이 활발하게 증가하지 않는 상황'이라고 할 수 있다.

나. 리처드 쿠(Richard Koo)의 『거시경제학의 성배(聖杯)』

이 항목은 이 책의 조판(組版)이 진행되는 중에 추가하는 것이다.

저자가 이 책 원고의 집필을 마친 것은 2010년 7월 말이었다. 이후 저자는 그 원고에 오자나 탈자 같은 것은 없는지 교정을 보아야 했다. 그러던 중인 동년 8월 중순, 리처드 쿠의 2009년도 저서 『거시경제학의 성배

- 일본대침체로부터의 교훈』(The Holy Grail of Macroeconomics: Lessons from Japan's Great Recession)의 한국어판을 그 역자[현대인베스트먼트자산운용의 김석중 대표]께서 저자에게 증정하셨다. 그 후에도 계속 교정을 보는 일에 전념하던 저자는, '아무리 바쁘더라도, 증정받은 책은 이른 시일 내에 일별이라도 하는 것이 도리다.' 하는 생각이 들어, 동년 8월 하순 중에 그 책을 속독했다.

그렇게 읽어 본 바에 따르면, 비록 이론적 정교성은 많이 부족하고 몇 가지 오류도 눈에 띄지만, 그 책에서 리처드 쿠가 피력한 견해 중에는 탁견이 많고, 그 탁견의 대부분은 저자가 평소 혹은 이 책에서 피력하는 해당견해와도 합치한다.

그 책의 내용 중 저자의 입장에서 특별한 가치를 부여해야 할 것은 아래의 두 가지다.

첫째, 1929년에 발발했던 대공황(Great Depression)과 1990년대 초반에 시작되었던 일본대침체(Japan's Great Recession) 각각의 시기 중에 미국 또는 일본의 경제가 유동성함정에 빠져 있던 기간이 실제로 있었음을, 그는 구체적인 근거자료를 제시하며 입증했다. 아인슈타인과 마찬가지로, 저자는 이론을 정립함에 있어 이른바 '사고실험'(思考實驗; Gedankenexpriment)에 많이 의존한다. 유동성함정에 관한 저자의 전술한 논의 역시 사고실험에 입각한 것이다. 그러니, 그 사고실험을 실증적으로 뒷받침해 주는 그의 논의가 저자로서는 반가울 수밖에 없다.

둘째, 다음과 같은 취지로 한 그의 이야기는 통화신용정책의 효능을 맹신하는 통화주의자(monetarist)들에게 경종을 울려 주는 것이 될 것이다. "확장적 통화신용정책을 펼쳤으나 유동성함정 때문에 통화량이 별로 못 늘었었는데, 이제 와서 당시에 통화량이 늘지 않은 것에만 주목하여 '확장적 통화신용정책을 안 펼쳤기 때문에 침체가 지속된 것이다.'라고 잘못 주장하면 안 된다!"

제3항 금융버블사태의 예방을 위해 평소 시행해야 할 대책들

한껏 팽창했던 금융버블이 폭렬하고 급격히 수축하는 사태 — 이것을 서술의 편의상 '금융버블사태'(financial bubble crisis)라고 부르기로 하겠다.

금융버블사태의 예방을 위해 정책당국이 평소에 시행해야 할 대책들로는 어떤 것들이 있을까? 중요한 것들을 추린 후, 기존경제학자들이 간략히 거론하고 있는 것에 대해서는 비교적 상세히, 그리고 그들이 상세히 거론하고 있는 것에 대해서는 가급적 간략히 서술하기로 하겠다.

1. 과도한 재정적자의 지양(止揚)

여기서 '과도한 재정적자'라 함은, 재정적자의 누적치가 국민소득 수준이나 국내 또는 국제금융시장에서 신규국채가 원활하게 소화될 수 있는 가능성 등에 비추어 과도해진 것을 말한다. 그 누적치가 적정수준 이하면 그 재정상태는 건전하다고 할 수 있다.

저자는 이하의 논의를 크게 두 단계로 전개하고자 한다. 먼저, 세 개의 시나리오를 제시할 것이다. 그렇게 함으로써, 과도한 재정적자는 금융버블사태의 문제를 떠나서도 어차피 지양되어야 한다는 점을 은연중에 피력할 것이다. 연후에, 평소에 건전한 재정상태를 유지하는 것이 금융버블사태의 예방은 물론 그 치유를 위해서도 필요하다는 점을 부각시킬 것이다.

〈과도한 재정적자가 하이퍼인플레이션을 초래하는 시나리오〉
확장적 재정정책은 단기적으로(in the short run) 경기를 부양하거나 경제성장을 촉진할 수 있다. 하지만, 당해연도의 재정적자를 수반한다. 이것은 불가피한 일이다. 따라서, 그 정책이 여러 해에 걸쳐 남용되다 보면 재정적자의 누적치가 큰 폭으로 증가하게 된다.

일반적으로, 정부는 재정적자가 발생하는 연도에는 국채를 발행하여 그 발행금으로 그 적자를 보전(補塡)한다. 이 경우,

$$재정적자분 = 재정지출 - 재정수입$$

$$본원적 재정적자요소 = 재정적자분 - 기존국채 원금상환분$$
$$- 기존국채 이자지급분$$

$$국채 신규발행분 = 재정적자분$$

$$국채 순증발행분 = 국채 신규발행분 - 국채 차환발행분$$
$$= 재정적자분 - 기존국채 원금상환분$$
$$= 본원적 재정적자요소 + 기존국채 이자지급분$$

이 성립한다. 독자 여러분께서는 이 점을 참고하시면 아래의 서술을 보다 쉽게 이해하실 수 있을 것이다.

정부가 재정적자의 누적을 용인하기로 하고서 국채를 발행할 때, 초기에는 그것을 민간부문에 인수시키는 것이 어렵지 않을 것이다. 하지만, 이 방안을 추진하는 것은 점점 어려워질 것이다. 이를테면 다음과 같은 메커니즘으로 시장이자율을 점점 상승시키고 나중에는 폭등시킬 것이기 때문이다. — 정부가 매해의 본원적 재정적자요소를 평균적인 경제성장률에 맞추어 비례적으로 증가시키는 경우를 상정해 보자. 이 경우, 국채발행잔액은 매 한 해 동안 본원적 재정적자요소만큼만 증가하는 것이 아니라 기존국채 이자지급분만큼 더 증가하므로, 여러 해에 걸쳐서는 국채발행잔액과 기존국채 이자지급분이 상호작용을 하면서 공히 가속적으로 증가한다. 이것은 매해의 국채발행규모가 [순증발행액 기준으로] 가속적으로 증대되어야 한다는 것을 의미한다. 이런 조건하에서 정부가 국채를 계속 민간부문에만 인수시킨다면, 시장이자율은 어떻게 될까? 민간부문의 자금공급능력에는 한계가 있다. 이것은 당연한 사실이다. 그렇다면, 앞의 문제에 대한 답은 자명해진다. 시장이자율은 점점 상승하고 나중에는 폭

등할 것이다!

그래서, 다음 단계로는 국채를 중앙은행에 인수시키는 방안이 추진될 것이다. 그리고, 이때쯤이 되면 정부와 국민 모두 '포퓰리즘 재정정책'에 친숙해져 본원적 재정적자요소 자체도 가속적으로 증가되기 시작할 것이다. 그리하여, 이제부터는 중앙은행의 돈이 정부계정을 통해 막대한 규모로 시중에 풀리기 시작한다. 그것도 '갚을 필요가 없는 돈'이 된 상태로 말이다. 경제학 용어로 표현하면, 재정지출이 대대적으로 이루어지는 가운데 본원화폐총액까지 급증하는 상황이 전개되는 것이다.

이러한 상황에서 총수요의 구성요소들은 어떻게 되어 있을까? 첫째, 대규모로 정부지출이 집행되고 있을 것이기 때문에 정부지출수요는 매우 큰 수준을 취하고 있을 것이다. 둘째, 대규모의 기타재정지출 중 많은 부분이 직간접적으로 가계부문의 가처분소득을 크게 증대시켜 주었을 것이기 때문에, 소비수요 역시 매우 큰 수준을 취하고 있을 것이다. 셋째, 앞에서와 같은 분위기 속에서는 기업들의 투자심리도 자극되었을 것이고, 게다가 '본원화폐총액의 급증 → 유동자산총액의 급증 → 설비투자를 위한 자금의 조달이 아주 용이해짐 → 관념투자수요로 끝날 뻔했던 것들도 대거 유효화됨'의 과정까지 진행되었을 것이므로, 투자수요 또한 매우 큰 수준을 취하고 있을 것이다. [*사실, 셋째 요인이 작동하지 않거나 심지어 '구축효과'에 의해 투자수요가 감소하더라도, 어차피 첫째 및 둘째 요인으로 총수요는 과도해질 것이다.]

총수요는 이미 과도해졌다. 그래서, 인플레이션이 시작된다. 그 인플레이션은, 실질치 기준으로 증가 일로를 걸어야 하는 본원적 재정적자요소를 당연히 최소한 해당 물가상승률만큼 추가적으로 증가시킨다. 그리고, 그 증가는 국채발행규모 및 본원화폐총액의 급증세를 가속화시킨다. 그 가속화가 인플레이션을 촉진할 것임은 물론이다. 그리하여, 인플레이션이 인플레이션을 유발하는 연쇄반응이 계속 일어난다. 하이퍼인플레이션의 엄습은 이제 시간문제일 뿐이다!

〈과도한 재정적자가 금융버블사태를 초래하는 시나리오〉

과도한 재정적자는 '재정적자의 보전을 위해 발행하는 국채를 중앙은 행이 인수 → 본원화폐총액의 급증 → 유동자산총액의 팽창 → 금융버블의 폭렬'의 과정을 거쳐 금융버블사태를 초래할 수도 있다. 이 부분에 대해서는 더 이상의 설명이 불필요할 것이다.

〈과도한 재정적자가 외환위기를 초래하는 시나리오〉

본편에서 논의의 대상으로 상정된 국민경제는 기본적으로 폐쇄경제에 해당한다. 그러나, 여기서는 그것이 이를테면 A국의 경제로서 이른바 '소규모개방경제'(small open economy)에 해당한다고 전제하기로 하겠다.

A국의 과도한 재정적자는 아래와 같은 경로만으로도 그 경제에 외환 위기를 초래할 수 있다.

서술의 편의를 위해, A국통화나 A국의 경제주체들이 발행하는 A국통화표시 또는 외화표시 금융증권에 투자하며 자산의 국제가치를 기준으로 투자수익을 따지는 외국국적의 경제주체를 '외국인투자자'라고 지칭하기로 하겠다. 그리고, 다음과 같이 가정하기로 하겠다. — 첫째, A국의 환율제도는 자유변동환율제도다. 둘째, A국통화표시 금융증권은 A국의 경제주체들만 발행한다. 셋째, A국정부는 국채를 발행함에 있어 자국통화표시[즉, A국통화표시]의 것만 발행한다. 넷째, A국정부는 자국의 중앙은행이 가진 발권력(發券力)을 활용할 수 있기 때문에, 앞의 국채에 채무불이행의 위험은 수반되지 않는다. 다섯째, 외국인투자자들은 A국통화나 A국통화표시 금융증권을 A국의 외환 및 금융시장에서 자유롭게 매매할 수 있는 여건하에 있다.

A국의 재정적자가 과도해지고 있다면, 외국인투자자들은 장차 다음의 두 가지 과정 가운데 하나 이상이 진행될 수밖에 없을 것이라고 예상한다.

그 중의 하나는, '앞의 〈하이퍼인플레이션 시나리오〉에서처럼 A국의 국내물가가 큰 폭으로 상승 → 구매력평가설(購買力平價說)의 메커니즘에 의해 A국통화의 국제시세가 큰 폭으로 하락 → A국통화표시 금융증권들은 그 국내가치가 불변이더라도 그 국제가치가 큰 폭으로 하락'의 과정이다.

다른 하나는, '앞의 〈금융버블사태 시나리오〉에서처럼 A국에서 금융버블사태 발생 → A국통화표시 금융증권들로서 A국의 민간경제주체들이 발행한 것들은 태반(太半)의 경우에 그 국내가치 자체가 폭락 → 외국인 투자자 입장에서는 A국통화의 국제시세가 불변이더라도 투자손실을 입게 된 터인데 이하의 'ⓑ'에서 언급되는 요인 등에 의해 A국통화의 국제시세가 폭락'의 과정이다.

따라서, 그들은 예상되는 투자손실을 회피 내지 최소화하기 위해 자기들끼리 앞을 다투어 다음과 같이 행동한다. 즉, ⓐ A국통화에는 더 이상 투자하지 않음은 물론, 목하 그것을 보유하고 있다면 그것을 곧바로 A국의 외환시장에서 매각하고서 A국을 떠나며, ⓑ A국통화표시 금융증권에도 더 이상 투자하지 않음은 물론, 목하 그것을 보유하고 있다면, 우선 그것을 A국의 금융시장에서 매각하여 A국통화로 전환하고, 그 직후 그 통화를 A국의 외환시장에서 매각하고서 A국을 떠난다. A국에서 국내물가가 큰 폭으로 상승하거나 금융버블사태가 발생하는 일이 아직 시작되지도 않았는데 말이다. [*기민한 투자자들은 다른 투자자들이 어떻게 예상하고 행동할 것이냐를 미리 예상하고서 행동한다.]

해외의 외환 및 금융시장에서도 A국통화 등이 투매의 대상이 되어 있음은 물론이다.

그리하여, 이제, A국통화의 국제시세는 걷잡을 수 없이 하락하고, A국으로부터는 일방적인 대규모 자본유출이 줄을 잇는다. 외환위기인 것이다!

참고로, 만일 A국정부가 재정적자를 보전하는 과정에서 외화표시국채까지 다량으로 발행한다면, 외환위기의 문제는 어떻게 될까?

A국정부는 외화를 확보하지 못하면 동 국채의 원리금을 지급하지 못

한다. 따라서, 동 국채에 수반되는 채무불이행의 위험은 A국정부가 자국의 중앙은행이 가진 발권력을 아무리 잘 활용할 수 있더라도 없어지지 않는다. 단, A국정부는 동 국채의 원리금을 지급해야 할 때 그 발권력에 의존해 자국통화를 확보한 후 그것으로 자국의 외환시장에서 외화의 매입을 시도할 수는 있다. 아무튼, A국정부는, 동 국채를 더 이상 발행하기 어려운 단계에 이르면, 자국의 외환시장에서 종전까지는 '외화표시국채의 발행으로 조달된 외화를 매도하는 자'[A국통화매수자]였다가 갑자기 '외화표시국채 원리금의 상환에 필요한 외화를 매수하는 자'[A국통화매도자]로 바뀌게 된다. 이것은 무엇을 의미하는가? 동 국채가 발행되지 않는 경우에 비해 A국통화의 국제시세가 그 폭락의 국면에서 더 빨리 폭락할 수 있다는 것을 의미한다.

한편, 다른 조건들이 동일하다면, 동 국채가 많이 발행되어 있을수록 A국정부의 신용도[대외신용도]는 저하될 것이다. 그런데, 한 나라의 정부는, 그 나라에서 과세권을 가진 데에다 중앙은행의 발권력도 활용할 수 있기 때문에, 신용도를 부여받음에 있어 그 나라의 경제주체들이 부여받을 수 있는 것 중에서는 최고등급인 '수장등급'(首長等級 ; sovereign rating)[19]을 부여받게 된다. 이것은 그 나라의 어떠한 경제주체도 해당 수장등급 이하의 신용도만 부여받을 수 있다는 것을 의미한다. 그래서, A국정부의 신용도가 저하되면, A국의 경제주체들의 그것이 전반적으로 저하될 것이다. 이때, 그들이 발행한 금융증권들의 국제시세는 전반적으로 하락하게 될 것이다. 뿐만 아니라, 그들이 외화표시 금융증권을 발행하여 외화를 확보하는 데에는 제약이 따르게 될 것이다. 이런 경우, 외국인투자자들이 수수방관할 리는 만무하다. A국정부의 신용도가 일정수준 이하로 저하되는 단계에 이르면, A국의 경제주체들이 발행하는 금융증권에는

---

19) '수장등급' 대신 '국가권력급등급'(state power class rating)이라는 표현을 사용해도 괜찮을 것이다. 한 나라의 정부가 부여받는 신용도가 그 나라의 국가신용도(country credit rating)로 간주됨은 물론이다.

더 이상 투자하지 않음은 물론 그것의 기보유분을 투매할 것이다.

이래저래 외환위기는 동 국채가 발행되지 않는 경우에 비해 훨씬 더 빨리 도래할 것이다.

〈시사점〉

이상의 시나리오들은 다음의 사실을 직접 시사해 준다. — 평소에 건전한 재정상태를 유지하는 것은 하이퍼인플레이션이나 금융버블사태 또는 외환위기 등의 예방을 위한 충분조건은 아니다. 그러나, 그것이 그 예방에 도움을 준다는 것만은 분명하다.

〈평소에 건전한 재정상태를 유지하는 것이 금융버블사태의 예방은 물론 그 치유를 위해서도 필요한 이유〉

이번에는 현실의 국제화된 국민경제를 전제하기로 하겠다. 이제, 저자가 이상의 논의에 입각해 개진(開陳)할 수 있는 것들은 다음과 같다.

①다른 조건들이 동일하다면, 그 재정적자가 커질수록 그 나라의 경제상황이 앞의 〈외환위기 시나리오〉대로 진행될 가능성이 조금씩 높아진다고 할 수 있다.

②그 재정적자가 상대적으로 커질수록 그 나라의 국가신용도가 조금씩 낮게 평가되면, 현실의 국제금융시장에서는 그것이 타당한 것으로 여겨진다. 또한, 그 재정적자가 상대적으로 커지는 국면에서 그 나라 통화의 국제시세가 하락하면, 현실의 국제외환시장에서는 그것이 당연한 일로 받아들여진다. 앞의 두 시장은 저자가 제시한 위 '①'의 가설(假說)을 공히 인정하고 있는 셈이다.

③국가신용도는 개념상 '그 나라의 경제상황이 앞의 〈외환위기 시나리오〉대로 진행될 가능성을 종합적으로 표시해 주는 척도(尺度)'의 역할을 한다고 간주해도 좋을 것이다.

④금융버블이 팽창하고 있을 때 어떤 이유로 외환위기가 발발해 버리

면, 이미 취약해진 국내금융시장을 일방적인 대규모 자본유출이 급속히 경색시킬 것이기 때문에, 금융버블사태가 바로 이어질 수 있다. 외환위기만 아니었다면 그 사태를 피할 수 있었을 만한 상황에서도 그렇다.

⑤ 재정적자가 과도해진 상황에서 외환위기까지는 없이 금융버블사태가 발생했다고 가상하자. 이 경우, 정부가 그 사태를 수습하겠다고 '공적자금의 투입'과 '확장적 재정정책의 집행' 등의 대책들을 대대적으로 시행하게 되면, 재정적자가 더욱 과도해져서 국가신용도의 추락과 그에 따른 일방적인 대규모 자본유출이 일어날 수 있다. 다시 말하면, 금융버블사태를 수습하려다가 설상가상(雪上加霜)으로 외환위기까지 맞을 수 있는 것이다. 정부는 진퇴유곡(進退維谷)의 처지에 몰린다.

⑥ 반대로, 재정이 건실한 상황에서는, 앞의 대책들이 대대적으로 시행되더라도 국가신용도가 급락하지는 않을 것이기 때문에, 외환위기를 회피하면서 금융버블사태를 조기에 수습할 수 있다.

⑦ 케인즈 이래 재정적자의 문제는 상당히 경시되어 온 경향이 있다. 불세출의 경제학자인 그가 간파한 대로, 확장적 재정정책은 분명히 단기적으로 '경기 부양'이나 '성장 촉진'에 특효가 있다. 그러나, 역시 남용되어서는 안 된다.

⑧ 어느 시기에 확장적 재정정책이 추진되었다면, 그 다음 시기에는 반드시 재정건전성을 회복시키기 위한 노력이 경주되어야 한다. 재정이 튼튼한 상태에서 금융버블사태를 맞게 되면 그 수습이 상대적으로 쉽다!

⑨ 차제에 첨언할 것이 있다. 따지고 보면, 금융버블사태는 외환위기가 함께 오지만 않는다면 그리 어렵지 않게 극복할 수도 있는 위기다. 그렇다면, 유사시에도 외환위기는 오지 않도록, 정책당국은 국가신용도가 적정수준 이상에서 확고하게 유지되는 데에 필요한 여러 대책들을 평소에 시행해야 할 것이다. 그 대책들 중에는 외채를 적절히 관리하는 것, 외환보유고를 충분한 수준으로 유지하는 것 … 등이 포함된다. 이 문제는, 이 책의 서편 및 부록편과 졸저 『새로운 패러다임』에서 비교적 상세히

논의되었거나 논의될 것이기 때문에 이 자리에서는 더 이상 거론하지 않기로 하겠다.

2. 본원화폐 과잉공급의 지양

유동성선호설. 케인즈가 정립하고 기존경제학자들이 불후의 명작으로 인정해 온 이론이다. 하지만, 저자가 졸저 『새로운 패러다임』 등에서 집중적으로 논파(論破)한 바와 같이, 기실에 있어서는 이런 이론이다. ― 논리정합성을 시원적으로 결(缺)하고서 갖가지 오류로 점철되어 있는 이론.

그런데, 신기한 것은, 이 이론을 사용하다 보면 '풀이과정은 분명히 잘못되었는데도 얻게 되는 것은 정답인 경우'가 비교적 자주 있다는 것이다. 한국 속담 중에 "모로 가도 서울만 가면 된다."라는 것이 있다. 이 속담을 따르다가 삼천포로 빠지는 경험도 많이 했음에도 모로 가기를 줄곧 찬양하는 분들의 입장에서 보면, 이 이론은 위대한 작품인 셈이다. [*아, 그러고 보니, 그들은 삼천포로 빠지고서도 그곳이 서울인 줄 착각하고 있다. 하기야, 그럴 만도 하다. 그들에게 진짜 서울을 보여 준 안내자가 그동안 없었으니까.]

기존경제학자들은 앞의 이론에 입각해 '본원화폐 과잉공급의 지양'을 금융버블사태의 예방책 가운데 하나로 제안한다. 물론, 그들이 제시하는 풀이과정은 '본원화폐 과잉공급의 지양 → 통화량이 과다해지는 것을 방지 → 시장이자율이 과도하게 하락하는 것을 방지 → … '이다.

이 경우에도, 저자의 유동자산공급모형에 입각해 도출할 수 있는 것과 답 자체는 같다. 단, 올바른 풀이과정은 '본원화폐 과잉공급의 지양 → 유동자산총액이 팽창하는 것을 제어 → 신용부담총액이 급증하는 것을 제어 → 물량과 조달비용 양면에서 자금이 지나치게 흔해지는 것을 제어 → … '이다.

3. 금융기관에 대한 자산건전성규제의 실시

논지 위주로 간략히 설명하기로 하겠다.

가. 규제의 의의

서술의 편의를 위해, 폐품위험이나 시장위험이 큰 자산을 '위험자산'이라고 표현하기로 하겠다. 그 종류는, 이를테면, 시장위험은 없으나 신용위험이 있는 대출채권일 수도 있고, 신용위험 및 시장위험을 공히 가진 회사채일 수도 있으며, 신용위험은 없지만 시장위험만큼은 피할 수 없는 국채일 수도 있고, 파산위험 및 시장위험에 동시에 노출된 주식일 수도 있다.

예를 들어, 어떤 예금기관이 가산금리를 높게 받는 재미에 빠져 위험대출채권을 자기자본에 비해 너무 많이 취득해 놓고 있다면, 그 기관은 여차하면 거액의 대손(貸損)을 입고서 예금을 환급해 주지 못하는 위기에 처할 수 있다. 마찬가지로, 어떤 증권회사가 고수익만을 추구하는 나머지 위험회사채나 위험주식에 자기자본에 비해 너무 많이 투자한 상태라면, 그 회사는 자칫 거액의 투자손실을 보고서 고객예탁금 등의 부채를 상환하지 못하는 위기에 직면할 수 있다.

한편, 어떤 보험회사가, 유사시에 거액의 보험금을 지급해야 하는 보험계약을 보험료를 거두어들이는 즐거움에 눈이 멀어 지급여력에 비해 너무 많이 인수(引受; accept)해 놓았다면, 그 회사는 보험사고가 예상보다 많이 터지면 한순간에 지급불능상태에 빠지게 된다. 또한, 그 회사가 보험자산을 운용함에 있어 고수익에 치중하느라 위험회사채나 위험주식에 지급여력에 비해 너무 많이 투자한 상태라면, 그 회사는 그 투자가 대거 손실로 이어지면 역시 졸지에 지급불능상태에 빠지게 된다. [*파악 또는 규정하기 나름이지만, 보험회사의 지급여력(支給餘力; solvency margin)은 그 회사의 자기자본과 대체로 일치한다. 아무튼, 여기서 상정된 보험회사가 지급불능상태에 빠지게 될 때에는, ⓐ'보험금지급이나 투자손실이 보험료수입보다 훨씬 많아짐 → 지급여력이 소진되어 감 → 불안해진 고객이 신규계약은 기피하고 기존계약은 대거 해지 → 보험료의 유입이 중단되고 생명보험의 경우에는 환급부담까지 급증 → 지급재원의 고갈(枯渴)'의 과정을 거쳐 그렇게 될 수도 있고, ⓑ 본문에서처럼 거의 곧바로 그렇게 될 수도 있다.]

추상적인 용어를 가급적 피하기로 할 때, 금융기관에 대한 자산건전성규제는, ①'금융기관들의 부실화를 미연에 방지하려는 목적으로, 그들로 하여금 위험자산에의 투자나 보험계약의 인수 등을 자기자본에 비해 과도하게 하지 못하도록 규제하는 것' 정도로 규정될 수 있고, ② 이를테면 'BIS 적정자기자본비율 규제'(BIS capital adequacy ratio regulation)나 '증권회사 자기자본비율 기준' 또는 '보험회사 지급여력비율 기준' 따위를 해당 금융기관들로 하여금 준수하도록 하는 방식으로 시행된다.

나. 규제의 미시경제학적 효과

이상과 같은 규제의 미시경제학적 효과는 어떠할까? 각 개별금융기관의 재무건전성(財務健全性 ; financial soundness)이 향상되는 것 — 무엇보다도 이것이 가장 의미 있는 효과일 것이다.

다. 규제의 거시경제학적 효과

그렇다면, 그 같은 규제의 거시경제학적 효과는 어떠할까?

〈예금기관에 대한 규제 관련 가정〉
예금기관에 대한 규제가 발휘할 수 있는 효과부터 살펴보기로 하자. 논의의 편의를 위해 다음과 같이 가정 또는 상정하기로 하겠다.

첫째, 중앙은행으로부터 5%의 의무지급준비율을 부과받아 온 예금기관들에 대해 그것과 별도로 정부가 새로이 다음과 같은 규제를 시행했다고 가정하기로 하겠다. — "ⓐ 각 예금기관은 BIS비율을 8% 이상으로 유지하여야 한다. ⓑ 'BIS비율'이란 (자기자본)/(위험도가중자산평가액)의 비율을 말한다. ⓒ '위험도가중자산평가액'(risk-weighted asset value)은 그 기관이 보유하고 있는 각 자산의 대차대조표상 가액에 해당 위험도가중치를 곱한 후 그것들을 모두 합산한 것을 말한다. ⓓ '위험도가중치' (risk weight)는, 지급준비금에 대해서는 0%, 국채와 통화조절채에 대해서는 5%, 타 예금기관에의 예금에 대해서는 20%, 은행채에 대해서는 25%, 대출채권과 회사채 그리고 기타자산에 대해서는 100%를 각각 적용한다." [*'타 예금기관에의 예금'이 존재하는 현실을 인정하더라도, 그런 예금의 비중은 높지 않으므로, 논의의 대세는 바뀌지 않는다.]

둘째, 종전까지 자신의 목표지급준비율을 5%로 설정해 두고 의무지급준비율을 준수해 왔던 A은행을 상정하기로 하겠다. — 이 은행의 현 시점 대차대조표를 검토해 보니, ⓐ 수입예금은 1000원, 지급준비금은 50원, 대출채권은 980원, 업무용부동산은 50원, 자기자본은 80원이어서, ⓑ 실제지급준비율은 5%, 위험도가중자산평가액은 1030원, BIS비율은 약 7.77%[80원/1030원]로 계산된다.

〈예금기관에 대한 규제가 목표지급준비율을 상승시키는 경우〉

현 상황에서 A은행이 BIS비율을 8%로 높이기 위해 선택할 수 있는 방도로는 크게 두 가지가 있다.

하나는, 분모(分母)에 해당하는 위험도가중자산평가액을 1000원으로 줄이는 데에 주안점을 둔 것으로서 '대출채권 중 30원만큼을 회수한 후 그것을 지급준비금으로 보유하는 방안'이다. 이 방안이 실행되면, 지급준비금이 80원으로 늘어나면서 실제지급준비율은 8%로 상승하게 된다. 그런데, 가만히 생각해 보면, 이 경우에는 그 8%가 또한 이 은행의 새로운 목표지급준비율인 것을 알 수 있다.

다른 하나는, 분자(分子)에 해당하는 자기자본을 82.4원으로 늘리는 데에 주안점을 둔 것으로서 '유상증자를 실시해 2.4원만큼의 주식발행금을 납입받은 후 그것을 지급준비금으로 보유하는 방안'이다. 이 방안이 실행되면, 지급준비금이 52.4원으로 늘어나면서 실제지급준비율은 5.24%로 상승하게 된다. 이 경우에는 그 5.24%가 또한 이 은행의 새로운 목표지급준비율이다.

두 방안 중 어느 것이 채택되든, 이 은행의 목표지급준비율은 상향조정된다.

물론, 이 은행은 '대출채권 중 37.5원을 회수한 후 그것을 곧바로 B은행에 예금하는 방안'[이 경우 목표지급준비율은 불변한다]을 고려해 볼 수도 있다. 그러나, 같은 사정에 처해 있을 B은행은 그 예금의 수입(受入)을 사양할 것이다. 이자를 주어야 하는 예금수입분을 이자를 못 얻는 지급준비금으로 보유할 수는 없는 노릇이기 때문이다. 만일 B은행이 그 예금을 받기로 한다면, B은행으로서는 그 수입분을 C은행에 예금해야 할 것인데, 이런 것은 '예금기관부문 내부에서의 폭탄 돌리기'가 될 뿐이다.

〈예금기관에 대한 규제가 채권비율을 하락시키는 경우〉

그렇다면, 우리의 A은행에게 '목표지급준비율 불변'의 다른 대안은 없는가? 그렇지는 않다. 이 은행은 예컨대 '대출채권 중 약 31.6원을 회수한 후 그것으로 국채를 매입하여 그 국채를 보유하는 방안'을 채택 및 실행할 수 있다.

그런데, 다른 조건들이 동일하다면, 위와 같은 방안을 여러 은행들이 동시에 실행하는 것은 국채의 시장가격을 대폭 상승시키면서 그것의 유통수익률을 대폭 하락시킬 것이다. 이 경우, 그 파장은 채권시장 전반으로 퍼져 각종 채권들의 평균적인 유통수익률[이하 '채권의 유통수익률']이 하락할 것이다. 보다 엄밀히 말하면, 대출채권이 회수되는 과정에서 일반대차증서의 이자율[일반대차증서의 수익성]은 제2편 제4장에서 논의되는 바와 같이 상승하는 반면, 그 회수분이 채권시장으로 유입되는 과정에서 채권의 유통수익률[채권의 수익성]은 하락하는, 그런 현상이 생길 것이다. 한편, 저축성예금의 이자율[저축성예금의 수익성]은 하락하지 않고 그대로인 상태다. 그리하여, 이제 비예금민간 채권투자자들의 채권투자의욕은 전반적으로 저하될 것이다. 그리고, 그것은 곧 채권비율의 하락으로 이어질 것이다.

아, 예금기관부문 쪽에서 목표지급준비율이 상승하지 않으면 비예금민간 쪽에서 채권비율이 하락한다!

〈비예금민간에 대한 규제가 채권비율을 상승시키는 경우〉

다음으로, 비예금금융기관에 대한 규제가 발휘할 수 있는 효과를 살펴보기로 하자. 그 규제는 채권비율을 하락시킬 수 있다. 예를 들어, 여러 비예금기관들에 대해 각종 채권을 위험자산으로 규정하고서 그것을 종전보다 덜 보유하도록 새로이 규제하면, 채권비율은 당연히 하락할 것이다.

〈규제가 유동자산총액에 미치는 종합적 효과〉

본원화폐계수의 상승을 통해 유동자산총액을 감소시키는 효과[혹은, '본원화폐계수가 과도하게 낮아져 유동자산총액 버블이 생성되는 현상'을 예방하는 데에 기여하는 효과] ─ 결국, 금융기관에 대한 자산건전성규제의 도입이나 강화가 발휘할 수 있는 거시경제학적 효과는 이렇게 요약될 수 있을 것이다.

제4절 결어(結語)

"천하수안(天下雖安), 망전필위(忘戰必危)."

[천하가 비록 평안하더라도, 전쟁을 잊으면 반드시 위태로워진다.]

―『사마병법』(司馬兵法)의 「인본편」(仁本篇)에 나오는 명언이다.

공황, 외환위기, 금융버블사태 … 이런 위기가 경제가 위축되었을 때 발발하는 경우는 많지 않을 것이다. 오히려, 경제가 흥청대어 정책당국과 대중의 경계심이 완전히 풀려 있을 때 엄습하는 경우가 더 많을 것이다. 특히, 금융버블사태라면 반드시 그렇다. 경제가 평안하다면, 우리는 혹시 그 평안함이 기실 흥청거림은 아닐지 숙고(熟考)해 보아야 한다. 경제가 비록 평안하더라도 위기를 잊으면 반드시 위태로워질 것이기 때문이다.

전기한 명언을 전고(典故)로 삼아 소동파(蘇東坡)는 다음의 명구를 남겼다.

"천하수평(天下雖平), 불감망전(不敢忘戰)."

[천하가 비록 평온하더라도, 감히 전쟁을 잊으면 안 된다.]

이 명구를 전거(典據)로 하여 저자는 아래의 글귀를 남기고자 한다. 본장의 막은 이렇게 내려질 것이다.

"경제수평(經濟雖平), 하감망위(何敢忘危)!"

[경제가 비록 평온하더라도, 어찌 감히 위기를 잊을 것인가!]

제2편

또 다른 비밀들

제1장

****

케인즈의 유동성선호설의 허구성(虛構性)

저자의 석사논문 - 「화폐분석에 관한 새로운 패러다임의 건설을 위한 하나의 시도」[서울대학교 석사논문, 1984] - 은 1983년 중에 집필되고 이듬해 2월에 발표되었다. 저자가 케인즈의 이자율이론인 유동설선호설의 허구성을 밝히고 새로운 이자율이론을 정립한 것은 그 논문에서였다. 그 내용은 약간의 보강(補强)을 거쳐 졸저 『새로운 패러다임』에 전재된 바 있다.

그렇게 전재된 것 중에서 이 책에서의 논의에 필요한 부분을 발췌해 보았다. 그리고, 그것에다가 용어와 문맥을 이 책의 흐름에 맞추어 조정하고 일부 사항을 보완하는 수준의 가필을 행해 보았다. 그렇게 한 것을 이제 본장과 다음 장에 걸쳐 전재하고자 한다.

그러고 보니, 본장 및 다음 장의 글은 저자가 스물세 살 때 집필한 원문을 많이 포함하고 있다. 반면, 전편의 글은 저자가 오십 전후의 성상(星霜)을 살고 나서 집필한 것이다. 그래서, 두 글 사이에 연륜(年輪)의 차이에 따른 필치(筆致)의 차이가 있을지도 모른다.

제1절 개요

이하에서 별도의 언급 없이 '시장이자율'(市場利子率 ; market interest rate)이라고 할 때, 그것은 거시경제학적 개념으로서의 시장이자율을 말한다.

저자를 제외하고는 기실 어느 누구도 예외 없이, 현대의 경제학자들은 케인즈의 유동성선호설에 입각해 아래와 같이 인식하고 있다.

"경제의 내부에는 화폐공급과 화폐수요를 일치시키려는 힘이 존재한다. 그 힘을 작용시키는 매개변수는 시장이자율이다. 그래서, 시장이자율은 화폐공급과 화폐수요를 균등화시키는 수준으로 결정된다."

본장에서는 이 같은 인식에 기초해 이루어진 이론체계를 일괄하여 '기존이론'(conventional theory)이라고 지칭하기로 하겠다.

"그렇다면, '예외'에 해당한다는 저자는 도대체 어떻게 인식하고 있다는 것일까?" — 독자 여러분께서는 궁금해지실 것이다.

저자는 1983년 이래 다음과 같이 주장해 왔다.

"현실의 경제에서는 화폐공급과 화폐수요가 일치하는 일이 결단코 일어날 수 없다. 따라서, 시장이자율이 화폐공급과 화폐수요를 균등화시키는 수준으로 결정된다는 주장은 완전한 허구다. 시장이자율의 결정은 저자의 새로운 이론에 의해서만 올바르게 설명될 수 있다."

본장 및 다음 장의 논의가 종료될 무렵이면 독자 여러분께서는 다음 사항을 자연스럽게 이해하시게 될 것이다. — 이상에서 언급된 내용은, '화폐'를 전통적인 개념으로서의 화폐로 규정하든 혹은 그것 플러스 알파로 규정하든 공히 타당하다. 이를테면, '화폐'를 '알파'가 포함되지 않는 '통화'로 규정하든 혹은 저축성예금이 '알파'로 포함되는 '총통화'로 규정하든 말이다.

앞의 사항을 감안하여, 그리고 논의의 편의 및 일관성을 위하여, 이하에서는 '화폐'를 전편에서와 마찬가지로 전통적인 개념으로서의 화폐로 규정하고 그 경우만을 다루기로 하겠다.

제2절
기존이론의 치명적 오류
- 고전적 화폐수급패러다임의 허구성 -

제1항 서언(緒言)

본장에서 '경제주체' 또는 '개별경제주체'라고 하면, 그것은 비예금민간 소속의 개별경제주체를 말한다.

'한 시점에 있어서 경제주체들의 수중에 존재하고 있는 화폐의 총량' 내지 '한 시점에 있어서 경제주체들의 수중에 실제로 보유되고 있는 화폐 잔액(money balance)의 총량'은, 전편에서라면 '화폐공급총액'(supply amount of money) 혹은 줄여서 '화폐총액'(quantity of money)이라고 명명되었을 것이다. 그러나, 여기서는 기존이론의 서술관행에 맞추어 그 것을 '화폐공급'(貨幣供給 ; supply of money)이라고 부르기로 하겠다.

마찬가지로, '한 시점에 있어서 경제주체들이 각자의 개별총부를 예산 제약으로 하여 목하 수중에 보유하고 있고자 하는 화폐 내지 화폐잔액의 총량'도, 전편에서라면 '화폐수요총액'(demand amount of money)이라 고 명명되었을 것이지만, 여기서는 '화폐수요'(貨幣需要 ; demand for money)라고 부르기로 하겠다.

단, 화폐공급과 화폐수요 각각을 개별경제주체 차원에서 파악한 것 은, 전편에서의 명명방식에 따라 순서대로 '화폐보유액'(holding sum of money)과 '화폐수요액'(demand sum of money)이라고 부르기로 하겠다.

앞 제1절에서 간략히 언급된 부분을 재론하건대, 기존이론은 아래와 같이 인식하고 있다.

"경제의 내부에는 다음과 같은 힘, 즉, 화폐공급과 화폐수요가 괴리하고 있을 때에는 양자를 일치시키려 하며, 양자가 일치하고 있을 때에는 그 상태를 지속시키려 하는 힘이 존재한다. 그리하여, 양자가 일치하는 상태, 즉, '화폐시장의 균형상태'는 성질상 적어도 논리적으로는 얼마든지 실현 및 유지될 수 있다."

이러한 인식[내지 그 틀]은 기존이론의 중추적 패러다임들 가운데 하나인바, 저자는 이를 '고전적 화폐수급패러다임'(classical money supply-demand paradigm)이라고 부르기로 하겠다.

주지하는 바와 같이, 기존이론의 이상과 같은 인식은 지금까지 70년을 전후한 장구한 세월 동안 줄곧 부동(不動)의 정설(定說)로서의 권위를 누려 왔다. 그러나, 저자는 바로 지금부터 독자제위께 반복적으로 다음과 같은 화두(話頭)를 제시하고자 한다:

기존이론의 그 같은 인식은 과연 옳은 것일까???

본장의 논의가 진행되는 도중에 위의 화두에 대한 해답이 제시될 때, 독자제위께서는 아마도 커다란 놀라움을 금하지 못하시게 될 것이다. 왜냐하면, 그 해답에 따르면, 기존이론이 '화폐시장의 균형상태'라고 말하는 상태는 현실적으로는 물론 논리적으로조차 결단코 실현될 수 없는 하나의 환영(幻影; illusion)에 불과한 상태일 따름이기 때문이다.

제2항 '화폐시장의 균형상태'가 실현될 수 없는 이유

1. 논의의 전제

우리의 논의에서 전제되는 경제는 화폐경제(貨幣經濟; money econo-my)다. 화폐경제는 화폐가 '교환의 매개수단' 내지 '거래에 있어서의 지급수단'으로 유통되어야 하는 경제다. 저자는 이 점들에 대해 미리 독자제위의 주의를 환기해 두고자 한다.

이하에서는 기존이론이 '화폐시장의 균형상태'라고 말하는 상태가 실현될 수 없는 이유가 다각적으로 제시될 것이다.

2. 1차 공격 – 초보적 수준의 문제제기

기존이론이 '화폐시장의 균형상태'라고 말하는 상태는 화폐공급과 화폐수요가 일치하는 상태다. 그리고, 화폐공급과 화폐수요가 일치하는 상태라는 것은, 간단히 말하면, 경제주체들이 자신들의 수중에 존재하고 있는 화폐 전액(全額)을 더도 아니고 덜도 아니게 모두 보유하고 있고자 하는 상태다.

그렇다면, 초보적인 수준에서는 다음과 같은 논거로 문제가 제기될 수도 있다.

"'지금 화폐를 보유하고 있고자 한다.'라는 것은 적어도 지금 이 순간에는 화폐를 지출하고자 하는 것이 아니므로, 어떤 시점에 있어서 경제주체들이 자신들의 수중에 존재하고 있는 화폐 전액을 모두 보유하고 있고자 한다면, 그 시점에 있어서 그들의 수중에는 그들이 보유하고 있고자 하는 화폐만 존재하고 있을 뿐, 그들이 목하 지출하고자 하는 화폐[내지 그들이 목하 지출하고 있는 화폐]는 존재하고 있을 수 없게 된다. 그리고, 경제주체들의 수중에 그들이 목하 지출하고자 하는 화폐가 존재하고 있을 수 없는 상황에서는 화폐지출을 수반하는 제반의 거래들이 이루어질 수 없다.

그러나, 주지하는 바와 같이, 현실의 화폐경제에서는 언제나 수많은 장소에서 막대한 규모의 다양한 거래들이 막대한 금액의 화폐지출을 수반하면서 간단(間斷)없이 이루어져야 한다. 그리고, 이것은, 현실의 화폐경제에서는 매 시점에 있어서 경제주체들 누구누구인가의 수중에 그들이 목하 지출하고자 하는 화폐가 다량 존재하고 있어야 한다는 것을 의미한다.

이렇게 볼 때, 경제주체들의 수중에 그들이 목하 지출하고자 하는 화폐가 존재하고 있을 수 없는 상태인 '화폐시장의 균형상태'는, 현실적으로는 물론 논리적으로조차 실현될 수 없다!"

3. 기존이론의 반격

이상의 문제제기에 대하여 기존이론은 즉각 다음과 같은 논거로 반격을 가할 것이다:

"화폐수요[총괄적 화폐수요(comprehensive demand for money)] 속에는 그것의 중요한 구성요소로서 거래적 화폐수요가 포함되어 있다. 그러므로, 그러한 거래적 화폐수요에 대응되는 화폐잔액을 '거래적 화폐잔액'이라고 부르기로 할 때, 화폐공급과 화폐수요가 일치하는 상태하에서는 당연히 경제주체들의 수중에 그들이 원하는 금액만큼의 거래적 화폐잔액이 존재하고 있게 된다.

그런데, 거래적 화폐잔액은 곧 '경제주체들이 목하 지출하고자 하는 화폐'라고 할 수 있다.

이렇게 볼 때, 화폐시장의 균형상태하에서도, 경제주체들의 수중에는 그들이 목하 지출하고자 하는 화폐가 얼마든지 존재하고 있을 수 있고, 따라서, 그 같은 화폐의 지출에 의해 경제가 필요로 하는 제반의 거래들이 얼마든지 원활하게 수행될 수 있다!"

거래적 화폐잔액이 '경제주체들이 목하 지출하고자 하는 화폐'에 속하는 것만은 사실이다. 하지만, 그 이상은 아니다. 저자의 본격적인 공격은 지금부터 시작된다.

4. 기존이론에서 언급되는 '거래'의 범위

〈서론〉

기존이론에 따르면, 화폐수요는 거래적 화폐수요와 예비적 화폐수요 및 투기적 화폐수요로 구성되며, 이들 구성요소 각각의 성격은 개략적으로 다음과 같이 규정된다.

① 거래적 화폐수요 : 일정시점에 있어서 경제주체들이 가까운 장래에 사전에 예정 또는 예상된 거래를 수행하는 과정에서 지급을 행하기 위해 목하 보유하고 있고자 하는 화폐의 양

② 예비적 화폐수요 : 일정시점에 있어서 경제주체들이 가까운 장래에 미처 예기치 못한 지출을 행해야 할 필요가 생기는 경우에 대비하기 위해 목하 보유하고 있고자 하는 화폐의 양

③ 투기적 화폐수요 : 일정시점에 있어서 경제주체들이 앞으로의 상당한 기간에 걸쳐 유휴부(遊休富 ; idle wealth)의 일부로서 지속적으로 보유하고 있고자 하는 화폐의 양

그런데, 거래적 화폐수요를 '… 경제주체들이 … 거래를 수행하는 과정에서 지급을 행하기 위해 목하 보유하고 있고자 하는 화폐의 양'이라고 규정할 때, 그 개념규정에서 말하는 '거래'에는 제반 종류의 거래 전부가 아니라 경상적 거래 및 상환적 거래만 포함된다. 이 점에 대해 이하에 약간의 설명을 첨기하기로 하겠다.

〈'거래'에 전 범역의 거래들이 모두 포함될 수는 없는 이유〉

먼저, 거래적 화폐수요가 논의될 때 운위되는 '거래'에 전 범역(全範域)의 거래들[제반의 경상적 거래, 제반의 상환적 거래, 제반의 금융증권 거래 및 제반의 실물자산거래 등]이 모두 포함되는 경우를 생각해 보기로 하자.

이 경우, 화폐의 초과공급(excess supply of money)이란 논리상 어

떠한 상황에서도 존재할 수 없다. 이유를 살펴보기로 하자. 자신이 보유하고 있고자 하는 양보다 더 많은 양의 화폐를 보유하고 있는 경제주체가 있다고 할 때, 이 경제주체는 자신의 화폐수요를 초과하는 잔여분의 화폐[초과분의 화폐 내지 초과분의 화폐잔액]를 자신의 경제적 선택에 따라 처분하고자 할 것이다. 그런데, 그러한 처분은, 그것이 소각(燒却), 휴지통에의 폐기 또는 무상증여 따위의 형태를 취하지 않는 한, 일반적으로 무엇인가를 대상 또는 목적으로 하는 거래의 형태를 취하게 될 것이다. 그 대상이 일상실용재든 금융증권이든 실물자산이든, 그리고 그 목적이 이자지급이든 원금상환이든 말이다. 따라서, 거래적 화폐수요에 대응되는 '거래'의 범위에 전 범역의 거래들이 모두 포함되는 경우, 처분의 대상이 되는 '초과분의 화폐'는, 당초부터 이미 이 경제주체가 거래에 있어서 지급을 행하기 위해 보유하고 있는 거래적 화폐잔액을 구성하는 화폐로서 전화(轉化)되어 있는 것이지 초과분의 화폐가 아니다.

내용이 조금 복잡한 면이 있으므로 다시 설명하기로 하겠다. 이 경제주체가 자기의 수중에 보유되고 있는 초과분의 화폐를, 불에 태우거나 휴지통에 버리거나 또는 무상으로 증여하는 방식으로 처분하지 않는 한, 그 '초과분의 화폐'는, 그것이 실제지출시점까지 보유되고 있는 동안에는, 이 경제주체가 무엇인가 경제재 또는 경제행위를 대상 또는 목적으로 하는 거래에 있어서 지급을 행하기 위해 보유하고 있고자 하는 화폐에 해당한다. 따라서, '거래'의 범위에 전 범역의 거래들을 모두 포함시키는 한, 그 '초과분의 화폐'는 초과분의 화폐가 아니라 이 경제주체가 거래적 동기에 의해 수요하는 화폐라고 하지 않을 수 없다. 이 경우, 화폐수요를 초과하는 초과분의 화폐가 존재한다는 것은 논리상 시원적으로 불가능하다.

대응하는 초과공급이 시원적으로 있을 수 없는 화폐수요 — 이런 화폐수요는 있을 수 없다!

그리하여, 우리는 거래적 화폐수요와 관련된 '거래'에 전 범역의 거래들을 모두 포함시켜서는 아니 될 것이다.

〈기존경제학자들의 실제 입장〉

대부분의 기존경제학자들은 "경제주체들은 화폐수요를 초과하는 분량의 화폐를 보유하고 있게 되는 경우 그 초과분의 화폐만큼 금융증권이나 실물자산을 매입하려 한다."라고 설명하고 있다. 그런데, 이러한 논의가 논리적 일관성을 유지할 수 있기 위해서는, 거래적 화폐수요에 대응되는 '거래'의 범위에 경상적 거래와 상환적 거래만 포함시키고 금융증권의 거래와 실물자산의 거래는 포함시키지 않는 견해가 전제되어 있어야 한다.

그리고 보면, 케인즈를 위시한 상당수의 기존경제학자들은, 거래적 화폐수요에 대응되는 '거래'를 지칭함에 있어, 명시적으로 '경상적인 거래'(current transactions)나 '일상의 거래'(daily transactions) 또는 '정규적인 거래'(regular transactions) 등의 표현을 사용하고 있다.

〈'거래'의 범위에 관한 정론(正論)〉

'거래'의 범위에 관한 논의로는 저자가 전편 제2장 제2절 제2항 제8목에서 행한 것이 정론이다. 그곳에서 저자는 '배타원리'(exclusion principle)에도 언급하며 치밀한 논리전개를 통해 다음의 사실을 극명(克明)한 바 있다. — "거래적 화폐수요에서의 '거래'에는 경상적 거래와 상환적 거래만 포함될 수 있다. 나머지 거래들, 즉, 저축성예금의 거래, 채권의 거래, 유사유동자산의 거래 및 비유동자산의 거래 등은 일절 포함될 수 없다."

차제에 첨언해야 할 것이 있다. '거래'의 범위가 이상에서와 같이 제한되기 때문에, 거래적 화폐수요는 '경제주체들이 경상적 거래나 상환적 거래를 수행하는 과정에서 지급을 행하기 위해 목하 보유하고 있고자 하는 화폐의 양'으로 규정되어야 한다. 그리고, 거래적 화폐잔액도 '경제주체들이 경상적 거래나 상환적 거래의 수행을 위해 목하 지출하고자 하는 화폐'로 규정되어야 한다.

5. 기존이론의 모순과 오류

〈서론〉

본목에서는 기존이론의 결정적인 모순과 오류에 관하여 독자제위의 관심을 유도하는 차원의 논의가 진행될 것인바, 그 논의의 기초를 "화폐시장이 균형을 이루고 있는 상태하에서는 초과분의 화폐잔액이 존재하고 있을 수 없다."라는 강한 전제에 두기로 하겠다. 참고로, 기존이론이 "화폐시장이 균형을 이루고 있는 상태하에서도 초과분의 화폐잔액이 존재하고 있을 수 있다."라는 등의 논거들을 들어 변명할 가능성에 대비한 보다 정밀한 논의는 다음 목에서 이루어질 것임을 미리 밝혀 둔다.

〈화폐잔액과 거래 사이의 관계〉

전목에서 검토된 바에 비추어 볼 때, 화폐잔액[경제주체들의 수중에 목하 실제로 보유되고 있는 화폐잔액]과 거래[내지 지출] 사이에는 다음과 같은 관계들이 성립한다고 할 수 있다.

① 거래적 화폐수요에 대응되는 거래적 화폐잔액으로부터는 사전에 예정 혹은 예상된 경상적 또는 상환적 거래를 위한 지출이 행해진다.

② 예비적 화폐수요에 대응되는 예비적 화폐잔액으로부터는 사전에 예상하지 못한 경상적 거래를 위한 지출이 행해진다.

③ 투기적 화폐수요에 대응되는 투기적 화폐잔액으로부터는 하등의 지출도 행해지지 않는다. 즉, 그것이 거래적 화폐잔액이나 예비적 화폐잔액 또는 초과분의 화폐잔액으로 이미 전화(轉化)된 경우라면 몰라도, 투기적 화폐잔액 그 자체는 [정의상 경제주체들이 앞으로의 상당한 기간에 걸쳐 그대로 계속 보유하고 있고자 하는 화폐잔액이므로] 지출되지 않는다.

④ 한편, 초과분의 화폐잔액으로부터는 금융증권이나 실물자산의 거래를 위한 지출이 행해진다.

〈고전적 화폐수급패러다임〉

화폐공급과 화폐수요를 각각 M^s 와 M^d 로 표시하기로 하겠다.

이미 언급한 바와 같이, 기존이론은, 화폐수요 M^d 를 거래적 화폐수요와 예비적 화폐수요 및 투기적 화폐수요의 합계로서 파악하는 한편, 화폐시장의 균형에 관해 다음과 같이 인식하고 있다. 즉, 경제의 내부에는 화폐공급 M^s 와 화폐수요 M^d 를 지속적으로 일치시키려 하는 힘이 존재하여,

$$M^s = M^d$$

의 조건이 성립하는 상태인 화폐시장의 균형상태는 성질상 얼마든지 실현될 수 있고, 또한 일단 실현되고 나면 얼마든지 지속적으로 유지될 수 있다고 인식하고 있다.

〈화폐시장의 균형상태에 관한 의문〉

이제, 화폐수요 M^d 를 기존이론이 파악하고 있는 대로 파악하기로 하고 다음과 같은 경우를 생각해 보자. 즉, 일정한 분석단위기간에 걸쳐 화폐공급 M^s 가

$$M^s = M_0$$

의 크기로 주어져 있는 가운데, 그 기간 내의 개개의 시점에 있어서 화폐수요 M^d 가 역시

$$M^d = M_0$$

의 크기를 취하여, 그 기간 동안 화폐시장의 균형상태가 지속적으로 유지되고 있는 경우를 생각해 보자.

이와 같이 화폐시장의 균형상태가 지속적으로 유지되고 있는 기간 동안, 화폐수요에 대응되는 화폐잔액으로부터는 경상적 또는 상환적 거래를 위한 지출이 행해진다. 이것은 불문가지(不問可知)의 사실이다. 한편, 금융증권이나 실물자산의 매입을 위한 지출은 초과분의 화폐잔액으로부터 행해져야 한다. 그런데, 우리는, 고전적 화폐수급패러다임의 기본구조에

비추어 볼 때 화폐시장이 균형을 이루고 있는 상태하에서는 정의상 초과분의 화폐잔액이 존재하고 있을 수 없다는 것을 알고 있다.

그러므로, 여기서 다음과 같은 의문이 제기되지 않을 수 없다. 즉, 화폐시장의 균형상태가 지속적으로 유지되고 있는 기간 동안 금융증권이나 실물자산의 거래는 어떻게 수행될 수 있는가 하는 의문이 제기되지 않을 수 없다.

주지하는 바와 같이, 오늘날의 화폐경제에서 금융증권이나 실물자산의 거래가 수행될 때 그때마다 어떠한 형태로든 화폐의 지출이 수반된다고 하는 것은 일반적인 현실이다. 그리고, 그 같은 지출이 초과분의 화폐잔액으로부터 행해진다고 하는 것은 기지(旣知)의 사실이다. 따라서, 만일 어떤 원인에 의해 그 경제에 초과분의 화폐잔액이 존재하고 있을 수 없다고 한다면, 그러한 상황에서는 금융증권이나 실물자산의 거래가 전혀 수행될 수 없다고 단정해도 무리(無理)는 아니라고 할 수 있다.

그런데, 우리가 현 단계에서 알고 있는 바에 따르면, 화폐시장이 균형을 이루고 있는 상태하에서는 초과분의 화폐잔액이 존재하고 있을 수 없다.

그러므로, 우리는, 화폐시장의 균형상태가 지속적으로 유지되고 있는 기간 동안에는 논리상 금융증권이나 실물자산의 거래가 조금도 수행될 수 없다고 결론을 내리지 않을 수 없다.

사실상, 기존이론이 파악 및 규정하고 있는 대로 화폐수요를 파악하고 화폐시장의 균형상태를 규정하기로 한다면, 화폐시장의 균형상태가 지속적으로 유지되고 있는 기간 동안에는 자산거래들이 조금도 수행될 수 없다는 기이(奇異)한 결론이 도출된다. 나아가서, 기존이론이 인식하고 있는 대로 경제의 내부에는 화폐시장의 균형상태를 실현 및 유지시키려 하는 힘이 존재한다고 인식하기로 한다면, 자산거래들이 조금도 수행될 수 없는 상황은 별도의 외생적 변화가 발생하지 않는 한 얼마든지 아무런 장애 없이 오랜 기간 동안 지속될 수 있다는 더욱더 해괴(駭怪)한 결론이

유도된다!

〈기존이론의 모순과 오류〉

그리하여, 우리는 기존이론이 중대한 모순과 오류를 범하고 있다는 사실을 간파할 수 있다.

오늘날의 화폐경제에서 수많은 자산거래들이 매일 실로 막대한 액의 화폐지출을 수반하면서 부단(不斷)하게 수행되고 있다는 것은 필연적이며 엄연한 현실이다. 그리고, 오늘날의 화폐경제에서 막대한 크기를 가지는 초과분의 화폐잔액이 항상 존재하고 있다는 것도 역시 필연적이며 엄연한 현실이다.

그러나, 기존이론은 상기한 바와 같은 현실을 일관성 있고 명료하게 설명할 수 있는 능력을 시원적으로 결(缺)하고 있다.

만일 기존이론이 화폐시장의 균형상태가 지속적으로 유지되고 있는 기간 동안에는 자산거래들이 조금도 수행되지 않으며 또한 수행되어야 할 이유도 없다고 보고 있다면, 그것은, 실제의 경제에서는 수많은 자산거래들이 화폐시장이 균형상태에 있는가의 여부를 불문하고 항상 부단하게 수행되어야 하며 또한 수행되고 있다는, 어느 누구도 부인할 수 없는 현실에 위배된다.

반면에, 만일 기존이론이 화폐시장의 균형상태가 지속적으로 유지되고 있는 기간 동안에도 당연히 수많은 자산거래들이 막대한 액의 화폐지출을 수반하면서 수행될 수 있으며 또한 수행되고 있다고 보고 있다면, 그것은, 화폐시장이 균형을 이루고 있는 상태하에서 막대한 크기를 가지는 초과분의 화폐잔액이 존재하고 있는 것을 인정하지 않는, 자신이 견지하고 있는 기본입장과 모순된다.

6. 변명과 실제

물론, 기존이론이 군색(窘塞)한 변명을 늘어놓을 수 있는 여지는 있다. 즉, 개별경제주체의 화폐수요액과 화폐보유액을 각각 M_i^d와 M_i^s로 표시하기로 하고, 경제주체들의 총수(總數)를 n으로 표시하기로 할 때, 기존이론은 이를테면 아래와 같은 식으로 구차(苟且)한 변명을 늘어놓을 수는 있을 것이다.

"분석단위기간에 걸쳐 화폐공급이 M_0의 크기로 주어져 있다고 할 때,

$$\sum_{i=1}^{n} M_i^d = M_0$$

가 지속적으로 성립하고 있는 상태하에서도

$$M_i^s - M_i^d > 0$$

인 경제주체 i와

$$M_j^s - M_j^d = -(M_i^s - M_i^d) < 0$$

인 경제주체 j가 공존할 수 있는 바, 경제주체 i가 $(M_i^s - M_i^d)$만큼의 초과분의 화폐잔액을 경제주체 j에게 지불하면서 경제주체 j와 자산거래를 수행한다면,

$$\sum_{i=1}^{n} M_i^d = M_0$$

의 조건을 손상시키지 않으면서도 자산거래가 수행될 수 있다. 그리고, 일반화하여 말한다면,

$$M_i^s - M_i^d > 0$$

인 경제주체들의 집합을 N^+라 하고

$$M_i^s - M_i^d < 0$$

인 경제주체들의 집합을 N^-라 할 때, 매 시점에 있어서

$$\sum_{i \in N^+} (M_i^s - M_i^d) = -\sum_{i \in N^-} (M_i^s - M_i^d)$$

가 성립하는 상태하에서 N^+에 속하는 경제주체들이 N^-에 속하는 경제주체들에게 정확히 $\sum_{i \in N^+}(M_i^s - M_i^d)$만큼의 화폐잔액을 지불하면

서 N^-에 속하는 경제주체들과 자산거래를 수행한다면,

$$\sum_{i=1}^{n} M_i^d = M_0$$

의 조건을 손상시키지 않으면서도 자산거래가 수행될 수 있다."

이러한 변명은, 실제의 경제에서는 항상 초과분의 화폐잔액이 엄존(儼存)하고 있다는 것을 자인(自認)하고 있다는 점에서 진일보한 변명이라고 할 수 있다.

그러나, 자산거래의 수행을 위해 각기 일정액의 화폐잔액을 지출하는 경제주체들은 항상 '자신들이 종전까지 자산거래의 수행을 위해 지출하고자 했지만 지출할 수 있는 기회가 오지 않아 불가피하게 수중에 실제로 보유하고 있어 온 초과분의 화폐잔액을 실제로 지출하는 경제주체들'이며, 자산거래를 수행하는 과정에서 각기 일정액의 화폐잔액을 수취하는 경제주체들은 항상 '그렇게 수취하는 화폐잔액을 자신들이 종전까지 보유하고 있고자 해 온 화폐잔액의 일부로서 보유하고 있고자 하는 경제주체들'이라는 것 — 이것은 어디까지나 가상의 경제에서나 가능한 일이다. 즉, 제반의 자산거래들이 초과분의 화폐잔액을 보유하고 있는 경제주체들과 초과화폐수요를 시현하고 있는 경제주체들 사이에서 전자의 경제주체들이 보유하고 있던 초과분의 화폐잔액이 후자의 경제주체들에게로 과부족(過不足) 없이 이전되어 소멸하는 방식에 의해 수행된다는 것은 분명히 실제의 경제에서는 불가능한 일인 것이다.

사실상, 현실의 자산거래가 언제나

$$M_i^s - M_i^d > 0$$

인 경제주체와

$$M_i^s - M_i^d < 0$$

인 경제주체 사이에서만 수행되는 것은 아니다. 오히려, 현실의 자산거래는

$$M_i^s - M_i^d > 0$$

인 경제주체와

$$M_i^s - M_i^d = 0$$

인 경제주체 사이에서 전자의 경제주체가 보유하고 있던 초과분의 화폐잔액이 후자의 경제주체에게로 이전되어 여전히 초과분의 화폐잔액으로 건재(健在)하는 방식에 의해 수행되는 것이 일반적이다. 즉, 현실의 자산거래가 기존이론이 변명하는 바와 같이 극히 제한적인 방식으로 수행되는 것은 아닌 것이다.[20)]

그러므로, 저자로서는, 상기한 바와 같은 기존이론의 변명은 지극히 졸렬(拙劣)한 변명에 불과할 따름이라고 말할 수밖에 없는 것이다.

---

20) 통상의 현실경제에서는, 이를테면, 갑이 자신이 보유하고 있던 초과분의 화폐잔액을 을에게 지불하고서 A자산을 구입하고[제1단계], 이어서 을이 A자산의 판매대금에 해당하는 그 화폐잔액을 병에게 지불하고서 B자산을 구입하며[제2단계], 다음에는 병이 B자산의 판매대금에 해당하는 그 화폐잔액을 정에게 지불하고서 C자산을 구입[제3단계]하는 식으로, 자산거래들이 연쇄적으로 이루어지는 사례가 비일비재(非一非再)하게 일어난다.

그런데, 설례(設例)의 경우, 제1단계의 자산거래가 완수(完遂)되기 직전까지는 갑이, 그리고 그 이후부터 제2단계의 자산거래가 완수되기 직전까지는 을이, 또한 그 이후부터 제3단계의 자산거래가 완수되기 직전까지는 병이 각각 '$M_i^s - M_i^d > 0$'의 상태로 초과분의 화폐잔액을 보유하고 있게 되어, 초과분의 화폐잔액은 일련의 자산거래들이 이루어지는 전 과정에서 의연(依然)히 건재하게 된다.

한편, 일반적으로, 어떤 경제주체가 한 자산을 판매하고서 그 대금을 수취했다고 할 때, 그가 그 대금을 처리하는 양상으로는 크게 아래의 두 가지 경우를 상정해 볼 수 있다:

첫째, 그 판매대금을 일상실용재를 구입하는 데에 사용하려 하는 경우 ─ 즉, 이를테면, 자신이 살고 있던 집을 판 돈으로 자신이 먹을 식료품을 사려 하거나, 혹은 주식을 판 돈으로 만년필을 사려 하는 경우

둘째, 그 판매대금을 다른 자산을 구입하는 데에 사용하려 하는 경우 ─ 즉, 이를테면, 자신이 살고 있던 집을 판 돈으로 자신이 살게 될 다른 집을 사려 하거나, 혹은 D주식을 판 돈으로 E주식을 사려 하는 경우

위의 두 가지 경우 중, 첫째의 경우는 당초에 '$M_i^s - M_i^d < 0$'이었다가 판매대금의 수취 후 '$M_i^s - M_i^d = 0$'이 되는 경우에 해당하고, 둘째의 경우는 당초에 '$M_i^s - M_i^d = 0$'이었다가 판매대금의 수취 후 '$M_i^s - M_i^d > 0$'이 되는 경우에 해당한다.

이렇게 볼 때, 기존이론의 변명의 논리적 기초가 보전(保全)될 수 있기 위해서는 통상의 현실경제에서 위의 두 가지 경우 중 첫째의 경우가 거의 전적으로 발생해야

7. 결론 - 자비의 일격(慈悲의 一擊; coup de grâce)

이제, 기존이론은, 궁여지책(窮餘之策)으로, 발생한 시점부터 다른 형
태의 자산으로의 전환이 완료되는 시점까지의 기간 동안에 불가피하게
경제주체들의 수중에 보유되고 있게 되는 바의 초과분의 화폐잔액까지
화폐수요에 대응되는 화폐잔액의 일부로서 [이를테면 투기적 화폐잔액의
일부로서] 간주하고 싶어질지도 모른다. 그러나, 그렇듯 초과분의 화폐잔
액까지도 수요되는 화폐잔액이라고 간주한다면, 기존이론이 금과옥조(金
科玉條)로 신봉하는 고전적 화폐수급패러다임은 부질없는 동어반복형(同
語反復型) 패러다임으로 전락하고 말게 된다. 왜냐하면, 초과분의 화폐잔
액까지도 수요되는 화폐잔액이라고 간주한다면, 화폐의 초과공급이란 논
리상 어떠한 경우에도 존재할 수 없게 되는 것이기 때문이다.

분명히 말하건대, 통상의 현실경제에서는, 분석단위기간 전체에 걸쳐
경제주체들의 화폐보유액의 총계 $\sum_{i=1}^{n} M_i^s$가 그들의 화폐수요액의 총계
$\sum_{i=1}^{n} M_i^d$를 현격한 차이를 두고 초과하는 상태가 당당하게 지속되기 마련이
다. 즉, 통상의 현실경제에서는, 분석단위기간 내의 어느 시점에 있어서도
화폐공급과 화폐수요가 일치하는 상태는 성립할 수 없으며, 어디까지나,
이를테면 〈그림 11〉에서와 같이 분석단위기간[$= OT$의 기간] 전체에
걸쳐 화폐공급이 화폐수요를 현절(懸絶)한 격차를 두고 초과하는 상태가
도도(滔滔)하게 지속되기 마련인 것이다.

만 할 것이다.

그런데, 애석한 일이기는 하지만, 통상의 현실경제에서는 둘째의 경우가 그 발생
의 빈도(頻度) 내지 비중(比重)에 있어서 첫째의 경우를 압도적으로 능가하는 것
이다.

보다 상세한 설명이 필요하신 분들께서는 원전(原典), 즉, 졸저『새로운 패러다
임』을 참조해 주시기 바란다.

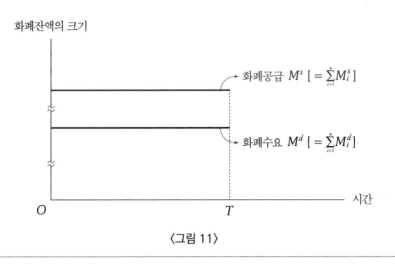

제3항 결어

사실(事實)은 명백해졌다. 기존이론이 규정하는 바의 '화폐시장의 균형상태'는 현실적으로는 결단코 실현될 수 없는 하나의 환영(幻影; illusion)에 불과할 따름이며, 그것이 신봉하는 바의 '고전적 화폐수급패러다임'은 실제적으로는 모순과 흠결로 점철되어 있는 하나의 허구(虛構; fiction)에 불과할 따름인 것이다.

삼인성시호(三人成市虎)라는 말이 있다. 세 사람이 이구동성(異口同聲)으로 지지하기만 하면 허위도 그 본연의 모습과는 관계없이 진실처럼 행세할 수가 있다는 말이다. 기존이론은, 지금까지 장장 칠십 전후의 성상 동안, 바로 그러한 분위기 속에서 옥석(玉石)을 혼효(混淆)시키고 현우(賢愚)를 전도(顚倒)시키면서, 휜히 비치는 엷은 옷자락만 가지고도 오류와 편견과 착각으로 얼룩져 있는 자신의 실상을 은폐하는 데에 성공해 왔던 것이다.

그러나, 이제 기존이론은 면죄부(免罪符)라도 수중에 넣은 양 득의 양양해하여서는 안 될 것이다. 지금부터라도, 백일하에 드러난 지난날의 과오를 청산하고, 보다 현실적합적(現實適合的)이고 보다 논리정합적(論理整合的)인 새로운 패러다임을 수용할 태세를 갖추기 시작하여야 할 것이다.

제2장

****

새로운 이자율이론
─ 이자율논쟁의 영구적 종결 ─

제1절 서언

제1항 미리 언급해 둘 사항들

본장에서 저자는 저자의 이자율이론인 유량자금설(流量資金說 ; flow funds theory)을 소개하고 '이자율논쟁의 영구적 종결'을 선언할 것이다.

논의를 시작하기에 앞서 미리 언급해 둘 사항들은 다음과 같다.

① 부리증권(附利證券 ; interest-bearing securities)은, 양도성 여하에 따라 ⓐ 양도성이 제약되어 유통이 용이하지 않은 대차증서와 ⓑ 양도성이 보장되어 유통이 용이한 채권으로 분류될 수 있다. 그리고, 발행시점 여하에 따라 ⓐ 새로 발행되는 신규증권과 ⓑ 이미 발행된 기발행증권으로 분류될 수 있다.

② 앞에서 언급된 두 가지 분류기준을 동시에 적용할 때, 제반의 부리증권은 신규대차증서 · 기발행대차증서 · 신규채권 및 기발행채권으로 사대분(四大分)될 수 있다.

③ 신규대차증서와 신규채권 및 기발행채권 각각에 대응하는 만기실효이자율(滿期實效利子率 ; effective interest rate to maturity) [해당증권을 현재의 시점부터 만기까지 계속 보유한다고 가정할 때의 실효이자율]을 순서대로 '대차증서의 이자율'과 '채권의 발행수익률' 및 '채권의 유통수익률'이라고 지칭하기로 하겠다. 이것은 물론 기존의 서술관행을 그대로 따르는 것이다.

④ 시장에서 이른바 일물일가(一物一價)의 법칙에 의해 단일하게 형성되는 것으로 간주되는 가격변수를 '시장변수'(市場變數 ; market variable)라고 일컫기로 하겠다. 경제학저술에서 어떤 가격변수를 놓고서 '결정'이나 '상승' 또는 '하락' 등을 운위할 때, 일반적으로, 그 가격변수는

별도의 언급이 없는 한 그 이름에 '시장'이라는 표현이 붙어 있지 않더라도 시장변수에 해당한다. 이것도 기존의 서술관행 중의 하나다. 저자도 이 관행을 그대로 따른다.

⑤ 부리증권이 발행 또는 유통되는 시장을 '부리증권시장'(附利證券市場; interest-bearing securities market)이라고 일컫기로 하겠다.

⑥ 전장에서와는 달리, 본장에서 운위되는 '경제주체'의 범위에는 부리증권시장에 발행자나 투자자의 자격으로 참여할 수 있는 경제주체들이 모두 포함된다. 즉, 비예금민간 소속 경제주체는 물론, 예금기관, 정부 및 중앙은행 등이 모두 포함된다.

제2항 논의의 단순화를 위한 가정

논의의 단순화를 위해 다음과 같이 가정하기로 하겠다.

① 기발행대차증서는 전혀 유통되지 않는다. 따라서, '사대분'된 제반의 부리증권 중 부리증권시장에서 발행 또는 유통되는 것은 신규대차증서와 신규채권 및 기발행채권의 세 가지다.

② 위 '①'에서와 같은 부리증권시장은 효율적(效率的; efficient)이다.

③ 임의의 부리증권이 가지는 특성은 만기실효이자율, 즉시환금성[양도성 포함], 잔존만기 및 신용위험도의 네 가지 항목에 의해 모두 표현될 수 있다.

④ 발행 또는 유통되는 각 부리증권에 있어, 즉시환금성이나 잔존만기의 차이에 따른 만기실효이자율의 차이는 발생하지 않는다.

⑤ 발행 또는 유통되는 각 부리증권은 신용위험도 면에서는 애당초 차이가 없다.

이상의 가정들은, 미시경제학적 관점에서는 무리한 점이 있는 것들도 일부 있지만, 거시경제학적 관점에서는 모두가 충분히 수용될 만한 것들 이라고 할 수 있다.

아무튼, 이상의 가정들에 의할 때, 우리가 대차증서나 채권의 종목을 따로 거론할 필요는 없어지며, 매 시점에 있어서

대차증서의 이자율 = 채권의 발행수익률

= 채권의 유통수익률 = 시장이자율

의 관계가 성립한다.

제2절 유량자금설의 개요

제1항 유량자금공급과 유량자금수요의 개념

저자는 '유량자금공급'(supply of flow funds)과 '유량자금수요'
(demand for flow funds)를
① 유량자금공급 : 일정시점에 있어서 경제주체들이 앞으로의 일정기
간 동안 신규 또는 기발행 부리증권의 매입을 위해 그 대가(代
價)로 제공하고자 하는 자금의 총액으로서의 유효공급
② 유량자금수요 : 일정시점에 있어서 경제주체들이 앞으로의 일정기
간 동안 신규 또는 기발행 부리증권의 매출을 통해 그 대가로
조달하고자 하는 자금의 총액으로서의 유효수요
로 규정한다.

그리고, 위의 수요와 공급이 대응하는 장소를 '유량자금시장'(flow
funds market) 혹은 줄여서 '자금시장'이라고 부른다.

첨언이 필요 없겠지만, 전절 제2항 중 '①'의 가정에 의해, 여기서 운
위되는 '신규 또는 기발행 부리증권'의 범주에는 신규대차증서와 신규채
권 및 기발행채권의 세 가지만 포함된다.

제2항 유량자금공급함수와 유량자금수요함수의 형태

이제, 유량자금공급과 유량자금수요는 각각 F^s와 F^d로 표시하고, 시
장이자율은 r로 표시하기로 하겠다.

1. 유량자금공급함수의 형태

유량자금공급 F^s를 나타내는 함수는 시장이자율 r의 증가함수(增加函數; increasing function)로, 즉, 이를테면

$$F^s = Z(r);$$

$$dZ/dr > 0$$

[다른 조건들이 동일할 때, r가 상승하면 F^s가 증가]

으로 규정될 수 있다.

다시 말하면, 다른 조건들이 동일하다고 할 때, 경제주체들은, ⓐ 시장이자율이 높을수록 [신규로 축적되는 추가분의 부(富; wealth) 가운데 보다 많은 부분을 부리증권에 배분하거나, 기보유 여타자산들로부터 회수할 수 있는 자금 가운데 보다 많은 부분을 부리증권의 매입에 사용하는 등의 방식으로] 자금시장에서 보다 많은 자금을 제공하려 하며, ⓑ 반대로, 시장이자율이 낮을수록 [신규로 축적되는 추가분의 부 가운데 보다 적은 부분만을 부리증권에 배분하거나, 기보유 여타자산들로부터 회수할 수 있는 자금 가운데 보다 적은 부분만을 부리증권의 매입에 사용하는 등의 방식으로] 자금시장에서 보다 적은 자금만을 제공하려 하는 것으로 간주될 수 있다.

이렇게 규정할 수 있는 논거들을 다른 조건들이 동일하다는 전제하에서 간략히 제시한다면, 그것들은 다음과 같다.

① 그 첫 번째 논거는 부리증권에 투자할 때 당연히 이자수입(利子收入)에 관심을 가지는 경제주체들 일반의 행동양식에서 발견될 수 있다. 그들은, ⓐ 시장이자율이 높을수록 – 부리증권으로부터 보다 많은 이자수입을 기대할 수 있기 때문에 – 다른 자산을 제치고 부리증권을 보다 많이 매입하려 하며, ⓑ 반대로, 시장이자율이 낮을수록 – 부리증권으로부터는 보다 적은 이자수입밖에 기대할 수 없기 때문에 – 다른 자산을 바라보며 부리증권을 보다 적게 매입하려 할 것이다.

②그 두 번째 논거는 장기채권(長期債券)에 투자하면서 시세차익(時勢差益)에도 관심을 가지는 전문적인 채권투자자들의 행동양식에서 발견될 수 있다. 그들은, ⓐ 현재의 시점에서 시장이자율이 보다 높은 수준을 취하고 있을수록 − 가까운 장래에 그것이 하락하면서 [그것과 역비례관계에 있는] 장기채권의 시장가격이 상승할 가능성이 보다 많아졌다고 판단하여 − 장기채권을 보다 많이 매입하려 하며, ⓑ 반대로, 현재의 시점에서 시장이자율이 보다 낮은 수준을 취하고 있을수록 − 가까운 장래에 그것이 상승하면서 장기채권의 시장가격이 하락할 가능성이 보다 많아졌다고 판단하여 − 장기채권을 보다 적게 매입하려 할 것이다.

③그 세 번째 논거는 설비투자를 추진하는 기업들의 행동양식에서 발견될 수 있다. 투자의 한계효율이 체감한다고 할 때, 그들은, ⓐ 시장이자율이 높을수록 − '설비투자수요의 상대적 감소 → 설비투자에 소요되는 자금의 상대적 감소 → 여유자금의 상대적 증대'의 경로를 따라 − 자금시장에서 보다 많은 자금을 제공하려 하며, ⓑ 반대로, 시장이자율이 낮을수록 − '설비투자수요의 상대적 증대 → 설비투자에 소요되는 자금의 상대적 증대 → 여유자금의 상대적 감소'의 경로를 따라 − 자금시장에서 보다 적은 자금을 제공하려 할 것이다.

2. 유량자금수요함수의 형태

한편, 유량자금수요 F^d 를 나타내는 함수는 시장이자율 r 의 감소함수(減少函數; decreasing function)로, 즉, 이를테면

$$F^d = G(r) \; ;$$

$$dG/dr < 0$$

[다른 조건들이 동일할 때, r 가 상승하면 F^d 가 감소]

으로 규정될 수 있다.

다시 말하면, 다른 조건들이 동일하다고 할 때, 경제주체들은, ⓐ 시장이자율이 높을수록 [부리증권을 보다 적은 가액만큼만 발행하거나, 부리증권의 기보유분을 보다 적은 가액만큼만 매출하는 방식으로] 자금시장에서 보다 적은 자금만을 조달하려 하며, ⓑ 반대로, 시장이자율이 낮을수록 [부리증권을 보다 많은 가액만큼 발행하거나, 부리증권의 기보유분을 보다 많은 가액만큼 매출하는 방식으로] 자금시장에서 보다 많은 자금을 조달하려 하는 것으로 간주될 수 있다.

이렇게 규정할 수 있는 논거들을 다른 조건들이 동일하다는 전제하에서 간략히 제시한다면, 그것들은 다음과 같다.

① 그 첫 번째 논거는 부족자금(不足資金)을 부리증권의 발행을 통해 조달할 때 당연히 이자부담에 관심을 가지는 경제주체들 일반의 행동양식에서 발견될 수 있다. 그들은, ⓐ 시장이자율이 높을수록 ― 부리증권을 발행하면 보다 많은 이자를 부담해야 하기 때문에 ― 다른 조달수단을 바라보며 부리증권을 보다 적게 발행하려 하며, ⓑ 반대로, 시장이자율이 낮을수록 ― 부리증권을 발행하면 보다 적은 이자를 부담할 수 있기 때문에 ― 다른 조달수단을 제치고 부리증권을 보다 많이 발행하려 할 것이다.

② 그 두 번째 논거는 전문적인 채권투자자들의 행동양식에서 발견될 수 있다. 그들은, ⓐ 현재의 시점에서 시장이자율이 보다 높은 수준을 취하고 있을수록 ― 가까운 장래에 그것이 하락하면서 장기채권의 시장가격이 상승할 가능성이 보다 많아졌다고 판단하여 ― 장기채권의 기보유분을 보다 적게 매출하려 하며, ⓑ 반대로, 현재의 시점에서 시장이자율이 보다 낮은 수준을 취하고 있을수록 ― 가까운 장래에 그것이 상승하면서 장기채권의 시장가격이 하락할 가능성이 보다 많아졌다고 판단하여 ― 장기채권의 기보유분을 보다 많이 매출하려 할 것이다.

③ 그 세 번째 논거는 설비투자를 추진하는 기업들의 행동양식에서 발견될 수 있다. 투자의 한계효율이 체감한다고 할 때, 그들은, ⓐ 시장이자율이 높을수록 ― '설비투자수요의 상대적 감소 → 설비투자에 소요되는

자금의 상대적 감소 → 부족자금의 상대적 감소'의 경로를 따라 − 자금시장에서 보다 적은 자금을 조달하려 하며, ⓑ 반대로, 시장이자율이 낮을수록 − '설비투자수요의 상대적 증대 → 설비투자에 소요되는 자금의 상대적 증대 → 부족자금의 상대적 증대'의 경로를 따라 − 자금시장에서 보다 많은 자금을 조달하려 할 것이다.

제3항 시장이자율의 결정

그리하여, 유량자금공급 F^s 를 나타내는 함수와 유량자금수요 F^d 를 나타내는 함수가 각각 〈그림 12〉에서와 같은 경우를 상정할 때, 시장이자율 r 는 유량자금공급 F^s 와 유량자금수요 F^d 를 균등화시키는 수준, 즉, r^E 의 수준으로 결정된다.

설명을 첨기한다면,

첫째, 만일 시장이자율 r 가 목하 r^E 보다 높은 수준[이를테면 r' 의 수준]으로 형성되어 있다면, 그 같은 상황하의 자금시장에서는, 유량자금공

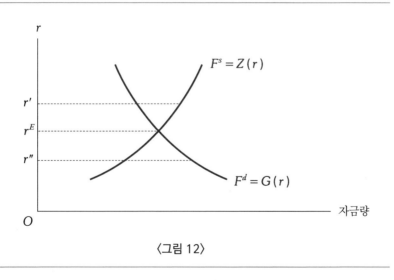

〈그림 12〉

급 F^s가 유량자금수요 F^d를 초과하기 때문에, 즉, 일방의 경제주체들이 제공하고자 하는 자금의 총량이 타방의 경제주체들이 조달하고자 하는 자금의 총량을 초과하기 때문에, 자금을 자신들이 원하는 양만큼 제공하지 못하는 경제주체들이 생기게 되고, 그러한 경제주체들은 자금을 r'보다 낮은 수준의 이자율로라도 제공하려고 할 것인바; 이 같은 과정에서 시장이자율 r는 r^E의 수준을 향해 하락하게 될 것이다.

둘째, 반대로, 만일 시장이자율 r가 목하 r^E보다 낮은 수준[이를테면 r''의 수준]으로 형성되어 있다면, 그 같은 상황하의 자금시장에서는, 유량자금수요 F^d가 유량자금공급 F^s를 초과하기 때문에, 즉, 일방의 경제주체들이 조달하고자 하는 자금의 총량이 타방의 경제주체들이 제공하고자 하는 자금의 총량을 초과하기 때문에, 자금을 자신들이 원하는 양만큼 조달하지 못하는 경제주체들이 생기게 되고, 그러한 경제주체들은 자금을 r''보다 높은 수준의 이자율로라도 조달하려고 할 것인바; 이 같은 과정에서 시장이자율 r는 r^E의 수준을 향해 상승하게 될 것이다.

셋째, 그러나, 만일 시장이자율 r가 목하 r^E의 수준으로 형성되어 있다면, 그 같은 상황하의 자금시장에서는, 유량자금공급 F^s와 유량자금수요 F^d가 일치하기 때문에, 즉, 일방의 경제주체들이 제공하고자 하는 자금의 총량과 타방의 경제주체들이 조달하고자 하는 자금의 총량이 일치하기 때문에, 자금을 자신들이 원하는 양만큼 제공 또는 조달하지 못하는 경제주체들은 생기지 않게 되고, 모든 경제주체들이 자금을 r^E의 수준의 이자율로만 제공 또는 조달하려고 할 것인바; 이 같은 과정에서 시장이자율 r는 r^E의 수준을 그대로 유지하게 될 것이다.

넷째, 그리하여, 시장이자율 r는 유량자금공급 F^s와 유량자금수요 F^d를 균등화시키는 r^E의 수준으로 결정되는 것이다.

제4항 '유량자금설'

사실상, 시장이자율의 결정에 관해 저자가 피력하고자 하는 바의 요지는 다음과 같다.

"시장이자율은 자금시장에서 유량자금공급과 유량자금수요를 균등화시키는 수준으로 결정된다."

이제, 저자는, 이상과 같은 확고부동한 사실의 제시를 그 요체(要諦)로 하는 저자 자신의 주장을 '유량자금설'이라고 명명하는 외람됨을 범하고자 한다.

제3절 이자율논쟁의 영구적 종결

제1항 기존의 이자율결정이론들

기존의 이자율결정이론들을 양대계열(兩大系列)로 가른다면, 한 쪽에는 유동성선호설(流動性選好說 ; liquidity preference theory)이, 그리고 다른 쪽에는 대부자금설(貸付資金說 ; loanable funds theory)이 자리한다.

차제에 이들 양설의 개요를 살펴보기로 하겠다.

1. 유동성선호설

유동성선호설은 화폐공급과 화폐수요 및 화폐시장(money market)을

① 화폐공급 : 일정시점에 있어서 목하 비예금민간의 수중에 존재하고 있는 화폐의 총액

② 화폐수요 : 일정시점에 있어서 비예금민간이 목하 보유하고 있고자 하는 화폐의 총액

③ 화폐시장 : 위의 공급과 수요가 대응하는 장소

로 규정한다. 그리고, 다음과 같이 주장한다.

"시장이자율은 화폐시장에서 화폐공급과 화폐수요를 균등화시키는 수준으로 결정된다."

2. 대부자금설

한편, 대부자금설은 대부자금공급(supply of loanable funds)과 대부자금수요(demand for loanable funds) 및 대부자금시장(loanable funds market)을

①대부자금공급 : 일정시점에 있어서 경제주체들이 앞으로의 일정기간 동안 대부하고자 하는 자금의 총액 — 즉, 일정시점에 있어서 경제주체들이 앞으로의 일정기간 동안 신규대차증서의 매입[내지 인수]을 위해 제공하고자 하는 자금의 총액

②대부자금수요 : 일정시점에 있어서 경제주체들이 앞으로의 일정기간 동안 대부받고자 하는 자금의 총액 — 즉, 일정시점에 있어서 경제주체들이 앞으로의 일정기간 동안 신규대차증서의 매출[내지 발행]을 통해 조달하고자 하는 자금의 총액

③대부자금시장 : 위의 공급과 수요가 대응하는 장소

로 규정한다. 그리고, 다음과 같이 주장한다.

"시장이자율은 대부자금시장에서 대부자금공급과 대부자금수요를 균등화시키는 수준으로 결정된다."

그런데, 이 같은 대부자금설은, 다음과 같이 ⓐ고전적(classical) 대부자금설과 ⓑ가공된(sophisticated) 대부자금설로 나누어진다.

첫째, 고전적 대부자금설은, 신규저축[에 의해 생성되는 자금]만이 대부자금공급의 원천이 되고, 기업투자[에 소요되는 자금]만이 대부자금수요의 원천이 된다고 인식한다.[21]

---

21) 고전적 대부자금설은 또한, 신규저축은 그 전부가 대부자금공급으로 연결되고, 기업투자는 그 전부가 대부자금수요로 연결된다고 인식한다. 그리하여, 동설에 따르면, 대부자금공급과 대부자금수요를 각각 L^s와 L^d로 표시하고, 신규저축과 기업투자 각각의 크기[사전적(事前的) 크기]를 S와 I로 표시하기로 할 때, 이들 변수 사이에는
$$L^s \equiv S,$$
$$L^d \equiv I$$

둘째, 반면에, 가공된 대부자금설은, 신규저축 이외에 신규통화의 창출 (creation of new money)과 화폐방출(貨幣放出; dishoarding of money)도 대부자금공급의 원천이 되고, 기업투자 이외에 기존통화의 환수(absorption of old money)와 화폐퇴장(貨幣退藏; hoarding of money)도 대부자금수요의 원천이 된다고 인식한다.[22]

제2항 이자율논쟁의 연혁(沿革)

이른바 '이자율논쟁'(利子率論爭; interest rate controversy)이라 함은, 다음과 같은 문제, 즉, 시장이자율은 어느 시장에서 어떤 수준으로 결정되는지의 문제를 놓고서 기존경제학자들이 지난 세월 동안 벌여 온 논전(論戰)을 말한다. 차제에 그 연혁에 간략하게 언급해 보기로 하겠다.

의 관계가 성립한다.

[22] 가공된 대부자금설은 또한, 신규저축과 신규통화의 창출 및 화폐방출은 각각 그 전부가 대부자금공급으로 연결되고, 기업투자와 기존통화의 환수 및 화폐퇴장은 각각 그 전부가 대부자금수요로 연결된다고 인식한다. 그리하여, 동설에 따르면, 대부자금공급과 대부자금수요를 각각 L^s와 L^d로 표시하고, 신규저축과 신규통화의 창출 및 화폐방출, 그리고 기업투자와 기존통화의 환수 및 화폐퇴장 각각의 크기를 ΔM^+와 및 M^{DH}, 그리고 I와 ΔM^- 및 M^{HO}로 표시하기로 할 때, 이들 변수 사이에는
$$L^s \equiv S + \Delta M^+ + M^{DH}$$
$$L^d \equiv I + \Delta M^- + M^{HO}$$
의 관계가 성립한다.

참고로 첨언하면, 신규통화의 창출과 기존통화의 환수를 행하는 주체는 통화조직 (通貨組織; monetary organization) [중앙은행과 예금은행들의 집합체]이고, 화폐방출과 화폐퇴장을 행하는 주체는 비은행민간(非銀行民間; non-bank public)이다. 그러므로, 동설에 따를 때, 신규통화의 창출이나 기존통화의 환수는 통화량의 변화를 수반하면서 시중의 자금사정을 변화시키고, 화폐방출이나 화폐퇴장은 통화량의 변화를 수반하지는 않으면서 시중의 자금사정을 변화시킨다.

〈대부자금설의 탄생〉

근대경제학은 자신의 일익(一翼)으로서 이자율결정이론을 필요로 했고, 그 필요를 가장 먼저 충족시켜 준 것은 대부자금설이었다. 대부자금설은 원래 18세기 말엽에 고전적 대부자금설로 탄생했다.

이처럼 오랜 연조(年條)를 가진 대부자금설은, 고전파 경제학자(Classical economist)들로부터의 전폭적인 지지를 배경으로 하여 한 세기를 훨씬 넘는 장구한 기간 동안 하등의 도전을 불허했을 뿐만 아니라, 19세기 말엽과 20세기 초엽에 각각 스웨덴의 빅셀(J. G. K. Wicksell)과 미국의 피셔(Irving Fisher)에 의해 보다 현대적인 형태로 체계화되면서 그 위세를 세상에 다시 한 번 과시했다.

〈유동성선호설의 등장〉

그러나, 천 년의 영화를 누릴 것 같았던 대부자금설도, 1936년 병자년(丙子年)의 태세(太歲) 밑에서는 자신의 원조(元祖)가 하루 아침에 몰락하는 비운을 피할 수 없었다.

난공불락이던 대부자금설의 그 백년아성을 일거에 함락시킨 인물은 이른바 '케인즈 혁명'(Keynesian Revolution)의 주역인 케인즈였고, 그 이론은 바로 유동성선호설이었다.

당시의 신세대 경제학자들은, 고도로 발달된 자본주의경제에서는 통화량[내지 그것의 변화]이 시장이자율의 결정에 많은 영향을 미친다는 사실을 감지하고서, 그 경로를 학리적으로 명쾌하게 설명해 줄 수 있는 이론을 갈구하고 있었다. 그러하였기 때문에, 그들에게 있어서, 그 경로를 그럴듯한 논리로 제시하는 유동성선호설의 등장은 하나의 신선한 충격이었다.

어쨌거나, 유동성선호설은, 그들로부터 열렬한 지지를 받았고, 대부자금설의 독무대로 짜여져 있던 종전까지의 판도를 순식간에 뒤바꾸는 데에 성공했다. 유동성선호설 측의 선제공격으로 개시된 이자율논쟁은, 그 1

회전이 채 종료되기도 전에 유동성선호설의 완승으로 싱겁게 그 막이 내려지는 듯했고, 패색이 짙어진 대부자금설의 재기는 불가능하게만 보였다.

〈대부자금설의 반격〉

하지만, 대부자금설 측의 반격도 만만하지는 않았다. 마셜(Alfred Marshall)의 문하생이던 로버트슨(D. H. Robertson)과 빅셀의 계승자가 된 올린(Bertil Ohlin) 등 대부자금설의 옹호론자들은 가공된 대부자금설을 내세워 곧바로 패세의 만회를 시도했다.

그들은, 그것의 이론적 틀을 조금만 확장시키면 대부자금설로도 통화량이 시장이자율의 결정에 영향을 미치는 경로를 얼마든지 적절하게 설명할 수 있다고 주장했다.

이른바 '케인즈 반혁명'(Keynesian Counterrevolution)을 계획하고 있던 신고전파 경제학자(Neoclassical economist)들이 이 같은 주장을 적극적으로 지지한 것은 오히려 당연한 일이었다. 대부자금설은 그 실지(失地)의 상당부분을 수복하는 데에 성공했고, 이자율논쟁은 장기전이 되지 않을 수 없게 되었다.

이후, 유동성선호설과 대부자금설의 양 진영은 피차간에 치열한 공방전을 치르며 일진일퇴를 거듭해 왔다.

〈중도통합론의 대두〉

한편, 그러던 중에, 양 진영을 오가며 화평(和平)을 모색하는 세력도 나타났다. 옥스퍼드대학의 힉스(J. R. Hicks) 교수와 예루살렘대학의 파틴킨(Don Patinkin) 교수 등 일단(一團)의 경제학자들이 중재안을 마련해 분쟁조정(紛爭調停)의 역할을 자임(自任)하고 나선 것이다.

그런데, 그 중재안이란, 말하자면 중도통합론(中道統合論)이었다. 그들은 다음과 같은 논거를 들어 양 진영에 화해를 종용했다:

"첫째, 유동성선호설은 저량분석에 입각하고 있고, 대부자금설은 유량분석에 입각하고 있는바, 양 분석 사이에는 호환(互換) 내지 접목(接木)의 여지가 존재하기 때문에, 양설 사이에도 절충(折衷) 내지 융합(融合)의 여지가 존재할 것이다.

둘째, 유동성선호설은 시장이자율이 화폐시장에서 결정된다고 인식하고 있고, 대부자금설은 그것이 대부자금시장에서 결정된다고 인식하고 있는바, 일반균형분석의 시각에서 보면 모든 가격변수들은 모든 재화시장들의 공동작용에 의해 일괄적으로 결정되는 것이기 때문에, 시장이자율이 화폐시장과 대부자금시장 가운데 어느 시장에서 결정된다고 간주하든 그 실질은 마찬가지일 것이다."

여담이지만, 만일 그들이 나관중(羅貫中)의 『삼국지연의』(三國志演義)를 읽은 적이 있었다면, 아마도 그들은 골육상쟁의 슬픔을 담은 조식(曹植)의 「칠보시」(七步詩)를 들려주며 양 진영을 설득하기도 했을 것이다:

자두연두기(煮豆燃豆萁)하니
두재부중읍(豆在釜中泣)이라
본시동근생(本是同根生)이어늘
상전하태급(相煎何太急)가
[콩을 볶는 데에 콩깍지를 태우니,
콩이 가마 속에서 슬피 우는구나.
본시 한 뿌리에서 태어난 몸들인데,
서로 볶고 태우는 것이 어찌 그리 급한가!]

아무튼, 그들의 그 중도통합론이 이른바 '신고전파적 종합'(Neoclassical synthesis)을 지향(志向)하는 20세기 후반기 이후의 주류경제학자들로부터 많은 호응을 얻어 온 것은 사실이다.

이상이 그 유명한 이자율논쟁의 약사(略史)다.

제3항 이자율논쟁의 무효성(無效性)

앞에서 살펴본 바와 같이, 이자율논쟁에는 지금까지 다음과 같은 세 갈래의 세력들만 참여해 왔다.

① 그 하나는, 유동성선호설만 옳고 대부자금설은 그르다고 주장하는 일시일비론(一是一非論)이고,

② 그 둘은, 유동성선호설은 그르고 대부자금설만 옳다고 주장하는 일비일시론(一非一是論)이며,

③ 그 셋은, 양설이 모두 옳다고 주장하는 양시론(兩是論)이다.

그렇다면, 제4의 세력, 즉, 양설이 모두 그르다고 주장하는 양비론(兩非論)은 이자율논쟁에 참여할 수 없는 것인가? 가장 정확한 대답은, 오히려 그 제4의 세력만이 이자율논쟁에 참여할 자격이 있다는 것이다.

미리 말하면, 그 제4의 세력은 유량자금설에 입각하고 있는 바의 저자의 견해로 형성될 것이다. 독자제위께서는 이제, 저자의 그 견해가 다크호스처럼 출현해 기성의 세력들 모두를 일순간에 따돌리는 장면을 곧 구경하시게 될 것이다. 저자는 지금, 독자제위께서는 본장의 논의가 끝날 무렵에 다음과 같은 사실들을 확신하시게 될 것이라고 감히 장담하고 있는 것이다.

첫째, 유동성선호설과 대부자금설은 양설 공히 갖가지 오류들로 점철되어 있다.

둘째, 따라서, 중도통합론이라고 하는 것도 결국 기존의 오류들을 모아서 통합한 것에 불과하다.

셋째, 그리하여, 지금까지 치러져 온 이자율논쟁은, 결과적으로 자격이 없는 선수들과 권한이 없는 심판이 참여해 치러 온 대회이기 때문에, 당연히 무효판정(無效判定)을 받아야 한다.

넷째, 요컨대, 현대경제학은, 그것이 자신의 일익으로서 현실을 직시하는 이자율결정이론을 진심(眞心)으로 필요로 한다면, 기존의 이자율결정

이론들에 대한 미련은 완전히 떨치고서, 저자의 유량자금설을 허심(虛心)으로 받아들여야 한다.

제4항   유동성선호설의 오류

유동성선호설이 범하고 있는 오류들은, 동설을 저자의 유량자금설에 대비(對比)시킬 때에 드러나게 되는 것들만을 적시(摘示)하더라도, 다음과 같다.

〈첫 번째 오류〉

유동성선호설은 시장이자율이 화폐공급과 화폐수요를 균등화시키는 수준으로 결정된다고 인식하고 있다.

그러나, 현실을 논하기로 한다면, 저자가 전장에서의 논의를 통해 이미 만천하에 공개한 바와 같이, 화폐공급과 화폐수요가 일치하는 상태는 동설을 맹목적으로 신봉하는 기존경제학자들의 착각에서 연유되는 하나의 환영(幻影)에 불과한 상태로서, 경제는 초과분의 화폐잔액[즉, 화폐수요를 초과하는 분량의 화폐잔액]이 막대한 크기로 상존(常存)하고 있는 상태하에서 운행된다. 뿐만 아니라, 시장이자율은 유량자금공급과 유량자금수요를 균등화시키는 수준으로 결정된다.

예를 들어,

　　　M^s : 당해기간 내의 일정시점에서 파악되는 바의 화폐공급

　　　M^d : 당해기간 내의 일정시점에서 파악되는 바의 화폐수요

로 규정되는 화폐공급 M^s 와 화폐수요 M^d 를 나타내는 함수들이 〈그림 13〉의 상단그림에서와 같고,

　　　F^s : 당해기간을 그 대상기간으로 하는 바의 유량자금공급

　　　F^d : 당해기간을 그 대상기간으로 하는 바의 유량자금수요

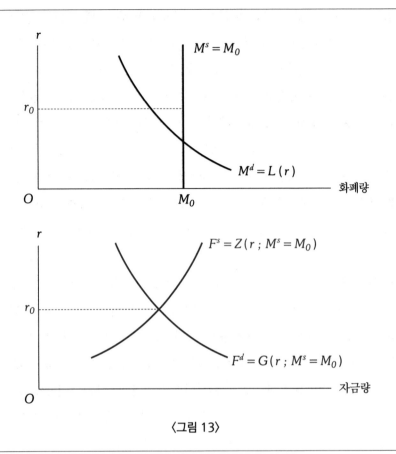

〈그림 13〉

로 규정되는 유량자금공급 F^s 와 유량자금수요 F^d 를 나타내는 함수들은 〈그림 13〉의 하단그림에서와 같다고 하자. 이 경우, 시장이자율은 유량자금공급 F^s 와 유량자금수요 F^d 사이에

$$F^s = F^d$$

의 관계가 성립하도록 하는 r_0 의 수준으로 결정되며, 그 r_0 의 시장이자율 수준에서는 화폐공급 M^s 와 화폐수요 M^d 사이에

$$M^s \gg M^d$$

의 관계가 성립한다.

〈두 번째 오류〉

유동성선호설은 시장이자율이 화폐시장에서 결정된다고 판단하고 있다. 물론, 동설은, 화폐공급에 해당하는 통화량이 시장이자율의 결정에 많은 영향을 미치는 것이 일반적이라는 사실을 그 증좌(證左)로 제시하고 있다.

그러나, 현실에 다가서기로 한다면, 저자의 유량자금설이 직시하고 있는 바와 같이, 시장이자율은, 그것의 결정에 통화량이 많은 영향을 미치는 것이 일반적이라는 것은 분명한 사실이지만, 그럼에도 불구하고 의연(依然)히 자금시장에서 결정된다. 만년필의 시장가격이 그것의 결정에 볼펜의 공급량이 많은 영향을 미침에도 불구하고 의연히 만년필시장에서 결정되는 것과 마찬가지로, 시장이자율도 그것의 결정에 통화량이 많은 영향을 미침에도 불구하고 의연히 자금시장에서 결정되는 것이다.[23]

〈세 번째 오류〉

유동성선호설은 − 그 시각(視角)이 협소(狹小)하여 − 부(富; wealth)의 배분대상의 범위를 사실상 화폐와 채권만으로 한정하고 있다.

그러나, 현실에 다가서기로 한다면, 저자의 유량자금설이 직시하고 있는 바와 같이, 화폐와 채권뿐만 아니라 대차증서와 주식 및 실물자산 등도 각각 엄연히 부의 중요한 배분대상이 된다.

〈네 번째 오류〉

유동성선호설은 − 그 시계(視界)가 협착(狹窄)하여 − 신규저축에 의해 부가 부단하게 축적되는 측면을 예사로 무시하고 있다. 예를 들면, 동

---

23) 통화량이 시장이자율의 결정에 영향을 미치는 경로를 저자의 유량자금설이 여하히 설명하는지에 대해서는 원전을 참조해 주시기 바란다. 참고로, 유량자금설과 관련해 본장에서 거론만 되고 설명은 생략된 사항들에 대해서는 대부분의 경우 원전에 자세한 설명이 첨기되어 있다는 점을 차제에 밝혀 둔다.

설은 으레 부의 크기가 일정불변이라고 가정하고 있는 것이다.

그러나, 현실에 다가서기로 한다면, 저자의 유량자금설이 직시하고 있는 바와 같이, 신규저축에 의해 부가 부단하게 축적된다는 것은 확연한 사실이다.

〈다섯 번째 오류〉

유동성선호설은 ─ 그 시야(視野)가 협애(狹隘)하여 ─ 제반의 부리증권 가운데 시장이자율의 결정에 참여하는 것은 기발행채권뿐이라고 간주하고 있다.

간략히 예를 들면,

B^s : 기발행채권의 존재공급총액

B^d : 기발행채권에 대한 보유수요총액

이라고 할 때, 동설은,

$$M^s + B^s \equiv M^d + B^d$$

의 관계가 성립한다고 전제하고서, 시장이자율은

$$M^s = M^d, \quad B^s = B^d$$

가 성립하는 상태하에서 결정된다고 주장하고 있는 것이다. 이 경우 신규대차증서나 신규채권이 들어설 자리가 없음은 물론이다.

그러나, 현실에 다가서기로 한다면, 저자의 유량자금설이 직시하고 있는 바와 같이, 시장이자율의 결정에는 기발행채권뿐만 아니라 신규대차증서와 신규채권도 당당히 참여한다고 간주되어야 한다.

제5항 대부자금설의 오류

대부자금설이 범하고 있는 오류들은, 동설을 저자의 유량자금설에 대비시킬 때에 드러나게 되는 것들만을 적시하더라도, 다음과 같다.

〈첫 번째 오류〉

대부자금설은 시장이자율이 대부자금공급과 대부자금수요를 균등화시키는 수준으로 결정된다고 인식하고 있다.

그러나, 현실에 다가서기로 한다면, 저자의 유량자금설이 직시하고 있는 바와 같이, 시장이자율은 유량자금공급과 유량자금수요를 균등화시키는 수준으로 결정된다. 보완설명을 간략하게 덧붙이기로 하겠다.

대부자금공급과 대부자금수요를 각각 L^s와 L^d로 표시하고, 유량자금공급과 유량자금수요를 각각 F^s와 F^d로 표시하는 한편,

X^d : 신규대차증서에 대한 매입수요총액

Y^d : 신규채권에 대한 매입수요총액

Z^d : 기발행채권에 대한 매입수요총액

X^s : 신규대차증서의 매출공급총액

Y^s : 신규채권의 매출공급총액

Z^s : 기발행채권의 매출공급총액

이라고 규정[내지 표시]하기로 할 때, 대부자금공급 L^s와 대부자금수요 L^d는

$$L^s \equiv X^d,$$
$$L^d \equiv X^s$$

로 재규정(再規定)되고, 유량자금공급 F^s와 유량자금수요 F^d는

$$F^s \equiv X^d + Y^d + Z^d,$$
$$F^d \equiv X^s + Y^s + Z^s$$

로 재규정될 수 있다.

그렇다면, 대부자금설은 시장이자율이

$$X^d = X^s$$

가 성립하는 상태하에서 결정된다고 인식하고 있는 것이 되고, 저자의 유량자금설은 그것이

$$X^d + Y^d + Z^d = X^s + Y^s + Z^s$$

가 성립하는 상태하에서 결정된다고 인식하고 있는 것이 된다.

이제, 대부자금설의 인식이 그릇된 것이라는 점은 더욱 명백해졌다고 할 수 있다. 왜냐하면,

$$X^d = X^s$$

가 성립한다고 하여 반드시

$$X^d + Y^d + Z^d = X^s + Y^s + Z^s$$

가 성립하는 것은 아니기 때문이다.

〈두 번째 오류〉

대부자금설은, 그 고전적 이론에서는 부의 배분대상의 범위를 대차증서만으로 한정하고 있고, 그 가공된 이론에서도 그 범위에 기껏해야 화폐를 추가적으로 포함시키는 데에 그치고 있다.

그러나, 현실에 다가서기로 한다면, 저자의 유량자금설이 직시하고 있는 바와 같이, 화폐와 대차증서뿐만 아니라 채권과 주식 및 실물자산 등도 각각 엄연히 부의 중요한 배분대상이 된다.

〈세 번째 오류〉

대부자금설은 내적(內的) 논리정합성마저 결하고 있다. 예를 들면, 동설은 그 가공된 버전에서 화폐방출은 당연히 대부자금공급의 한 구성요소가 되고 화폐퇴장은 당연히 대부자금수요의 한 구성요소가 된다고 전제하고 있는데, 기실에 있어, 화폐방출은 대부자금공급과 논리적으로 전혀 무관하고 화폐퇴장도 대부자금수요와 논리적으로 전혀 무관하기 때문에, 그 같은 전제는 애당초 성립될 수 없는 것이다. [*자세한 것은 원전 참조.]

제6항 결론

이제, 독자제위께서는, 저자의 유량자금설이 유동성선호설과 대부자금설 각각의 부분성 및 비현실성을 수정하는 종합적이고 합현실적인 이자율결정이론이라는 것을 이미 간파하셨을 것이다.

재차 강조하거니와, 저자의 유량자금설이 직시하고 있는 바와 같이 시장이자율이 유량자금공급과 유량자금수요를 균등화시키는 수준으로 결정된다는 사실은, 경제학에서 균형이라는 개념이 그 논리적 근거를 상실하지 않고 그대로 존속할 수 있는 한, 어느 누구도 부인할 수 없는 준엄한 현실이며, 또한 어느 누구도 훼손할 수 없는 견고(堅固)한 철칙(鐵則)인 것이다.

그리하여, 유동성선호설이 맞다고 주장하는 일방의 견해와 대부자금설이 맞다고 주장하는 타방의 견해가 선수들로 출장하고, 양설이 모두 맞으며 단지 각기 동일주화의 일면씩만을 강조하고 있을 따름이라고 주장하는 중도통합론이 심판으로 가담하여 장장 칠십여 년 동안 연면히 벌여 온 이자율논쟁도, 저자의 유량자금설의 등장으로 그 존재이유가 소멸됨에 따라, 바야흐로 창연(愴然)히 종언(終焉)을 자고(自告)할 수밖에 없는 운명에 처하여 있는 것이다. 사필귀정(事必歸正)인 것이다.

제3장

****

새로운 채권수급모형

제1절 서언

저자는 『새로운 패러다임』에서 새로운 채권수급모형을 제시하기도 했다. 본장에서는 최소한의 지면만 배당하여 그 모형의 편린(片鱗)을 설명 없이 소개하기로 하겠다. 설명을 필요로 하거나 전모(全貌)를 보고 싶어하시는 분들께서는 원전을 참조해 주시기 바란다.

설명을 생략하겠다고 말하기는 했지만, 새로운 용어들의 개념에 대해 서만큼은 다음과 같이 약간의 설명을 첨기하지 않을 수 없다.

〈현결저량공급과 현결저량수요〉

'현결저량공급'(現決貯量供給 ; spot stock supply)과 '현결저량수요' (現決貯量需要 ; spot stock demand)는

① 현결저량공급 : 현재시점에 있어서 목하 경제주체들의 수중에 존재하고 있는 어떤 자산의 총수량 [*존재량측정의 기준시점과 그 측정의 대상시점이 일치한다!]

② 현결저량수요 : 현재시점에 있어서 목하 경제주체들이 보유하고 있고자 하는 어떤 자산의 총수량 [*보유의사의 결정시점과 그 의사의 시현시점이 일치한다!]

으로 규정된다.

참고로, 기존경제학에서 운위되는 '화폐공급'과 '화폐수요'는 각각 '화폐의 현결저량공급'과 '화폐에 대한 현결저량수요'에 해당한다.

〈선결저량공급과 선결저량수요〉

반면에, '선결저량공급'(先決貯量供給 ; beforehand stock supply)과 '선결저량수요'(先決貯量需要 ; beforehand stock demand)는

① 선결저량공급 : 현재시점에 있어서 장래의 어느 시점에 경제주체
　　　들의 수중에 존재하고 있게 될 것으로 예상되는 어떤 자산의 총
　　　수량 [*존재량예상의 기준시점이 그 예상의 대상시점에 선행한
　　　다!]
② 선결저량수요 : 현재시점에 있어서 경제주체들이 장래의 어느 시
　　　점에 보유하고 있고자 희망하는 어떤 자산의 총수량 [*보유의사
　　　의 결정시점이 그 의사의 시현시점에 선행한다!]
으로 규정된다.

〈시간시계〉

선결저량공급이나 선결저량수요에 있어서 현재시점과 장래시점 사이
의 기간의 길이를 '시간시계'(時間視界 ; time horizon)라고 지칭하고 h
로 표시하기로 하겠다.

〈채권공급과 채권수요〉

새로운 채권수급모형에 등장하는 '채권공급'(債券供給 ; supply of
bonds)과 '채권수요'(債券需要 ; demand for bonds)는 각각 '채권의 선
결저량공급으로서의 유효공급'과 '채권에 대한 선결저량수요로서의 유효
수요'에 해당한다.

이제, 두 변수 $BSS_{\tau \sim \tau + h}$와 $BSD_{\tau \sim \tau + h}$를

① $BSS_{\tau \sim \tau + h}$: 시간시계를 h로 하는 τ시점에서의 유효선결저량채
　　　권공급 ― 즉, τ시점에 있어서 $(\tau + h)$시점에 경제주체들의 수
　　　중에 존재하고 있게 될 것으로 예상되는 채권의 총수량으로서
　　　의 유효공급
② $BSD_{\tau \sim \tau + h}$: 시간시계를 h로 하는 τ시점에서의 유효선결저량채
　　　권수요 ― 즉, τ시점에 있어서 경제주체들이 $(\tau + h)$시점에 보
　　　유하고 있고자 희망하는 채권의 총수량으로서의 유효수요

로 규정하기로 하겠다.

단, 서술의 편의를 위해, 위의 두 변수 중 전자는 'τ시점에서의 선결저량채권공급'이라고 지칭하고, 후자는 'τ시점에서의 선결저량채권수요'라고 지칭하기로 하겠다.

〈τ-시간대〉

τ시점부터 $(\tau+h)$시점까지의 시간대(時間帶)를 'τ-시간대'라고 지칭하기로 하겠다.

〈채권가격〉

채권의 시장가격을 단순히 '채권가격'(債券價格 ; bond price)이라고 부르기로 하겠다. 그리고, τ시점에서의 채권가격을 P_τ로 표시하기로 하겠다. 아울러, τ-시간대에 결정될 수준의 채권가격을 'τ-시간대의 균형채권가격'이라고 표현하기로 하겠다.

참고로, 채권의 수량은 Q로 표시하기로 하겠다.

제2절 새로운 채권수급모형의 개요

제1항 채권가격의 결정

시간시계 h를 상당히 짧게 설정하기로 하겠다.

이 경우, 우리는 이를테면 〈그림 14〉를 참고도로 하여 다음과 같이 서술할 수 있다.

첫째, t시점에서의 선결저량채권공급 $BSS_{t \sim t+h}$는 t시점에서의 채권가격 P_t로부터 독립적이고, 그 공급을 표시하는 곡선은 수직선의 형태를 취한다.

둘째, t시점에서의 선결저량채권수요 $BSD_{t \sim t+h}$는 t시점에서의 채권가격 P_t의 감소함수가 되고, 그 수요를 표시하는 곡선은 우하향하는 곡선의 형태를 취한다.

셋째, t-시간대에 있어서 채권가격은 전기한 두 곡선의 교점에 대응하는 P^0의 수준으로 결정된다.

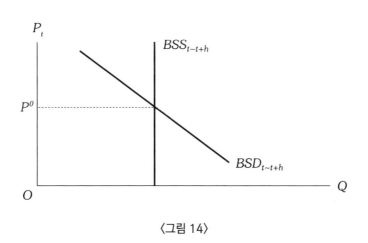

〈그림 14〉

제2항 시간대의 천이(遷移)와 채권가격의 변동

전항에서 언급된 t-시간대 후에 도래하는, 그것과 같은 길이의 어떤 시간대가 t'-시간대라고 하자.

t-시간대에서 t'-시간대로 시간대가 천이함에 따라 채권가격이 변동하는 양상으로는 여러 가지가 있을 수 있는데, 여기서는 한 가지만을 예시(例示)하기로 하겠다.

만일 $(t+h)$시점부터 $(t'+h)$시점까지의 기간 동안 채권의 순증발행이 있게 되면, 이를테면 〈그림 15〉에서 볼 수 있는 바와 같이, t'시점에서의 선결저량채권공급 $BSS_{t'\sim t'+h}$를 나타내는 곡선은 t시점에 대응하는 동류(同類)의 곡선에 비해 그 순증발행분만큼 우측으로 이동해 있게 된다. 보다 간략하게는 다음과 같이 말할 수 있다. ― "시간대가 천이하는 중에 채권의 순증발행이 이루어지면, 채권공급곡선은 그 천이에 따라 그 순증발행분만큼 우측으로 이동한다.".

이 경우, 만일 t'시점에서의 선결저량채권수요 $BSD_{t'\sim t'+h}$를 나타내는 곡선이 t시점에 대응하는 동류의 곡선에 비해 우측으로 이동해 있기

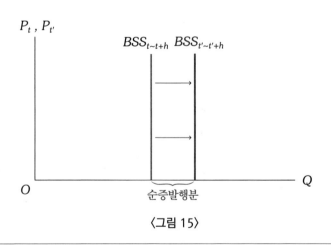

〈그림 15〉

는 하되 그 이동폭이 전기한 순증발행분의 폭에 못 미친다면, t-시간대의 균형채권가격은 t-시간대의 그것에 비해 하락한 수준을 취하게 된다. 보다 간략하게는, 그리고 채권의 유통수익률을 바라볼 수 있도록 관점을 바꾸어서는, 다음과 같이 말할 수 있다. ―"시간대가 천이하는 동안 채권수요곡선이 채권공급곡선의 우측이동을 따라잡지 못하면, 채권의 유통수익률의 균형수준은 그 천이에 따라 상승한다."

차제에 참고로 첨언할 것이 있다.

채권가격이나 채권의 유통수익률은 어떤 경우에 어떻게 변동하는지에 언급해야 할 일이 전편에서 생겼을 때, 저자는 사실 여기서의 새로운 모형에 그대로 입각하지 않고 말하자면 그것의 근사치(近似値)라고 할 수 있는 것에 의거해 서술했다. 저자가 그렇게 한 것은, 물론 논의가 복잡해지지 않도록 하기 위함이었다. 과학 중의 과학인 물리학에서도, 통상적인 역학적(力學的) 현상을 설명할 때에는, 아인슈타인의 상대성이론이나 하이젠베르크와 슈뢰딩어 이래의 양자역학이 아니라, 그 두 가지 역학 각각의 근사치가 되는 경우가 많은 뉴튼의 고전역학을 이용하는 것이 일반적이다.

아무튼, 비록 '근사치'를 적용하기는 했지만, 저자의 그 서술은 정론(正論)에 매우 근접한 것이라는 점을 밝혀 둔다.

제4장

****

유동자산공급모형에 관한 나머지 비밀들

제1절 본원화폐계수에 관한 보론

현금통화비율, 화폐성예금비율, 저축성예금비율 그리고 채권비율 ― 본원화폐계수의 여섯 가지 구성인자 가운데 '유동자산총액의 구성에 관한 비예금민간의 선호'에 따라 그 크기가 결정되는 네 가지다. 저자는 전편 제3장에서 이들 네 가지 비율에 관한 추가적인 논의를 본장으로 미룬 바 있다. 본절은 그 논의 등을 위해 마련된 것이다.

제1항 '네 가지 비율'에 영향을 미치는 변수들

1. 미리 언급해 둘 사항들

'네 가지 비율에 영향을 미치는 변수'라는 것은 곧 유동자산총액의 구성에 관한 비예금민간의 선호에 영향을 미치는 변수를 말한다. 본항에서는 그러한 변수들 중 중요한 것들로는 어떤 것들이 있는지에 관해 논의하기로 하겠다. 사안에 따라서는 그 영향이 유동자산총액 등의 결정에 파급되는 과정에 관한 논의도 병행될 것이다.

네 가지 비율의 한 시점에서의 합계는 언제나 1이다. 따라서, 어떤 변수가 어떤 한 가지 비율에만 영향을 미칠 수는 없다. 그 영향이 반드시 나머지 세 가지 비율 중 하나 이상에 미치기 때문이다. 오히려, 그 영향이 네 가지 비율 모두에 미치는 경우가 대부분일 수도 있다. 하지만, 저자는 그 영향을 거론함에 있어 특정의 비율 한두 가지에만 초점을 맞추어 서술하는 방식을 주로 사용할 것이다.

한편, 어떤 변수가 한쪽 및 반대쪽으로 변화할 때의 각 영향이 대칭적이라고 할 수 있는 경우, 원칙적으로 저자는 그것이 한쪽으로 변화하는 측면만 서술하는 방식으로 논의를 진행할 것이다.

본론으로 들어가기에 앞서 미리 언급해 둘 사항들이 몇 가지 있다. 그것들은 아래와 같다.

가. 일부 전제의 배제

"네 가지 비율 각각은 해당자산에 대한 소요총액과 유동자산총액 사이의 개별관계식 속에서 상수의 역할을 한다." — 전편에서 전제했던 것들 중의 하나다. 지금부터는 이 전제를 배제하고서 논의를 진행할 것이다. 나머지 전제들은 별도의 언급이 없는 한 계속 유효할 것이다.

나. 운위되는 자산의 의미

여기서 별도의 언급 없이 어떤 종류의 자산을 운위할 때, 그것은 '해당 명칭을 가진 자산을 대표하며 그것의 천차만별한 종목들의 평균적인 특성을 가지는 의제적(擬制的)인 것'을 가리킨다.

다. 현금통화와 화폐성예금 사이의 대체재관계

공히 전문화된 지급수단들로서, 현금통화와 화폐성예금은 대체재관계(代替財關係)에 있다. 비예금민간 소속 일반경제주체들의 입장에서 볼 때, 양자는 각기 나름대로의 장단점을 가지고 있다. 예를 들어, 전자를 보유하고 있다 보면, 아무 때나 아무 장소에서 익명으로 신속하게 지급을 행할 수 있는 반면, 이자수입은 기대할 수 없다. 반대로, 후자의 경우에는 전자의 장점은 부족한 대신 약간의 이자수입을 기대할 수 있다. 그런데, 이자수입은 가급적 많은 것이 좋은 것이라고 할 수 있다. 그러므로, 만일 후자 한 단위로부터 이자수입을 더 많이 얻을 수 있다면, 그들은 전자의 장점은 덜 누리기로 하고 후자를 상대적으로 더 많이 보유하고 있으려 할 것이다. 이것은 우리가 다음과 같이 인식해도 좋다는 것을 의미한다. — "다른 조건들이 동일하다면, 화폐성예금의 이자율이 높아질수록 현금통화비율은 떨어지고 화폐성예금비율은 그만큼 올라갈 것이다."

단, 앞으로의 논의에서 위의 사항은 무시될 것이다. 왜냐하면, 통상적인 상황하의 현대경제를 전제할 때, 현금통화비율은 다른 세 가지 비율에 비해 애당초 그 크기 자체가 미미한 터에 화폐성예금의 이자율의 변화에 그다지 민감하게 반응하지도 않을 것이라고 판단되기 때문이다.

라. 저축성예금과 채권 사이의 대체재관계

공히 자산투자수단들로서, 저축성예금과 채권도 대체재관계에 있다. 한편, 일반적으로, 저축성예금의 이자율과 채권의 유통수익률은 각각 해당자산의 수익성을 반영한다.

그러므로, 우리는 이제 일단 다음과 같이 인식해도 좋을 것이다. — 첫째, 다른 조건들이 동일하다면, 저축성예금의 이자율이 높아질수록 저축성예금비율은 올라가고 채권비율은 그만큼 떨어질 것이다. 둘째, 반대로, 다른 조건들이 동일하다면, 채권의 유통수익률이 높아질수록 저축성예금비율은 떨어지고 채권비율은 그만큼 올라갈 것이다.

그렇다면, '다른 조건들이 동일한 상황에서 저축성예금의 이자율이나 채권의 유통수익률이 상승할 때 유동자산총액과 신용부담총액은 어떻게 될까?'와 같은 문제에 대한 답은, 위의 인식을 전편의 관련논의에 대입해 얻는 답으로 갈음하면 일단 무방할 것이다.

이상에서 '일단'이라는 표현을 계속 쓴 것은, 이상의 논의와 전편의 관련논의는 본항 제2목 이하의 논의로 보완되어야 할 것이기 때문이다.

아무튼, 저축성예금과 채권 사이에 '자산투자수단으로서의 대체재관계'

가 성립한다는 사실 자체는 앞으로의 논의에서 중시될 것이다.

차제에 첨언할 것들이 있다. 논의 또는 서술의 편의를 기하기 위한 것들이다.

① 엄밀히 말하면, 현금통화나 화폐성예금도 자산투자수단으로서의 성격을 지니고 있다. 그래서, '자산투자수단으로서의 대체재관계'는 그 두 자산 사이에도, 그리고 그 두 자산 중 임의의 하나와 제3의 자산 중 임의의 하나 사이에도, 각각 어느 정도까지는 성립한다고 할 수 있다. 하지만, 앞으로의 논의에서는 이 점을 무시할 것이다. 각 경우의 대체재관계는 그다지 강하지 않아 대세를 덜 좌우할 것이라고 판단되기 때문이다.

② 비예금민간 소속 경제주체들이 자산투자의 목적으로 보유하는 자산을 '투자자산'이라고 지칭하기로 할 때, 이하에서 투자자산을 거론함에 있어서도 현금통화나 화폐성예금은 고려의 대상에서 제외하기로 하겠다.

③ 이하에서 '전체자산총액'(total sum of full assets)이라 함은, 한 시점에 있어서 비예금민간이 보유하고 있는 제반의 유동 및 비유동자산들의 총액을 말한다. 이것을 비예금민간 소속 개별경제주체 차원에서 파악한 것은 '전체자산액'(sum of full assets)으로 표현하기로 하겠다.

마. 일반대차증서

전편에서도 언급한 바와 같이, 일반대차증서라 함은 '비예금민간 채무자가 같은 부문 채권자로부터 자금을 조달하기 위해 발행하는 대차증서'를 말한다. 이를테면 보험회사가 그렇게 하듯, 비예금민간 소속 경제주체들은 일반적으로 대출 또는 대부를 해 주면서 이것을 취득한다. 단, 똑같이 '대출 또는 대부의 증서'에 해당하더라도, 예금기관이 대출을 해 주면서 취득하는 것은 이것에 포함되지 않는다. 예금기관은 비예금민간에 속하지 않기 때문이다. 그렇더라도, 예금기관부문의 대출이자율은 대차증서 시장에서의 이자율의 표준이 되어 이것의 이자율을 선도한다.

바. 금전채무부담총액

일반대차증서의 존재를 명시적으로 고려하기로 한 이상, 우리는 신용부담총액 대신 '금전채무부담총액'(total sum of pecuniary debt burden)이라는 개념을 도입할 필요가 있다.

금전채무부담총액이란 '한 시점에 있어서 비예금민간 채무자들이 기발행의 예금기관대출증서·일반대차증서·회사채 또는 비예금금융채에 근거하여 확정적으로 부담하고 있는 미상환 금전채무의 액면금액 총액'을 말한다. 이것은 일반대차증서에 근거한 부분까지 포함한다는 점에서 신용부담총액보다 의미가 더 넓다. 이것을 개별경제주체 차원에서 파악한 것은 '금전채무부담액'(sum of pecuniary debt burden)이라고 지칭하기로 하겠다.

사. 기타

이하에서 이를테면 '각 자산'이나 '제반 자산들 각각' 등의 표현이 사용될 때, 그것은 '자산을 몇 가지 종류로 분류했을 때의 그 몇 가지 종류 각각'을 의미한다.

2. 설명의 편의를 위한 단순화가정

이제, 각 자산의 총액 및 관련 가격변수들이 모두 일정하게 유지되어 온, 즉, 정학적 일반균형상태(static general equilibrium status)에 있어 온 어떤 상황을 당초의 상황으로 상정하기로 하겠다. 그리고, 다음과 같이 가정하기로 하겠다. [*일부 가정들은 내용 면에서 부분적으로 중첩되기도 할 것이다.]

① 국채・통화조절채・은행채 및 준은행채는 애당초 발행되지 않는다. 즉, 채권으로는 비예금금융채와 회사채만 발행된다.

② 일반대차증서 이외의 비유동자산은 존재하지 않는다.

③ 비예금민간은 세 명의 경제주체 X와 Y 및 Z로만 구성된다. 이들은 자산거래나 상환적 거래를 수행할 때만큼은 지급수단으로 화폐성예금만 사용한다. 당초의 상황에서 이들 각자 및 비예금민간 전체의 사정은 〈표 2〉와 같다.

④ 예금기관들의 경우, 자금조달원천은 비예금민간의 예금뿐이며, 투자대상자산은 비예금민간에 대한 대출채권뿐이다.

⑤ 예금기관부문은 목표지급준비율을, 화폐성예금에 대해서는 6%, 그리고 저축성예금에 대해서는 3%로 유지한다. 따라서, 당초의 상황에서는, 위 '③'의 가정에 의해 화폐성예금총액과 저축성예금총액이 각각 400원과 800원이고 기본적인 가정에 의해 그 상황이 균형상황이므로, 목표지급준비금총액은 48원[= 400원 × 6% + 800원 × 3%]이고, 실제지급준비금총액도 48원이다. 이것은, 위 '④'의 가정까지 감안할 때, 이 상황에서 비예금민간에 대한 대출잔액이 1152원[= 400원 + 800원 − 48원]임을 의미하기도 한다.

⑥ 저축성예금의 이자율, 채권의 유통수익률 그리고 일반대차증서의 이자율 등 제반의 가격변수들 가운데, 논의 중에 새로운 수준이 가상된 것은 그 새로운 수준으로, 그리고 별도의 언급이 없는 것은 종전과 동일한 수준으로, 논의대상기간에 걸쳐 일정하게 유지된다.

⑦ 본원화폐는 논의대상기간 동안 민간부문 내에서 체류한다.

⑧ 예금기관부문의 추가지출은 비예금민간 보유 화폐성예금을 증액시켜 주는 방식으로 이루어진다.

⑨ 예금기관부문의 추가지출이 일어나면, '그 추가지출분만큼 화폐성예금총액이 직접적으로 증가하고 그에 따라 그 증가분만큼 유동자산총액과 전체자산총액이 공히 증가 → 비예금민간이 우선 유동자산총액의 구성

〈2〉 당초의 상황에서의 비예금민간의 사정

경제주체별	구분	내 역
경제주체 X	유동자산액 구성	현금통화액 50원, 화폐성예금액 50원, 저축성예금액 800원, 채권액 800원
	유동자산액	1700원
	일반대차증서액	0원
	전체자산액	1700원
	금전채무부담액	0원
	거래계획	곧 경제주체 Y로부터 200원만큼 채권원리금을 상환받게 될 예정이며, 모든 조건들이 불변이라면 '저축성예금 800원, 채권 800원, 일반대차증서 0원'의 투자자산포트폴리오를 계속 유지하려고 한다.
경제주체 Y	유동자산액 구성	현금통화액 100원, 화폐성예금액 300원, 저축성예금액 0원, 채권액 0원
	유동자산액	400원
	일반대차증서액	0원
	전체자산액	400원
	금전채무부담액	1952원[예금기관대출증서 관련 1152원 및 채권 관련 800원]
	거래계획	목하 보유하고 있는 화폐성예금 중 200원만큼으로 곧 경제주체 X에게 채권원리금을 상환할 계획이며, 채권의 발행을 통해 동액만큼의 자금을 다시 조달하고자 한다.
경제주체 Z	유동자산액 구성	현금통화액 50원, 화폐성예금액 50원, 저축성예금액 0원, 채권액 0원
	유동자산액	100원
	일반대차증서액	0원
	전체자산액	100원
	금전채무부담액	0원
	거래계획	현재는 아니지만, 추후 채권이나 일반대차증서의 발행을 통해 200원만큼의 자금을 조달하려고 나설 수 있다.

합계	유동자산액총액 구성	현금통화총액 200원, 화폐성예금총액 400원, 저축성예금총액 800원, 채권총액 800원
	유동자산총액	2200원
	일반대차증서총액	0원
	전체자산총액	2200원
	금전채무부담총액	1952원

을 조정하려 함 → 각 유동자산에 대한 소요총액이 추가지출이 있기 전에 비해 일제히 증가하되 각 증가분의 합계액은 일단 추가지출분과 일치 → 그러나, 그 구성을 실제로 조정하는 과정에서, 화폐성예금을 현금통화나 저축성예금으로 전환하는 경우에는 [화폐성예금이 소멸하면서 그 소멸분만큼 현금통화총액이나 저축성예금총액이 증가하므로] 유동자산총액이 직전에 비해 불변하지만, 화폐성예금을 채권으로 전환하는 경우에는 [화폐성예금은 소유자만 바뀔 뿐 건재하는 가운데 채권총액이 증가하므로] 유동성자산총액이 직전에 비해 증가 → 따라서, 유동자산총액이 추가지출 전에 비해 추가지출분보다 큰 크기만큼 증가! → 비예금민간이 뒤이어 투자자산포트폴리오를 조정하려 함 → 저축성예금과 채권 각각에 대한 수요총액은 직전에 비해 불변이고, 제반 비유동자산들 각각에 대한 수요총액은 직전에 비해 조금씩 일제히 증가 → 그 포트폴리오를 실제로 조정하는 과정은 화폐성예금을 여러 비유동자산으로 전환하는 과정인데, 이 경우, 화폐성예금은 소유자만 바뀔 뿐 계속 건재하므로, 화폐성예금총액은 직전에 비해 불변인 가운데 제반 비유동자산들 각각의 총액이 직전에 비해 조금씩 일제히 증가 → 결국, 추가지출 전에 비해, 유동자산총액은 추가지출분보다 큰 크기만큼 증가하고, 전체자산총액은 유동자산총액의 그 증가분보다 큰 크기만큼 증가!'의 과정이 진행된다. [*아래의 예시 및 후술 참조.]

― 예를 들어, 해당 추가지출이 6원만큼이라면, '추가지출에 의해 일단 유

동자산총액 +6원, 전체자산총액 +6원 → 비예금민간이 유동자산총액의 구성을 조정함에 따라, 추가지출 전에 비해 현금통화총액 +1원, 화폐성 예금총액 +2원, 저축성예금총액 +3원, 채권총액 +2원 → 비예금민간이 투자자산포트폴리오를 조정하는 것의 내용이 '다른 조건들은 동일한 가운 데 경제주체 X가 자신의 화폐성예금 중 1원만큼으로 경제주체 Z가 발행 하는 일반대차증서를 인수하는 것'이라면, 해당 화폐성예금은 그 소유자 가 경제주체 X에서 경제주체 Z로 바뀔 뿐 소멸하지는 않는 셈이어서 화 폐성예금총액은 직전 대비 불변인 반면, 일반대차증서총액은 직전 대비 1 원만큼 증가함 → 추가지출 전에 비해 현금통화총액 +1원, 화폐성예금총 액 +2원, 저축성예금총액 +3원, 채권총액 +2원, 일반대차증서총액 +1 원 → 추가지출 전에 비해 유동자산총액 +8원, 전체자산총액 +9원'의 과정이 진행된다.

— 현실에 있어서는, 유동자산총액 구성의 조정과 투자자산포트폴리오의 조정이 앞서거나 뒤서거나 일어나는 것이 보다 일반적일 것이다. 그리고, 투자자산포트폴리오 조정의 과정에서 저축성예금총액이나 채권총액이 반 드시 직전에 비해 불변하는 것도 아니다. 그러나, 이 같은 사정이 위의 가 정을 무력화시키지는 못한다. 왜냐하면, 전기한 '⑦'의 가정과 같은 것이 유효한 한, 추가지출은 어쨌든 일반적으로 '추가지출 → … → 추가지출 전에 비해, 유동자산총액이 추가지출분보다 큰 폭만큼 증가하고, 저축성 예금총액과 채권총액이 각각 그 증가를 반영하며 증가하는 한편, 전체자 산총액이 유동자산총액의 전기한 증가폭보다 큰 폭만큼 증가하고, 각 비 유동자산의 총액이 그 증가를 반영하며 증가함'의 과정을 진행시킬 것이 기 때문이다.

— 독자 여러분께서는 "무슨 가정이 이렇게 복잡하냐?" 하며 저자를 향해 불만을 토로하실지도 모른다. 그러나, 그렇게 하시기 전에 "과연 기존경 제학자들은 이런 문제를 제대로 논의한 적이 있는가?" 하며 그들의 무성 의(無誠意)를 먼저 책망하셔야 할지도 모른다. 참고로, 그들 가운데 다수

는 이 대목에서 "추가지출이 있으면, 전체자산총액이 추가지출분만큼 증가한다. 이때, 예산제약효과에 의해 각 자산에 대한 수요총액이 앞의 증가분을 분산적으로 흡수하며 증가할 것이다. 그에 따라, 각 자산의 총액도 '그 증가분들의 합계는 추가지출분과 일치한다.'라는 조건을 충족하면서 증가할 것이다." 정도까지만 언급했을 것이다. 즉, 이 계제(階梯)에서 "내친걸음에, 유동자산총액은 추가지출분보다 더 많이 증가하고, 전체자산총액은 그 증가분보다도 더 많이 증가한다."라는 비밀은 간과했을 것이다. 비밀 같지 않은 비밀이지만 말이다.

— 추가회수의 경우에는 반대의 과정이 진행된다.

3. 저축성예금의 이자율[잠정적 논의]

본목에서는 "비예금민간 자산투자자들은 일반대차증서에는 일절 투자하지 않는다."라는 가정까지 추가하여 최대한 단순하게 논의를 진행하기로 하겠다.

당초의 상황에서 어떤 이유로 저축성예금의 이자율이 다른 조건들은 동일한 가운데 상승한다면, 유동자산총액과 금전채무부담총액은 어떻게 될까? 참고로, 여기서 '어떤 이유'란 예컨대 '예금기관들이 저축성예금의 유치를 위해 이자율경쟁을 하는 것'이 될 수 있다.

만일 그 상승이 경제주체 X의 저축성예금보유의욕을 상대적으로 증대시켜 그가 자신의 투자자산포트폴리오를 당초의 '저축성예금 800원, 채권 800원, 일반대차증서 0원'에서 '저축성예금 1000원, 채권 600원, 일반대차증서 0원'으로 변경시켜야겠다고 마음먹는다면, 당시 및 그 이후의 상황은 이를테면 아래와 같이 전개될 것이다.

제1단계 : 유동자산총액은 2200원인데, 저축성예금소요총액은 종전의 800원에서 1000원으로 증가했다. 이것은 저축성예금비율이 일단 당초의 약 36.4%에서 약 45.5%로 올라간 것을 의미한다.

제2단계 : 경제주체 Y가 경제주체 X에게 200원만큼 채권원리금을 상환한다. 그 200원만큼 전자의 화폐성예금액은 감소하고 후자의 그것은 증가하여, 화폐성예금총액은 불변한다. 그런데, 그 200원만큼 기존의 채권이 소각되므로[채권총액 −200원], 유동자산총액은 당초의 2200원에서 2000원으로 감소하고[유동자산총액 −200원], 금전채무부담총액은 당초의 1952원에서 1752원으로 감소한다[금전채무부담총액 −200원].

제3단계 : 경제주체 X는 250원만큼이 된 자신의 화폐성예금 중 200원만큼을 저축성예금으로 전환한다. 이로 인해, 그의 화폐성예금액은 200원만큼 감소하고, 같은 금액만큼 그의 저축성예금액은 증가한다. 그에 따라, 화폐성예금총액은 당초의 400원에서 200원으로 감소하고[화폐성예금총액 −200원], 저축성예금총액은 당초의 800원에서 1000원으로 증가한다[저축성예금총액 +200원]. 그리하여, 유동자산총액은 직전의 2000원에서 불변한다.

제4단계 : 위의 단계들이 진행되어 온 동안, 예금총액 자체는 불변했지만, 지급준비금이 상대적으로 많이 소요되는 화폐성예금총액은 400원에서 200원으로 감소했고, 그 소요가 상대적으로 적은 저축성예금총액은 800원에서 1000원으로 증가했다. 그래서, 목표지급준비금총액은 당초의 48원에서 42원[= 200원 × 6% + 1000원 × 3%]으로 6원만큼 감소했다. 그런데, 실제지급준비금총액은 48원이다. 이것은 무엇을 의미하는가? 지급준비금잉여분이 발생한 것을 의미한다. 무려 6원만큼이나 말이다!

제5단계 : 예금기관부문은 지급준비금잉여분이 해소될 때까지 비예금민간을 상대로 추가지출을 하는 작업을 계속한다.[24] 6원만큼의 지급준

---

24) 이 경우, 예금기관부문은 비예금민간을 상대로 우선 목하의 지급준비금잉여분만큼, 즉, 6원만큼 추가지출을 할 것이다. 그리하여, 앞 제2목 '⑨'의 가정을 원용하여 설명한다면, 이후 '유동자산총액의 구성이 그 추가지출이 있기 전에 비해 예컨대 현금통화총액 +1원, 화폐성예금총액 +2원, 저축성예금총액 +3원, 채권총액 +2원이

비금잉여분이 발생한 시점부터 유동자산총액이 새로운 균형수준으로 결정되는 시점까지 작용할 유동자산승수(流動資産乘數)가 예컨대 25배라고 가정한다면, 앞의 '플러스 승수과정'에 의해 유동자산총액은 그 과정이 시작되기 직전에 비해 150원만큼 증가할 것이다[유동자산총액 +150원]. 유동자산총액의 이 같은 증가는 금전채무부담총액의 증가를 유발할 것이다. 뒤쪽의 총액은 얼마만큼 증가할까? 이것 또한 가정하기 나름이지만, 전기한 승수과정이 시작되기 직전에 비해 예금기관대출증서와 채권에 근거한 부분이 합해서 130원만큼 증가하여, 그 총액은 130원만큼 증가한다고 가정하기로 하겠다[금전채무부담총액 +130원].

　결과 : 그리하여, 유동자산총액이 새로운 균형수준을 취하게 되었을 때, 유동자산총액은 당초의 2200원에서 50원만큼 감소해 있을 것이다. 그리고, 금전채무부담총액은 당초의 1952원에서 70원만큼 감소해 있을 것이다.

4. 채권의 유통수익률[잠정적 논의]

　본목에서도 위 제3목에서와 똑같은 가정에 입각하여 최대한 단순하게 논의를 진행하기로 하겠다.

　당초의 상황에서 어떤 이유로 채권의 유통수익률이 다른 조건들은 동일한 가운데 상승한다면, 유동자산총액과 금전채무부담총액은 어떻게 될까? 참고로, 여기서 '어떤 이유'란 예컨대 '경제주체 Z가 채권의 발행을

됨 → 현금통화총액 +1원은 실제지급준비금총액 −1원을 의미하고, 화폐성예금총액 +2원 및 저축성예금총액 +3원은 목표지급준비금총액 +0.15원을 의미함 → 지급준비금잉여분이 6원 전액이 아닌 1.15원만큼만 감소하여 4.85원만큼이 됨 → 예금기관부문이 비예금민간을 상대로 이번에는 4.85원만큼 추가지출을 함 → … '의 과정이 진행될 것이다. 지급준비금부족분이 발생한 경우에는 전체적으로 앞에서와 반대되는 과정이 진행될 것임은 물론이다.

통해 200원만큼의 자금을 조달하려고 나서는 것'이 될 수 있다.

만일 그 상승이 경제주체 X의 채권투자의욕을 상대적으로 증대시켜 그가 자신의 투자자산포트폴리오를 당초의 '저축성예금 800원, 채권 800원, 일반대차증서 0원'에서 '저축성예금 600원, 채권 1000원, 일반대차증서 0원'으로 변경시켜야겠다고 마음먹는다면, 당시 및 그 이후의 상황은 이를테면 아래와 같이 전개될 것이다.

제1단계 : 유동자산총액은 2200원인데, 채권소요총액은 종전의 800원에서 1000원으로 증가했다. 이것은 채권비율이 일단 당초의 약 36.4%에서 약 45.5%로 올라간 것을 의미한다.

제2단계 : 경제주체 X는 만기가 도래하여 원리금을 상환받을 200원만큼의 채권에 대해서는 대환을 해 준다. 유동자산총액과 금전채무부담총액 각각의 크기 및 구성은 공히 그대로 유지된다.

제3단계 : 경제주체 X는 자신의 저축성예금 중 200원만큼을 화폐성예금으로 전환한 후 그것으로 경제주체 Z가 발행하는 채권을 매입한다. 이로 인해, 경제주체 X의 저축성예금액은 200원만큼 감소하고, 그에 따라 저축성예금총액은 당초의 800원에서 600원으로 감소한다[저축성예금총액 −200원]. 반면에, 경제주체 X의 화폐성예금액은 잠시 200원만큼 증가했다가 원위치하고 그 원위치의 시점에 경제주체 Z의 그것은 200원만큼 증가하여, 화폐성예금총액은 당초의 400원에서 600원으로 증가한다[화폐성예금총액 +200원]. 그런데, 200원만큼 채권의 순증발행이 이루어지므로, 채권총액은 당초의 800원에서 1000원으로 증가한다[채권총액 +200원]. 그리하여, 유동자산총액은 당초의 2200원에서 2400원으로 증가하고[유동자산총액 +200원], 금전채무부담총액은 당초의 1952원에서 2152원으로 증가한다[금전채무부담총액 +200원]. [*독자 여러분께서 참고삼아 주목해 두실 것은 다음과 같다. 이 단계에서 경제주체 X가 한 일은 따지고 보면 저축성예금을 채권으로 전환한 것이다. 그래서, 기존경제학자들 같으면 이 대목에서 자칫 "저축성예금이 채권으로 전환되면, 저축성예금총액은 감소하고 채권총액은 증가하며 화폐성예금총액은 불변한다."라고 설명할지도 모른다. 얼핏 생각하기에는 그런 설명이 맞을 것 같다. 하지만, 본문을 다시 한 번 읽어 보시라. 저축성예금이 감소하고 채권총액이 증가하는 것까지는 맞지만, 화폐성예금총액은 분명히 증가한다! 차제에 독자 여러분께서는 "한 자산이 다른 자산으로 전환될 때 예금총액은 어떻게 변화할까?"의 문제에 관심을 가져 보시기 바란다.]

제4단계 : 위의 단계들이 진행되어 온 동안, 예금총액 자체는 불변했지만, 지급준비금이 상대적으로 많이 소요되는 화폐성예금총액은 400원에서 600원으로 증가했고, 그 소요가 상대적으로 적은 저축성예금총액은 800원에서 600원으로 감소했다. 그래서, 목표지급준비금총액은 당초의 48원[= 600원 × 6% + 600원 × 3%]으로 6원만큼 증가했다. 그런데, 실제지급준비금총액은 48원에 불과하다. 이것은 무엇을 의미하는가? 지급준비금부족분이 발생한 것을 의미한다. 6원만큼 말이다.

제5단계 : 예금기관부문은 지급준비금부족분이 해소될 때까지 비예금민간을 상대로 추가회수를 하는 작업을 계속한다. 6원만큼의 지급준비금부족분이 발생한 시점부터 유동자산총액이 새로운 균형수준으로 결정되는 시점까지 작용할 유동자산승수가 예컨대 25배라고 가정한다면, 앞의 '마이너스 승수과정'에 의해 유동자산총액은 그 과정이 시작되기 직전에 비해 150원만큼 감소할 것이다[유동자산총액 −150원]. 유동자산총액의 이 같은 감소는 금전채무부담총액의 감소를 유발할 것이다. 뒤쪽의 총액은 얼마만큼 감소할까? 전기한 승수과정이 시작되기 직전에 비해 예금기관대출증서와 채권에 근거한 부분이 합해서 130원만큼 감소하여, 그 총액은 130원만큼 감소한다고 가정하기로 하겠다[금전채무부담총액 −130원].

결과 : 그리하여, 유동자산총액이 새로운 균형수준을 취하게 되었을 때, 유동자산총액은 당초의 2200원에서 50원만큼 증가해 있을 것이다. 그리고, 금전채무부담총액은 당초의 1952원에서 70원만큼 증가해 있을 것이

다. [*앞 제3목의 결과에서 '감소'를 '증가'로 바꾸면 본목의 결과가 되고, 후자에서 역으로 바꾸면 전자가 된다는 점에서, 양자는 완전히 대칭적이라고 할 수 있다.]

5. 일반대차증서의 이자율

지금부터는 "비예금민간 자산투자자들은 일반대차증서에는 일절 투자하지 않는다."라는 가정의 추가 없이 논의를 진행하기로 하겠다.

당초의 상황에서 어떤 이유로 일반대차증서의 이자율이 다른 조건들은 동일한 가운데 상승한다면, 유동자산총액과 금전채무부담총액은 어떻게 될까? 참고로, 여기서 '어떤 이유'란 이를테면 '경제주체 Z가 일반대차증서의 발행을 통해 200원만큼의 자금을 조달하려고 나서는 것'이 될 수 있다.

가. 일반대차증서로의 선호이동이 채권에서만 이루어지는 경우

일반대차증서의 이자율이 우리가 가상한 바와 같이 상승하면, 경제주체 X의 자산투자자로서의 선호가 저축성예금과 채권 중 하나 이상에서 일정부분 일반대차증서로 이동한다. 만일 그 이동이 채권에서만 이루어져 그가 자신의 투자자산포트폴리오를 당초의 '저축성예금 800원, 채권 800원, 일반대차증서 0원'에서 '저축성예금 800원, 채권 600원, 일반대차증서 200원'으로 변경시켜야겠다고 마음먹는다면, 당시 및 그 이후의 상황은 이를테면 아래와 같이 전개될 것이다.

제1단계 : 유동자산총액은 2200원인데, 채권소요총액은 종전의 800원에서 600원으로 감소했다. 이것은 채권비율이 일단 당초의 약 36.4%에서 약 27.3%로 떨어진 것을 의미한다.

제2단계 : 경제주체 Y가 경제주체 X에게 200원만큼 채권원리금을 상환한다. 그 200원만큼 전자의 화폐성예금액은 감소하고 후자의 그것은 증가하여, 화폐성예금총액은 불변한다. 그런데, 그 200원만큼 기존의 채권이 소각되므로[채권총액 −200원], 유동자산총액은 당초의 2200원에서 2000원으로 감소하고[유동자산총액 −200원], 금전채무부담총액은 당초의 1952원에서 1752원으로 감소한다[금전채무부담총액 −200원].

제3단계 : 경제주체 X는 250원만큼이 된 자신의 화폐성예금 중 200원만큼으로 경제주체 Z가 발행하는 일반대차증서를 인수한다. 그 200원만큼 전자의 화폐성예금액은 감소하고 후자의 그것은 증가하여, 화폐성예금총액은 당초의 400원에서 계속 불변하며, 유동자산총액은 직전의 2000원에서 불변한다. 그런데, 그 200원만큼 일반대차증서가 새로 발행되므로[일반대차증서총액 +200원], 금전채무부담총액은 직전의 1752원에서 다시 1952원으로 증가한다[금전채무부담총액 +200원].

제4단계 : 위의 단계들이 진행되어 온 동안, 화폐성예금총액이나 저축성예금총액은 그대로 유지되어 왔고, 그런 만큼, 예금기관부문이 대출잔액을 증가 또는 감소시킬 일은 일어나지 않았다. 이런 상태는 그대로 지속될 것이다. [*논의의 단순화를 위해, 더 이상의 '사건'은 일어나지 않는다고 가정하기로 하겠다.]

결과 : 그리하여, 유동자산총액이 새로운 균형수준을 취하게 되었을 때, 유동자산총액은 당초의 2200원에서 200원만큼 감소해 있을 것이다. 단, 금전채무부담총액은 당초의 1952원과 동일한 수준을 취하고 있을 것이다. 참고로, 일반대차증서총액은 당초의 0원에서 200원만큼 증가해 있을 것이다.

나. 일반대차증서로의 선호이동이 저축성예금에서만
이루어지는 경우

만일 '일반대차증서로의 선호이동'이 저축성예금에서만 이루어져 경제주체 X가 자신의 투자자산포트폴리오를 당초의 '저축성예금 800원, 채권 800원, 일반대차증서 0원'에서 '저축성예금 600원, 채권 800원, 일반대차증서 200원'으로 변경시켜야겠다고 마음먹는다면, 당시 및 그 이후의 상황은 이를테면 아래와 같이 전개될 것이다.

제1단계 : 유동자산총액은 2200원인데, 저축성예금소요총액은 종전의 800원에서 600원으로 감소했다. 이것은 저축성예금비율이 일단 당초의 약 36.4%에서 약 27.3%로 떨어진 것을 의미한다.

제2단계 : 경제주체 X는 만기가 도래하여 원리금을 상환받을 200원만큼의 채권에 대해서는 대환을 해 준다. 유동자산총액과 금전채무부담총액 각각의 크기 및 구성은 공히 그대로 유지된다.

제3단계 : 경제주체 X는 자신의 저축성예금 중 200원만큼을 화폐성예금으로 전환한 후 그것으로 경제주체 Z가 발행하는 일반대차증서를 인수한다. 이로 인해, 경제주체 X의 저축성예금액은 200원만큼 감소하고, 그에 따라 저축성예금총액은 당초의 800원에서 600원으로 감소한다[저축성예금총액 −200원]. 반면에, 경제주체 X의 화폐성예금액은 잠시 200원만큼 증가했다가 원위치하고 그 원위치의 시점에 경제주체 Z의 그것은 200원만큼 증가하여, 화폐성예금총액은 당초의 400원에서 600원으로 증가한다[화폐성예금총액 +200원]. 그리하여, 유동자산총액은 당초의 2200원에서 계속 불변한다. 그런데, 200원만큼 일반대차증서가 새로 발행되므로[일반대차증서총액 +200원], 금전채무부담총액은 당초의 1952원에서 2152원으로 증가한다[금전채무부담총액 +200원].

제4단계 : 위의 단계들이 진행되어 온 동안, 예금총액 자체는 불변했지만, 지급준비금이 상대적으로 많이 소요되는 화폐성예금총액은 400원에서 600원으로 증가했고, 그 소요가 상대적으로 적은 저축성예금총액은 800원에서 600원으로 감소했다. 그래서, 목표지급준비금총액은 당초의 48원[= 600원 × 6% + 600원 × 3%]으로 6원만큼 증가했다. 그런데, 실제지급준비금총액은 48원에 불과하다. 이것은 무엇을 의미하는가? 6원만큼 지급준비금부족분이 발생한 것을 의미한다.

제5단계 : 예금기관부문은 지급준비금부족분이 해소될 때까지 비예금민간을 상대로 추가회수를 하는 작업을 계속한다. 6원만큼의 지급준비금부족분이 발생한 시점부터 유동자산총액이 새로운 균형수준으로 결정되는 시점까지 작용할 유동자산승수가 예컨대 25배라고 가정한다면, 앞의 '마이너스 승수과정'에 의해 유동자산총액은 그 과정이 시작되기 직전에 비해 150원만큼 감소할 것이다[유동자산총액 −150원]. 유동자산총액의 이 같은 감소는 금전채무부담총액의 감소를 유발할 것이다. 뒤쪽의 총액은 얼마만큼 감소할까? 전기한 승수과정이 시작되기 직전에 비해, 예금기관대출증서와 채권에 근거한 부분은 합해서 130원만큼 감소하고, 일반대차증서에 근거한 부분은 20원만큼 감소하여[일반대차증서총액 −20원], 그 총액은 150원만큼 감소한다고 가정하기로 하겠다[금전채무부담총액 −150원].

결과 : 그리하여, 유동자산총액이 새로운 균형수준을 취하게 되었을 때, 유동자산총액은 당초의 2200원에서 150원만큼 감소해 있을 것이다. 그러나, 금전채무부담총액은 당초의 1952원에서 50원만큼 증가해 있을 것이다. 일반대차증서총액은 당초의 0원에서 180원만큼 증가해 있을 것이다.

다. 일반대차증서로의 선호이동이 채권과 저축성예금에서 공히 이루어지는 경우

우리의 논의를 현실에 일정수준 근접시킨다면, 일반대차증서의 이자율의 여기서와 같은 상승은 일반적으로 '일반대차증서로의 선호이동'이 채

권과 저축성예금에서 공히 이루어지게 할 것이다. [*이 경우, 채권비율과
저축성예금비율은 일단 동시에 분산적으로 하락한다.]

그리하여, 일반적으로 그 상승은 위 '가'에서의 결과와 위 '나'에서의
그것의 중간 어디에 위치한 모습을 한 상황으로 귀결될 것이다. ― 이를
테면, 유동자산총액은 당초의 2200원에서 175원만큼 감소할 것이고, 금전
채무부담총액은 당초의 1152원에서 25원만큼 증가할 것이다. 일반대차증
서총액은 당초의 0원에서 190원만큼 증가할 것이다.

라. 보다 현실적인 가정에 입각한 논의

〈서론〉

본목에서 조금 전까지 진행된 논의가 시사(示唆)하는 바를 그대로 일
반화시킨다면, 그렇게 한 것은 현실적 타당성을 가질 수 있을까? 그렇지
는 않다. 그 과정과 결론 모두가 더 다듬어져야 한다. 보다 현실적인 가
정에 입각하여 말이다.

"그 시장에서 자금공급이 자금수요보다 많아지더라도, 일반대차증서의
이자율은 내려가지 않고 불변한다. 그 시장에서 자금공급이 자금수요보다
적어지더라도, 채권의 유통수익률은 올라가지 않고 불변한다. 저축성예금
이 속속 유출되면 그것의 유출을 저지하기 위해 그것의 이자율을 올릴 필
요가 있는데, 그럴 경우에도 예금기관들은 그 이자율을 그대로 둔다. 대
출수요가 홀로 많아지면 우선 대출이자율부터 올리고 뒤이어 대출재원의
추가확보를 위해 저축성예금의 이자율까지 함께 올릴 필요가 있는데, 그
럴 경우에도 그들은 후자의 이자율만큼은 그대로 둔다." ― 경제원리에
크게 어긋나고 그래서 더욱 비현실적인 가정이다. 기실에 있어, 이상의
논의는 이 같은 가정에도 입각해 진행된 것이다.

위의 불합리한 가정을 현실화하고서 간략히 다시 논의하기로 한다면,
그것은 다음과 같다.

어떤 이유로 일반대차증서의 이자율이 독자적으로 상승해 있으면, 비예금민간 자산투자자들의 '자산에 대한 선호'는 채권과 저축성예금으로부터 일반대차증서로 일정부분씩 이동하고, 비예금민간 적자지출단위들의 '자금조달수단에 대한 선호'는 일반대차증서의 발행에서 채권의 발행과 예금기관대출증서의 발행으로 일정부분씩 이동한다. 이 같은 '양 방향의 선호이동'은, 한편으로는 상승해 있던 일반대차증서의 이자율을 하락시키기 시작하고, 다른 한편으로는 가만히 있던 채권의 유통수익률과 저축성예금의 이자율을 상승시키기 시작한다. 그런데, 이 같은 현상은 그 선호이동에 제동(制動)을 거는 요인으로 작용한다. 결국, 그 선호이동은, 스스로 만드는 제동력에 의해 위 '다.'의 경우에 비해 훨씬 이른 시기에 정지하게 된다. 훨씬 짧은 거리만 달리고서 말이다.

그런데, 이 논의는, 위 '다.'의 결과가 시사하는 변화의 크기를 축소시키는 것일 뿐 그 방향 자체를 바꾸는 것은 아니다.

〈나머지 불합리한 가정들의 현실화〉

그리고 보면, 제2목의 단순화가정들 중 불합리한 것들의 대부분은, 그것들을 현실화하더라도 논의의 대세가 바뀌지 않는다고 할 수 있다.

일반대차증서 이외의 비유동자산을 잠시 '여타비유동자산'이라고 부르기로 할 때, "여타비유동자산은 존재하지 않는다."라는 가정의 현실화를 후속시키더라도, 논의의 대세가 바뀌지는 않을 것이다. 해당 화폐성예금의 소유자가 바뀌는 가운데 여타비유동자산총액이 조금 줄면서 그만큼 일반대차증서총액이 조금 늘어나는 측면과, 여타비유동자산의 시장가격이 조금 떨어지는 측면에 대한 언급이 논의에 추가되는 정도에 그칠 것이다.

"예금기관들에 있어 자금조달원천은 비예금민간의 예금뿐이고 투자대상자산은 비예금민간에 대한 대출채권뿐이다."라는 가정을 현실화의 대상에 추가시키더라도, 논의의 대세가 안 바뀌기는 마찬가지다. 금전채무부담총액 중 예금기관대출증서에 근거한 부분의 금액과 예금총액 사이의 관계가 '함수관계'에서 '상관관계'로 느슨해질 뿐이다.

"자산거래나 상환적 거래를 수행할 때만큼은 지급수단으로 화폐성예금만 사용한다."라는 가정까지 현실화하더라도, 논의의 대세가 달라질 이유는 발견되지 않는다.

이상에서 명시적으로 거론된 불합리한 가정들은 현 단계에서 모두 현실화하기로 하겠다.

"국채 · 통화조절채 · 은행채 및 준은행채는 애당초 발행되지 않는다."라는 가정은 어떻게 처리하는 것이 좋을까? 이것을 전면적으로 현실화하면, 금전채무부담총액 중 비예금금융채 및 회사채에 근거한 부분의 금액과 채권총액 사이의 관계가 너무 느슨한 상관관계로 되어, 우리의 논의가 무척 번거로워질 것이다. 저자로서는 당분간은 그러한 번거로움을 피할 필요가 있다. 그래서, 현 단계에서는 그것을 "비예금민간의 입장에서 보았을 때, 국채 · 통화조절채 · 은행채 및 준은행채의 순증발행이나 순감발행은 논의대상기간 동안에는 일어나지 않는다."라는 가정으로까지만 완화하기로 하겠다. 이 경우, 논의의 대세는 달라지지 않는다.

마지막으로 문제가 될 것은 "본원화폐는 논의대상기간 동안 민간부문 내에서 체류한다."라는 가정이다. 이것을 전면적으로 현실화하면, 본원화폐총액의 크기 및 구성을 특정할 수 없어, 우리가 논의의 갈피를 잡는 것이 불가능해진다. 그래서, 우리는 언제나 그것을 어느 정도까지만 현실화할 수밖에 없다. 현 단계에서는 그것을 다음과 같은 가정으로까지만 완화하기로 하겠다. 이 경우에도 논의의 대세는 달라지지 않는다[뒤 제8목 참조]. 현금통화와 화폐성예금 및 저축성예금은 "자산을 매입 또는 매각한다."라고 할 때의 '자산'에는 포함되지 않는 것으로 규정하고서 서술하기로 하겠다. — "논의대상기간 동안 혹은 그 기간에 걸쳐 다음의 조건들이 충족된다. 첫째, 정부 · 중앙은행 및 예금기관부문이 비예금민간을 상대로 자산을 매입 또는 매각함에 있어, 각 주체별로 그 매입총액과 그 매각총액은 일치한다. 둘째, 비예금민간의 입장에서 보았을 때, 정부 · 중앙은행 및 예금기관이 발행하는 금융증권들[이를테면 국채·통화조절채·은행채·준은행채 및 예금기관주식 등] 각각의 순증발행이나 순감발행은 일어나지 않는다. 셋째, 중앙은행은 본원화폐총액을, 별도의 언급이 없으면 종전의 수준으로, 그리고 논의 중에 새로운 수준이 가상되면 그 새로운 수준으로, 균일하게 유지시킨다." [*이 가정은 직전 단락상의 완화된 가정을 포괄한다.]

〈결론〉

이제, 우리는 다음과 같이 결론을 내려도 무방할 것이다.

"다른 조건들이 동일한 상황에서 어떤 이유로 일반대차증서의 이자율이 상승하면, 일반적으로, 유동자산총액은 상당폭 감소하고, 그 감소폭보다는 조금 작은 폭으로 신용부담총액도 감소한다. 단, 일반대차증서총액은 신용부담총액의 감소폭보다는 큰 폭으로 증가하고, 그에 따라 금전채무부담총액은 소폭 증가한다. 여타비유동자산총액은 약간 감소한다."

참고로, 이 경우의 분석은 말하자면 '동시에 자유롭게 변화할 수 있는 가격변수들을 여러 개 설정해 두고서 단기부분균형을 모색하는 분석'에 해당한다고 할 수 있다.

첨언할 것이 하나 더 있다. 조정기간(調整期間; adjustment period)의 길이에 관한 것이다. 여기서 조정기간이라 함은, '여건의 변화로 당초의 균형이 깨진 시점부터 그 새로운 여건하에서 새로운 균형이 형성되는 시점까지의 기간'을 말한다. 두 모형의 성격 자체는 동일하다면, 일반적으로, 유동자산만 취급하는 모형에서의 조정기간보다는 비유동자산까지 취급하는 모형에서의 그것이 훨씬 더 길 것이다. 왜 그럴까? 무엇보다도, 유동자산의 평균적인 즉시환금성은 높은 반면 비유동자산의 그것은 낮기 때문이다.

6. 주식의 기대수익률

일반대차증서의 이자율에 관한 논의가 담긴 위 제5목의 전문(全文)을 놓고서, 그 중에서 '일반대차증서'와 '일반대차증서의 이자율'을 각각 '주식'과 '주식의 기대수익률'로 바꾸고 금전채무부담총액 관련 부분만 별도로 고려하기로 하면, 그 글의 내용은 그대로 타당한 것이 된다. 주식의 기대수익률에 관한 논의로서 말이다.

그 결론은 다음과 같다.

"당초의 상황에서 어떤 이유로 주식의 기대수익률이 독자적으로 상승하면, 일반적으로, 유동자산총액은 상당폭 감소하고, 그 감소폭보다는 조금 작은 폭으로 신용부담총액도 감소한다. 단, 일반대차증서총액까지 약간 감소하기 때문에, 금전채무부담총액은 신용부담총액의 감소폭보다 약간 더 큰 폭으로 감소한다. 주식총액은 신용부담총액의 감소폭보다는 큰 폭으로 증가한다. 주식총액의 그 증가분 중에는 비금융기업들이 자금조달 목적으로 주식을 새로 발행함에 따라 증가한 것이 포함되어 있을 수 있다."

7. 부동산의 기대수익률

앞 제5목의 전문(全文)을 놓고서, 이번에는 그 중에서 '일반대차증서'와 '일반대차증서의 이자율'을 각각 '부동산'과 '부동산의 기대수익률'로 바꾸기로 하자. 그리고, '자금조달수단에 대한 선호' 관련 부분은 아예 삭제하거나, 아니면 "비예금민간 적자지출단위들 중 일부는 부동산투자에 필요한 자금의 조달을 위해 예금기관대출증서 등을 종전보다 더 많이 발행하려고 하고, 그에 따라, 가만히 있던 저축성예금의 이자율 등이 상승하기 시작한다." 정도로 수정하기로 하자. 그런 다음, 금전채무부담총액 관련 부분은 계속 별도로 고려하기로 하자. 이렇게 할 경우, 그 글의 내용도 그대로 타당한 것이 된다. 부동산의 기대수익률에 관한 논의로서 말이다.

이번의 결론은 다음과 같다.

"당초의 상황에서 어떤 이유로 부동산의 기대수익률이 독자적으로 상승하면, 일반적으로, 유동자산총액은 상당폭 감소하고, 그 감소폭보다는 조금 작은 폭으로 신용부담총액도 감소한다. 단, 일반대차증서총액까지 약간 감소하기 때문에, 금전채무부담총액은 신용부담총액의 감소폭보다 약간 더 큰 폭으로 감소한다. 부동산총액은 신용부담총액의 감소폭보다는 큰 폭으로 증가한다."

8. 채권의 유통수익률 [재론(再論)]

논의의 흐름을 잠시 끊는 면이 없지 않지만, 저자가 앞 제4목에서 독자 여러분의 관심을 환기(喚起)한 사안에 다시 언급하고자 한다. 단, 이 책이 자못 두꺼워지고 있다는 점을 감안해 간략하게 언급하기로 하겠다.

① "자산거래나 상환적 거래를 수행할 때만큼은 지급수단으로 화폐성예금만 사용한다."라는 가정이 유효한 경우, 비예금민간 소속 경제주체들이 저축성예금과 채권 및 각 비유동자산 중에서 임의의 한 자산을 임의의 다른 자산으로 전환한다면, 그 과정에서 일정한 조건이 충족되는 한, 그 과정 직전과 직후의 예금총액은 동일하다. 저축성예금총액과 화폐성예금총액의 합계로서의 예금총액 말이다.

② '일정한 조건'이란, "비예금민간의 입장에서 보았을 때, 정부·중앙은행 및 예금기관이 발행하는 금융증권들 각각의 순증발행이나 순감발행은 없고, 정부·중앙은행 및 예금기관부문 각각의 자산매입총액과 자산매각총액은 일치한다."라는 조건을 말한다. 우리는 이 조건이 충족된다는 가정을 기실 앞 제2목에서부터 채택 및 적용해 왔다[앞 제5목의 '(4)' 참

조].

③ 위 '①'에서, 앞쪽의 가정은 지금부터 현실화하기로 하겠다. 그렇게 하더라도, 자산거래나 상환적 거래에서는 아무래도 현금통화보다는 화폐성예금이 압도적으로 많이 지급수단으로 사용될 것이므로, 뒤쪽의 명제는 '예금총액은 동일하다'를 '예금총액은 대체로 동일하다'로 고치기만 하면 그대로 타당한 것이 될 것이다.

이제, 본론에 재진입하기로 하자.

당초의 상황에서 채권의 유통수익률이 독자적으로 상승한다면, 그 상승의 영향은 어떻게 나타날까?

"비예금민간 자산투자자들의 선호가 저축성예금에서 채권으로 일정부분 이동하기 때문에, 저축성예금비율은 떨어지고 채권비율은 그만큼 올라갈 것이다. 그 파장에 대해서는 전편의 논의나 앞 제4목의 그것을 참조하면 될 것이다." — 이제는 이렇게 단순하게 답변하면 안 된다. 앞 제5목이하의 논의를 거친 연후이기 때문이다.

보다 정교하게 답변하기 위해서는, 적어도 다음과 같은 내용을 그 답변에 포함시켜야 할 것이다.

"비예금민간 자산투자자들의 선호가 채권으로 일정부분 이동하는 것은 저축성예금에서만이 아니다. 저축성예금에서 이동하는 것이 가장 많은 비중을 차지할 것임은 분명하지만, 일반대차증서에서도, 주식에서도, 부동산에서도, 그리고 기타의 비유동자산에서도 각각 그 이동이 일어난다. 이후 '채권총액이 증가 → 저축성예금총액은 감소하는데, 대략적으로 그 감소폭만큼 화폐성예금총액이 증가하여, 예금총액은 크게 변화하지 않고 실제지급준비금총액도 크게 변화하지 않음 → 하지만, 목표지급준비금총액이 실제지급준비금총액을 상회 → 지급준비금부족분의 발생으로 유동자산총액의 마이너스 승수과정이 시작됨 → 그러나, 그 과정은 국지적(局地的)으로 진행되고 그 마이너스폭보다 채권총액의 증가폭이 크기 때문에, 전체적으로는 유동자산총액의 플러스 승수과정이 진행됨 → 유동자산총액이 증가 → 금전채무부담총액도 증가'의 과정이 전개된다. 단, 채권으로의 선호이동이 저축성예금에서만 일어나는 경우에 비해, 채권총액은 더 많이 증가하고 저축성예금총액은 비슷하게 감소하여, 유동자산총액과 금전채무부담총액은 각각 더 많이 증가한다. … 초기에 분산적으로 감소한 각 비유동자산의 총액은, 이후 국지적으로 유동자산총액의 마이너스 승수과정이 진행되는 것에 영향을 받아 약간씩 추가적으로 감소한다. 그 일환으로 일반대차증서총액도 일정폭 감소한다. 그러나, 그 감소분은 채권총액의 증가분에 압도당하기 때문에, 그 감소는 금전채무부담총액이 증가하는 대세를 바꾸지는 못한다."

9. 저축성예금의 이자율[재론]

당초의 상황에서 저축성예금의 이자율이 독자적으로 상승한다면, 그 상승의 영향은 어떻게 나타날까? 다음과 같은 내용을 포함한다면, 그것은 진일보(進一步)한 답변이 될 수 있을 것이다.

"비예금민간 자산투자자들의 선호가, 채권에서는 물론, 일반대차증서에서도, 주식에서도, 부동산에서도, 그리고 또 기타의 비유동자산에서도 각각 일정부분씩 저축성예금으로 이동한다. 이후 '채권총액이 감소 → 저축성예금총액은 증가하는데, 대략적으로 그 증가폭만큼 화폐성예금총액이 감소하여, 예금총액은 크게 변화하지 않고 실제지급준비금총액도 크게 변화하지 않음 → 하지만, 목표지급준비금총액이 실제지급준비금총액을 하회 → 지급준비금잉여분의 발생으로 유동자산총액의 플러스 승수과정이 시작됨 → 그러나, 그 과정은 국지적으로 진행되고 그 플러스폭보다 채권총액의 감소폭이 크기 때문에, 전체적으로는 유동자산총액의 마이너스 승수과정이 진행됨 → 유동자산총액이 감소 →

금전채무부담총액도 감소'의 과정이 전개된다. 단, 저축성예금으로의 선호이동이 채권에서만 일어나는 경우에 비해, 채권총액은 비슷하게 감소하고 저축성예금총액은 더 많이 증가하여, 유동자산총액과 금전채무부담총액은 각각 덜 감소한다. … 초기에 분산적으로 감소한 각 비유동자산의 총액은, 이후 국지적으로 유동자산총액의 플러스 승수과정이 진행되는 것에 영향을 받아 회복되되 부분적으로만 회복된다. 그 일환으로 일반대차증서총액도 어느 정도 감소한다. 그 감소는 당연히 금전채무부담총액의 감소에 약간의 역할을 한다."

독자 여러분께서는 다음 사항에 주의하실 필요가 있다. — 앞 제3목의 결과와 앞 제4목의 그것은 완전히 대칭적인 반면, 위의 내용과 앞 제8목의 대응부분은 완전히 대칭적이지는 않다.

10. 거래액

현금통화소요총액과 화폐성예금소요총액을 한 시점에서 합계한 것을 '화폐소요총액'(貨幣所要總額; need for money)이라고 부르기로 하겠다.

그리고, 현금통화비율과 화폐성예금비율을 한 시점에서 합계한 것을 '화폐비율'(貨幣比率; money ratio)이라고 부르기로 하겠다.

아울러, 한 시점에 있어서 비예금민간이 가까운 장래에서의 수행을 예정하고 있거나 예상하는 경상적 거래·상환적 거래·유사유동자산의 거래 및 비유동자산의 거래 각각의 금액을, 그 순서대로 '경상거래총액'·'상환거래총액'·'유사유동자산거래총액' 및 '비유동자산거래총액'이라고 부르기로 하겠다.

전편의 논의에 비추어 볼 때, 우리는 우선 다음과 같이 이야기할 수 있다. — '한 시점에 있어서 비예금민간이 가까운 상래에 수행되는 것이 예정되어 있거나 예상되는 경상적 거래·상환적 거래·유사유동자산의 거래 및 비유동자산의 거래에서의 지급을 위해 유동자산총액의 테두리 내에서 보유하고 있고자 하는 화폐의 가액'은, 말하자면 '거래적 화폐소요총액'(transactions need for money)이라고 부를 수 있는 것으로서, 화폐소요총액의 대부분을 구성한다.

그래서, 우리는 다시 다음과 같이 이야기할 수 있다. ─ 다른 조건들이 동일하다고 할 때, 경상거래총액·상환거래총액·유사유동자산거래총액 및 비유동자산거래총액 중 어느 하나가 증가하면 화폐소요총액도 증가한다.

그런데, 위에서 말하는 '다른 조건들' 속에는 유동자산총액도 포함되며, 그것이 동일한 가운데 화폐소요총액이 증가하는 것은 곧 화폐비율이 상승하는 것을 의미한다.

한편, 다른 조건들이 동일하다면, 화폐비율이 상승할 때에는 현금통화비율과 화폐성예금비율도 공히 상승하는 것이 일반적일 것이다.

그렇다면, 이제 우리는 아래와 같이 이야기할 수 있다.

"다른 조건들이 동일하다고 할 때, 경상거래총액·상환거래총액·유사유동자산거래총액 및 비유동자산거래총액 중 어느 하나가 증가하면 화폐비율이 상승한다. 이때, 현금통화비율과 화폐성예금비율도 공히 상승한다."

참고로, 여기서 논의된 바는 이를테면 다음과 같이 '응용'될 수 있다.

① 다른 조건들이 동일하다고 할 때, 물가(物價; price level)가 상승하면, 경상거래총액 중 대부분 및 비유동자산거래총액 중 상당부분 등이 직접적으로[또는 짧은 전달경로를 거쳐] 증가할 것이고, 화폐비율은 그러한 직접적 증가를 반영하며 상승할 것이다. [*경상거래총액 중 예컨대 노동의 거래와 관련된 부분은 원리적으로는 물가에 직접적으로 반응하지 않는다. 노동의 가격인 임금률(賃金率; wage rate)은 물가의 구성요소가 아니며 물가 또는 그 구성요소와 기계적인 관계에 있지도 않기 때문이다. 그것이 시차(時差)를 두고서 물가와 상관관계를 가질 수는 있지만 말이

다. 반면, 비유동자산거래총액 중 예컨대 실물자산의 거래와 관련된 부분은 대체로 물가에 직접적으로 반응할 것이다. 실물자산들 중에는 그 가격이 물가의 구성요소이거나 그 구성요소와 사실상 기계적인 관계에 있는 것들이 적지 않기 때문이다.]

　②다른 조건들이 동일하다고 할 때, 실질국민생산(實質國民生産 ; real national product)이 증가하면, 경상거래총액 중 거의 전부 및 비유동자산거래총액 중 일부 등이 직접적으로 증가할 것이고, 화폐비율은 그러한 직접적 증가를 반영하며 상승할 것이다. [*당해기간 동안의 실질국민생산에 직접적으로 반응하지 않는 부분이, 경상거래총액 중에도 약간은 있을 것이고, 비유동자산거래총액 중에는 꽤 많이 있을 것이다.]

11. 유동자산총액 자체

　논지 위주로 간단히 서술하기로 하겠다.

　비예금민간 소속의 개별경제주체인 경제주체 i를 상정해 보자. 그리고, 현 시점에 있어서 그의 사정은 다음과 같다고 가정하기로 하자. ― 첫째, 그는 내일 100원어치의 생필품 구매를 위한 지출을 행할 필요가 있다. 둘째, 그는 앞의 지출 말고는 가까운 장래에 거래적 화폐소요액의 대상이 되는 거래를 위한 지출을 행할 필요나 계획을 당분간 느끼거나 가지지 않을 것이다. 셋째, 그의 유동자산액 및 그 구성내역 등은 '유동자산액 200원, 화폐액 100원, 저축성예금액 50원, 채권액 50원, 화폐소요액 100원, 저축성예금소요액 50원, 채권소요액 50원'이다. 넷째, 앞에서의 '화폐소요액 100원'은 그가 내일 100원어치의 생필품 구매를 위한 지출을 행할 때에 쓰기 위해 현 시점에 100원만큼의 화폐를 보유하고 있고자 하는 것을 반영한 것이다.

　화폐비율을 개별경제주체 차원에서 파악하기로 할 때, 이 상황에서 그의 그 비율은 50%의 수준에 있다.

만일 이 상황에서 다른 조건들은 동일한 가운데 그의 유동자산액이 어떤 이유[예컨대 보유채권이 그 발행자의 도산으로 경제적 가치를 상실함]에 의해 당초의 200원에서 150원으로 갑자기 감소한다면, 그의 화폐소요액은 어떻게 될까? 당초의 100원에서 75원으로 감소할까? 그렇지는 않을 것이다. 그는 여전히 내일 100원어치의 생필품 구매를 위한 지출을 행할 필요가 있으므로, 그의 화폐소요액은 여전히 100원의 수준을 유지할 것이다. 그래서, 그의 화폐비율은 거의 자동적으로 당초의 50%에서 75%로 상승할 것이다. [*그의 유동자산액이 감소할 때 그의 화폐비율은 상승하는 모습에 주목해 주시기 바란다.]

반대로, 만일 처음의 상황에서 다른 조건들은 동일한 가운데 그의 유동자산액이 어떤 이유[예컨대 밀렸던 임대료가 들어옴]에 의해 당초의 200원에서 250원으로 갑자기 증가한다면, 그의 화폐소요액은 어떻게 될까? 당초의 100원에서 125원으로 증가할까? 그렇지는 않을 것이다. 그는 가까운 장래에 거래적 화폐소요액의 대상이 되는 거래를 위한 다른 지출을 행할 필요나 계획을 당분간 느끼거나 가지지 않을 것이므로, 그의 화폐소요액은 여전히 100원의 수준을 유지할 것이다. 그래서, 그의 화폐비율은 거의 자동적으로 당초의 50%에서 40%로 하락할 것이다. [*그의 유동자산액이 증가할 때 그의 화폐비율은 하락하는 모습에 주목해 주시기 바란다.]

물론, 보다 현실에 가깝게 논의하기로 한다면, 위에서처럼 그의 유동자산액이 변화할 때, 그는 그의 화폐소요액이 같은 방향으로 변화하도록 화폐소요액 관련 지출계획을 수정하거나 화폐잔액관리방식을 변경할 수도 있다. 그러나, 그런 경우에도, 그의 화폐소요액의 변화율은 그의 유동자산액의 그것에는 미치지 못할 것이다. 그래서, '그의 유동자산액이 감소할 때 그의 화폐비율은 상승하는 모습'과 '그의 유동자산액이 증가할 때 그의 화폐비율은 하락하는 모습'이 보여 주는 방향성 자체는 그대로 유효

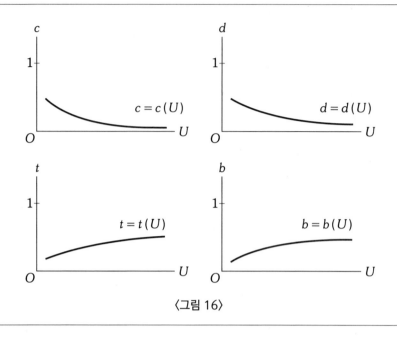

〈그림 16〉

할 것이다.

이상의 논의를 비예금민간 전체 차원의 논의로 곧바로 확장하면, 그것은 그 상태로 타당성을 가진다. 그리고, 그것이 시사하는 아래의 사항도 타당성을 가진다.

"다른 조건들이 동일하다고 할 때, 한 시점에 있어서 현금통화비율 c, 화폐성예금비율 d, 저축성예금비율 t 그리고 채권비율 b 각각은 유동자산총액 U의 각 수준에 대해서 이를테면 〈그림 16〉에서 볼 수 있는 바와 같은 크기를 취한다."

그렇다. 네 가지 비율 각각은 해당자산에 대한 소요총액과 유동자산총액 사이의 개별관계식 속에서 '유동자산총액의 함수로서의 변수'의 역할을 하며, 그 '함수'들은 각각 이를테면 〈그림 16〉에서 볼 수 있는 바와 같은 형태를 취한다고 할 수 있다.

본항에서 네 가지 비율의 크기에 관해 새롭게 논의된 것은 이하에서 그 크기에 관한 새로운 전제가 될 것이다.

제2항 본원화폐소요총액선에 관한 보론

목숨을 건 진검대결(眞劍對決)에 임했다고 할 때의 자세로 논리전개의 엄밀성을 견지해야 한다! — 마음속으로 이렇게 되뇌며 서술해 오다 보니, 저자가 당초에 의도 및 예상했던 것과 달리 이 책이 너무 두꺼워지게 되었다. 그래서, 앞으로는 모든 사안에 관해 논지 위주로 최대한 간단하게 서술할 수밖에 없다. 독자 여러분께서 너그럽게 받아들여 주시기를 앙망(仰望)한다.

1. 본원화폐소요총액선의 표준적인 형태

네 가지 비율에 관한 새로운 전제를 반영시킬 때, 한 상황에서 본원화폐계수 h 는 말하자면

$$h = c + q_D \cdot d + q_T \cdot t$$
$$= c(U) + q_D \cdot d(U) + q_T \cdot t(U)$$
$$= h(U)$$

가 된다.

그래서, 그 상황에서 본원화폐소요총액 H^n 은

$$H^n = h \cdot U$$
$$= h(U) \cdot U$$

가 된다.

이 경우, 본원화폐소요총액선은 이를테면 〈그림 17〉에서 볼 수 있는 곡선의 형태를 취한다.

참고로, 만일 본원화폐소요총액선이 상당기간 동안 위의 상태대로 유지된다면, 그리고 그 기간에 걸쳐 본원화폐총액 H 가 예컨대

$$H = H_0$$

의 크기로 주어져 있다면, 그 기간 중 유동자산총액 U 는 그 크기가 U_0 로

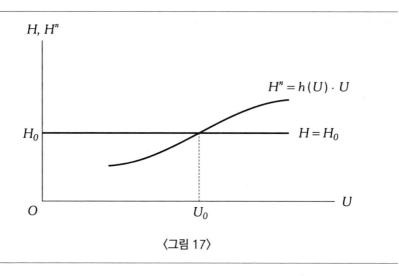
〈그림 17〉

결정될 것이다[같은 그림 참조].

2. 본원화폐소요총액선의 이동

위 제1목에서 거론된 상황을 당초의 상황으로 상정하기로 하겠다.

저축성예금 이자율의 상승, 채권 유통수익률의 하락, 일반대차증서 이자율의 상승, 주식 기대수익률의 상승, 부동산 기대수익률의 상승, 물가의 상승, 실질국민생산의 증가, 주식거래총액[비유동자산거래총액 중 주식의 거래와 관련된 부분]의 증가 … ― 이 같은 요인들 가운데 어느 하나가 당초의 상황에서 독자적으로 발생하면, 아래와 같이 새로운 상황이 전개된다.

첫째, 〈그림 18〉에 예시된 바와 같이, 본원화폐소요총액선은 상방(上方)으로 이동한다. 그리고, 그것은 그 상태를 유지한다. 물론, 이것은 해당 관계식이 이를테면

$$H^n = h^*(U) \cdot U \ ;$$
$$h^*(U) > h(U) \quad \forall U > 0$$

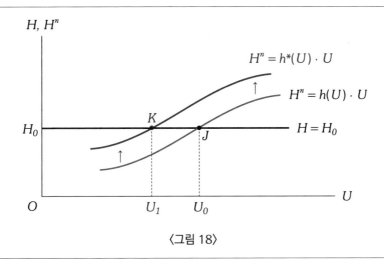

$$H^n = h*(U) \cdot U$$

$$H^n = h(U) \cdot U$$

$$H = H_0$$

〈그림 18〉

으로 바뀜에 따른 것이다. [*'$\forall U > 0$'은 'U의 영(零)보다 큰 모든 수준 각각에 대해서'(for each of all U over zero)라는 뜻이다.]

둘째, 같은 그림이 시사하는 바와 같이, 유동자산총액 U의 균형수준 은 U_1으로 감소한다.

참고로, 전편에서였다면 저자는 이 대목에서 다음과 같이 설명했을 것 이다. — "새로운 상황에서는, 당초 반직선 $\overrightarrow{OJ}$였던 본원화폐소요총액선이 원점 O를 축으로 좌회전하여 반직선 $\overrightarrow{OK}$로 정착하고, 그에 따라 유동자 산총액 U의 균형수준은 당초의 U_0에서 U_1으로 감소한다." [*〈그림 18〉 에서는 복잡함을 피하기 위해 해당 반직선들을 명시하지는 않았다.]

이런 방식으로 설명하는 것은, 비록 논리적 정밀성은 많이 떨어지지만 논의를 간편하게 해 준다는 점에서 실제적 유용성은 있다고 할 것이다.

제2절 모형의 응용을 위한 추가적인 보론

앞 제1절의 논의는 기실 유동자산공급모형의 응용을 위한 보론이기도 하다. 본절의 것도 그렇다.

제1항 시장이자율과 금전채무부담총액 간의 관계

1. 시장이자율이 금전채무부담총액의 결정에 미치는 영향

가. '시장이자율'의 의의

여기서 '시장이자율'이라 함은, 저축성예금의 이자율, 채권의 유통수익률, 예금기관부문의 대출이자율 및 일반대차증서의 이자율 등 네 가지 이자율변수의 전반적인 수준[이를테면 그것들의 가중평균치]을 지칭한다.

시장이자율이 유지되거나 변화할 때에는, 전기한 네 가지 이자율변수 간의 상대적 격차의 변화 같은 것은 없어 비예금민간 자산투자자들의 선호가 저축성예금과 채권 및 일반대차증서 사이에서는 이동하지 않는 경우도 있을 수 있고, 그렇지 않은 경우도 있을 수 있다. 시장이자율은, 전자의 경우에는 균질적(均質的)으로 유지되거나 변화한다고 할 수 있고, 후자의 경우에는 비균질적(非均質的)으로 유지되거나 변화한다고 할 수 있다.

나. 시장이자율의 균질적인 유지나 변화가
금전채무부담총액의 결정에 미치는 영향

정학적 일반균형상태에 있어 온 상황에서 다른 조건들은 동일한 가운데 어떤 요인에 의해 시장이자율이 균질적으로 상승한다면, 그 상승의 영향은 어떻게 나타날까? 다음과 같은 것은 나름대로 일반적인 타당성을 가진 답변이 될 수 있을 것이다.

"비예금민간 자산투자자들의 선호가, 주식과 부동산 및 기타의 비유동자산에서, 각각 일정부분씩, 그리고 분산적으로, 저축성예금과 채권 및 일반대차증서로 이동한다. 그리하여, 뒤쪽 세 가지 자산 각각의 총액이 직접적으로 증가한다. 이후 '저축성예금총액이 직접적으로 증가 → 저축성예금총액은 증가하는데, 대략적으로 그 증가폭만큼 화폐성예금총액이 감소하여, 예금총액은 크게 변화하지 않고 실제지급준비금총액도 크게 변화하지 않음 → 하지만, 목표지급준비금총액이 실제지급준비금총액을 하회 → 지급준비금잉여분의 발생으로 국지적인 유동자산총액의 플러스 승수과정이 시작됨 → 채권총액이 앞의 과정에서 파생적으로 증가하는 것과 별도로 직접적으로도 증가하기 때문에, 전체적으로 보면 유동자산총액의 플러스 승수과정이 중첩적으로 진행됨 → 유동자산총액이 증가 → 금전채무부담총액도 증가'의 과정이 전개된다. 단, 금전채무부담총액의 증가분 중에는 '유동자산총액의 증가에 따른 증가분'은 물론 '일반대차증서총액이 직접적으로도 파생적으로도 공히 증가한 데에 따른 증가분'도 포함된다."

참고로, 이 답변 중에서처럼 저축성예금총액과 채권총액 및 일반대차증서총액이 직접적으로 증가할 때에는, 유동자산총액이 증가하는 속도보다 저축성예금총액과 채권총액의 합계가 증가하는 속도가 빠르므로, 저축성예금비율과 채권비율의 합계가 증가한다. 본원화폐소요총액선은 어떻게 될까? 하방(下方)으로 이동한다.

이상의 논의가 시사해 주는 사실은 다음과 같다.

"다른 조건들이 동일하다고 할 때, 시장이자율이 균질적으로 상승하면 금전채무부담총액이 증가하고, 전자가 균질적으로 하락하면 후자가 감소하며, 전자가 균질적으로 유지되면 후자가 불변한다."

다. 시장이자율의 유지나 변화가 금전채무부담총액의 결정에 미치는 영향

'네 가지 이자율변수' 가운데 어느 하나가 독립적으로 변화하면, 일반적으로는 대체효과(代替效果; substitution effect)에 의해 다음과 같은 과정이 후속된다. — 한편으로는 나머지 것들도 앞의 것과 같은 방향으로 변화하고, 다른 한편으로는 앞의 것이 초기의 독립적인 변화분 중 일부를 '반납'(返納)한다.

물론, 나머지 것들 모두가 오불관언(吾不關焉)으로 요지부동인 경우와, 그것들 중 한두 가지는 오히려 앞의 것과 반대되는 방향으로 변화하는 경우 등도 있을 수 있다.

아무튼, 이하에서 시장이자율의 유지나 변화에 관해 논의할 때에는, 그 유지나 변화가 균질적인 경우와, 그렇지는 않더라도 금전채무부담총액이 증감하는 방향에 미치는 영향 면에서는 그 유지나 변화가 균질적인 것이나 마찬가지인 경우만을 전제하기로 하겠다.

그렇다면, 지금부터 우리는 다음과 같이 이야기할 수 있다.

"다른 조건들이 동일하다고 할 때, 시장이자율이 상승하면 금전채무부담총액이 증가하고, 전자가 하락하면 후자가 감소하며, 전자가 유지되면 후자가 불변한다."

2. 금전채무부담총액이 시장이자율의 결정에 미치는 영향

여기서 운위되는 시장이자율과 본편 제2장의 유량자금설에서 언급된 시장이자율은 동등하다고 간주하기로 하겠다.

이하에서 '금전채무부담총액의 증가[또는 감소]'라는 표현이 사용되면, 그것은 유동자산공급모형 속에서 그 총액이 당초의 균형수준에서 새로운 균형수준으로 증가[또는 감소]하는 것을 가리킨다. 같은 맥락에서, '금전채무부담총액의 유지'는 앞의 모형 속에서 그 총액이 당초의 균형수준을 유지하는 것을 가리킨다.

어떤 요인에 의해 금전채무부담총액이 증가하면, 그 증가의 과정에서 부리증권시장에서는 다음과 같은 일이 일어난다. ― 우선, 유량자금공급이 시장이자율의 매 수준에서 증가한다. 즉, 해당 공급곡선이 우측으로 이동한다. 그리고, 그에 따라, 전기한 요인이 전기한 이동의 폭 이상의 폭으로 유량자금수요곡선을 우측으로 이동시키는 요인은 아닌 한, 시장이자율은 하락한다.

물론, 어떤 다른 요인에 의해 금전채무부담총액이 감소하는 경우에는 부리증권시장에서 위에서와 반대되는 일이 일어날 것이다.

이상을 감안할 때, 우리는 다음과 같이 가정해도 무방할 것이다.

"다른 조건들이 동일하다고 할 때, 금전채무부담총액이 증가하면 그 과정에서 시장이자율이 하락하고, 전자가 감소하면 그 과정에서 후자가 상승하며, 전자가 유지되면 그 과정에서 후자가 불변한다."

3. 시장이자율과 금전채무부담총액의 상호작용

어떤 시점에 동시균형(同時均衡 ; simultaneous equilibrium)이 이루어져 있는 것을 "해당변수들이 동시균형수준을 유지하고 있다."라고 표현하기로 하겠다. 그리고, 그 동시균형이 깨지는 것은 "해당변수들이 동시균형수준을 이탈한다."라고 표현하고, 그렇게 된 이후에 최초로 동시균형이 회복(回復)되는 것은 "해당변수들이 새로운 동시균형수준에 도달한다."라고 표현하기로 하겠다.

정학적 일반균형상태에 있어 온, 그래서 시장이자율과 금전채무부담총액 두 변수도 당연히 동시균형수준을 유지해 온 상황을 상정해 보자. 이 상황에서 어떤 요인이 시장이자율을 다른 조건들은 동일한 가운데 상승시킨다면, 그 이후부터 두 변수가 새로운 동시균형수준에 도달할 때까지의 상황은 어떻게 전개될까?

우선, 금전채무부담총액이 증가할 것이다. 그런데, 그 증가는 시장이자율의 하락을 동반할 것이다. 그래서, 시장이자율은 초기의 상승분 중 일부를 '반납'하게 될 것이다. 이렇게 되면, 금전채무부담총액도 초기의 증가분 중 일부를 '반납'해야 할 것이다. … 이 같은 상호작용 끝에 두 변수는 새로운 동시균형수준에 도달할 것이다. 이때, 어쨌든, 시장이자율은 당초의 수준보다는 상승해 있을 것이고, 금전채무부담총액은 당초의 수준보다는 증가해 있을 것이다.

제2항   채권별 순증발행의 영향

"비예금민간의 입장에서 보았을 때 국채 · 통화조절채 · 은행채 및 준은행채의 순증발행이나 순감발행은 없다." — 드디어 이 가정을 완화할 때가 왔다.

본항에서는 채권별로 그것의 순증발행이 시장이자율과 금전채무부담총액에 미치는 영향에 관해 논의하고자 한다.

이하에서 '비예금민간 자금공급자' 및 '비예금민간 자금수요자'라 함은, 각각 비예금민간 소속의 유량자금공급자 및 유량자금수요자를 지칭한다.

논지의 부각을 위해, 전기한 가정을 배제하게 되더라도 사안별로 부분적으로 배제하면서 논의를 진행하기로 하겠다. 그리고, 각 채권의 신규발행분 및 기발행분은 모두 비예금민간 경제주체들이 인수 또는 보유한다고 가정하기로 하겠다. 아울러, 본장에 들어와 '당초의 상황'으로 주로 상정해 왔던 것을 그대로 당초의 상황으로 상정하기로 하겠다. 또한, 그 상황에서 다른 조건들은 동일한 가운데 해당채권의 순증발행이 이루어져 시장이자율과 금전채무부담총액이 동시균형수준을 이탈하는 시점부터, 그렇게 새로워진 상황조건하에서 두 변수가 새로운 동시균형수준에 도달하는 시점까지를, 해당논의의 대상기간으로 삼기로 하겠다.

한편, 서술의 편의를 위해, 비예금민간 자금수요자들이 해당채권의 순증발행이 없었다면 당초의 상황이 그대로 유지되는 가운데 해당논의의 대상기간 동안 부리증권의 발행이나 매출을 통해 조달할 수 있었을 자금의 양을 '비예금민간 자금수요자들의 당초 조달예정분'이라고 표현하기로 하겠다. 그리고, 해당 순증발행이 전기한 당초 조달예정분을 어떤 크기만큼 구축(驅逐; crowd out)하게 되었을 때, 그렇게 구축된 부분을 '구축분'이라고 표현하기로 하겠다. 아울러, 비예금민간 자금수요자들이 구축분의 일부 또는 전부를 해당논의의 대상기간 중에 조달하는 데에 성공하는 것을 '벌충한다'(recover)라고 표현하기로 하겠다.

또한, 논의의 편의를 위해, 아래와 같이 가정하기로 하겠다.

① 당초의 상황에서 다른 조건들은 동일한 가운데 어떤 종류의 채권의 순증발행이 이루어진다면, 그동안에는 그 순증발행이 일단 그 가액만큼 비예금민간 채무자들의 당초 조달예정분을 구축한다. [*여기서 언급된 '다른 조건들' 속에 채권비율, 시장이자율 … 등이 포함됨은 물론이다.]

② 비예금민간 내부에서 이루어지거나 그 내부와 외부 간에 이루어지는 자산거래 및 상환적 거래에는 언제나 화폐성예금[당해 비예금민간 경제주체들이 소유하고 있거나 소유하게 될 화폐성예금]이 지급수단으로 개재된다.

1. 회사채의 순증발행이 미치는 영향

본항의 첫머리에서 언급된 가정, 즉, "비예금민간의 입장에서 보았을 때 회사채를 제외한 여타 채권의 순증발행이나 순감발행은 없다."라는 취지의 가정을 그대로 유지시키기로 하겠다.

독자 여러분께서 미리 참고하실 사항은 다음과 같다. ─ 어떤 비예금민간 자금공급자가 자신의 화폐성예금으로 회사채를 인수하면, 당해 화폐성예금은 회사채발행금으로 변한다. 이 경우, 그 발행금은 당해 회사채를 발행한 비예금민간 자금수요자의 화폐성예금이므로, 처음의 화폐성예금은 그 소유자만 바뀔 뿐 그대로 존속한다. 따라서, [위 '②'의 가정까지 감안해 말하건대] 회사채의 순증발행 자체가 화폐성예금총액에 직접적으로 미치는 영향은 없다.

당초의 상황에서 다른 조건들은 동일한 가운데 회사채의 순증발행이 가액 기준으로 예컨대 ΔF^d 만큼 이루어진다면, 그 동안 및 그 이후에는 이를테면 아래과 같은 과정이 전개될 것이다.

해당 순증발행이 비예금민간 자금수요자들의 당초 조달예정분을 ΔF^d 만큼 구축하면서 유량자금수요를 ΔF^d 만큼 증가시킴 → 회사채의 순증발행분은 금전채무부담총액을 직접 증가시키고 그 순증발행분에 대응하는 구축분은 그 총액을 직접 감소시키므로, 그 총액은 일단 불변[그 총액이 당초에 비해 ±0] → 그러나, 유량자금수요곡선은 ΔF^d 만큼 우측으로 이동 → 유량자금공급곡선은 당초 그대로이므로, 시장이자율이 상승 → 그 상승의 영향으로 금전채무부담총액이 일단 예컨대 ΔF^s 만큼 증가 → 그 증가의 과정에서 유량자금공급이 ΔF^s 만큼 증가 → 유량자금공급곡선이 ΔF^s 만큼 우측으로 이동 → 유량자금수요곡선은 직전과 동일하므로, 시장이자율이 반락(反落) → 단, ΔF^s 의 크기가 ΔF^d 의 그것에는 못 미치므로, 즉, $\Delta F^s < \Delta F^d$ 이므로, 시장이자율이 초기의 상승분 중 일부만을 반납 → 유량자금공급곡선과 그 수요곡선 각각의 기울기를 무시하고 대략적

으로 말할 때, 앞의 '반락'의 과정에서 비예금민간 자금수요자들은 ΔF^d 만큼의 구축분 중 ΔF^s 만큼을 벌충할 수 있게 됨[금전채무부담총액이 직전에 비해 $+\Delta F^s$, 따라서 당초에 비해서도 $+\Delta F^s$] → …

그리하여, 결과적으로, 시장이자율은 당초에 비해 **상승**하고, 금전채무부담총액은 당초에 비해 **증가**할 것이다.

2. 은행채의 순증발행이 미치는 영향

본항의 첫머리에서 언급된 가정 중에서 "은행채의 순증발행은 없다."라는 부분만 배제하기로 하겠다.

그리고, 논의의 편의를 위해 다음과 같이 가정하기로 하겠다. — 첫째, 은행채를 발행한 예금기관들은 그 발행잔액에 대해서는 목표지급준비율을 0%로 적용한다. 따라서, 그들은 전체적인 목표지급준비금액을 계산할 때 예금수입잔액만 고려한다. 둘째, 각 예금기관은, 실제지급준비금액이 목표지급준비금액을 초과하면 이른 시일 내에 그 초과분만큼 대출잔액을 증가시키려 하며, 반대의 경우에는 반대로 행동한다.

독자 여러분께서 미리 참고하실 사항은 다음과 같다. — 어떤 비예금민간 자금공급자가 자신의 화폐성예금으로 은행채를 인수하면, 당해 화폐성예금은 은행채발행금으로 변한다. 이 경우, 그 발행금은 이미 화폐성예금이 아니므로, 처음의 화폐성예금은 그냥 소멸한다.

당초의 상황에서 다른 조건들은 동일한 가운데 은행채의 순증발행이 ΔF^d 만큼 이루어진다면, 그동안 및 그 이후에는 아래와 같은 과정이 전개될 것이다.

해당 순증발행이 비예금민간 자금수요자들의 당초 조달예정분을 ΔF^d 만큼 구축하면서 유량자금수요를 ΔF^d 만큼 증가시킴 → 은행채의 순증발행분 자체는 금전채무부담총액에 직접적인 영향을 미치지는 않는 반면 그 순중발행분에 대응하는 구축분은 그 총액을 직접 감소시키므로, 그 총액은 일단 감소[그 총액이 당초에 비해 $-\Delta F^d$] → 한편, 유량자금수요곡선은 ΔF^d만큼 우측으로 이동 → 당장에는 유량자금공급곡선이 당초 그대로여서 시장이자율이 상승하지만, 시일이 경과하면서 다음의 과정이 후속됨 → 구축분을 조달했었을 비예금민간 자금수요자들로 그 소유자들만 바뀔 뻔했던 총 ΔF^d만큼의 화폐성예금이 은행채발행금으로 그 형태 자체가 바뀌어 해당 예금기관들의 지급준비금이 됨 → 화폐성예금총액이 ΔF^d만큼 감소하지만 그 감소분이 전액 지급준비금이 되는 만큼 지급준비금총액은 불변 → 화폐성예금총액이 ΔF^d만큼 감소한 것에 상응하여 목표지급준비금총액이 $q_D \cdot \Delta F^d$만큼 감소하지만, 지급준비금총액은 불변이므로, $q_D \cdot \Delta F^d$만큼 지급준비금잉여분이 발생 → 예금기관들이 대출잔액을 증가시키기 시작하면서 국지적으로 유동자산총액의 플러스 승수 과정이 진행됨 → 금전채무부담총액이 직전보다 증가하되 ΔF^d보다 큰 크기만큼 증가[그 총액이 당초에 비해 $+\alpha$] → 유량자금공급곡선이 ΔF^d보다 큰 크기만큼 우측으로 이동 → 유량자금수요곡선은 직전과 동일하므로, 시장이자율이 반락하되 당초보다 낮아짐 → 이 과정에서 비예금민간 자금수요자들은 우선 구축분의 전부를 벌충하고 이어서 '$+\alpha$'에 해당하는 자금까지 조달할 수 있게 됨 → …

그리하여, 결과적으로, 시장이자율은 당초에 비해 하락하고, 금전채무부담총액은 당초에 비해 증가할 것이다.

3. 국채의 순중발행이 미치는 영향

본항의 첫머리에서 언급된 가정 중에서 "국채의 순중발행은 없다."라는 부분만 배제하기로 하겠다.

그리고, 논의의 편의를 위해 다음과 같이 가정하기로 하겠다. ― 정부는 국채의 발행으로 조성된 재원(財源)이 있으면 곧바로 그 전액을 비예금민간을 상대로 하는 재정지출에 투입한다. 따라서, 국채의 순증발행이 이루어지더라도, 다른 조건들이 당초의 상황에서와 동일한 한, 회사채나 은행채의 경우와 마찬가지로 본원화폐총액은 불변한다.

독자 여러분께서 미리 참고하실 사항은 다음과 같다. — 어떤 비예금민간 자금공급자가 자신의 화폐성예금으로 국채를 인수하면, 당해 화폐성예금은 국채발행금으로 변한다. 이 경우, 그 발행금은 이미 화폐성예금이 아니므로, 처음의 화폐성예금은 그냥 소멸한다. 그래서, 국채의 순증발행이 이루어지면, 그것은 은행채의 경우처럼 화폐성예금총액을 직접 감소시킨다. 그런데, 그 경우, 바로 위의 가정에 의해 그 순증발행분의 가액만큼 비예금민간을 상대로 하는 재정지출이 곧바로 이어지므로, 전기한 총액은 즉각 회복된다. 따라서, 예금기관부문의 지급준비금 사정은 불변한다. 회사채의 경우처럼 말이다.

당초의 상황에서 다른 조건들은 동일한 가운데 국채의 순증발행이 $\varDelta F^d$ 만큼 이루어진다면, 그동안 및 그 이후에는 아래와 같은 과정이 전개될 것이다.

해당 순증발행이 비예금민간의 당초 조달예정분을 $\varDelta F^d$ 만큼 구축하면서 유랑자금수요를 $\varDelta F^d$ 만큼 증가시킴 → 국채의 순증발행분 자체는 금전채무부담총액에 직접적인 영향을 미치지는 않는 반면 그 순증발행분에 대응하는 구축분은 그 총액을 직접 감소시키므로, 그 총액은 일단 감소[그 총액이 당초에 비해 $\varDelta F^d$ 만큼 감소] → 한편, 유랑자금수요곡선은 $\varDelta F^d$ 만큼 우측으로 이동 → 유랑자금공급곡선은 당초 그대로이므로, 시장이자율이 상승 → 그 상승의 영향으로 금전채무부담총액이 $\varDelta F^s$ 만큼 증가[이 $\varDelta F^s$ 와 앞 제1목에서의 $\varDelta F^s$ 는 동일하다고 보아도 무방할 것임] → 유랑자금공급이 $\varDelta F^s$ 만큼 증가 → 유랑자금공급곡선이 $\varDelta F^s$ 만큼 우측으로 이동 → 유랑자금수요곡선은 직전과 동일하므로, 시장이자율이 반락(反落) → 단, $\varDelta F^s$ 의 크기가 $\varDelta F^d$ 의 그것에는 못 미치므로, 즉,

$\Delta F^s < \Delta F^d$ 이므로, 시장이자율이 초기의 상승분 중 일부만을 반납 → 이 과정에서 비예금민간 자금수요자들은 ΔF^d만큼의 구축분 중 ΔF^s만큼을 벌충할 수 있게 됨[금전채무부담총액이 직전에 비해 ΔF^s만큼 증가, 따라서 당초에 비해서는 $(\Delta F^d - \Delta F^s)$만큼 감소] → …

그리하여, 결과적으로, 시장이자율은 당초에 비해 **상승**하고, 금전채무부담총액은 당초에 비해 **감소**할 것이다.

4. 통화조절채의 순증발행이 미치는 영향

본항의 첫머리에서 언급된 가정 중에서 "통화조절채의 순증발행은 없다."라는 부분만 배제하기로 하겠다.

그리고, 논의의 편의를 위해 다음과 같이 가정하기로 하겠다. — 중앙은행이 통화조절채의 순증발행을 추진한다면, 그것은 본원화폐총액을 이전보다 감소된 상태로 유지시키기 위한 것이며, 그 목적은 차질 없이 달성된다.

독자 여러분께서 미리 참고하실 사항은 다음과 같다. — 어떤 비예금민간 투자자가 자신의 화폐성예금으로 통화조절채를 인수하면, 당해 화폐성예금은 통화조절채발행금으로 변한다. 이 경우, 그 발행금은 이미 화폐성예금이 아니므로, 처음의 화폐성예금은 그냥 소멸한다. 그래서, 통화조절채의 순증발행이 이루어지면, 그것은 화폐성예금총액을 직접 감소시킨다. 여기까지는 은행채나 국채의 경우와 같다. 하지만, 그 이후로는 사정이 달라진다. 전기한 총액이 즉각 회복되는 일은 생기지 않으며, 그 감소분만큼 지급준비금총액도 그대로 감소한 뒤 그에 따르는 과정이 진행된다.

당초의 상황에서 다른 조건들은 동일한 가운데 통화조절채의 순증발행이 ΔF^d만큼 이루어진다면, 그동안 및 그 이후에는 아래와 같은 과정이 전개될 것이다.

해당 순증발행이 비예금민간 자금수요자들의 당초 조달예정분을 ΔF^d만큼 구축하면서 유량자금수요를 ΔF^d만큼 증가시킴 → 통화조절채의 순증발행분 자체는 금전채무부담총액에 직접적인 영향을 미치지는 않는 반면 그 순증발행분에 대응하는 구축분은 그 총액을 직접 감소시키므로, 그 총액은 일단 감소[그 총액이 당초에 비해 ΔF^d만큼 감소] → 한편, 유량자금수요곡선은 ΔF^d만큼 우측으로 이동 → 그런데, 화폐성예금총액이 ΔF^d만큼 감소하면서 같은 금액만큼 지급준비금총액도 감소 → 화폐성예금총액이 ΔF^d만큼 감소한 것에 상응하여 목표지급준비금총액이 $q_D \cdot \Delta F^d$만큼 감소하지만, 지급준비금총액이 ΔF^d만큼 감소했으므로, $(1-q_D) \cdot \Delta F^d$만큼 지급준비금부족분이 발생 → 예금기관들이 대출잔액을 감소시키기 시작하면서 국지적으로 유동자산총액의 마이너스 승수과정이 진행됨 → 금전채무부담총액이 유동자산승수가 반영된 숫자를 ΔF^d에 곱한 아주 큰 크기만큼, 즉, 이를테면 A만큼 추가적으로 감소[그 총액이 직전에 비해 A만큼 감소] → 유량자금공급곡선이 A만큼 좌측으로 이동 → 유량자금수요곡선은 ΔF^d만큼 우측으로 이동해 있는 상태이므로, 시장이자율이 큰 폭으로 상승 → 그 상승의 영향으로 금전채무부담총액이 이를테면 Z만큼 증가[그 총액이 직전에 비해 Z만큼 증가] → 그러나, Z의 크기는 ΔF^d의 그것보다는 크지만 A의 그것에는 현저히 못 미침[금전채무부담총액이 당초에 비해서는 $(\Delta F^d + A - Z)$만큼 감소] → …

그리하여, 결과적으로, 시장이자율은 당초에 비해 상승하되 국채의 경우보다 **훨씬 더 큰 폭으로 상승**하고, 금전채무부담총액은 당초에 비해 감소하되 국채의 경우보다 **훨씬 더 큰 폭으로 감소**할 것이다.

제3항 '자금의 기간'을 고려할 필요를 위한, 모형의 변형

본래의 유량자금공급모형은 '자금의 기간'을 고려할 필요가 생길 경우 이를테면 다음과 같이 변형(變形)될 수 있다. [*본래의 것과 달라지는 부분만 간략하게 서술하고자 한다.]

그 잔존만기(殘存滿期)의 단장(短長)에 따라, 저축성예금을 단기저축성예금과 장기저축성예금으로, 그리고 채권을 단기채권과 장기채권으로 분류하기로 하겠다.

한편, 단기저축성예금총액, 장기저축성예금총액, 단기채권총액 및 장기채권총액을 그 순서대로 T_S, T_L, B_S 및 B_L로 표시하기로 하겠다. 아울러, 앞의 총액들에 각기 대응하는 각 소요총액이 유동자산총액 중에서 차지하는 비율을 그 순서대로 t_S, t_L, b_S 및 b_L로 표시하기로 하겠다.

이 경우, 유동자산총액 U는

$$U = C + D + T_S + T_L + B_S + B_L$$

이 되고, 본원화폐소요총액 H^n은

$$H^n = c \cdot U + q_D \cdot (d \cdot U) + q_T \cdot (t_S \cdot U) + q_T \cdot (t_L \cdot U)$$
$$= (c + q_D \cdot d + q_T \cdot t_S + q_T \cdot t_L) \cdot U$$

가 된다.

이상과 같이 변형된 모형은 이를테면 다음과 같이 '자금의 기간'에 관한 문제에 적용될 수 있다.

예를 들어, 앞 제2절 직전의 가정들이 여전히 유효하다고 할 때, 새로운 균형상황에서 단기저축성예금총액 및 단기채권총액은 공히 현저히 증가해 있고 장기저축성예금총액 및 장기채권총액은 공히 현저히 감소해 있다면, 우리는 "그 상황에서는 '시중자금의 부동화(浮動化)'가 진전되어 있을 가능성이 매우 높다."라고 해석할 수 있다. [*여기서 '가능성'을 언급해야 하는 이유는, 일반대차증서시장의 사정까지는 알지 못하고, 예금기관들이 예금과 대출을 놓고서 과도한 수준의 만기불일치(滿期不一致;

maturity mismatch)를 감행하고 있을 수도 있기 때문이다.]

제4항　비예금금융기관의 분류에 관한 보론

　　예금기관 또는 비예금금융기관이 겸업(兼業) 혹은 전업(專業)으로 실질적인 의미의 자산운용업을 영위할 때 그에 따라 신탁 또는 기타의 방식으로 자신의 고유계정과 구분하여 계리하는 계정을 '간접투자계정'(間接投資計定 ; indirect investment account)이라고 지칭하기로 하겠다. 간접투자계정에 해당하는 것으로는, 이를테면 ⓐ 예금기관간접투자계정, ⓑ 자산운용회사간접투자계정[흔히 말하는 자산운용회사투자신탁계정], ⓒ 사모펀드 … 등이 있다.

　　간접투자계정은 '계정 형태의 비예금금융기관'으로 분류할 수 있다. 그리고, 예금기관이 아닌 어떤 회사가 간접투자계정을 운영한다면, 그 회사는 '회사 형태의 비예금금융기관'으로 분류할 수 있다.

　　이제, 비예금금융기관들로는 이를테면 다음과 같은 것들이 열거될 수 있을 것이다. ― 증권회사, 신용카드회사, 리스회사, 할부금융회사, 보험회사, 연금기금운용기관, 연금기금, 예금기관간접투자계정, 자산운용회사, 자산운용회사간접투자계정, 사모펀드운용회사, 사모펀드 … 등. [*투자은행은 증권회사의 범주에 포함시킬 수 있고, 자산유동화전문회사는 투자은행의 범주에 포함시킬 수 있다. 이미 언급한 바 있지만, 자산유동화를 위한 특수목적회사는 비금융기업으로 분류해야 할 것이다.]

제5항　유사유동자산의 성격에 관한 보론

　　'유사유동자산'과의 선명한 구별이 필요한 경우, 그 동안 약칭해 왔던 유동자산을 원래대로 '기본유동자산'이라고 지칭하기로 하겠다.

그리고, 서술의 편의를 위해, 금융기관이 고객을 상대로 예금이나 수익증권 등의 금융상품을 발매(發賣)하여 조성한 자금을 '고객자금'이라고 지칭하기로 하겠다.

간접투자계정이 발매하며 광의의 유동성이 높은 금융상품 ― 대부분의 유사유동자산은 이 범주에 속한다. 그러므로, 우리는 채권형수익증권으로 유사유동자산을 대표시켜도 무방할 것이다.

비예금민간 소속의 경제주체 X를 상정해 보자. 그가 어떤 간접투자계정이 발매한 채권형수익증권을 보유하고 있다면, 그는 채권에 간접적으로 투자한 것과 마찬가지다.

물론, 당해계정이 당해 고객자금으로 채권에만 투자하는 것은 아니다. 대략적으로 말할 때, 당해계정은, 당해 고객자금의 대부분을 운용수익의 확보를 위해 채권에 투자하고, 나머지는 환매준비를 위해 화폐성예금으로 보유한다.

어쨌든, 한 시점에 있어서 당해계정은 당해고객들이 보유하고 있는 채권형수익증권의 총액에 맞먹는 금액만큼 기본유동자산을 보유하고 있게 된다.

사정이 여차(如此)하기 때문에, 만일 우리가 '기본유동자산총액'에 '유사유동자산총액'을 합산한 것으로 유동성지표(流動性指標) 같은 것을 만들려 한다면, 우리는 필연적으로 중복계산의 문제에 봉착하게 된다.

저자는 유동자산공급모형을 구성함에 있어 '기본유동자산총액'을 전적으로 취(取)하고 '유사유동자산총액'은 아예 사(捨)한 바 있다. 그렇게 하는 것은, 앞에서 언급된 중복계산의 문제를 해소시켜 줄 뿐만 아니라, 양자 각각의 일부씩을 취하는 것에 비해 논의를 보다 간결하고 선명하게 해주기도 한다.

참고로, '유사유동자산총액'이 아닌 '유사유동자산거래총액'은 우리가 고려할 필요가 여전히 있다. 왜냐하면, 후자는 거래적 화폐소요총액에 영향을 미치기 때문이다[앞 제1절 제1항 제10목 참조].

차제에 참고로 첨언할 것이 한 가지 더 있다. 외견상 예금기관이 직접 취급하는 '실적배당형예금상품' 중에는 그 실질에 있어 '예금기관간접투자계정이 발매하며 광의의 유동성이 높은 금융상품'에 해당하는 것이 많을 것이다. 실질적 성격이 그러한 것은 예금으로 분류될 수 없다. 유사유동자산의 일종으로 분류되어야 한다. [*예금의 경우, 예금기관은 고객자금을 운용하다가 손실을 발생시켰을 때 자신의 책임으로 그 손실을 보전해 줄 의무가 있다. 아니, 원칙적으로, 원금은 물론이고 이자까지 온전히 지급해야 한다. 반면, '예금기관간접투자계정이 발매하며 광의의 유동성이 높은 금융상품'의 경우, 예금기관은 고객자금을 운용하다가 손실을 발생시켰을 때 자신의 책임으로 그 손실을 보전해 줄 의무가 없다.]

제3절 화폐수량설적 시각의 비논리성

제1항 '화폐수량설적 시각'의 의의

　서술의 편의를 위해, 각종 유동자산의 부분집합[전체집합일 수도 있다]으로서 분석자가 자기 나름의 견해에 따라 선정하는 것에 속하는 자산을 '고유동성자산'(高流動性資産 ; assets of high liquidity)이라고 통칭하기로 하겠다. 그리고, 국민생산물에 대한 총수요를 [제1편에서와 마찬가지로] 단순히 '총수요'라고 지칭하기로 하겠다.

　케인즈주의자(Keynesian)와 통화주의자(monetarist) 등을 막론하고, 기존경제학자들 중에는 아래와 같은 관점을 지닌 분들이 의외로 많다.

　"고유동성자산은 '구매력의 일시적 거처'(temporary abode of purchasing power)이기도 하다. 구매력은 자신의 일시적 거처에 잠시 머물다가 밖으로 나오기 마련이다. 그러므로, 물가 등 다른 조건들이 동일하다고 할 때, 어떤 시기에 걸쳐 비예금민간이 보유하고 있게 되는 고유동성자산의 총액이 클수록, 그 시기 내의 각 시점에 당해자산에 함축되어 있는 구매력이 당해시점 이후 조만간 실제로 행사될 것이기 때문에, 그 시기에는 총수요가 커질 것이다."

　이 같은 관점은 가위(可謂) '화폐수량설적 시각'(貨幣數量說的 視角 ; quantity of money theoretic perspective)이라고 할 수 있다.

제2항 화폐수량설의 세 가지 버전과 각각의 한계

　화폐수량설(貨幣數量說 ; quantity of money theory)의 버전으로는

크게 세 가지가 있다. 각 버전의 개요 및 한계는 아래와 같다.

〈통화수량설〉

첫 번째 버전은 '통화수량설'(通貨數量說; M1-version)이다. '화폐'의 범주에 현금통화와 화폐성예금만을 포함시키고서 말하자면 다음과 같이 주장하는 버전이다. — "현금통화총액과 화폐성예금총액의 합계인 통화량의 크기를 알기만 하면 총수요의 크기를 상당히 정확하게 예상할 수 있다."

그런데, 현실에서는 비금융기업이 대출자금으로 설비투자자금의 일부 또는 전부를 충당하는 경우가 많다는 점 등을 감안할 때, 우리는 다음의 사실을 알 수 있다. — 현실에서는 대출총잔액의 크기가 총수요의 크기에 영향을 미치는 경우가 많다.

이제, 문제를 제기하지 않을 수 없다. 과연 현금통화총액과 화폐성예금총액의 **합계**의 크기를 아는 것만 가지고 대출총잔액의 크기를 제대로 가늠하는 것이 현실에서 가능할까? 불가능하다. 설사 두 가지 총액 **각각**의 크기까지 알더라도 마찬가지다. 그렇다면? — 통화수량설은 입지를 상실할 수밖에 없다.

〈총통화수량설〉

두 번째 버전은 '총통화수량설'(總通貨數量說; M2-version)이다. 전술한 통화수량설의 업그레이드 버전인 셈인데, '화폐'의 범주에 저축성예금까지 포함시키고서 다음과 같이 주장한다. — "현금통화총액·화폐성예금총액 및 저축성예금총액의 합계인 총통화량의 크기를 알기만 하면 총수요의 크기를 상당히 정확하게 예상할 수 있다."

이 버전에게 방어의 기회를 더 많이 부여하기 위해, 우리는 그것이 다음과 같이 주장한다고 인정해 주기로 하자. — "현금통화총액·화폐성예금총액 및 저축성예금총액 각각의 크기를 모두 알기만 하면 총수요의 크기를 상당히 정확하게 예상할 수 있다."

화폐성예금총액과 저축성예금총액 각각의 크기를 알면 대출총잔액의 크기를 그런대로 정확하게 가늠하는 것이 현실에서 가능하다는 것, 이것은 일반적인 사실이다. 그러나, 현실에서는 비금융기업이 대출자금뿐만 아니라 회사채발행금으로도 설비투자자금을 충당하는 경우가 많다는 점 등을 감안할 때, 우리는 다음의 것도 일반적인 사실임을 알 수 있다. — 현실에서는 금전채무부담총액의 크기가 총수요의 크기에 영향을 미치는 경우가 많다.

문제를 제기할 차례다. 과연 현금통화총액·화폐성예금총액 및 저축성예금총액 각각의 크기를 모두 아는 것만 가지고 금전채무부담총액의 크기를 제대로 가늠하는 것이 현실에서 가능할까? 불가능하다. 적어도 회사채총액과 일반대차증서총액의 합계의 크기까지는 더 알아야 한다. 그렇다면? — 진일보하기는 했지만, 이번의 버전 역시 자신보다 업그레이드된 버전에 자리를 내주어야 한다.

〈유동자산수량설〉

세 번째 버전은 '유동자산수량설'(流動資産數量說; $M3$-version)이다. 내친걸음에 '화폐'의 범주에 채권까지 더 포함시키고서 다음과 같이 주장한다. — "현금통화총액·화폐성예금총액·저축성예금총액 및 채권총액의 합계인 유동자산총액의 크기를 알기만 하면 총수요의 크기를 상당히 정확하게 예상할 수 있다."

여기서도 우리는 이 버전이 다음과 같이 주장한다고 인정해 주기로 하자. — "현금통화총액·화폐성예금총액·저축성예금총액 및 채권총액 각각의 크기를 모두 알기만 하면 총수요의 크기를 상당히 정확하게 예상할 수 있다."

곧바로 문제를 제기하기로 하겠다. 과연 네 가지 총액 각각의 크기를 모두 아는 것만 가지고 금전채무부담총액의 크기를 제대로 가늠하는 것이 현실에서 가능할까? 불가능하다. 왜 그럴까?

첫째, 유동자산이 아닌 일반대차증서의 총액, 이것의 크기까지도 알아야 하기 때문이다.

둘째, 뿐만 아니라, 다른 조건들이 동일하다고 할 때, 같은 크기의 채권총액에 대해서도 그 총액의 내역 여하에 따라 금전채무부담총액의 크기가 현격하게 달라질 수 있기 때문이다. 예를 들어, 채권총액의 크기를 포함한 다른 조건들 각각은 두 경우 사이에서 동일하다고 할 때, 그 총액의 내역이 두 경우 사이에서 차이가 있어, 한 경우에는 그것이 '회사채총액 200원, 통화조절채총액 0원, 여타채권총액 0원'이고, 다른 경우에는 그것이 '회사채총액 0원, 통화조절채총액 200원, 여타채권총액 0원'이라면, 금전채무부담총액은 전자의 경우에 후자의 경우보다 200원만큼 클 것이다[앞 제2절 제2항 제4목 참조].

그런데, 바로 위의 예는 화폐수량설적 시각으로는 도저히 그 이유를 설명할 수 없는 다음의 사실까지 시사해 준다. ― 다른 조건들이 동일하다고 할 때, 총수요는, 구매력이 회사채에 머물 때에는 상대적으로 커지고, 그것이 통화조절채에 머물 때에는 상대적으로 작아진다. 회사채나 통화조절채나 구매력의 일시적 거처이기는 마찬가지인데 말이다. 아니, 회사채보다는 통화조절채가 구매력의 일시적 거처로서의 역할을 오히려 더 잘할 것인데 말이다.

그렇다면? ― 기존경제학자들은 화폐수량설적 시각 자체가 원천적으로 그릇된 것임을 깨달아야 한다!

제3항 화폐수량설적 시각은 난센스다!

저축성예금이나 채권이 '구매력의 일시적 거처'라면, 그 보유자들이 중도에 저축성예금을 해지하거나 채권을 매각해 그 자금으로 물품이나 용역을 구매하는 일이 **상시(常時)로** 일어나야 할 것이다. 그러나, 두 자산은 말하자면 '중장기투자용 자산'이다. 상시로 중장기투자용 자산을 헐어 물품이나 용역을 구매하는 경제주체들은 거의 없을 것이다. 이것이 현실일진대, 저축성예금이나 채권은 **일상적 차원에서는** '구매력의 일시적 거처'일 수 없다.

"그렇더라도, 현금통화와 화폐성예금만큼은 의연히 구매력의 일시적 저처다. 그래서, 현금통화나 화폐성예금을 많이 보유하게 된 경제주체들은 물품이나 용역의 구매를 늘릴 것이다. 예를 들어, 현금통화나 화폐성예금을 많이 보유하게 된 가계는 소비지출을 늘릴 것이다." 기존경제학자들 상당수는 이렇게 변명할 것이다. 하지만, 이 변명은 논리적 일관성을 결한 것이고, 타당하지도 않다. 왜냐하면, 그들은 다른 한편에서는 "소비지출은 기본적으로 소득의 함수다." 하는 식으로 설명하고 있고, 그 설명이 오히려 타당하기 때문이다. 예를 들어, 소득은 그대로인데 자산포트폴리오를 조정하는 과정에서 일시적으로 현금통화나 화폐성예금을 많이 보유하게 된 가계를 상정해 보자. 이 가계는 소득이 그대로이기 때문에, 단지 현금통화나 화폐성예금을 많이 보유하게 되었다는 이유만으로 소비지출을 늘리지는 않을 것이다.

한 가지만 더 언급하고자 한다. 어떤 경제주체 A가 예금은행에서 저축성예금을 든다면, 예금은행은 그 예금자금으로 다른 경제주체 B에게 대출을 해 줄 것이다. 한편, 경제주체 A가 경제주체 B가 발행하는 채권을 인수한다면, 그 채권자금은 경제주체 B에게 건너갈 것이다. 이제, 경제주체 B는 해당 대출자금이나 채권자금을 조만간 생산, 투자 혹은 소비 등에 사용할 것이다. 이 경우에 구매력을 주로 행사하는 경제주체는 '자산보유자'인 경제주체 A가 아니라 '채무자'인 경제주체 B가 될 것이다. 사리가 이와 같음에도, 화폐수량설적 시각에 세뇌된 많은 경제학자들은 경제주체 A가 구매력을 주로 행사할 것이라고 크게 잘못 인식하고 있다.

부록편

외환위기와 환율분쟁에 관한 비밀

1998년의 졸저 『새로운 패러다임』은 근 15년 간에 걸쳐 집필된 것이었다. 저자는 그 집필의 과정에서 '주식시장의 비밀'을 밝혀 나가다가 그 보론으로서 '방만한 자금조달의 위험성'을 거론했었다.

　　'방만한 자금조달'은 이를테면 과도한 주식발행처럼 조달된 자금이 자칫 방만한 운용으로 이어지기 쉬운 경우의 그 조달을 의미했고, 그 위험성이란 '한 나라의 금융기관 및 비금융기업들이 방만한 자금조달을 계속 진행시켰을 때, 그것은 종국에 가서 금융위기, 외환위기, 그리고 공황까지도 초래할 수 있다.'라는 것이었다.

　　애초에는 약간의 지면만을 할애해 간략하게 논의할 생각이었다.

　　그랬었는데, 그 사고(思考)의 구도로 그것의 핵심적인 원인을 그대로 설명할 수 있는 위기가 그만 한국에서 발발해 버리고 말았다. 1997년 10월 말에 엄습한 한국의 외환위기, 많은 한국인들이 'IMF사태'라고 불렀던 그 위기가 말이다! 지금에 와서 생각해 보면, 저자가 '금융버블의 메커니즘'을 터득하고 난 이후 2008년의 글로벌 금융위기가 발발한 것과 기이하게도 유사한 일이었다.

　　아무튼, 그 상황에 임해 저자는 해당항목을 곧바로 보강했다. 방만한 자금조달의 계속적인 진행이 금융시장 전체의 경색, 가용외환의 고갈, 실물경제의 구조적인 불황 등을 초래하는 경로를 상세히 밝혔다. 한국의 경우에도 언급했음은 물론이다.

　　1998년 초, 공학교수면서 IT벤처기업을 운영하던 죽마고우 이인우(李仁雨) 군이 저자를 위해 홈페이지를 만들어 주었다. 그러자, 그곳을 방문하신 네티즌들 중 몇몇 분께서, "IMF사태의 원인 등에 관한 통설의 설명은 어딘지 모르게 미흡하다."라고 지적하고서 저자의 견해를 물으셨다. 저자는 그 분들의 요청에 응했다. 전기한 논의에 입각해 쓴 글을 게재했다. 워드작업밖에 못하는 저자를 위해 도표들을 작성해 주는 일은, 괜히 그 홈페이지를 만들어 준 사람의 몫이었다. 동년 2월이었고, 제목은 「네티즌들을 위한, 한국의 외환위기의 원인에 관한 소고」였다.

그 글의 내용 중에서, 독자 여러분께서 이 책의 서편을 보다 쉽게 이해하시는 데에 도움이 될 수 있거나 이 책에서 '추가적인 비밀'이라고 일컬어도 좋을 만한 것들을 골랐다. 그리고, 다듬거나 간추리거나 덧붙였다. 그것들이 이 부록편을 구성한다.

제1장

****

환율-경상수지 결정 모형

본장에서는 어떤 구도 속에서 환율(換率 : exchange rate)과 경상수지 (經常收支 ; current account balance)가 결정되는지를 알려 주는 기본적인 모형을 소개하고자 한다. 이 모형은 독자 여러분께서 서편, 그리고 다음 장 이하의 논의를 쉽게 이해하시는 데에 큰 도움이 될 수 있을 것이다. 논지 위주로 간략하게 서술하기로 하겠다.

1. 경상수지에 관한 전제

서술의 편의를 위해,

① 외국인[엄밀히 말하면 비거주자]에게 상품이나 서비스를 판매하는 것을 '수출'(輸出 ; export)이라고 지칭하고, 그 총액을 X로 표시하기로 하겠다. [*본장에서 어떤 것의 총액을 말할 때, 그 '총액'은 외국통화의 단위로 표시한 일정기간 동안의 총액을 의미한다.]

② 반대로, 외국인으로부터 상품이나 서비스를 구입하는 것은 '수입' (輸入 ; import)이라고 지칭하고, 그 총액은 M으로 표시하기로 하겠다.

③ 종전에 이루어진 해외대부나 해외증권투자 또는 해외직접투자 등에 근거하여 외국인으로부터 이자나 배당 따위를 수취하는 것과, 해외거주 자국민근로자의 근로소득 국내송금분을 수취하는 것, 이 두 가지를 일괄하여 '소득수취'(所得受取 ; income inflow)라고 지칭하고, 그 총액을 II로 표시하기로 하겠다.

④ 반대로, 종전에 이루어진 해외차입이나 외국인증권투자 또는 외국인직접투자 등에 근거하여 외국인에게 이자나 배당 따위를 지급하는 것과, 국내거주 외국인근로자의 근로소득 해외송금분을 지급하는 것, 이 두 가지는 일괄하여 '소득지급'(所得支給 ; income outflow)이라고 지칭하고, 그 총액은 IO로 표시하기로 하겠다.

⑤ 국제적인 무상거래에서 외국인으로부터 현금이나 물품 등을 제공받는 것을 '이전수취'(移轉受取 ; transfer inflow)라고 지칭하고, 그 총액을 TI로 표시하기로 하겠다.

⑥ 반대로, 국제적인 무상거래에서 외국인에게 현금이나 물품 등을 제공하는 것은 '이전지급'(移轉支給 ; transfer outflow)이라고 지칭하고, 그 총액은 TO로 표시하기로 하겠다.

이 경우, 경상수지[CAB]는

경상수지 ≡ (수출총액 + 소득수취총액 + 이전수취총액)
− (수입총액 + 소득지급총액 + 이전지급총액)

내지

$$CAB \equiv (X + II + TI) - (M + IO + TO)$$

로 규정될 수 있다.

2. 외환공급과 외환수요에 관한 전제 및 가정

가. 서술의 편의를 위한 전제

서술의 편의를 위해,

① 국내통화를 원화[한국의 원화]로 설정하고, 제반의 외국통화들을 달러화[미국의 달러화]로 대표시키기로 하겠다.

② 원화의 단위로 표시한 달러화의 가격으로서의 환율[원/달러환율]

을 단순히 '환율' 또는 '달럿값'이라고 지칭하기로 하겠다.

③ 경제주체들이 원화를 지급받고서 매도하고자 하는 달러화의 총액을 '외환공급'(外換供給 ; supply of foreign exchange)이라고 지칭하고 S로 표시하기로 하겠다.

④ 반대로, 경제주체들이 원화를 지급하고서 매수하고자 하는 달러화의 총액은 '외환수요'(外換需要 ; demand for foreign exchange)라고 지칭하고 D로 표시하기로 하겠다.

⑤ 신규의 해외차입, 신규의 외국인증권투자, 신규의 외국인직접투자, 기존 해외대부금의 상환, 기존 해외증권투자금의 회수 또는 기존 해외직접투자금의 회수 등에 의해 자본이 유입되는 것을 '자본유입'(資本流入 ; capital inflow)이라고 지칭하고, 그 총액을 CI로 표시하기로 하겠다.

⑥ 반대로, 신규의 해외대부, 신규의 해외증권투자, 신규의 해외직접투자, 기존 해외차입금의 상환, 기존 외국인증권투자금의 회수 또는 기존 외국인직접투자금의 회수 등에 의해 자본이 유출되는 것은 '자본유출'(資本流出 ; capital outflow)이라고 지칭하고, 그 총액은 CO로 표시하기로 하겠다.

⑦ 연계되는 거래 없이 순수하게 원화나 달러화 자체를 투자[내지 투기]의 대상으로 삼는 경제주체들이 원화를 지급받고서 달러화를 매도하는 것을 '순수투기공급'(純粹投機供給 ; pure speculative supply)이라고 지칭하고, 그 총액을 PS로 표시하기로 하겠다.

⑧ 반대로, 그들이 원화를 지급하고서 달러화를 매수하는 것은 '순수투기수요'(純粹投機需要 ; pure speculative demand)이라고 지칭하고, 그 총액은 PD로 표시하기로 하겠다.

⑨ 위 '⑤'~'⑧'의 경제주체들에는 해당하지 않는, 외환당국으로서의 당해국 정부나 중앙은행이 외환시장에 참여하여 원화를 환수하면서 달러화를 매도하는 것을 '외환당국공급'(外換當局供給 ; authorities' supply)이라고 지칭하고, 그 총액을 AS로 표시하기로 하겠다. 외환당국공급이 외환

보유고를 감소시키는 요인으로 작용한다는 것은 물론이다.

⑩ 반대로, 그 정부나 중앙은행이 외환시장에서 원화를 방출하면서 달러화를 매수하는 것은 '외환당국수요'(外換當局需要 ; authorities' demand)라고 지칭하고, 그 총액은 AD로 표시하기로 하겠다. 외환당국수요가 외환보유고를 증가시키는 요인으로 작용한다는 것은 물론이다.

나. 논의의 편의를 위한 가정

한편, 논의의 편의를 위해,

① 당해국을 중심으로 하는 모든 국제적 거래에는 언제나 각각의 거래금액만큼 달러화의 수취나 지급이 수반된다고 가정하기로 하겠다.

② 상품이나 서비스를 수출하는 경제주체는 자신이 수출대금으로 수령하는 달러화 전액을, 그리고 소득수취나 이전수취를 행하는 경제주체는 그 수취분만큼의 달러화 전액을, 또한 자본을 유입시키는 경제주체는 그 유입분만큼의 달러화 전액을, 각각 외환시장에서 곧바로 매도하려고 한다고 가정하기로 하겠다.

③ 반대로, 상품이나 서비스를 수입하는 경제주체는 그 수입에 소요되는 달러화 전액을, 그리고 소득지급이나 이전지급을 행하는 경제주체는 그 지급에 소요되는 달러화 전액을, 또한 자본을 유출시키는 경제주체는 그 유출에 소요되는 달러화 전액을, 각각 외환시장에서 곧바로 매입하려고 한다고 가정하기로 하겠다.

④ 다른 조건들이 동일하다고 할 때, 환율[달럿값]이 상승할수록 수출총액은 증가하고 수입총액은 감소한다고 가정하기로 하겠다. 이 가정에 의할 때, 환율을 세로축으로 하고 달러화의 양을 가로축으로 하는 그래프에서, 수출총액곡선은 우상향하고 수입총액곡선은 우하향한다. [*물론, 두 총액 각각이 그렇게 환율의 함수라고 할 때, 엄밀한 논의를 위해서는 그 함수관계에 조정기간 내지 시차가 존재한다는 점이 명시적으로 고려되어

야 할 것이다. 그러나, 여기서는 그 존재를 간과하기로 하겠다. 그렇게 하더라도, 논의의 대세는 좌우되지 않을 것이다.]

위의 가정들 중 앞쪽 세 가지가 적용되는 경우, 대략적으로,

첫째, 외환공급[S]은

외환공급 = 수출총액 [수출로부터의 달러화공급]
+ 소득수취총액 [소득수취로부터의 달러화공급]
+ 이전수취총액 [이전수취로부터의 달러화공급]
+ 자본유입총액 [자본유입으로부터의 달러화공급]
+ 순수투기공급총액 [순수투기 목적의 달러화공급]
+ 외환당국공급총액 [외환당국에 의한 달러화공급]

내지

$$S = X + II + TI + CI + PS + AS$$

로 규정될 수 있고,

둘째, 외환수요[D]는

외환수요 = 수입총액 [수입을 위한 달러화수요]
+ 소득지급총액 [소득지급을 위한 달러화수요]
+ 이전지급총액 [이전지급을 위한 달러화수요]
+ 자본유출총액 [자본유출을 위한 달러화수요]
+ 순수투기수요총액 [순수투기 목적의 달러화수요]
+ 외환당국수요총액 [외환당국에 의한 달러화수요]

내지

$$D = M + IO + TO + CO + PD + AD$$

로 규정될 수 있다.

다. 논제별 논지의 부각을 위한 추가가정

본장의 모형을 응용함에 있어서는 논제별로 그 논지의 부각을 위한

가정을 추가할 수도 있다. 여기서는 '자본유입이나 그 유출이 당기의 경상수지에 미치는 영향'을 논제의 예로 하여 다음과 같은 가정을 추가하기로 하겠다. ― 마지막으로, 소득수취 및 그 지급, 이전수취 및 그 지급, 그리고 순수투기공급 및 그 수요는 모두 무시해도 좋고, 당해국의 정부나 중앙은행은 외환시장에 일절 개입하지 않는다고 가정하기로 하겠다.

위의 가정을 앞에서의 논의에 적용시키는 경우,

첫째, 외환공급[S]은 단순히

외환공급 = 수출총액 + 자본유입총액

내지

$$S = X + CI$$

로 규정될 수 있고,

둘째, 외환수요[D]도 간단히

외환수요 = 수입총액 + 자본유출총액

내지

$$D = M + CO$$

로 규정될 수 있으며,

셋째, 경상수지[CAB] 역시 단출하게

경상수지 = 수출총액 ― 수입총액

내지

$$CAB = X - M$$

으로 규정될 수 있다.

독자 여러분께서 각별히 유의하실 사항은, 본장의 모형에서는 지금부터 경상수지가 '수출입수지'(輸出入收支 ; export-import balance)와 동액이 된다는 점이다.

3. 환율 및 경상수지의 결정

원리적으로, 환율[하나의 시장가격으로서의 환율]은 외환공급과 외환수요를 균등화시키는 수준으로 결정된다. 간단히 말하면, 달러화를 팔고자 하는 세력과 그것을 사고자 하는 세력이 균형을 이루는 수준에서 달럿값이 결정된다는 것이다. 이 점과 함께, '환율을 세로축으로 하고 달러화의 양을 가로축으로 하는 그래프에서, 수출총액곡선은 우상향하고 수입총액곡선은 우하향한다.'라는 취지의 전기한 가정에 독자 여러분께서는 각별히 유념해 주시기 바란다.

이제, 환율 및 경상수지는 이하에서와 같이 결정된다고 할 수 있다.

가. 자본거래가 없는 특수한 경우

만일 자본거래가 전혀 없어

자본유입총액 $[CI]$ = 자본유출총액 $[CO]$ = 0

이라면, 〈그림 19〉에서 볼 수 있는 바와 같이, 환율은

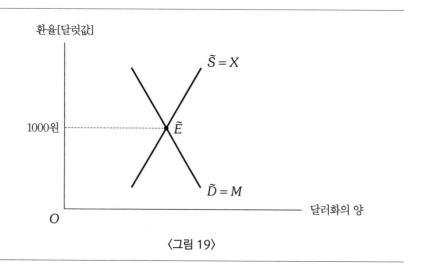

〈그림 19〉

수출총액 $[X]$ = 수입총액 $[M]$

을 성립시키는 수준 - 이를테면 1000원의 수준 - 으로 결정될 것이며, 그에 따라, 경상수지는 언제나 균형을 이루게 될 것이다. [*<그림 19>에서 $\tilde{S}$와 $\tilde{D}$는 각각 자본거래가 전혀 없는 경우의 외환공급과 외환수요를 나타낸다.]

나. 자본거래가 있는 일반적인 경우

그러나, 자본거래가 있는 일반적인 상황을 전제한다면, 환율은

수출총액$[X]$ + 자본유입총액$[CI]$

= 수입총액$[M]$ + 자본유출총액$[CO]$

를 성립시키는 수준에서 결정될 것이다.

그리하여,

첫째, 만약 어떤 이유로 자본유입총액$[CI]$이 자본유출총액$[CO]$을 초과하여

$$CI > CO$$

라면, <그림 20>의 상단그림에서 볼 수 있는 바와 같이, 환율은 경상수지를 균형시킬 수 있는 수준보다 낮은 수준 - 이를테면 800원의 수준 - 으로 결정될 것이고, 그에 따라, 경상수지는 적자를 시현하게 될 것이다.

둘째, 반대로, 만약 어떤 이유로 자본유출총액$[CO]$이 자본유입총액$[CI]$을 초과하여

$$CO > CI$$

라면, <그림 20>의 중단그림에서 볼 수 있는 바와 같이, 환율은 경상수지를 균형시킬 수 있는 수준보다 높은 수준 - 이를테면 1200원의 수준 - 으로 결정될 것이고, 그에 따라, 경상수지는 흑자를 시현하게 될 것이다.

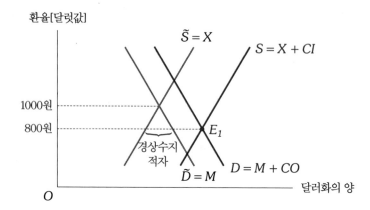

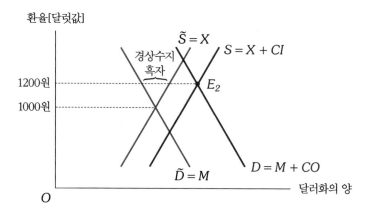

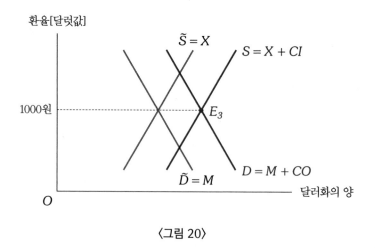

〈그림 20〉

셋째, 한편, 만약 어떤 이유로 자본유입총액 $[CI]$과 자본유출총액 $[CO]$이 일치하여

$$CI = CO$$

라면, <그림 20>의 하단그림에서 볼 수 있는 바와 같이, 환율은 경상수지를 균형시킬 수 있는 수준 – 이를테면 1000원의 수준 – 으로 결정될 것이고, 그에 따라, 경상수지는 균형을 이루게 될 것이다.

췌언이 될 수도 있지만, 여기서 참고로 간략하게 첨언할 것이 있다.

일반인들 중에는 '자본유입총액이 자본유출총액을 초과하는 경우에는 해당 순유입분만큼 달러화가 그 나라에서 쌓이고, 반대의 경우에는 해당 순유출분만큼 달러화가 그 나라에서 축날 것이다.'라고 생각하시는 분들이 많다. 사실, 경제학자들 중에도 이렇게 생각하시는 분들이 드물지 않다! 그러나, 당해기간 중 그 나라의 외환당국이나 민간이 '달러화를 사서 금고에 넣어 두기'나 '금고에 넣어 두었던 달러화를 내다 팔기' 같은 것을 하지 않는다면, 수출 및 자본유입에 따라 그 나라 안으로 들어오는 달러화의 양과 수입 및 자본유출에 따라 그 나라 밖으로 나가는 달러화의 양이 환율의 신축적인 변동에 의해 정확하게 일치하게 되므로, 그 나라에서 달러화가 새롭게 쌓이거나 축나는 일은 일어나지 않는다.

제2장
****
1997년 한국외환위기['IMF사태']의
근본적 원인

1997년 10월 말부터 한국경제가 겪어야 했던 위기, 한국민에게는 끔찍한 악몽으로 다가왔던 그 위기는, 사실 외환위기만이 아니라 금융위기와 공황까지 복합된 것이었다. 본장에서는 그 악몽을 초래한 근본적인 원인이 간명(簡明)하게 밝혀질 것이다.

1. 첫 번째 요인

한국의 많은 금융기관들과 대기업들은 특히 1994년 초부터 1997년 9월까지의 기간 중 각자의 대외신용도가 허용하는 해외차입잔액한도가 거의 소진될 때까지 최대한으로 대규모의 해외차입을 추진했다.

이에 따라, 한국의 총외채잔액은 1993년 말의 439억 달러 수준에서 1997년 9월 말의 1642억 달러 수준으로 급속히 증가했다. 그런 와중에, 그 총외채잔액에서 차지하는 단기외채의 비중까지도 당초의 43.7% 수준에서 시작해 현저한 증가추세를 보였다.

이러한 과정이 진전된 것은, 1994년 초부터 1997년 9월까지의 기간 중 한국경제 전체의 대외신용도를 하락시키는 한 요인으로 작용했다.

이하에서는 서술의 편의상 경제주체들이나 경제변수들의 국적(國籍)을 명시하지 않는 경우가 많을 것인데, 그 '국적'은 당연히 한국이다.

2. 두 번째 요인

한국경제는 1994년 초부터 1997년 9월까지의 불과 3년 9개월 동안 총 496억 달러 규모의 경상수지 누적적자를 경험했다.

그런데, 이렇게 경상수지 적자가 진행되고 있는 상황에서도, 환율[원/달러환율]은, 1994년부터 1996년까지의 3개년 중에는 연중평균치 기준으로 771원~805원 수준에서 유유히 머물러 있었고, 특히 1995년 중에는 오히려 하락세를 시현했다.

이 같은 기현상(奇現象)이 나타나게 된 이유는 무엇인가? 정부나 한국은행이 외환시장에 개입해 작위적으로 환율을 낮추었기 때문인가? 아니다. 그들이 가용외환이 39억 달러밖에 남지 않을 때까지 고환율에 대한 방어에 나선 것은 1997년 하반기에 들어서고 난 뒤였다. 이미 시사한 바와 같이, 그 기현상이 나타나게 된 이유는, 무엇보다도, 과도한 해외차입이 줄곧 진행되어 외환공급[달러화공급]이 증가세 내지 증가된 상태를 계속 유지했기 때문이다.

췌언을 덧붙인다면, 1994년 초부터 1997년 9월까지의 기간 중에 형성되었던 환율은, 분명히 시장원리에 의해 결정된 '시장환율'이었지만, 경상수지를 균형시킬 수 있는 '적정환율'은 아니었다.

그리하여, 그 기간 중에는 '과도한 해외차입 → 외환공급의 증가 → 환율의 저수준 유지 → 수출의 둔화 및 수입의 증가 → 경상수지 적자의 누적 → 순외채잔액의 급증'의 과정이 진전되었는바, 이것은, 그 기간 중 한국경제 전체의 대외신용도를 하락시키는 또 다른 요인으로 작용했다.

3. 결정적 요인

1994년 초반 이래 금융기관들과 대기업들은 적어도 1996년 하반기 이

전까지는 해외차입을 통해 명목금리가 낮은 대규모 자금을 상당히 쉽게 조달할 수 있었다. [*여기서의 '명목금리'는, 나중에 있게 될 환율변동이 감안되지 않은 금리를 말한다.]

그런데, 개인들도 쉽게 가득한 수입이 있으면 그것을 헤프게 지출하는 경향이 있는 것처럼 기업들도 쉽게 조달한 자금이 있으면 그것을 헤프게 운용하는 경향이 있는바, 1994년 초반 이래 해당 금융기관들과 대기업들은, 한마디로 말해, 쉽게 조달한 자금을 헤프게 운용했다:

첫째, 많은 금융기관들은, 자신들이 해외차입을 통해 조달한 막대한 양의 자금 가운데 상당부분을 분석 또는 심사를 소홀히 한 채 대기업들에게 제공했다.

둘째, 많은 대기업들은, 자신들이 금융기관들로부터 조달하거나 직접 해외차입에 나서서 조달한 막대한 양의 자금 가운데 상당부분을, 이를테면 철강 · 자동차 · 반도체 · 정보통신 · 주류 · 유통 · 건설 및 레저산업 … 등에 경쟁적으로 투하했고, 그렇게 하면서 중복 · 과잉투자까지도 거침없이 추진했다.

그리하여, 1994년 초반 이래 한국경제는 '거품성장'[중복 · 과잉투자에 힘입은, 내실 없는 성장]을 하게 되었고, 그러다가, 1997년 1월에 들어선 이후로는 금융기관들과 대기업들 중 상당수가 공히 구조적인 경영부실상태에 몰리게 되었다.

이에 따라 ─ 앞에서 언급된 요인들에 여기서 언급되는 요인이 결정적으로 가세하면서 ─ 한국경제 전체의 대외신용도는, 1997년 1월에 들어서면서부터 가속적으로 하락하기 시작하여, 마침내 동년 10월~12월 중에는 가위(可謂) 급전직하의 형세로 추락하게 되었다.

그리하여, 〈그림 21〉에서 볼 수 있는 바와 같이, 하향세를 보여 오던 '대외신용도가 허용하는 해외차입잔액한도'[L]와 상향세를 보여 오던 '실제의 해외차입잔액'[A]이 교차해 '데드 크로스'(dead cross)를 형성하는 시점이 도래하게 되었다. 그리고, 그 시점이라고 볼 수 있는 1997년 10월

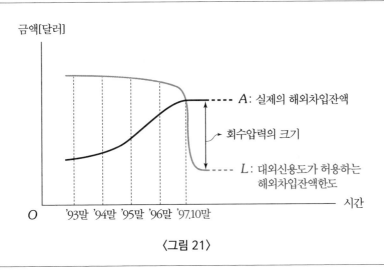

금액[달러]

A: 실제의 해외차입잔액

회수압력의 크기

L: 대외신용도가 허용하는
해외차입잔액한도

시간

O '93말 '94말 '95말 '96말 '97.10말

〈그림 21〉

말경, 결국 외환위기가 현실화되기 시작했다!

제3장
****
한국의 입장에서 추진할 수 있는 외환위기예방책

현재 한국의 원화는 기축통화가 아님은 물론이고 국제유동성의 범주에도 속하지 못한다. 그런 한국의 입장에서 추진할 수 있는 외환위기예방책에 언급하고자 한다.

1. 원래대로 계속 시행되었더라면 앞의 위기를 예방할 수 있었을 정책들

대략적으로 말할 때, 금융기관들과 대기업들은, 1988년 중반 이래 1997년 중반에 이르기까지 1992년과 1993년의 2개년을 제외한 근 8년 동안, 대규모의 국내주식발행·대규모의 국내채권발행·대규모의 국내차입 그리고 대규모의 해외차입 등을 통해 막대한 양의 자금을 비교적 쉽게 조달할 수 있었다.

그런데, 또다시 언급하는 바지만, 개인들도 쉽게 가득한 수입이 있으면 그 것을 헤프게 지출하는 경향이 있는 것처럼 기업들도 쉽게 조달한 자금이 있으면 그것을 방만하게 운용하는 경향이 있다.

그렇다면, 금융기관들과 대기업들은 전기한 근 8년 동안 그 막대한 양의 자금을 방만하게 운용하였을 가능성이 높은바, 안타깝게도, 이미 시사한 바와 같이, 그 가능성은 실제상황이 되어 버렸다.

이렇듯 금융기관들과 대기업들이 [경영건전성이나 시장안정성을 도외시하고서] 과도한 자금조달 및 그 조달자금의 방만한 운용을 오랜 기간 동안 계속하였던 것 — 1997년 한국의 외환위기를 초래한 보다 포괄적이고 보다 근본적인 원인으로서 저자가 제시하고자 하는 것은 바로 이것이다.

저자는, 1989년부터 1993년까지 옛 재무부 증권국에서 증권정책 관련 업무를 담당하면서, 당시의 상황에서 주식시장 및 자금시장의 안정과 방만한 자금운용의 방지를 기하기 위해서는 사전에 과도한 자금조달을 억제하는 것이 현실적으로 최선의 방책이 될 수 있다고 판단했었다.

그래서, ⓐ 국내주식발행이 과도해지지 않도록 그 물량을 관리하는 정책[주식발행물량의 관리]과 ⓑ 국내채권발행이 과도해지지 않도록 그 물량을 관리하는 정책[채권발행물량의 관리]을 직접 기안 및 시행하는 한편, ⓒ 대기업들에 대한 금융기관들의 여신이 과도해지지 않도록 그 물량을 관리하는 정책[대기업여신물량의 관리]과 ⓓ 해외차입이 과도해지지 않도록 그 물량을 관리하는 정책[해외차입물량의 관리]을 측면에서 지지했었다.

이들 네 가지 정책이 동시에 집중적으로 시행되었던 시기는 1992년과 1993년의 2개년 동안이었다. 그렇다면, 그 2개년 동안에는 과도한 자금조달 및 그 조달자금의 방만한 운용을 억지(抑止)할 수 있는 정책들이 시행되었던 셈이다.

실제로, 이들 네 가지 정책의 당시의 시행효과들 가운데 가시화(可視化)된 것들 몇 가지를 예시하면,

첫째, 1992년 8월 21일에 459.07의 절망적인 수준까지 하락했던 종합주가지수가 1994년 8월 11일에는 1,138.75의 수준까지 상승했다[주식시장의 회복].

둘째, 1991년 10월 16일에 연 19.90%의 살인적인 수준까지 상승했던 회사채유통수익률이 1993년 3월 29일에는 연 10.95%의 수준까지 하락했다[금리의 하향안정화].

셋째, 1990년부터 1992년까지 3년 간 연속적자를 시현했던 경상수지가 1993년에는 흑자로 반전되었다[경상수지 흑자의 시현].

그러나, 1994년에 들어선 이후로는, "금융의 자율화는 기본적으로 어떠한 상황에서나 선(善)이다."라고 주장하시며 거시경제정책적인 '관리' (管理)까지도 불필요한 '규제'(規制)라고 생각하시는 분들께서 정부의 안팎에서 압도적인 세력을 형성하셨다. 그리하여, 경제현실을 직시하지 못하시는 이 분들의 주도로 금융정책이 운용되는 과정에서, 전기한 네 가지 정책들은 ─ 그 명맥의 유지 여부를 불문하고 그 시행의 강도를 고려해 평가하면 ─ 사실상 모두 폐기되었다.

저자가 확신하건대, 만일 그 네 가지 정책들이 1994년 이후에도 적정한 강도로 계속 시행되어 1997년에 이르렀다면, 첫째, 당시의 한국경제는 전반적으로 건실해졌을 것이며, 둘째, 그에 따라, 많은 한국민을 고통의 늪에 빠뜨린 1997년의 외환위기는 근원적으로 예방되었을 것이다.

참고로 첨언하건대, 저자의 소견으로는, 주식발행물량의 관리·채권발행물량의 관리·대기업여신물량의 관리 및 해외차입물량의 관리도, 그것들 각각이 객관적이고 합리적인 기준[이를테면 '경영건전성기준'이나 '시장안정성기준' 같은 것]에 의거해 시행될 수만 있다면, 상황에 따라서는 각기 적절한 거시경제정책수단이 될 수도 있다고 생각한다. 특히, 어떤 비상상황에서는 말이다.

이런 이야기를 했다고 하여 저자를 관치경제주의자로 몰려는 분이 계신다면, 저자로서는 그런 대접만큼은 정중히 사양할 것이다. 시장의 비밀 속에는 법가(法家)의 '신상필벌'(信賞必罰)과 도가(道家)의 '무위이화'(無爲而化)가 공존한다!

2. 한국의 입장에서 외환위기의 예방을 위해
평소 시행해야 할 대책들

향후에 외환위기가 재발하는 것을 사전에 방지하기 위해서는, 정부 아니면 한국은행이, 한편으로는 해외차입이 과도해지지 않도록 지속적으로 관리하고, 다른 한편으로는 외환시장에서의 매입을 통해 보유외환을 꾸준히 쌓아 올리며 어느 정도의 고환율 수준을 계속 유지시켜 주어야 한다.

가. 과도한 해외차입의 억제

정부가 해외차입물량을 적정수준이 되도록 관리하는 경우에는, 이를테면 다음과 같은 과정들, 즉,

ⓐ '해외차입의 감소 → 총외채잔액의 증가세 둔화'의 과정과

ⓑ '해외차입의 감소 → 외환공급의 감소 → 환율의 상승 → 경상수지의 적자폭 축소[혹은 그것의 흑자폭 증가] → 순외채잔액의 증가세 둔화[혹은 순대외채권잔액의 증가]'의 과정 및

ⓒ '해외차입의 감소 → 해외차입금의 방만한 운용이 덜 진행됨 → 경영의 부실화가 덜 진행됨'의 과정

등이 각각 진전되어, 국가신용도가 덜 하락하거나 오히려 상승하게 될 것이다.

이 같은 관리가 여의하든 아니든, 아래의 대책만큼은 반드시 시행되어야 한다.

나. 외환당국에 의한, 지속적인 외환의 매입 및 그 보유고의 확충

정부는 외국환평형기금을 통해, 그리고 한국은행은 통화계정을 통해, 각각 외환시장에서 외환을 매입하고 그것을 금이나 고유동성 외화자산의

형태로 보유할 수 있다. 여기서 말하는 '고유동성 외화자산'의 범주에 예컨대 달러화현금, 신용도 높은 해외은행에의 달러화예금, 달러화표시로 발행된 미국정부채권 … 등이 포함됨은 물론이다. 참고로, 전기한 기금을 실무적으로 운용하는 일은 한국은행이 정부의 위탁을 받아 처리한다.

이하에서는 외환당국들로서의 정부와 한국은행을 단순히 '외환당국'이라고 총칭하기로 하겠다. 이때, '외환보유고'는 당연히 한 시점에 있어서 그 '외환당국'이 보유하고 있는 금과 고유동성 외화자산의 총가액을 의미한다.

이제, 외환당국이 지속적으로 외환시장에서 외환을 매입하고 그것을 이용해 외환보유고를 확충하는 것을 '외환보유고 쌓기'라고 일컫기로 하겠다.

외환보유고 쌓기가 적정한 강도로 이루어지는 경우에는, 이를테면 다음과 같은 과정들, 즉,

ⓐ'외환당국에 의한 외환의 매입 → 외환수요의 증가 → 환율의 상승 → 경상수지의 적자폭 축소[혹은 그것의 흑자폭 증가] → 순외채잔액의 증가세 둔화[혹은 순대외채권잔액의 증가] 및 경제성장률의 상승'의 과정과

ⓑ'외환당국에 의한 외환보유고 쌓기 → 그 보유고의 증가'의 과정

등이 각각 진전되어, 국가신용도가 덜 하락하거나 오히려 상승하게 될 것이다.

3. 보론 — 외환보유고 쌓기와 관련하여 생길 수 있는 오해들

외환보유고 쌓기와 관련해서는 몇 가지 오해들이 생길 수 있다. 그래서, 보론을 추가한다. 서편에서도 비슷한 주제를 놓고 논의를 행한 바 있지만, 그 논의와 중복되는 부분은 없을 것이다.

가. "외환보유고 쌓기는 환율상승에 의한 비용추진인플레이션을 유발하기 십상이다."라는 오해

"환율이 상승하면, 수입원자재의 원화환산가격이 상승하여, 물가는 비용추진(cost push)에 의한 상승의 압력을 받는다." — 이렇게 말하는 것 자체는 틀린 이야기가 아니다.

그런데, 인플레이션이란 물가가 계속적으로 상승하는 현상을 말한다.

외환보유고 쌓기가 적정한 강도로 이루어질 때, 환율은 계속적으로 상승하는 것이 아니라 어느 정도 높은 수준을 유지하게 된다. 이런 경우, 물가는 그 쌓기가 이루어지지 않았을 경우에 비해 다소 높은 수준이기는 하지만 일정한 수준을 유지하게 된다. 말하자면, 종전의 균형수준에서 다소 상승한 새로운 균형수준을 유지하게 되는 것이다.

그러므로, 그 쌓기가 으레 환율상승에 의한 비용추진인플레이션을 유발하는 것처럼 누군가가 주장한다면, 그것은 잘못된 견해를 피력하는 것이라고 할 수 있다.

나. "외환보유고 쌓기는 통화증발에 의한 물가상승을 유발하기 십상이다."라는 오해

이하에서, '통화증발'(通貨增發)은 본원화폐총액의 증가 내지 증대를 의미하고, '통화환수'(通貨還收)는 전기한 총액의 감소 내지 감축을 의미한다.

"한국은행이 통화안정증권의 대응발행 없이 외환시장에서 외환을 매입하면, 그 매입의 과정에서 방출되는 원화의 금액만큼 통화증발이 일어난다." — 여기까지는 맞는 말이다.

그러나, 통화증발이 언제나 물가상승을 유발하는 것은 아니다. 오히려, 성장하는 경제에서는 통화증발이 필수불가결의 요소가 된다. 적정한 수준의 통화증발은 물가상승이 수반되지 않는 건전한 성장을 가능하게 해 준다! [*첨언이 불필요하겠지만, 교과서에서 설명의 편의상 설정하는 정학모형(靜學模型; static model)으로부터의 결론을 현실의 경제에 액면 그대로 적용해서는 안 되는 것이다.]

통화증발의 경로는 여러 가지다. 외환보유고 쌓기는 그 중의 하나면서 '수출증가 및 수입감소를 통한 고율성장'과 '외환보유고의 증가 등을 통한 대외건전성의 유지 또는 증진'에도 기여한다. 말하자면 일석삼조(一石三鳥)의 효과를 낼 수 있는 것이다. 이런 점에서, 만일 그 쌓기의 과정에서 통화증발이 과도해질 우려가 있다면, 그 쌓기의 규모를 축소하는 것보다는 다른 경로에서 상쇄적인 통화환수를 시도하는 것이 바람직한 경우가 많을 것이다.

이상을 감안할 때, 누군가가 외환보유고 쌓기는 으레 통화증발에 의한 물가상승을 유발하는 것처럼 말한다면, 또는 통화증발은 으레 물가상승을 야기하는 것처럼 이야기한다면, 그것은 타당성을 결한 것이라고 해야 할 것이다.

다. "외국환평형기금이나 한국은행통화계정의 적자는 기본적으로 나쁜 것이다."라는 오해

한국은행이 발권력을 동원해 외환보유고 쌓기를 추진하면, 전술한 것처럼 통화증발이 일어난다. 대신, 발권비용과 같은 원화자금조달비용이 보유외환운용수익에 비해 미미하기 때문에, 한국은행통화계정의 해당부문에는 엄청난 규모의 흑자가 발생한다. 이 흑자는 좋은 것인가?

정부나 한국은행이 국내채권시장에서 외국환평형기금채권이나 통화안정증권을 발행하고 그렇게 조달한 원화자금으로 외환보유고 쌓기를 추진하면, 통화증발은 일어나지 않는다. 대신, 발행채권에 대한 지급이자 등 원화자금조달비용이 보유외환운용수익보다 큰 것이 일반적이어서, 외국환평형기금이나 한국은행통화계정의 해당부문에는 적자가 발생한다. 이 적자는 나쁜 것인가?

우리는 위의 두 가지 방식 중 어느 것이 우월하다고 일률적으로 말할 수 없다.

이것은 다음의 사실을 강력하게 시사해 준다. ―"외환보유고 쌓기의 과정에서 외국환평형기금이나 한국은행통화계정의 해당부문에 발생할 수 있는 흑자나 적자는, 영리사업체의 경영성과를 측정하는 잣대로 평가할 성격의 것이 아니다!"

사리가 이러함에도, 외국환평형기금에 발생한 대규모 적자가 세간의 척도에 의해 평가되어 그 운용을 책임진 고위공무원이 애꿎게 추궁을 당한 일이 있었다. 저자가 신문기사들을 통해 대략적으로 알고 있는 바에 따르면, 그 사건은 개요는 다음과 같다. 이 책의 서편에서 '한 수재형 고환율주의자'로 거명된 인사가 수년 전 그 기금을 통해 외환보유고 쌓기를 시도하다가 큰 폭의 평가손실을 내게 되었다. 다량의 달러화를 매입해 두었는데 이후 원/달러환율이 하락하는 바람에 그렇게 되었던 것이다. 그는 그러한 실책에 대해 책임을 물어야 한다는 분위기 속에서 인사상의 불이익을 당하게 되었다.

그리고 보니, 그 기금에서 엄청난 규모의 실현이익이 생긴 사례도 바로 찾을 수 있다. 2008년의 글로벌 금융위기가 발발하기 전후의 일이었다. 원/달러환율이 1000원을 훨씬 밑돌 때 매입해 두었던 달러화를 그 환율이 1000원 위에서 치솟고 있을 때 무더기로 매각할 수 있었으니, 그 매매차익이 천문학적 수치를 기록했다. 대신에 한국경제가 하마터면 본격적인 외환위기를 맞이할 뻔했지만 말이다. [*참고로, 외환위기가 본격화되면 이번에는 그 기금에 남아 있는 외화자산에서 환율의 대폭 상승에 따른 대규모 평가이익이 생긴다.]

저자는 앞의 두 사건을 두고서 어떤 인사와 이야기를 나눈 적이 있다. 그때, 두 사람은 실소(失笑)하며 다음의 아이러니에 공감했다. ―"외국환평형기금은, 외환위기를 예방하려는 사람이 운용할 때에는 적자가 나기 쉽지만, 그 위기를 일으킬 사람이 운용하면 반드시 어마어마한 흑자가 난다. 그러므로, 그 위기를 일으킨 사람에게는 정부기금에 막대한 수익을 안겨 준 공로로 훈장을 수여해야 할 것이다!"

라. "적정외환보유고 달성 이후의 외환보유고 쌓기는 무의미할 뿐만 아니라 과도한 것이다."라는 오해

먼저, 적정외환보유고에 관한 기존경제학자들의 논의를 개관해 보기로 하자.

어떤 비상사태로 수출이나 자본유입 등에 의한 내생적 외환공급이 완전히 경색되었다고 할 때, 외환당국이 이후의 일정기간 동안 환율을 종전 수준으로 유지시키려 한다면 동 기간 중 방출해야 할 보유외환의 총액 — 그들은 통상 이 금액을 '외환보유고의 적정수준'으로 규정한다. 물론, 구체적으로 어떤 수준이 적정한가에 대해서는 정설이 없다. 어떤 학자가 "그 나라의 4개월 간 수입대금지급수요를 충당할 수 있는 수준이면 적정하다."라고 주장하면, 다른 학자가 "아니다. 3개월 간의 수입대금 및 외채이자지급수요를 커버할 수 있는 수준이 적정하다."라고 반박하는 식이다.

이 같은 논의는, 그들이 외환보유고를 평면적으로만 인식하고 있음을 웅변해 준다. 그들에게 있어 그것의 성격은 그저 '비상시에 쓰일 준비금의 크기'일 따름이다.

그러나, 현실에 있어 외환보유고는 '준비금' 이상의 의미와 가치를 지닌다!

어떤 나라가 일정기간에 걸쳐 보유외환을 많이 쌓았다면, 일반적으로 그것은 적어도 '그 나라의 경제가 해당기간 동안 보다 높은 환율에 힘입어 보다 높은 비율로 성장했다는 것'을 의미한다. 이 경우, '보다 높은 비율로의 성장'은 보유외환을 많이 쌓았기 때문에 가능해진 것이다. 이렇듯,

외환보유고는 그것이 형성되는 과정 자체부터 그 나라의 경제에 자못 큰 영향을 미친다. 사정이 이러한데, 어찌 그것을 '준비금'으로만 볼 수 있겠는가?

저자가 환율에 관한 강의를 할 때면 수강생들은 으레 "외환보유고는 어떤 수준이 적정합니까?" 하고 질문한다. 그 질문에 저자는 "한마디로 말한다면, 다다익선(多多益善)입니다."라고 답하곤 한다. "단, 다른 교수님들께서 출제하시는 시험들에서는 저한테 강의받은 대로 답안을 써서는 절대 안 됩니다."라는 조언을 반드시 덧붙여야 하지만.

물론, 과유불급(過猶不及)이라고, 보유외환이 넘칠 정도로 많은 것이 꼭 좋은 것은 아니다. 보유외환 자체의 운용수익률은 그다지 높을 수 없기 때문이다. 하지만, 그것이 넘쳐 난다고 외환보유고 쌓기까지 멈출 필요는 없다. 인플레이션 같은 큰 부작용이 나타나지 않는 한 말이다. 그것이 넘쳐 나서 아깝다면, 흘러넘치는 부분은 이른바 국부펀드(sovereign wealth fund)를 만들어 거기에 집어넣어 운용하면 된다! [*그런 경우, 동 펀드에 담겨진 외화를 자국통화로 환전해 국내자산투자에 쓰는 것은 권장할 만한 일이 못 된다. 그 같은 방식의 운용은 외환보유고 쌓기의 효과를 상쇄시켜 버리기 때문이다. 그 외화는 외화 상태 그대로 해외자산투자에 쓰여져야 한다!]

이제 독자 여러분께서는 외환보유고와 국부펀드의 합계액이 나름대로 큰 나라들을 살펴보시기 바란다. 그 나라들은, 산유부국(産油富國)이 아니더라도, 대체로, 한편으로는 그 경제가 최소한 과거의 어느 기간 동안 수출 호조에 힘입어 고속성장의 가도를 달린 적이 있고, 다른 한편으로는 그 정부나 중앙은행이 당연히 미국국채 등의 해외자산을 나름대로 많이 보유하고 있을 것이다.

참고로, 2012년 말 현재의 국별 외환보유고 순위를 1위부터 열거하면, 대략 중국[3조6천억 달러; 홍콩 포함], 일본[1조3천억], 사우디아라비아[6천3백억], 러시아[5천4백억], 스위스[5천3백억], 대만[4천억], 브라질

[3천7백억], 한국[3천3백억], 인도[3천억], 싱가폴[2천6백억] … 순이다. 첨언하건대, 중국은 겉으로 드러난 외환보유고에 더해 총규모 1조 달러 내외의 국부펀드를 보유하고 있고, 싱가폴의 경우에는 국부펀드의 총규모가 4천억 달러 이상으로서 아예 외환보유고를 압도한다!

이상의 논의가 시사해 주는 것들 가운데 빠트리고 넘어가서는 안 될 것이 하나 있다.

2010년, 중국은 예상보다 빨리 일본을 밀어내고 세계2위 경제대국에 진입했다. 물론, 그렇게 된 데에는 여러 가지 요인들이 함께 작용했다고 할 수 있다. 그런데, 단언컨대, 그것들 중에는 분명 '외환보유고 요인'이 있고, 그것의 비중은 결코 작지 않다. 그렇다. 중국은 오랜 세월 동안 흔들림 없이 외환보유고 쌓기를 지속적으로 추진해 왔다. 반면, 한때 부동(不動)의 외환보유고 1위국이었던 일본은 언제부터인가 그 쌓기를 등한시해 왔다. 다시 보시라. 일본의 그 보유고는 1조3천억 달러로서 중국의 3조6천억 달러에 한참 밀리고 있다! 시장의 비밀 중에는 국가의 성쇠(盛衰)에 관련되는 것도 적지 않다!

중국이 1978년의 '개혁개방'(改革開放) 이래 지금까지 해 왔던 것처럼, 경제정책 운영에 있어 국익과 국민 전체의 부를 최우선시하며 '일의고행'(一意孤行 ; 누가 뭐라 하든 내 고집대로 하겠다)을 하는 것 — 이 방식은, 꼭 칭찬만은 할 수 없으나 고도성장이라는 성과를 거둔 것만은 사실이라고 할 것이다.

제4장
****
환율분쟁의 비밀

1. 환율분쟁의 이면(裏面)에 있는 비밀

비록 한국의 경우를 전제하고서 논의한 것들이 많이 포함되어 있지만, 이 부록편에서 지금까지 논의된 것들 중의 대부분은 다른 나라의 경우에도 적용될 수 있는 보편적인 것들이다. 그 논의를 통해 밝혀진 일종의 비밀들, 이것들도 마찬가지다.

그 비밀들 중 몇 가지를 조합해 그대로 혹은 대칭적으로 적용하면, 새로운 비밀이 도출될 수 있다. 아래에 그 새로운 것의 내용을 간단히 기술하기로 하겠다. '외환당국'이나 '외환보유고 쌓기' 등은 한국의 경우에 국한되지 않은 보편적인 용어로서 사용될 것이다.

기존경제학자들은 대체로 다음과 같이 인식하고 있다.
— "외환당국이 외환보유고 쌓기를 통해 환율을 어떤 높은 수준으로 일정하게 유지시키면, 단기적으로는 경상수지 흑자가 시현될 수 있지만, 곧이어 '통화증발이나 고환율에 따라 물가[국산품가격]가 상승 → 수출은 감소하고 수입은 증가 → 경상수지 흑자가 축소되다가 소멸'의 과정이 진행되기 때문에, 그 흑자가 장기적으로 지속될 수는 없다."
— "자본유입이 자본유출보다 큰 상황이 지속되면서 환율이 어떤 낮은 수준으로 일정하게 유지되면, 단기적으로는 경상수지 적자가 시현될 수 있지만, 곧이어 '저환율에 따라 물가[국산품가격]가 하락 → 수출은 증가하고 수입은 감소 → 경상수지 적자가 축소되다가 소멸'의 과정이 진행되기

때문에, 그 적자가 장기적으로 지속될 수는 없다."

이 같은 인식이 맞다면, 무엇보다도, 환율분쟁이 태동하는 국면에서 '선제공격국'(先制攻擊國)의 '공세'(攻勢)가 장기적으로 지속되기는 힘들 것이다. 왜냐하면, ①그 나라가 환율을 어떤 높은 수준으로 일정하게 유지시키는 방식으로 '등속적(等速的)인 외환보유고 쌓기'를 시도한다면, 그에 따른 경상수지 흑자는 장기적으로 지속될 수 없고, ②그 나라가 환율을 어떤 높은 수준에서부터 계속 상승시키는 방식으로 '가속적(加速的)인 외환보유고 쌓기'를 시도한다면, 아주 오래지 않아 그 나라는 그에 따른 인플레이션 압력을 도저히 견딜 수 없어 그 시도를 결국 포기해야 할 것이기 때문이다. 그렇다면, 환율분쟁은, 일어나더라도 첨예화될 가능성은 높지 않게 될 것이다.

하지만, '새로운 비밀'은 다음과 같다.

— "A국의 경우, 외환당국이 외환보유고 쌓기를 통해 환율을 어떤 높은 수준으로 일정하게 유지시키면, 단기적으로 경상수지 흑자가 시현될 수 있음은 물론이고, 이후 국민경제가 '예전보다 높은 수준의 물가와 초기보다는 축소된 폭의 경상수지 흑자가 공존하는 균형상태'를 장기간 유지하게 될 수도 있기 때문에, 그 흑자가 장기적으로 지속될 수도 있다."

— "B국의 경제주체들에 의해 신규로 발행되거나 기왕에 보유되고 있는 그 국채 등의 자산을 A국의 외환당국이 전기한 외환보유고 쌓기에 의해 생긴 보유외환으로 꾸준히 매입하면, B국의 경우, 자본유입이 자본유출보다 큰 상황이 지속되면서, 단기적으로 경상수지 적자가 시현될 수 있음은 물론이고, 이후 국민경제가 '예전보다 낮은 수준의 물가와 초기보다는 축소된 폭의 경상수지 적자가 공존하는 균형상태'를 장기간 유지하게 될 수도 있기 때문에, 그 적자가 장기적으로 지속될 수도 있다."

이 비밀에 의해, 환율분쟁은 적어도 A국과 B국 간에는 첨예한 양상으로 일어날 가능성이 높아지게 된다.

그런데, 위의 비밀을 나름대로 터득한 후 A국의 입장에서 2010년 7월 현재까지 아주 오랫동안 하등의 동요도 없이 실천해 온 나라가 있다. 바로, 중국이다!

그리고, 줄곧 B국의 입장에 있으면서 위의 비밀을 전혀 몰랐거나 눈치채고도 방치했던 나라가 있다. 미국이다! 최근 들어서는 그 비밀을 비로소 눈치챘거나 새삼 위기의식을 느껴 중국에 강한 불만을 표하고 있다.

2. 2010년 미·중 환율분쟁의 본질

앞에서의 논의 말미에, '2010년 7월 현재 조만간 미국과 중국 간에 첨예한 환율분쟁이 일어날 우려가 있다.'라는 점이 시사되었었다. 그런데, 안타깝게도, 이 책 초판의 조판이 진행되고 있는 중인 동년 10월 현재 그 우려가 점차 현실화되고 있다. 그 분쟁의 와중에 일본과 유럽까지 각기 자신들 통화의 약세를 도모 또는 선호하고 있어, '글로벌 환율전쟁'의 조짐까지 나타나고 있다. 귀추가 주목된다.

비유가 세련되지 못하고 설명이 불필요한 면도 있지만, 이솝우화 하나를 원용해 전기한 분쟁의 본질에 간략히 언급하기로 하겠다.

종전까지 꽤 오랜 기간 동안, 중국민은 자국통화의 대외가치가 보잘것 없었기 때문에 개미처럼, 수고하며 수출을 해야 했다. 반면, 미국민은 자국통화의 대외가치가 높았던 덕분에 베짱이처럼, 수입을 하며 즐기면 되었다. 그런데, 한참 지나고 보니, 개미 측은 비록 고되기는 했지만 소득이 늘었고, 베짱이 측은 즐겁기는 했는데 일자리가 줄었다. 불현듯 깨달음을 얻은 베짱이가 개미에게 서로 역할을 바꾸자고 제안했다. 하지만, 개미는 냉정하게 거절했다. "뚸이부치."(对不起.) [I'm sorry.]라는 말조차 없이. 이렇듯 개미와 베짱이가 저마다 개미의 역할만 하겠다고 하면, 둘 사이에는 분쟁이 생길 수밖에 없다.

3. 보론 — 독일 등 유로존 국가들의 경상수지에 관한 비밀

논지 위주로 최대한 간략하게 서술하기로 하겠다.

지금까지의 전제 및 가정 중 일부[해당부분]를 아래의 것으로 대체하기로 하겠다.

① 세계에는 미국과 유로존 국가들만 존재한다.

② 유로존 국가들 사이에서는 자본거래가 일어나지만, 그들과 미국 사이에서는 그 거래가 일어나지 않는다.

③ 유로존 국가들 가운데, 예컨대 독일은 수출경쟁력이 가장 높고, 그리스는 그 반대다.

④ 독일의 대미(對美) 수출총액과 대미 수입총액은 각각 '$X_{독일}$'과 '$M_{독일}$'로, 그리고 그리스의 그것들은 각각 '$X_{그리스}$'와 '$M_{그리스}$'로, 아울러 유로존 국가들 전체의 그것들은 각각 '$\sum X$'와 '$\sum M$'으로 표시하기로 하겠다.

⑤ 별도의 언급 없이 운위되는 '환율'은, 유로존 국가들의 입장에서 본 달럿값, 즉, 유로/달러환율이다.

이제, 예를 들면 〈그림 22〉에서처럼, 환율은 달러당 1.00유로로 결정된다. 그리고, 그 환율수준에서, 독일의 대미 수출입수지는 큰 폭의 흑자를 시현하고, 그리스의 그것은 상당한 폭의 적자를 시현한다! [*이 경우, '그 불균형은 조만간 독일물가의 상승과 그리스물가의 하락에 따라 자동적으로 소멸할 것이다.'라고 생각한다면, 그것은 오산(誤算)이다. 현실에 있어서는, 이를테면 흑자국 독일에서 적자국 그리스로 거의 상시적인 자본이동이 일어나면서 물가의 상쇄적 변동이 별로 일어나지 않아, 그 불균형이 장기간 지속될 수 있는 것이 일반적이다.]

여기서 우리는 아래와 같은 중요한 사실들을 발견할 수 있다.

첫째, 만약 유로존이 독일만으로 구성되어 있다면, 유로/달러환율은 1.00유로보다 낮은 0.80유로로 결정되어 있을 것이고[유로화가 강세통화

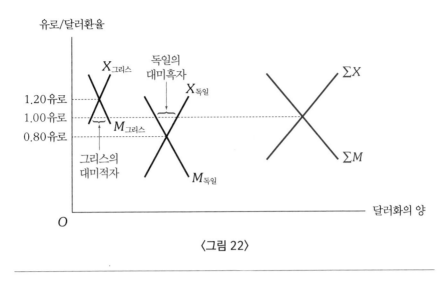

〈그림 22〉

가 되는 셈], 독일의 대미 수출입수지 흑자는 소멸되어 있을 것이다. 이런 경우, 독일이 그 흑자를 시현시킬 수 있기 위해서는, 미국과의 관계에서 자본순유출이나 외환보유고 쌓기가 있어 주어야 한다.

둘째, 반대로, 만약 유로존이 그리스로만 구성되어 있다면, 유로/달러환율은 1.00유로보다 높은 1.20유로로 결정되어 있을 것이고[유로화가 약세통화가 되는 셈], 그리스의 대미 수출입수지 적자는 소멸되어 있을 것이다.

셋째, 이렇게 본다면, 독일이 〈그림 22〉에서처럼 대미 수출입수지 흑자를 누릴 수 있는 것은 유로화체제 덕분이라고 할 수 있다.

넷째, 유로존의 구성이 현행대로라면, 독일의 경우, 전체 수출입수지 흑자는 〈그림 22〉에서보다 훨씬 더 클 것이다. 왜냐하면, 유로존 역내(域內) 다른 국가들에 대한 수출입수지도 흑자를 시현하고 있을 것이기 때문이다. 그런데, 후자의 흑자도 따지고 보면 유로화체제 덕분이라고 할 수 있다. 왜냐하면, 그 체제는 그 역내 모든 국가들 사이에서 고정환율제도가 시행되도록 하는 것과 동등한 효과를 내고 있기 때문이다. 미국이 없다고 할 때, 그 체제 이전이었다면, 그 역내 다른 국가들과의 관계에서 자본순유출이나 외환보유고 쌓기가 특별히 있어 주지 않는 한, 그 흑자는 마르크화가 강세통화로 되면서 소멸되어 있을 것이다.

다섯째, 2010년 10월 현재까지의 수년 간을 전제할 때, 독일의 실제입지는 〈그림 22〉에서와 비슷하다고 할 수 있다. 그렇다면, 저자의 성향에 의거해 평가하는 한, 유로존 국가들 가운데 유로화체제의 최대수혜자는 바로 독일이라고 할 수 있다. [*독일은, 한편으로는 경상수지 흑자에 힘입어 보다 높은 성장률을 구가하고, 다른 한편으로는 그 흑자에서 생기는 재원을 활용해 역내 경상수지 적자국들을 상대로 채권자 내지 자산가의 역할을 할 수 있다! 작금의 상황조건이 계속 유지될 수 있다면, 역내 주도국으로서의 독일의 입지는 해가 갈수록 더욱 공고해질 것이다. 마치 중국의 전국시대(戰國時代) 후반기에 7웅(七雄) 중 진(秦)나라가 나머지 6국을 점차 압도해 갔던 것처럼 말이다. 참, 유로존이 약육강식의 장은 아니므로, 조금 전의 비유는 부적절했다!]

한국에서 'G20 정상회의'가 개최되는 2010년 11월에 즈음한 현재, 글로벌 환율분쟁의 일환으로 주요국들 간에 논전(論戰)이 벌어지고 있다. 이제 그 논전의 한 단면에 논급하고자 한다.

자국의 만성적인 경상수지 적자로 고심하고 있는 미국이 "경상수지 흑자국의 그 흑자 규모가 당해국 GDP의 4% 이내로 관리되도록 하자."라고 제안했다. 다분히 중국을 겨냥한 제안이라고 볼 수 있다. 그런데, 강력한 반발은 의외로 독일 쪽에서 나왔다. 독일은 총리가 전면에 나선 가운데 다음과 같은 취지의 발언을 하고 있다.

"우리 독일은 환율을 조작하지 않으며, 따라서, 우리의 대규모 경상수지 흑자는 순전히 우리 기업들의 자체적인 수출경쟁력에 의해 자유시장(free market)에서 이룩된 것이다."

학리적으로 볼 때, 이 같은 발언은 그다지 타당하지 않은 것이라고 할 수 있다. 무엇보다도, "중국이 미국 등으로부터 '환율조작국'이라는 지탄까지 받으면서 추진해 온 외환보유고 쌓기와 동등한 작업을, 독일의 경우에는 기실 유로화체제가 대신 떠맡아 해 주고 있다!"라는 비밀이 전혀 반영되지 않은 것이기 때문이다. 시장을 모르면서 시장을 판 발언인 것이다. 그러나, 미국은, 평소에 시장을 전가(傳家)의 보도(寶刀)처럼 내세우면서도 그것을 깊이 있게 알지 못하기는 매한가지여서, 독일을 야속하게 생각할 뿐 앞의 발언 자체에 대해서는 수긍하고 있다. 글로벌 환율분쟁의 와중에서 한 편의 웃지 못할 코미디가 상연되고 있는 것이다.

아무튼, 조금 전에 언급된 비밀을 알게 되면, 독일은 머쓱해지고, 중국은 독일이 부러워지며, 미국은 독일이 더욱 야속해질 것이다.

제5장

****

유럽 재정위기의 원인과
수습방안 등에 관한 소고

1. 2011년 8월 미국 신용등급 강등과 유럽 재정위기 재점화 당시 저자가 제시한 '향후전망 및 수습방안'

2011년 8월 초순, 세계 유수의 신용평가회사인 S&P가 세계경제의 기관차 격인 미국의 신용등급을 한 단계 강등시켰다. '재정적자 누적에 의한 국가부채 과다'가 그 강등조치의 주된 이유였다. 세계적으로 재정적자 문제가 다시 부각되었고, '그리스 등 남유럽국가들의 재정적자 문제'에서 비롯된 '유럽 재정위기'도 재점화(再點火)되었다. 각국의 금융시장은 큰 충격을 받고 혼란에 빠졌다.

그리하여 더블딥에 대한 공포감이 전 세계를 위요(圍繞)하던 당시, 저자는 동년 8월 9일자 매일경제신문 기고문과 8월 11일자 SBS-CNBC TV 인터뷰 등을 통해 다음과 같은 취지로 '향후전망과 수습방안'을 제시한 바 있다.

— "세계경제 차원에서 볼 때, 금번의 요인들은, 그 자체로서는 본원화폐계수를 상승시키려는 에너지를 가진 것이지만, 글로벌 금융위기 수습 이후 그 계수가 하락하는 추세 속에서 발생했기 때문에, 적어도 당분간은 그 계수를 요동(搖動)시키기만 할 뿐 크게 상승시키지는 못할 것이다."

— "그렇더라도, 단기적으로는 본원화폐계수가 어쨌든 요동할 것이고, 유럽 재정위기는 장기적으로 지속될 수 있는 문제인 만큼, 세계경제의 향후

행로가 순탄할 수는 없을 것이다. 그러나, Fed와 ECB를 포함한 주요국 정책당국들이 전반적으로 수축적인 정책을 펴는 일만 벌어지지 않는다면, 위기 수준의 더블딥은 오지 않을 것이다."

— "S&P의 강등조치에도 불구하고, 달러화와 미국채는 국제금융시장에서 오히려 더 우대받을 것이다. 세계적으로 위기 조짐이 있을 때마다 안전자산으로 선호되기 때문이다. 시장은 S&P보다 강하다!"

— "유럽 재정위기 문제는 근본적으로는 유로화체제의 개편을 통해서만 해결될 수 있다. 하지만, 일단은 동 체제 최대수혜국인 독일과 ECB 등이 나서서 해당 채무국들이나 채권은행들에게 구제금융이 제공되도록 함으로써 위기를 미봉할 것으로 예상된다."

— "단, 각국의 정치지도자들이 자국민의 여론이나 자국의 부담능력 등을 고려해야 하기 때문에, 지원대상국의 자구노력강도, 지원제공국의 지원규모, ECB의 역할 … 등을 놓고서 줄다리기가 벌어질 것이다. 그 과정에서 차질(蹉跌)이 생기더라도, 세계경제에 금융시스템 붕괴와 같은 치명적인 충격을 주지는 않을 것이다."

— "한국은 고환율만 용인 또는 유도하면 웬만한 위기에서는 탈출할 수 있다."

— "미국경제는 유동성함정에 빠져 있다. 그래서, Fed의 양적 완화는 지금 당장으로서는 그 효과에 한계가 있을 것이다."

— "현재의 글로벌 위기상황을 조속히 안정시키려 한다면, 기책(奇策)들이 강구될 필요가 있다. 그러한 방책들로는, Fed의 미국채 탕감, Fed의 남유럽국채 매입, ECB의 남유럽국채 매입 … 등이 있다. 이것들 중 'ECB의 남유럽국채 매입'만이라도 제대로[대규모로] 시행될 수 있다면, 적어도 유럽 재정위기만큼은 당장 수습되고, 유럽의 지도자들은 동 위기에 대한 보다 근본적인 대책을 마련할 시간을 벌 수 있게 될 것이다."

이후, 세계경제는 적어도 2012년 2월 현재까지는 이상의 논의 중에 포함된 저자의 전망대로 운행되어 왔다!

2. 유럽 재정위기의 원인에 관한 이론적 고찰

앞 제4장에서 <그림 22>를 참고도로 삼아 행한 논의를 원용해 서술하기로 하겠다. 그리고, 그리스정부는 포퓰리즘 복지정책을 추진하며 그 과정에서 재정적자를 불사(不辭)한다고 가정하기로 하겠다.

유로/달러환율은 유로존 국가들 전체의 대미 수출총액과 수입총액 양자를 균형시키는 수준에서 결정되는데, 그 환율수준에서, 수출경쟁력이 높은 독일은 대미 경상수지 흑자[달러화 유입]를 누리고, 그 경쟁력이 낮은 그리스는 대미 경상수지 적자[달러화 유출]를 겪게 된다. 또한, 독일과 그리스 양국 사이에서도, 독일은 흑자[유로화 유입]를 누리고, 그리스는 적자[유로화 유출]를 겪게 된다.

이상과 같은 문제를 놓고서, 기존경제학자들 중에는 '가격-정화플로우 메커니즘'(price-specie flow mechanism) 같은 것에 의거해 다음과 같이 인식하는 분들도 계실 것이다.

"독일의 경우, 경상수지 흑자분만큼 본원통화량이 증가하고, 그에 따라 통화량 증가로 국내물가가 상승하면서 가격경쟁력이 소멸되어, 경상수지는 결국 균형을 이루게 된다. 반대로, 그리스의 경우에는, 경상수지 적자분만큼 본원통화량이 감소하고, 그에 따라 통화량 감소로 국내물가가 하락하면서 가격경쟁력이 회복되어, 경상수지는 결국 균형을 이루게 된다."

그러나, 실제로는 다음과 같은 과정이 진행된다.

달러화나 유로화가 부족해진 그리스의 정부나 금융기관들이 그것이 넘치고 있는 독일의 금융기관들에 손을 내밀어 그것을 빌려 오게 된다. 이렇게 독일로부터 그리스로의 자본이동이 일어남에 따라, 독일의 경우에는 늘어날 뻔했던 본원통화량이 종전대로 유지되고, 그리스의 경우에는 줄어들 뻔했던 본원통화량이 종전대로 유지되면서, 두 나라에서 공히 '유동자산총액 그대로, 물가 그대로, 수출 그대로, 수입 그대로'의 상태가 지

속된다. 그리하여, '독일의 흑자균형과 그리스의 적자균형'이라는 불균형
이 장기적으로 지속될 수 있다.

그리하여, 그리스의 경우에는, 경상수지 적자가 지속되고, 그 적자로
인한 저성장으로 재정수입구조도 악화됨에 따라 국가부채는 가속적으로
커지게 되며, 그 부채의 외채화(外債化)도 심화되는데, 해당외채가 과도
해지면서 정부는 결국 대외적으로 디폴트에 직면하게 된다.

유로화체제 이전이었다면, 위에서 예시된 과정이 진행되는 도중에 드
라크마화가 큰 폭으로 절하되어 그 진행에 제동이 걸렸을 것이다.

또한, 유로화체제 이전이었다면, 동국의 국채 중 대부분은 드라크마화
표시로 발행되고, 그런 국채의 경우에는 동국 중앙은행의 자체적인 발권
력[ECB의 통제를 받지 않는 발권력]이 동원되면 차환발행은 물론 순증
발행까지도 얼마든지 가능하기 때문에, 비록 대내적으로는 물가 폭등이나
드라크마화 폭락 등의 문제가 발생하더라도, 대외적 디폴트는 발생하지
않거나 보다 작은 규모로 발생했을 것이다.

3. 유동성함정 속 양적 완화의 한계

'양적 완화'(量的 緩和 ; quantitative easing)라 함은, 중앙은행이 그
상황이나 경로 또는 대상 등의 측면에서 통상적인 공개시장조작의 틀을
벗어나 채권을 대규모로 매입하는 것을 말한다. 확장적 통화정책의 일환
이다. 그런데, 그 경제가 유동성함정에 빠져 있는 상황에서는, 중앙은행이
양적 완화를 추진하더라도 그 효과에는 한계가 있게 된다. 〈그림 23〉을
이용해 그 이유를 간략히 설명하기로 하겠다.

중앙은행이 채권유통시장에서 비예금민간을 상대로 ΔH 의 가액만큼
채권을 매입하면서 그 대금을 화폐성예금의 형태로 지급하면, 일단은 예
금기관 보유 지급준비금총액과 비예금민간 보유 화폐성예금총액이 동시

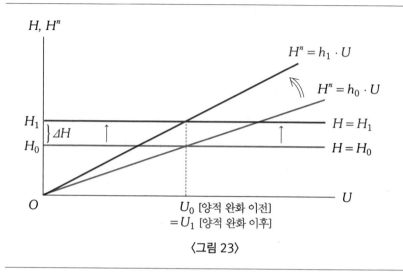

H, H''

$H'' = h_1 \cdot U$

$H'' = h_0 \cdot U$

H_1 } ΔH $H = H_1$

H_0 $H = H_0$

O U

U_0 [양적 완화 이전]
$= U_1$ [양적 완화 이후]

〈그림 23〉

에 ΔH 만큼 증가한다. 그래서, 본원화폐총액은 종전의 H_0 에서 ΔH 만큼 증가한 H_1 의 수준을 계속 유지하게 되고, 유동자산총액은 당장에는 종전의 U_0 에서 ΔH 만큼 증가한다.

그런데, 유동성함정 상황에서는,

첫째, 중앙은행에 채권을 매각한 비예금민간이 그 매각대금으로 다시다른 채권을 매입하려고 하지는 않을 수도 있다. 이런 경우에는 채권비율 $[b]$ 이 하락한다!

둘째, 종전보다 지급준비금을 많이 보유하게 된 예금기관이 비예금민간을 상대로 추가적인 대출을 하는 일을 꺼릴 수도 있다. 이런 경우에는 목표지급준비율들 $[q_D$ 및 $q_T]$ 이 상승한다!

채권비율이 하락하거나 목표지급준비율들이 상승하면, 본원화폐계수 $[h]$ 는 상승한다. 그리하여, 이상과 같은 상황에서는, 양적 완화가 추진되어 본원화폐총액선이 상승하더라도 결과적으로는 본원화폐계수의 '동반상승'(同伴上昇)으로 유동자산총액이 별로 증가하지 않게 된다. 극단적으로는, 〈그림 23〉에서처럼 그 총액이 양적 완화 이전의 수준에 그대로 머물수도 있다! 비유컨대, 구름 위에서는 분명히 물을 퍼부었는데 구름 아래대지로는 비가 거의 내리지 않는, 그런 형국인 것이다.

이런 현상을 놓고서, 기존경제학자들 대다수는 "중앙은행이 많은 돈을 찍어 냈기 때문에 시중에는 새로운 돈이 충분히 생겼다. 그런데, 그 돈이 잘 돌지 않는다."라고 잘못 설명할 것이다. 저자라면 "중앙은행은 분명히 많은 돈을 찍어 냈음에도, 시중에는 애당초 새로운 돈이 별로 생기지 않았다!"라고 보다 정확히 설명할 것이다.

Fed가 '달러화가 풍성해지면 그것의 현저한 약세가 시현될 것이다.'라고 기대하고서 시행한 면도 있는 '2차 양적 완화'는 소기의 성과를 거두지 못했다고 할 수 있는데, 그 이유도 여기서 논의된 바로 설명될 수 있다. 달러화를 대거 풀었음에도 그것이 그다지 풍성해지지 않았기 때문이다!

4. '기책'(奇策)들에 관한 부연설명 [*20011년 8월 현재 기준]

〈Fed의 미국채 탕감〉

Fed가 자신이 보유하고 있는 미국채 중 상당부분에 대해 탕감(蕩減)을 해 주는 방책이다. 각각 그 탕감분만큼 미국의 국가부채는 감소하고 미정부의 재정정책 추진여력은 증가한다. S&P는 미국의 신용등급을 회복시켜야 할 것이다!

일반적으로 미국채는 외국의 중앙은행과 각국의 민간이 보유한다. 그들더러 자신들의 재산을 폐기처분하라고 할 수는 없다. 그런데, 지금의 경우에는 마침 Fed가 종전의 양적 완화 과정에서 다량의 미국채를 매입해 보유하고 있다. 이 상태에 있는 그 채권들은 통화정책의 대상이다! 그것들을 놓고 탕감하는 것은, Fed가 장래에 해당 원리금만큼 본원화폐를 덜 환수하겠다는 것 정도에 불과하다. Fed는 민간이 대주주인 기관이라 시행이 곤란하다? 동 기관이 과거에는 물론 미래에도 여전히 최우수고객일 미정부에게 그 정도의 서비스를 해 주는 것은 자신의 '기업가치'를 크게 훼손시키지 않는다!

〈Fed의 남유럽국채 매입〉

남유럽국가들이 이미 발행했거나 새로 발행하는 국채들을 Fed가 달러화를 풀어 매입해 주는 방책이다. 대개의 경우 그 매입 전에 외환시장에서 달러화로 유로화를 매수하는 과정이 진행될 것이고, 유럽경제도 안정을 되찾을 것이기 때문에, 달러화는 유로화에 비해 약세를 시현하고 미국의 대(對)유럽 수출이 증가할 것이다. 미국으로서는 유럽의 문제를 해결해 주는 모양새로 기실 자국의 문제를 해결하는 것이다. 위위구조(圍魏救趙; 위나라를 포위해 조나라를 구한다)의 계책과 상통하는 면이 있다.

이상의 두 가지 방책들은 현실적으로는 채택되기가 어려울 것이다.

〈ECB의 남유럽국채 매입〉

만일 유럽 재정위기가 주요국 정부 차원의 대책들만으로는 수습되지 않고 디폴트 국면으로까지 악화된다면, ECB가 최후의 안전판(安全瓣)으로서 적극적으로 나서야 할 것이다. 동 기관이 시행할 수 있는 수습책들 중 가장 효과적인 것은 바로 이 방책이라고 할 수 있다.

〈통화증발과 인플레이션 간의 관계〉

"중앙은행이 본원화폐를 많이 찍어 내면, 머지않아 반드시 인플레이션이 온다." 대부분의 경제학자들은 이렇게 인식하고 있다. 그러나, 그 같은 인식은 옳지 않다. 진실을 설명한다면, 그것은 대략 다음과 같다. "본원화폐계수가 낮거나 낮아지고 있는 상황에서 본원화폐를 많이 늘린다면, 반드시 유동자산총액이 팽창하고 인플레이션이 온다. 하지만, 그 계수가 높거나 높아지고 있는 상황에서는 그렇지 않다!"

그러므로, 본원화폐계수가 높거나 높아지고 있는 상황에서 실물경제가 크게 위축되는 경우에는, 통화증발의 정책을 과감하게 펼쳐도 무방하다.

참, 앞에서 제시된 기책들은 남용되어서는 안 된다. 그 남용은 도덕적 해이와 하이퍼인플레이션 등의 문제들을 야기할 테니까.

고마운 분들

이 책과 관련해 저자는 참으로 많은 분들로부터 과분한 은혜와 후의를 입었다.

〈1〉 선친과 자친

"부모는 죽는 날까지 자식에 대한 책임을 져야 한다."

선친께서 생전에 자주 하셨던 말씀이다. 자식 사랑은 내리사랑이라고, 세상 모든 부모의 심정이 마찬가지일 것이다.

저자는 선친으로부터 많은 사랑과 가르침을 받았다. 자친으로부터는 지금도 받고 있다. 자친께서는 미수(米壽)를 넘기셨음에도 그 노구(老軀)를 이끌고 어떻게든 저자를 보살펴 주려 하신다. 그러나, 저자는 그동안 여러 가지로 불효를 많이 했다. 그 불효를 자친의 생전에 얼마만큼이나 만회할 수 있을지 사실 걱정이다.

어떤 분들께서는 "부모와 자식 사이의 인연도 하늘이 정해 주시는 것이다."라고 말씀하신다. 그 말씀이 맞다면, 저자는 저자로 하여금 이생에서 선친과 자친을 만날 수 있도록 해 주신 하늘에 먼저 사은(謝恩)의 예를 올려야 할 것이다.

두 분께 무한한 고마움을 올린다.

〈2〉 포숙과 같은 분들

춘추시대 첫 번째 패자(覇者) 제(齊)나라 환공(桓公)이 즉위하기 전후의 일이다.

제나라 양공(襄公)은 성격이 난폭했다. 두 명의 이복동생은 화를 피해야 했다. 공자 규(糾)는 외가인 노(魯)나라로, 그리고 즉위 전의 환공은 외가인 위(衛)나라 대신 거(莒)나라로 망명했다. 이후, 양공이 사촌의 쿠데타로 죽고 그 사촌도 양공 측 중신들의 반쿠데타로 죽는 일이 벌어졌다. 그리하여, 망명해 있던 두 동생이 왕권을 놓고 일전을 벌이게 되었다. 두 사람은 경쟁적으로 급히 귀국길에 올랐다. 대세는 먼저 입성한 쪽으로 기울 터였다.

절친한 친구 사이였던 관중(管仲)과 포숙(鮑叔)은, 각기 공자 규와 환공의 측근이 되어 있었기 때문에 서로 정적이 될 수밖에 없었다. 관중이 매복하고 있다가 쏜 화살이 환공이 차고 있던 혁대의 갈고리장식[버클]을 맞추기도 했다. 하마터면 죽을 뻔했던 환공이 한발 앞서 입성해 즉위한 직후, 양 진영이 전면전을 벌였다. 전투는 환공 측의 대승으로 끝났다. 그래서, 공자 규는 관중과 소홀(召忽) 등 자신의 측근들과 함께 노나라로 다시 피신했다. 그러나, 이제 제나라로부터 압력을 받게 된 노나라는, 그를 참하고, 관중을 함거에 가두어 제나라에 넘겼다. 소홀은 자결했다.

관중이 압송되어 왔다. 그런데, 의외로, 포숙이 환공에게 자기 대신 관중을 재상(宰相)으로 중용하라고 간했다. 환공이 "과인에게 활을 쏜 적이 있는 관중은 죽여도 시원찮을 인물이오."라고 답하자, 포숙이 다시 간했다. 그 간언은 명언으로 남아 있다.

"주군께서 그를 등용하시면, 그는 마땅히 주군을 위해 활로 천하를 쏠 것입니다. … 주군께서 장차 제나라만을 다스리려 하신다면, 고혜(高傒)와 소신으로도 족할 것입니다. 하지만, 주군께서 패왕이 되고자 하신다면, 관중이 없이는 불가합니다."

(君若用之면, 當爲君射天下니이다. … 君將治齊면, 卽高傒與叔牙足也
니이다. 君且欲覇王이면, 非管夷吾不可니이다.)

설득당한 환공이, 관중의 식견을 직접 시험해 보겠다며 그를 부르라고
명했다. 포숙은 일어나지 않았다. 그리고, 또다시 간했다. 비상한 인물은
비상하게 예우해야 한다고 말이다.

환공 역시 그릇이 큰 인물이었다. 길일을 택해, 삼흔삼욕(三釁三浴 ;
犧牲血을 대신하는 香油를 몸에 바른 후 목욕하기를 세 번 함)의 예를 갖
춘 후 교외로 나가 관중을 상좌에 앉히며 영접했다.

이렇게 사지(死地)에서 바로 재상의 자리에 올라 마침내 춘추시대 최
고의 명재상으로 이름을 남길 수 있게 된 관중은, 자신이 포숙으로부터
입어 왔던 은혜에 대해 이렇게 술회했다.

"내가 당초 가난했을 때, 나는 포숙과 함께 장사를 한 적이 있었다. 그
때, 나는 이익을 나눔에 있어 나 자신에게 더 많은 몫을 배분했다. 그
러나, 포숙은 내가 탐욕스럽다고 생각하지 않았다. 내가 가난하던 것
을 이해해 주었던 것이다. 나는 또, 포숙을 위해 일을 도모하다가 오
히려 그를 곤궁하게 만든 적이 있었다. 그러나, 포숙은 내가 어리석다
고 생각하지 않았다. 시운이란 유리한 때도 있고 불리한 때도 있다는
것을 이해해 주었던 것이다.

나는 세 번 출사해 세 번 다 주군에게 쫓겨났다. 그러나, 포숙은
내가 불초하다고 생각하지 않았다. 내가 때를 만나지 못한 것을 이해
해 주었던 것이다. 나는 세 번 전장(戰場)에 나가 세 번 다 도망했었
다. 그러나, 포숙은 내가 비겁하다고 생각하지 않았다. 나에게 노모가
계시던 것을 이해해 주었던 것이다.

공자 규가 패했을 때, 소홀은 순사했음에도 나는 가두어져 모욕을
받았었다. 그러나, 포숙은 내가 부끄러움을 모른다고 생각하지 않았
다. 내가 절개를 가벼이 여김을 부끄러워하는 것이 아니라 천하에 공
명을 드러내지 못함을 부끄러워하는 것을 이해해 주었던 것이다.

나를 낳아 주신 분들은 부모님이시고, 나를 알아준 이는 포숙이다."
(吾始困時에 嘗與鮑叔賈할새, 分財利多自與나, 鮑叔不以爲我爲貪이
니, 知我貧也라. 吾嘗爲鮑叔謀事에 而更窮困이나, 鮑叔不以爲我爲愚
니, 知時有利不利也라. 吾嘗三仕에 三見逐於君이나, 鮑叔不以爲我爲
不肖니, 知我不遭時也라. 吾嘗三戰에 三走나, 鮑叔不以爲我爲怯이니,
知我有老母也라. 公子糾敗할새, 召忽死之에도 吾幽囚爲辱이나, 鮑叔
不以爲我爲無恥니, 知我不羞小節하고 而恥功名顯于天下也라. 生我者
는 父母요, 知我者는 鮑叔也라.)

세상 사람들은 '관포지교'(管鮑之交 ; 관중과 포숙의 사귐)라는 말을
만들었다. 그들은 어떤 마음에서 그 말을 만들었을까? 관중의 현명함과
유능함을 칭찬하기보다는 포숙의 혜안과 인품을 칭찬하기 위해서였을
것이다.

저자는 절대로 관중에 미칠 수 없지만, 저자에게는 진정 포숙과 같은
분들이 몇 분 계신다. 지금까지 살아오는 과정에서 저자는 관중의 실수나
실패에 견줄 수 있을 만한 일들을 꽤 자주 저질렀었다. 그런데, 그때마다
이 분들께서는 저자를 이해해 주고 또 도와 주셨다. 저자가 사적인 이익
같은 것을 탐하다가 그렇게 된 것은 아니라는 점을 인정해 주셨고, 세간
의 상정(常情)과는 전혀 다르게, 하등의 보답도 기대하지 않고서 저자를
일으켜 세워 주셨다. 이 책의 집필과 출간의 과정에서도, 이 분들께서는
당신들의 어려운 사정 같은 것은 제쳐 두고서 저자에게 따뜻한 격려와 성
원을 보내 주셨다. 엠마우스홀딩스 사장이신 김도영 형, 정일회계법인 대
표이신 조영규 형, BT&I 사장인 송기한 군, 부록편에서 소개한 바 있는
이인우 군, YB파트너스 사장인 김영부 군, 큐캐피탈 대표인 유은상 군 그
리고 수원여대 기획실장인 이재혁 군 ― 이 분들께서 그 동안 베풀어 주
신 은혜를 저자는 평생 잊을 수 없다.

〈3〉 저자를 일깨워 주신 분

서편 제3장의 말미에서도 언급한 바와 같이, 저자로서는 이 책의 집필을 천명(天命)으로 여긴다. 그런데, 저자는 상당히 오랫동안 그 천명을 소홀히 하고 있었다. 아니, 잊었었다. 저자가 그것을 깨닫는 계기가 된 것은 2008년의 글로벌 금융위기였다. 하지만, 저자가 스스로 깨달은 것은 아니었다. 그 계기에 임하여 저자를 실제로 일깨워 주신 분은 혜인 선생님이셨다. 정문일침(頂門一鍼)과도 같은 그 일깨움이 없었다면, 이 책은 세상에 나오지 못했을 것이다.

〈4〉 관심과 배려를 아끼지 않으신 많은 분들

큐캐피탈 회장이신 유종훈 선배님, 기업은행장이신 윤용로 형, 그린손해보험의 이영두 회장, 세영의 이균원 회장, 아샘투자자문의 김환균 대표. 이 다섯 분께서는 저자가 편한 마음으로 이 책을 집필할 수 있게 배려해 주셨다.

이 분들께, 그리고 또 이 책에 많은 관심을 보여 주신 다음의 많은 분들께도, 만강(滿腔)의 사의(謝意)를 표한다.

— 한양증권 사장이신 유정준 선배님, 대우증권의 임기영 사장님, 증시안정기금 사무국장이신 최연식 형, 국민연금 기금운용본부장이신 이찬우 선배님, 현대스위스저축은행의 김광진 회장님, 교직원공제회 부장이신 성기섭 선배님, NH증권 사장이신 정회동 형, 현대자산운용의 이용재 대표님, 현대인베스트먼트자산운용의 김석중 대표님, 유진증권의 최순권 감사님;

— 한양대의 이정연 교수님, 고려대 교수이신 고세훈 선배님[*역사학자 로버트 스키델스키가 20년 간 공을 들여 저술한 1500페이지 분량의 케인즈 전기를 한국어로 번역해 출간하셨고, 그 덕분에 저자는 케인즈에 대해 더 많은 것을 알 수 있는 기회를 얻었다.];

— 연세대 등 주요 대학에 포진하셔서 동양철학 연구와 후학 양성에 진력하고 계시는 류인희 교수님, 리기용 교수님, 박양자 교수님, 임원빈 교수님, 손흥철 교수님, 한정길 교수님, 허인섭 교수님, 김진근 교수님, 이용수 교수님 그리고 이상곤 교수님 등 선친의 제자분들;

— 윤성원 군[*선비답게 살면서도 『수호전』(水滸傳)에 나오는 표자두(豹子頭) 임충(林沖)을 좋아하고 그 임충처럼 살아 볼 기회가 오기를 바라는 멋진 친구다.], 송병훈 군, 서윤규 군, 유창선 군, 조규영 군, 송수근 군, 봉남규 군 그리고 정성근 군 등 성동고등학교 동기들;

— 대학 1학년 때 빈 강의실에서 점 100원짜리 마이티를 함께 치다 친해진 후 요새는 그간의 물가상승을 감안해 점 1000원짜리[많이 따는 사람은 하룻밤에 3만 원도 벌 수 있다!]로 격상시킨 것을 함께 치는 고우들인, 김종명 군, 송성근 군, 오종근 군, 임원효 군 그리고 유재헌 군;

— 이상돈 군, 홍권희 군, 김용규 군, 길재욱 군, 정성인 군, 박승권 군, 민선식 군, 이학노 군 그리고 이은태 군 등 서울대 경제학과 동기들;

— 최규완 형, 김주현 형, 이종건 군, 심동섭 군, 강은봉 군 그리고 박용찬 군 등 행정고시 동기들; 황준국 군과 장호진 군 등 외무고시 동기들; 이기동 형, 권재웅 군, 오계동 군, 심상복 군, 강동식 군 그리고 김용범 군 등 방촌모임 회원분들;

— 김년오 형[*제갈량(諸葛亮)은 와룡강(臥龍崗)에서 양보음(梁父吟)을 읊조렸는데, 지금 용담강(龍潭崗)에서 무엇을 읊조리고 계실지 궁금하다.], 오무영 회장님, 강대영 회장님, 양봉진 선배님, 서규종 회장님, 박구현 사장님, 김민선 원장님, 김종형 군, 유연수 군 그리고 차종현 군; 한양대 산업경영대학원에서 이 책의 초고를 교재로 하여 졸강을 경청해 주신 34기부터 39기까지의 원생분들 ….

저자가 각별히 고마움을 표해야 할 분들이 더 계신다. 저자가 참여하는 회합 중에, 한 달에 한 번씩 만나 경제에 관해 토론도 하고 와인도 한 잔씩 하는 모임이 있다. 김도영 형께서 간사 겸 와인강사의 역할을 하신다. 그리고, 서울 서초동 소재 이탈리안 레스토랑 '아이모나디아'(Aimo e Nadia)가, 말하자면 아지트다. 꽤 오래 전부터 회동 때마다 저자가 이 책에 관한 이야기를 해 왔기 때문에, 이 모임의 회원분들께서는 어쩔 수 없이 그동안 적어도 한 달에 한 번씩은 이 책에 관심을 가지셔야 했다. 그러니, 어찌 저자가 이 분들께 각별한 고마움을 표하지 않을 수 있겠는가! — 숭실대의 김기성 교수님, 과기대 교수이신 장현준 선배님, 세이에셋코리아자산운용 감사이신 이진우 형, 국회의원을 역임하신 서혜석 변호사님, 재선 국회의원이신 김동철 선배님, 전 삼안 부회장이신 임종아 선배님, 의리 있는 변호사인 서남철 군, 아이모나디아의 임성희 사장님[*저자가 〈노 노 레따〉(Non ho l'età) 등 깐쪼네명곡들에 대한 해설문을 쓰다가 전기한 레스토랑 이야기를 할 때 상호를 명기하지 않았다고 서운해하셨는데, 이번에는 이 역사적 저서에 '아이모나디아'라고 분명히 적었으니, 와인 한 병을 서비스로 주실 것을 기대한다.].

〈5〉 출판사 관계자분들

상업성이 부족한 이 책의 출판을 저자와의 첫 만남에서 흔쾌히 떠맡아 주신 21세기북스의 김영곤 사장님, 그 출판을 위한 실무작업을 담당해 주신 여러 관계자분들, 그리고 중량급 사진가임에도 딸기셰이크 한 잔으로 몸값을 낮춰 '달러 사진'들을 촬영해 준 이용순 군. 이 분들께도 심심(甚深)한 사의(謝意)를 표한다.

2011년 4월 6일
저자 배 선 영 배상

후기(後記) : 개정판 출간에 즈음하여

이 책의 초판은 2011년에, 그리고 증보판은 2012년에 출간되었다. 이후 몇 년의 세월이 흘렀고, 이제 본 개정판의 출간에 즈음하게 되었다. 그 사이에 저자가 반드시 감사의 인사를 드려야 할 분들이 더 생기셨다. 인생을 사는 동안에 자신에게 도움을 주는 사람들이 계속 새로 생기는 것은 분명 행운이다. 이 점에서 저자는 행운아(幸運兒)라고 할 수 있다. 이 자리를 빌려 아래의 분들께 진심으로 감사의 인사를 올린다.

— SM그룹의 우오현 회장님[*저자가 진심으로 존경하는 기업인 중 한 분으로서, 당신의 경영관(經營觀)이나 경험담을 소탈하게 피력하실 때마다 저자는 그것을 경청하며 그 속에 담겨진 탁견에 감탄하곤 한다.], 시몬느의 박은관 회장님[*스타일리스트이시며, 신화적인 성공스토리를 가지고 계신다.], 대우자동차 사장과 국회의원을 역임하신 이재명 선배님[*장사꾼을 자처하시지만 저자가 보기에는 우국지사(憂國之士)이시다.], 전 농협금융지주 회장이신 김용환 형[*원만하면서도 강단이 있는 분이시다.], SK증권 대표인 김신 군[*실력과 인품을 겸비해 저자가 존경하는 후배다.], 칼리스타캐피탈 대표인 이승원 군[*사업가의 포스를 느끼게 한다.], 텔리언 대표인 김종훈 군[*단정한데도 카리스마가 있다.] ; 성동고 1년 선배로서 하해 대표이신 신동길 형[*후배들에게 깍듯이 경어를 쓰신다는 것이 거의 유일한 단점인 분이시다.^^], 그 동기들이신 김영범 형, 김원준 형 그리고 이명훈 형 ; 전 서울대 교수이신 최창조 선생님과 우석대의 김두규 교수님[*각각 지리학자와 독문학자에서 풍수학자로 변신하신, 기인(奇人)이 아니고 기인(畸人)인 분들이시다. 선친께서는 서양철학자에서 동양철학자로 전향하신 후 유(儒)·불(佛)·도(道)에 더해 풍수에 대해서도 철학적 접근을 시도하셨는데, 두 분 모두 선친을 각별히 존경하고 틈틈이 자신들의 명저들에서 언급해 주신다.] ; 연세대의 김정식 교수님,

이학배 교수님 그리고 허현승 교수님; 2015년 이후 이 책을 교재로 하여 졸강을 경청해 주신 연세대 경제대학원 원생분들; 까다로운 조판작업이 수반되는 본 개정판의 출판을 맡아 너무 많은 수고를 해 주신 휴먼필드의 이능표 사장님.

저자는 2014년 중에 본 개정판의 1차 원고를 탈고했다. 그리고, 본 개정판과 이것의 영어, 일본어 그리고 중국어번역판을 거의 동시에 함께 출간할 야심 찬 계획을 세웠다. 그러나, 적임의 번역가 분들을 찾는 과정에서 시행착오를 많이 경험해 왔고, 거기에 다른 사정들도 가세했다. 이렇게 번역작업이 속절없이 지체되고 있는 와중에 증보판의 재고가 거의 소진되었다. 그래서, 할 수 없이 본 개정판을 먼저 출간하기로 했다. 케인즈가 부러워진다. 그의 『일반이론』은 1936년 2월에 영어판으로 출간되었는데, 그는 바로 그해 9월과 12월 및 1939년 2월에 각각 그것의 독일어, 일본어 그리고 프랑스어번역판에 붙이는 서문을 쓸 수 있었다. 여러 면에서, 그는 저자처럼 고군분투하지는 않았다!

1923년생이신 자친께서는 2017년 중 몇 차례 병고를 치르시면서 기력이 쇠해지셨다. 이제는 부축해 드리지 않으면 걷지 못하신다. 그래도 정신만큼은 또렷하셔서, 틈틈이 "네 책 '시크리트 오브 마켓'의 번역작업은 어떻게 되고 있니? 어학만 잘해서는 안 되고, 경제학 지식도 갖춘 사람을 찾아서 번역을 맡겨야 하는데 …." 하고 걱정을 해 주신다. 저자로서는 자친께서 더 이상의 병고는 겪지 않으시면서 오래 천수(天壽)를 누리실 수 있기를 간절히 기원할 따름이다.

2019년 10월 10일
저자 배 선 영 배상

저자 배 선 영 (裵 善 永)

1960년 경남 함양 출생
서울대 경제학과 및 동 대학원 졸업
서울상대동창회 최우수졸업논문상 수상
제24회 행정고시 합격 (최연소)
제16회 외무고시 합격
1983년부터 17년 간 경제공무원 봉직
   (재무부 국제금융국·증권국, 재정경제원 감사관실, 대통령 경제비서실 등 근무)
대외경제정책연구원 초청연구위원, 한양대·수원여대 겸임교수,
기획재정부 거시경제정책자문위원, 금융위원회 자체평가위원,
한국수출입은행 감사 등 역임
[현] 연세대 경제대학원 겸임교수
     국가경쟁력연구소장

저서 :
『화폐·이자·주가에 관한 새로운 패러다임』(1998) [- 기존경제학에 대한 이론적 도전]
『시장의 비밀』(2011) [- 화폐와 경제위기에 관한 새로운 이론]

금융경제학원론
- 시장의 비밀 -

초판 1쇄   2019년 11월 25일
제2판 1쇄   2020년 2월 25일

지 은 이   배선영
펴 낸 곳   휴먼필드
출판등록   제406-2014-000089
주   소   경기도 파주시 탄현면 장릉로 124-15
전화번호   031-943-3920   **팩스번호**   0505-115-3920
전자우편   minbook2000@hanmail.net
—
※ 본서는 『시장의 비밀』의 전면개정판으로서, 이전 판본으로는 2011년 6월 30일 발행 초판 1쇄, 2011년
    10월 31일 발행 초판 8쇄, 2012년 4월 10일 발행 증보판 등이 있습니다.
—

ISBN 979-11-968433-0-4 93320
—

이 도서의 국립중앙도서관 출판예정도서목록(CIP)은 서지정보유통지원시스템 홈페이지(http://seoji.nl.go.kr)와
국가자료종합목록시스템(http://www.nl.go.kr/kolisnet)에서 이용하실 수 있습니다. (CIP제어번호 : CIP2019043772)